唐招提寺・律宗戒学院叢書　第一輯

# 招提千歳伝記

関口静雄
山本博也　編著

昭和女子大学近代文化研究所

題簽　益田快範

# ごあいさつ

唐招提寺は、今から千二百四十五年前の天平寶字三年、唐の高僧鑑真和上によって創建されました。鑑真和上は、十二年の苦難を克服して盲目となりながらも初志を貫いて、我が国に戒律を伝えんが為に渡海を果たされました。

鑑真和上の来朝が日本の仏教界へ与えた影響は極めて大きく、さらに鑑真和上によって伝えられた唐の様々な文化は、日本文化の発展と向上に大きく寄与いたしました。

鑑真和上を開山と仰ぐ当山は、その教えを守って先師達がその恩恵を受け継ぎ、今日に至っております。栄枯盛衰は唐招提寺も例外ではありません。

鎌倉時代の戒律復興、元禄時代の伽藍整備、明治時代の廃仏毀釈の嵐など文字どおり千二百四十有余年の歳月を経て今日に至っております。

和上の無言の教誨は、今も境内至るところにこもっています。

この度、昭和女子大学の先生方に、当寺戒学院に山積されている古文書を、五年間の長期にわたり整理、研究をしていただき、その数多き古文書の一部である『招提千歳伝記』を、発刊いただくことになりましたことは、慶びに堪えません。

唐招提寺にとりましてはこの上もない研究成果であり、後世に残るものと確信いたします。

今回の発刊にあたり、その研究と努力に最大の敬意を表するものであります。

唐招提寺長老
快範

# 刊行のことば

昭和女子大学は、今年が創立から八十四年目に当たります。唐招提寺の千二百四十五年に比べれば極めて短い年月ですが、日本における近代的な女子教育の歴史から見れば短いとはいえないでしょう。その間に、本学の近代文化研究所は「近代文学研究叢書」として、明治以後の多くの作家に関する基礎資料を公刊して来ました。近代文化研究所はこの「近代文学研究叢書」七十六巻と創立者に関する資料である「別巻　人見東明」の刊行を以って当初の使命を終え、学内的には昨年の六月をもって閉鎖されたのですが、このたび研究所のもう一つの使命である文化に関する研究と基礎資料の刊行を目的として、昨年十月に再開されました。

再開された新「近代文化研究所」の最初の事業として、唐招提寺山内所在の財団法人律宗戒学院御所蔵『招提千歳伝記』を出版させていただけることになり、大変光栄に存じます。この『招提千歳伝記』が編纂された元禄十四年も、底本となった元鏡の写本が作られた寛延元年も江戸時代で近代ではありませんが、近代に入ってたどったこの写本の軌跡は、まさに日本の近代を映し出しているといっても過言ではないと思います。

唐招提寺からお預かりした大切な文書の整理にあたってきた人間文化学部歴史文化学科の関口静雄教授と山本博也教授のここにいたる労苦もさることながら、これまでに異本が二度翻刻されている『招提千歳伝記』の此度の刊行は、関口教授のあくことのない探求の賜であると大書しておきたい想いです。この出版の学術的な意義は後世に俟つことになりますが、その意義が世に認められると共に、昭和女子大学が唐招提寺の歴史の一齣にその名をとどめることになるのはまちがいないことと確信いたします。このような機会を得ましたことは、本学にとりまことに意義あることと存じます。

今回の刊行に特別のご配慮を頂き、その上「ごあいさつ」のお言葉を頂戴しました唐招提寺長老益田快範師をはじめとする関係者の皆様に、心から感謝申し上げます。

平成十六年二月吉日

昭和女子大学長　平　井　聖

# 目次

## 凡　例

一、能満院義澄撰『招提千歳伝記』は、唐招提寺律宗の事歴を細叙し、南都戒学の消長変遷を記述したもので、近江安養寺の戒山慧堅撰『律苑僧宝伝』とともに、律宗史籍としてもっとも尊重すべきものである。今ここに影印に翻刻を付して公刊紹介する。

一、義澄自筆本の所在が不明なので、底本には財団法人律宗戒学院三宝蔵経蔵に所蔵される、妙音院元鏡書写の五冊本を採った。第五冊目の奥書に拠れば、元鏡はこれを寛延元年（一七四八）十二月二十一日に写了している。なお元鏡には『招提千歳伝記』に範をとった『千歳伝続録』の撰がある。

一、翻刻にあたっては、行取・誤字・宛字・脱字等もそのままに翻刻し、いたずらに訂正・注記することをしなかった。また、返点があるべき位置に施されていない箇所も底本のままである。混用される「己・已・巳」は干支についてのみ改めたものがある。

一、漢字は原則として通行の字体に改めたが、伝写の系統を彷彿させるような異体字・俗字・宛字などは努めて生かすようにした。

一、異体送仮名の「〆」は「シテ」に、「亅」は「コト」、「𪜈」は「トモ」、「寸」は「時」に改めた。

一、行頭朱書の首点・系図等を除き、本文中に多用される連字符等の縦横棒線はすべて省略した。

一、底本に存する句切朱点はすべて「、」に改めた。

一、句点と読点を施し、並列点として「・」を加えた。

一、書入は可能なかぎり当該個所に置いたが、やむを得ず適宜改行を施し、適当な位置に配した。なお、墨書には★、朱書には☆を書入冒頭に付した。また（　）の中に収めた朱書もある。ただし、脱字を示す「○」については、その朱書・墨書の別を示さなかった。

律宗戒学院蔵

# 能満院義澄撰『招提千歳伝記』

（妙音院元鏡書写本）第一冊

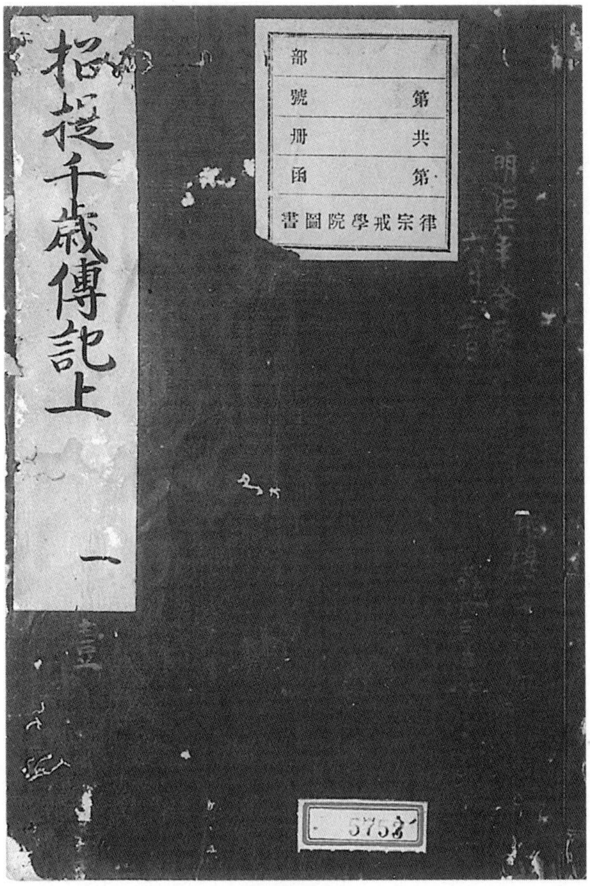

①表表紙

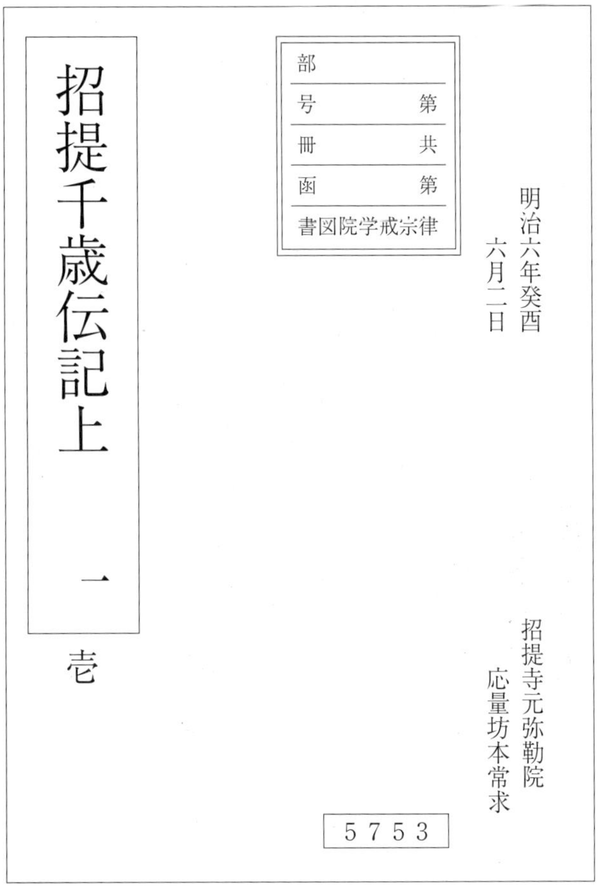


①表表紙

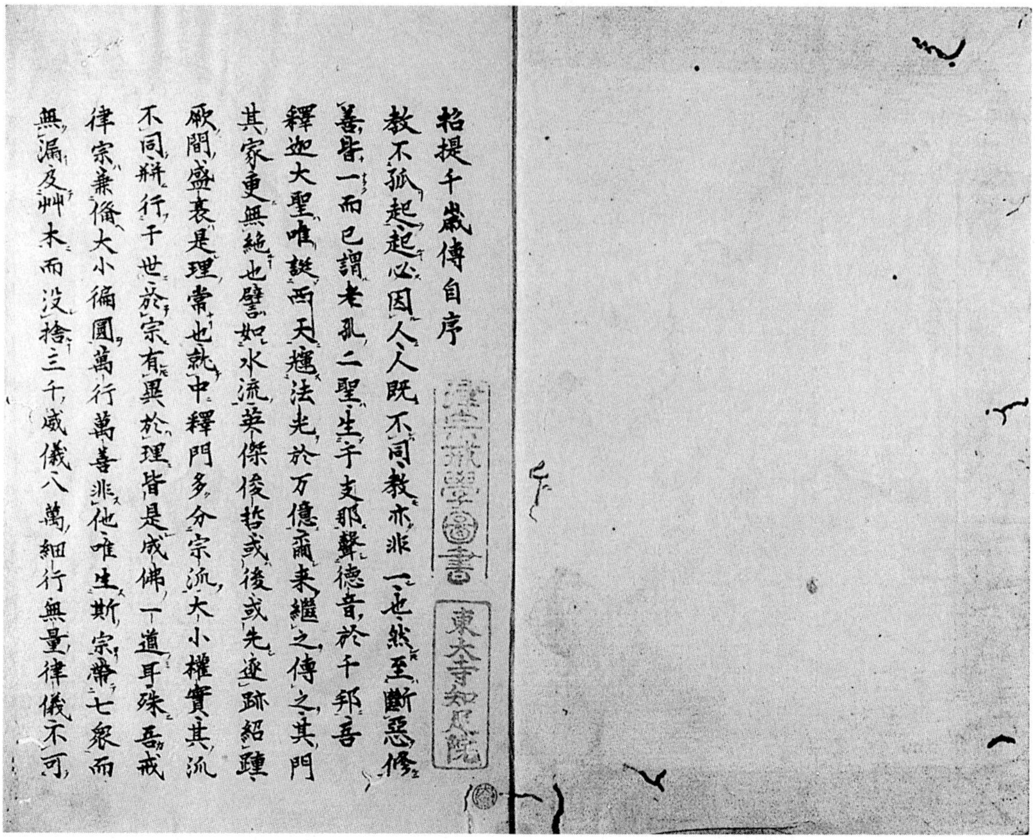

①01オ　①表表紙見返

## 招提千歳伝自序



教不二孤リ起一ラ・起ルコト必ス因レ人ニ・人既ニ不レ同ハ・教モ亦タ非レ一也・也・然レトモ至二ハ断レ悪ヲ修ルニ一
レ善ヲ・皆ナ一而已《ナラク》・謂ル老孔ノ二聖ハ・生二シテ于支那一ニ・声二シ徳音ヲ於千邦一ニ・吾
釈迦大聖ハ・唯リ誕二シテ西天一ニ・輝二ス法光ヲ於万億一ニ・爾シ来タ継レ之ヲ伝レ之ヲ・其ノ門
其ノ家・更ニ無レ絶ルコト也・譬ハ如二シ水流一ノ・英傑俊哲・或ハ後・或先シ・逐レ跡、紹レ踵・
厥ノ間ノ盛衰ハ、是レ理ノ常ナリ也・就レテ中ニ釈門多ク分二宗派一ヲ・大小権実・其ノ派
不レ同ラ・并ニ行二フ于世一ニ・於レテ宗ニ有レトモ異、於ハ理ニ皆是レ成仏ノ一道耳《ノミ》・殊ニ吾カ戒
律宗ハ・兼二備ヘ大小偏円一ヲ・万行万善非レス他・唯生二ス斯ノ宗一ヨリ・帯二テ七衆一而
無レク漏コト・及二テ草木一ニ而没レシ捨ルコト・三千ノ威儀・八万ノ細行・無量ノ律儀・不レ可二ラ

①01オ　①表表紙見返

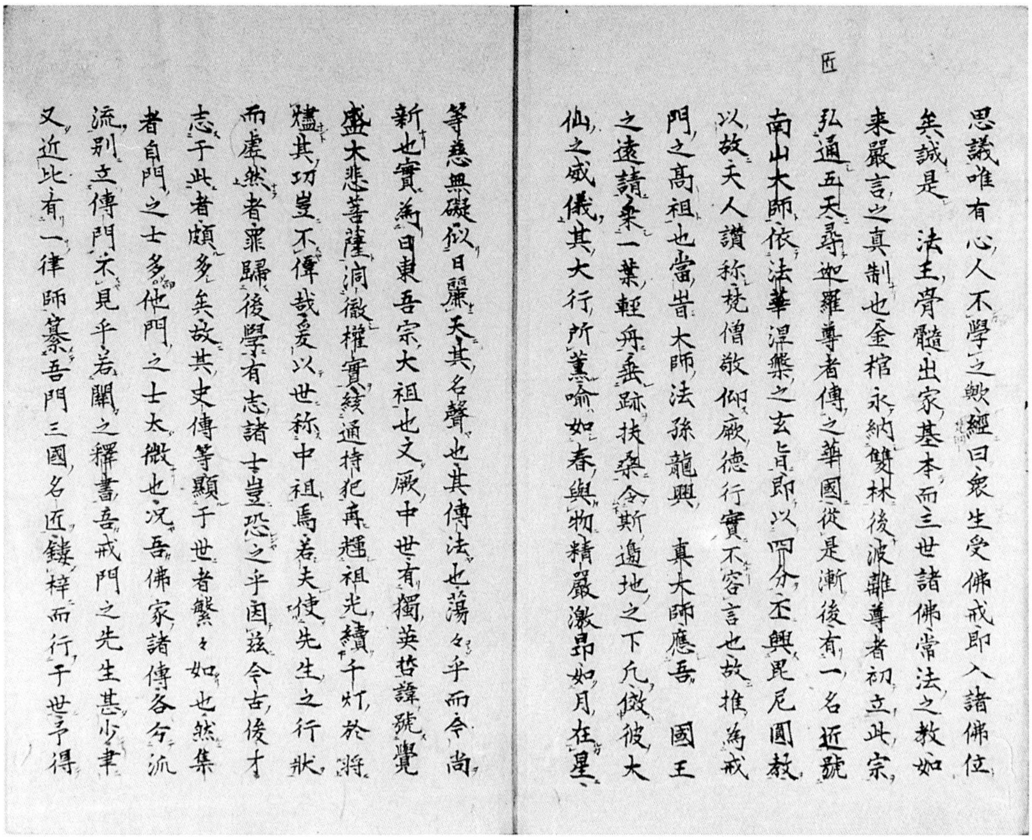

①02オ　①01ウ

思議一・唯有心ノ人、不レンカ学レ之歟・経ニ曰ク・衆生受仏戒・即入諸仏位ト
☆梵網―
矣・誠ニ是レ　法王ノ骨髄・出家ノ基本ニシテ而・三世諸仏・常法ノ之教・如
来厳言ノ之真制ナリ也・金棺永ク納ニシ双林一ニ後チ・波離尊者初テ立ニテ此ノ宗一ヲ、
弘ニ通シ五天一ニ・尋イテ迦羅尊者伝ニフ之華国一ニ・従レ是漸ク後・有ニリ一ノ名匠一・号ニ
南山大師一ト・依ニテ法華・涅槃ノ之玄旨一ニ・即チ以ニテ四分一ヲ・丕ニ興ニス毘尼円教一ヲ・
以ノ故ニ・天人讃称シ・梵僧敬仰ス・厥ノ徳行実ニ不レルナリ容レ言也・故ニ推シテ為ニ戒
門ノ之高祖一ト也・当ノ時ミ大師ノ法孫龍興ノ　真大師・応ニシ吾カ　国王
之遠請一ニ・乗ニシ一葉ノ軽舟一ニ・垂ニレ跡（ヲ）扶桑一ニ、ム下令ニシテ斯ノ辺地ノ之下凡一ヲ・倣中ハ彼ノ大
仙ノ之威儀上ヲ・其ノ大行ノ所レ薫ル・喩ハ如ニシ春ノ与レカ物ニ・精厳激昂・如ニク月ノ在レルカ星ニ・

☆匠



等慈無礙・似ニリ日麗（一）（ク）レ天ニ・其ノ名声ヤ也・其伝法ヤ也・蕩々乎《コトシテ》而・今尚ヲ
新ナリ也・実ニ為ニリ日東吾宗ノ大祖一也・又タ厥ノ中世・有ニリ独ノ英哲一・諱ヲ号ニス覚
盛大悲菩薩一ト・洞ニ徹シ権実一ヲ・絃ニ通持犯一・再ヒ輝ニシ祖光一ヲ・続下ク千灯ノ於将ニ上ル
レ燼ナント・其ノ功豈ニ不レスヤ偉哉・爰以テ世ニ称ニス中祖一ト焉・若シ夫レ下ハ使ニシテ先生ノ之行状一ヲ
而・虚然上ナラ者・罪帰ニス後学一ニ・有志ノ諸士・豈ニ恐レレンヤ之乎・因レテ茲ニ今古ノ俊才・
志ニス于此一ニ者・頗ル多シ矣・故ニ其ノ史伝等・顕ニル于世一ニ者・繁々如タリ也・然ルニ集
者自門ノ之士多シテ、（而）〇他門ノ之士太タ微ナリ也・況ヤ吾カ仏家ノ諸伝・各く分ニテ派
流一ヲ。別ニ立（ツ）（二）伝門（一）・不レスヤ見乎・若ニキ関カ之釈書一ノ・吾カ戒門之先生甚タ少レナリ・聿ニ
又タ近比・有ニリ一リノ律師一・纂ニメテ吾門三国ノ名匠一ヲ・鏤レメ梓ニ而行ニフ于世一ニ・予得テ

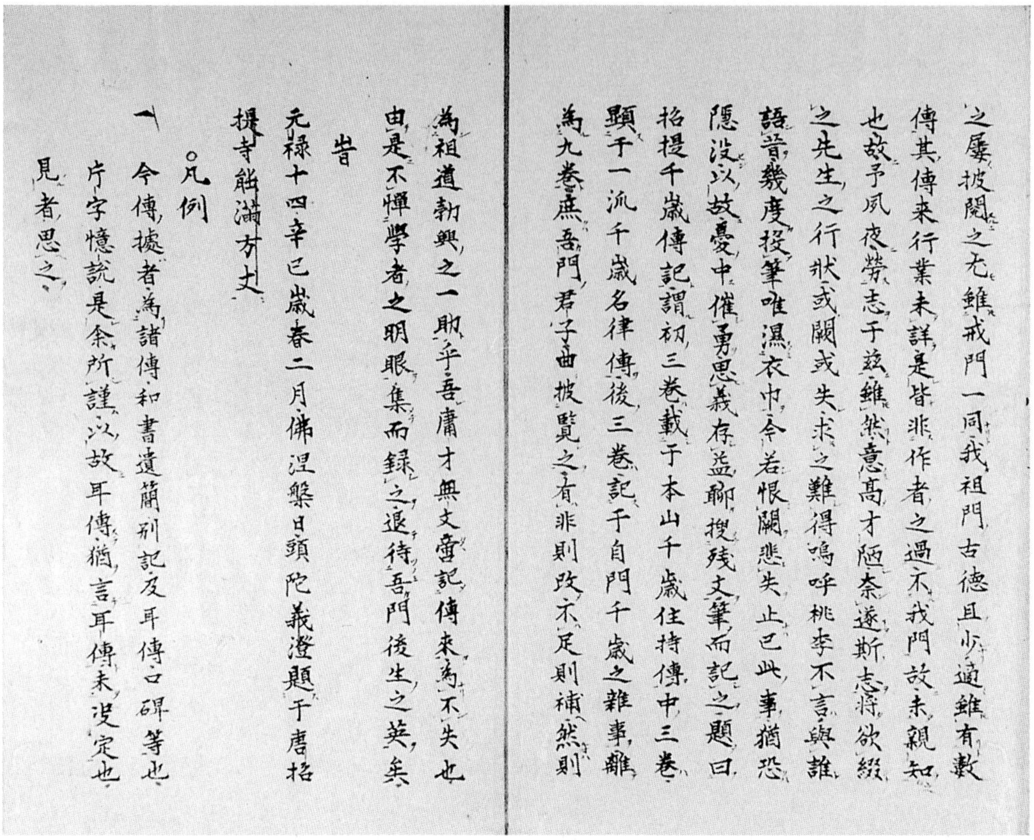
之屢披閲之尤雖戒門一同我祖門古德且少適雖有數
傳其傳来行業未詳是皆非作者之過不我門故未親知
也故予夙夜勞志于茲雖然意高才陋奈遂斯志將欲綴
之先生之行状或闕或失求之難得嗚呼桃李不言與誰
語昔幾度投筆唯濕衣巾今若恨闕悲失止已此事猶恐
隠没以故憂中催勇思義存益聊捜残文筆而記之題曰
招提千歳傳記謂初三巻載于本山千歳住持傳中三巻
顕于一派千歳名律傳後三巻記于自門千歳之雜事離
為九巻庶吾門君子曲披覧之有非則改不足則補然則

為祖道勃興之一助乎吾庸才無文啻記傳来為不失也
由是不憚學者之明眼集而録之退待吾門後生之英矣
皆
元禄十四辛巳歳春二月佛涅槃日頭陀義澄題于唐招
提寺能満方丈
○凡例
一 今傳據者為諸傳和書遺簡別記及耳傳口碑等也
片字憶説是余所謹以故耳傳猶言耳傳未決定也
見者思之

①03オ ①02ウ

レ之屢ク披閲スルニ之・尤モ雖ニトモ戒門一同一ナリト、我カ祖門ノ古徳、且ツ少レナリ・適ク雖レトモ有ニリト数
伝一。其ノ伝来行業未レタ詳ラ・是レ皆ナ非ニス作者ノ之過一ニ・不ニサル我門一故ニ・未ニタ親知一ラ（之）○
也・故ニ・予夙夜ニ・労ニス志ヲ于茲一ニ・雖レトモ然リト・意ノミ高シテ才陋シ・奈レン遂コトヲ斯ノ志一ヲ・将タ欲レ綴ント
レ之・先生ノ之行状・或ハ闕、或失シ・求レトモ之、難レシ得・嗚呼桃李不レ言ハ・与レ誰レ
語レン昔ヲ・幾度カ投レシテ筆・唯湿ニスノミ衣巾一ヲ・今若シ恨レミ闕ヲ悲レミ失ヲ、止ナハ（二）已此ノ事一ヲ・猶恐クハ
隠没セン・以ノ故ニ・憂ノ中ニ催レシ勇ヲ・思レヒ義存レシ益ヲ・聊カ捜ニメテ残文一ヲ・筆シテ而記レシ之ヲ・題シテ曰ニフ
招提千歳伝記一ト・謂ル初ノ三巻ハ・載ニシ于本山千歳住持伝一ヲ・中ノ三巻ハ・
顕ニス于一派千歳名律伝一ヲ・後ノ三巻ハ・記ニス于自門千歳之雑事一ヲ。離テ
為ニル九巻一ト・庶クハ吾カ門ノ君子・曲（テ）披ニ覧シ之一ヲ・有レハ非則改メ・不レハ足則補ヘ・然ルトキハ則

為ニン祖道勃興ノ之一助一ト・乎・吾レ庸才無文、啻タ、記ニシテ伝来一ヲ・為レナリ不レン失也・
由レテ是ニ不レ憚ニ学者ノ之明眼一ヲ・集メテ而録レシ之ヲ・退テ待ニツノミ吾カ門後生ノ之英一ヲ矣・
時
元禄十四・辛巳歳・春二月・仏涅槃日・頭陀義澄題（ス）（二）于唐招
提寺能満方丈一ニ。
○凡例
一\ 今伝ノ拠ハ者・為ニリ諸伝・和書・遺簡・別記・及耳伝・口碑等一也・
片字憶説・是レ余カ所レ也謹ム・以ノ故ニ耳伝スラ・猶ヲ言ニテ耳伝一ト・未ニタ決定一也・
見ル者ノ思レヘ之ヲ・

⌞ ①03オ ⌞ ①02ウ

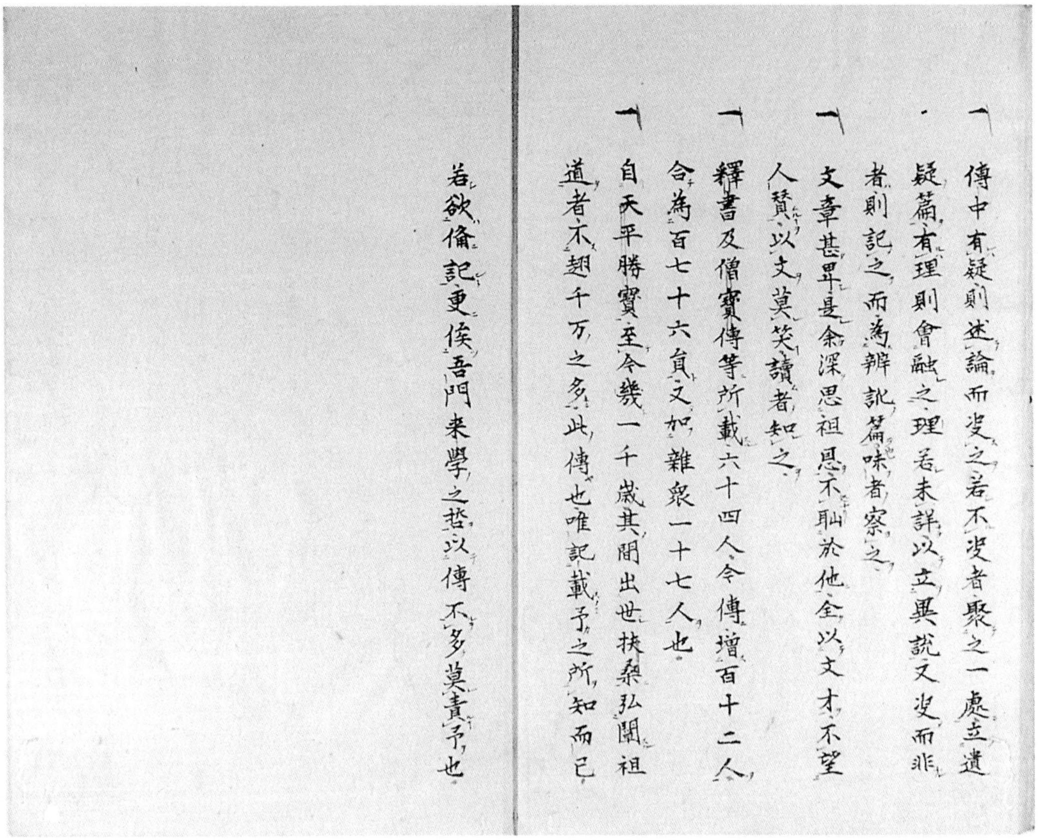
一 傳中有疑則述論而決之若不決者聚之一處立遺
疑篇有理則會融之理若未詳以立異說又決而非
者則記之而為辨訛篇味者察之
一 文章甚卑是余深思祖恩不恥於他全以文才不望
人賛以文莫笑讀者知之
一 釋書及僧寶傳等所載六十四人今傳增百十二人
合為百七十六員又加雜衆一十七人也
一 自天平勝寳至今幾一千歳其間出世扶桑弘闡祖
道者不翅千万之多此傳也唯記載予之所知而已
若欲備記更俟吾門来學之哲以傳不多莫責予也

①04オ ①03ウ

一＼ 伝中有ハレ疑・則述テレ論ヲ而決スレ之ヲ・若シ不ルレ決者・聚テ二之一処ニ一・立ツ二遺
疑ノ篇ヲ一・有ルハレ理。則会二融シ之一・理若シ未レ詳ナラ・以テ立ツ二異説一・又決シテ而非ナル
者ハ・則記シテレ之ヲ而・為ス二弁訛ノ篇ヲ一○(也)。味フ者ノ察ヨレ之ヲ・

一＼ 文章甚タ卑シ・是レ余カ深ク思二祖恩ヲ一・不処ナリレ恥二於他ニ一・全ク以テ二文才ヲ一・不レ望二
人賛ムルコトヲ一・以レ文ヲ莫レ笑コト・読ム者ノ知レレ之ヲ・

一＼ 釈書及僧宝伝等ニ所レ載スル・六十四人・今伝ニ・増ス二百十二人ヲ一・
合テ為二百七十六員ト一・又タ加フ二雑衆一十七人ヲ一也・

一＼ 自リ二天平勝宝一・至テレ今幾ト一千歳・其ノ間出二世シ扶桑一ニ、弘二闡スル祖
道ヲ一者・不ス二趐千万ノ之多キニ一・此ノ伝ヤ也・唯記二載スノミ予カ之所ヲレ知而已・
若シ欲ハ二備ニ記ント一・更ニ俟ツ二吾門来学ノ之哲ヲ一・以テ二伝不ルヲレ多ラ一。莫レ責ルコトレ予ヲ也・

⌊ ①04オ ⌊ ①03ウ

①05オ　①04ウ

# 招提千歳伝記巻上之一

南都招提後学　釈義澄　撰

## ○伝律篇

述曰ク、伝律トハ者、謂ク所下以ナリ住二持シ戒律一ヲ、兼テ相中続スル寺院上ヲ也、律ハ即法ナリ也、
為二タリ是レ吾カ寺ノ之本宗一也、若シ離二テ此ノ法一ヲ、無二シ寺有一レ之、又タ離レ寺ヲ。無二シ法ノ有一ル
レ之、故ニ謂ク法ト与レ寺、相ヒ依テ成二ス此ノ宗一ヲ也、若シ不レンハ伝レ律ヲ。則誰カ預二ン此ノ宗一ニ、若シ
不レハ持レ寺、則法ノ無レシ住レスル之(ニ)矣、於二テヤ吾寺一ニ也、以二テ戒律ノ宗一ヲ。為二ス我本体一ト、伝
律ノ之功、嗟偉矣哉《ナルカナ》、是レ即所二以ナリ伝律ノ篇来一ル也、若シ又タ吾カ山ノ毳侶、
有レルハ離レル之(ヲ)者、我レ将《ハタ》難レ奈乎、夫レ太祖者ハ、伝律ノ大ナル者ナリ也、其諸祖ハ者、

①05オ　①04ウ

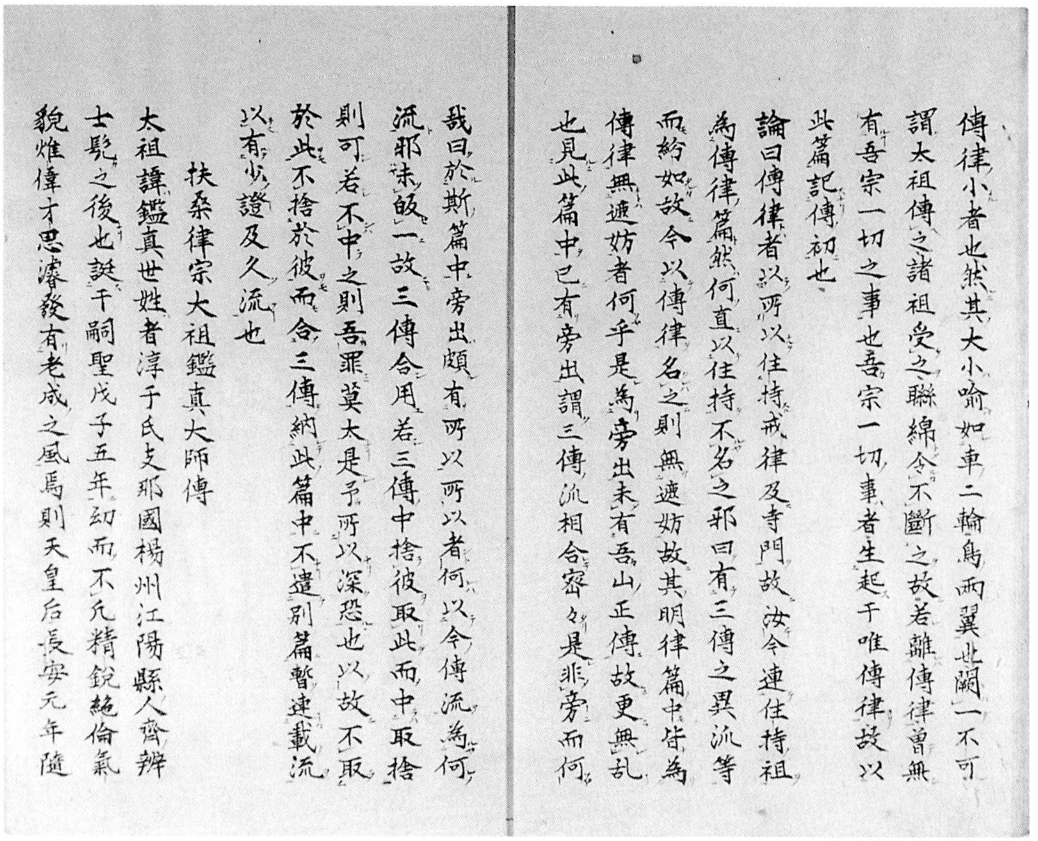
傳律小者也然其大小喩如車二輪鳥兩翼也闕一不可
謂太祖傳之諸祖受之聯綿令不斷之故若離傳律曾無
有吾宗一切之事也吾宗一切事者生起于唯傳律故以
此篇記傳初也
論曰傳律者以所以住持戒律及寺門故汝今連住持祖
為傳律篇然何直以住持不名之邪曰有三傳之異流等
而紛如故今以傳律名之則無遮妨故其明律篇中皆為
傳律無遮妨者何乎是為旁出未有吾山正傳故更無乱
也見此篇中已有旁出謂三傳流相合密々是非旁而何
哉曰於斯篇中旁出頗有所以所以者何以今傳流為何
流邪未皈一故三傳合用若三傳中捨彼取此而中取捨
則可若不中之則吾罪莫太是予所以深恐也以故不取
於此不捨於彼而合三傳納此篇中不遺別篇暫連載流
以有少證及久流也
扶桑律宗大祖鑑真大師傳
太祖諱鑑真世姓者淳于氏支那國楊州江陽縣人齊辨
士髡之後也誕于嗣聖戊子五年幼而不凡精鋭絶倫氣
貌惟偉才思濬發有老成之風焉則天皇后長安元年隨

①06オ　①05ウ

伝律ノ小ナル者也。然ルニ其ノ大小ハ、喩ヘハ如ニシ車ノ二輪一。鳥ノ両翼一也。闕レハ一ヲ不可也。
謂ク太祖伝レヘ之。諸祖受レケ之ヲ。聯綿トシテ令レルカ不レ断レ之ヲ故ニ。若シ離ニレハ伝律一。曽テ無ン(レ)有ニルコト吾宗一切之事一也。吾カ宗一切ノ事ハ者。生ニ起ス于唯伝律一ヨリ。故以ニ
此篇一、記ニスナリ伝ノ初一ニ也。
論曰、伝律トハ者、以テノ四所三以ナルヲ住ニ持スル戒律及ヒ寺門一ヲ故ニ、汝チ今連ニテ住持ノ祖一ヲ。
為ニリ伝律ノ篇一ト。然ハ何ソ直ニ以ニテ住持一ヲ不レルヤ名レ之邪。曰ク有ニテ三伝之異派等一、
而モ紛如タルカ故ニ。今以ニテ伝律一ヲ名レクレハ之ニ、則無ニカ遮妨一故ニ。其ノ明律篇ノ中モ、皆ナ為ニリ
伝律一。無ニキトハ遮妨一者、何ソヤ乎。是レ為ニリ旁出一。未レタ有ニ吾カ山ノ正伝一ニ故ニ、更ニ無レシ乱コト
也。見ニルニ此ノ篇中一ヲ、已ニ有ニリ旁出一。謂ク三伝ノ派相合シテ密々タリ。是レ非レシテ旁ニ而何ソヤ

①05ウ

哉。曰ク於ニル斯ノ篇中一ニ旁出ハ、頗ル有ニリ所以一。所以者ントハ何レハ、以ニテ今ノ伝流一ヲ、為ニルヤ何レノ
流一ト邪。未レタ帰レセ一ニ。故ニ三伝合シ用ユ。若シ三伝ノ中、捨レテ彼ヲ取レリ此ヲ、而シテ中ニラハ取捨一、
則可シ。若シ不レンハ中ラ之、則吾カ罪ミ莫太ナリ。是レ予カ所ニ以ナリ深ク恐一ル、也。以ノ故ニ不レ取ニラ
於此一ヲモ、不レ捨ニ於彼一ヲモ、而モ合ニシテ三伝一ヲ、納ニレテ此ノ篇中一ニ、不レナリ遺ニラ別篇一ニ。暫ク連ニコトハ載ノ流一ヲ、
以レテ也有ニルヲ少キノ証及久ク流一フコト也。

## 扶桑律宗大祖鑑真大師伝

太祖、諱ハ鑑真。世姓ハ者淳于氏。支那国楊州江陽県ノ人。斉ノ弁
士、髡カ之後ナリ也。誕ニス于嗣聖戊子五年一ニ。幼而シテ不レ凡、精鋭絶倫、気
貌惟偉、才思濬発、有ニリ老成ノ之風一焉。則天皇后長安元年、随

①06オ

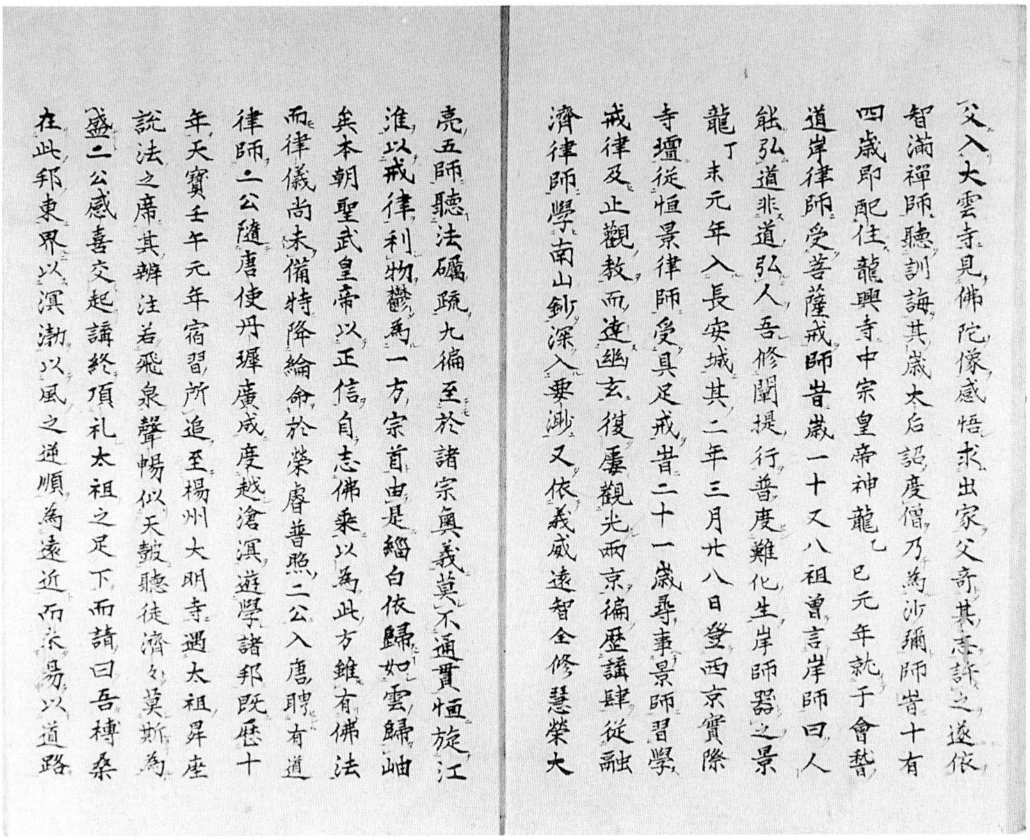

①07オ ①06ウ

レ父ニ入二リ大雲寺一ニ、見二テ仏陀ノ像一ヲ感悟シ、求二ム出家一ヲ。父奇二トシテ其ノ志一ヲ許レス之ヲ。遂ニ依二テ
智満禅師一ニ聴二ク訓誨一ヲ。其ノ歳、太后詔シテ度レ僧ヲ、乃チ為二ル沙弥一ト。師時ニ十有
四歳。即配二住ス龍興寺一ニ。中宗皇帝神龍乙巳元年、就二イテ于会稽ノ
道岸律師一ニ受二ク菩薩戒一ヲ。師時ニ歳一十又八。祖曽テ言二テ岸師一曰ク、人
能ク弘レム道。非二ス道ノ弘レルニ人ヲ。吾レ修二闡提ノ行一ヲ、普ク度二セン難化ノ生一ヲ。岸師器レトシテ之ヲ。景
龍丁未元年、入二ル長安城一ニ。其ノ二年三月廿八日、登二テ西京実際
寺壇一ニ、従二恒景律師一ニ受二ク具足戒一ヲ。時ニ二十一歳。尋テ事二ヘテ景師一ニ、習二学ス
戒律及ヒ止観ノ教一ヲ。而シテ達二ス幽玄一ニ。復タ屢く観二光シ両京一ヲ、徧ク歴二講肆一ヲ。従二融
済律師一ニ学二ヒ南山鈔一ヲ、深ク入二ル要渺一ニ。又タ依二テ義威・遠智・全修・慧栄・大

└
①06ウ

亮ノ五師一ニ聴二コト法礪ノ疏一ヲ九徧。至二テモ於諸宗奥義一ニ莫レシ不二通貫一。恒ニ旋二テ江
淮一ヲ、以二テ戒律一ヲ利レシ物ヲ、鬱トシテ為二ル一方ノ宗首一ト。由レテ是ニ緇白依帰スルコト如二シ雲ノ帰一レカ岫
矣。本朝聖武皇帝、以二テ正信一ヲ自ラ志二仏乗一ニ。以為ク、此ノ方雖レトモ有二リト仏法一、
而モ律儀尚未レタ備スト。特ニ降二綸命ヲ於栄叡・普照ノ二公一ニ、入唐シテ聘二セシム有道
律師一ヲ。二公随二テ唐使丹墀広成一ニ度二越シ滄溟一ヲ、遊二学シ諸邦一ニ、既ニ歴二十
年一ヲ。天宝壬午元年、宿習ノ所レ追フ、至テ(二)揚州大明寺一ニ、遇二太祖ノ昇座
説法ノ之席一ニ。其ノ弁注若二ク飛泉一ノ、声暢似二リ天鼓一ニ。聴徒済々トシテ莫二シ斯レヨリ為一ルハ
レ盛ナリト。二公感喜交く起リ、講終テ頂二礼シ太祖ノ之足下一ヲ、而請シテ曰ク、吾カ榑桑
在二リ此ノ邦ノ東一ニ。界ルニ以二ス溟渤一ヲ。以二テ風ノ之逆順一ヲ為二遠近一ト。而未タ下易ラ中以二テ道路一ヲ

└
①07オ

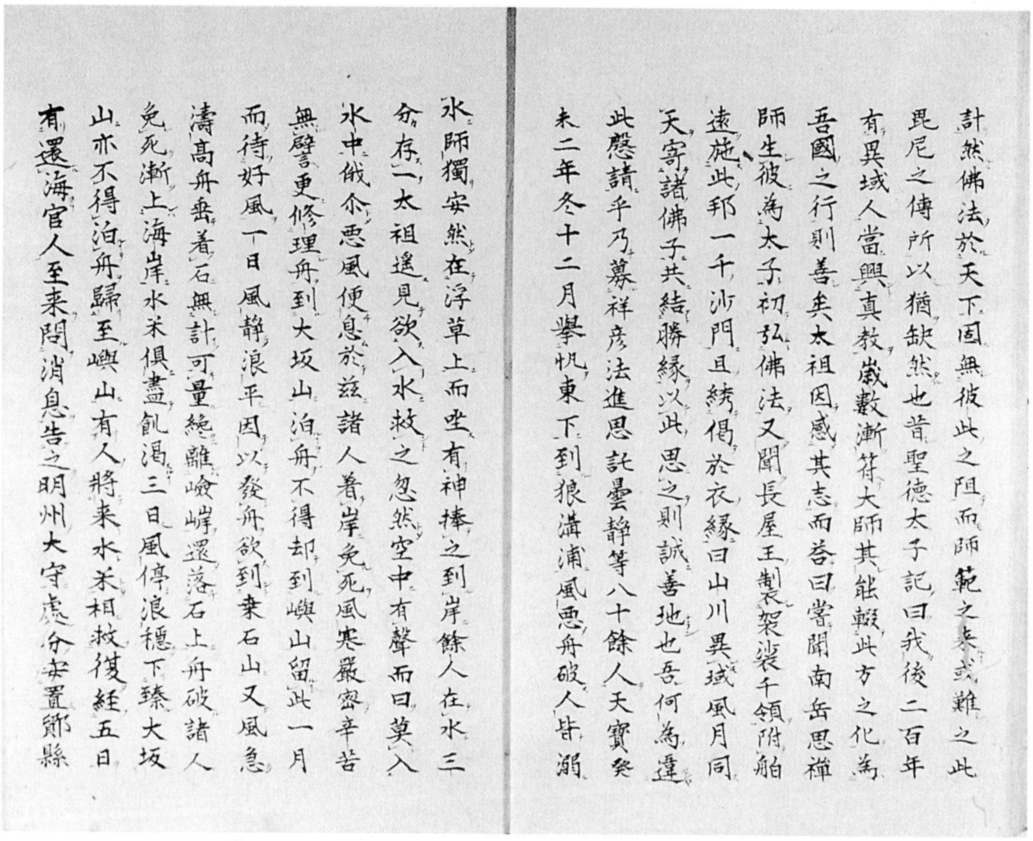

計然佛法於天下固無彼此之阻而師範之来或難之此
毘尼之傳所以猶缺然也昔聖徳太子記曰我後二百年
有異域人當興真教歳數漸符大師其能輟此方之化為
吾國之行則善矣太祖因感其志而答曰嘗聞南岳思禅
師生彼為太子初弘佛法又聞長屋王製袈裟千領附舶
遠施此邦一千沙門且綉偈於衣縁曰山川異域風月同
天寄諸佛子共結勝縁以此思之則誠善地也吾何為違
此慇請乎乃募祥彦法進思託曇静等八十餘人天寳癸
未二年冬十二月擧帆東下到狼溝浦風悪舟破人皆溺

水師獨安然在浮草上而坐有神捧之到岸餘人在水三
分存一太祖遥見欲入水救之忽然空中有聲而曰莫入
水中俄尓悪風便息於玆諸人着岸免死風寒嚴密辛苦
無譬更修理舟到大坂山泊舟不得却到嶼山留此一月
而待好風一日風静浪平因以發舟欲到桑石山又風急
濤高舟垂着石無計可量纔離嶮岸還落石上舟破諸人
免死漸上海岸水米俱盡飢渇三日風停浪穏下臻大坂
山亦不得泊舟歸至嶼山有人将来水米相救復経五日
有還海官人至来問消息告之明州大守處分安置鄮縣

①08オ　①07ウ

計上リ。然ルニ仏法ノ於二ル天下一ニ、固ニ無二シ彼此ノ之阻一テ。而モ師範之来ルコト、或難シ之。此レ
毘尼之伝、所二以也猶ヲ欠然タル也。昔シ聖徳太子記シテ曰ク、我カ後二百年、
有二テ異域人一、当ニ興二ント真教一ヲ。歳数漸ク符ヘリ。大師其レ能輟二テ此方之化一ヲ、為二ハ
吾国ノ之行一、則善シ矣。太祖因テ感二シテ其志一ヲ、而答テ曰ク、嘗テ聞、南岳思禅
師生レシ彼ニ為二太子一ト、初テ弘二ムト仏法一ヲ。又タ聞ク、長屋王ノ製二シ袈裟千領一ヲ、附レテ舶
遠ク施二ス此ノ邦一千ノ沙門一ニ。且ツ綉二テ偈ヲ於衣ノ縁一ニ曰、山川異レレトモ域、風月同ス
レ天ヲ、寄二テ諸ノ仏子一ニ、共ニ結二フト勝縁一ヲ。以レテ此ヲ思レニ之ヲ、則誠ニ善地ナラン也。吾レ何為ソ違二センヤ
此慇請一ニ乎。乃チ募二ル祥彦・法進・思託・曇静等八十余人一ヲ。天宝癸
未二年冬十二月、挙二帆ヲ東下一ニ到二ル狼溝浦一ニ。風悪シテ舟破ス。人皆ナ溺ル
レ水ニ。師独リ安然トシテ在二テ浮草上一ニ而坐ス。有レリ神捧レテ之到レル岸ニ。余人在レテ水ニ三
分カ存レス一ヲ。太祖遥ニ見テ、欲二スリ入レ水ニ救レント之。忽然トシテ空中ニ有レ声而曰ク、莫レレ入二
水中一ニ。俄尓トシテ悪風便チ息ム。於テ茲ニ諸人着レテ岸ニ免レル死ヲ。風寒厳密ニシテ辛苦
無レシ譬ヘ。更ニ修二理シ舟一ヲ、到二ル大坂山一ニ。泊レルコトヲ舟ヲ不レ得、却テ到二ル嶼山一ニ。留レルコト此一月、
而シテ待二ツ好風一ヲ。一日風静ニシテ浪平也。因テ以テ発レシ舟ヲ欲レス到二ント桑石山一ニ。又タ風急ニシテ
濤高、舟垂テ着レク石ニ。無二シ計コトノ可一レキ量ル。纔カニ離二レハ嶮岸一ヲ、還タ落二チ石上一ニ舟破ル。諸人
免レレ死ヲ、漸ク上二レハ海岸一ニ、水米倶ニ尽テ、飢渇スルコト三日也。風停ミ浪穏ニシテ下二リ臻ル大坂
山一ニ。亦不レ得レ泊ルコトヲ舟ヲ、帰二リ至ル嶼山一ニ。有下リ人ノ将二テ来リ水ト米一トヲ相ヒ救上フ。復タ経二フ五日一ヲ。
有二リ還レル海ヨリ官人一。至来テ問二フ消息一ヲ。告二ク之ヲ明州ノ大守一ニ。処分シテ安二置ス鄮県

①08オ

①07ウ

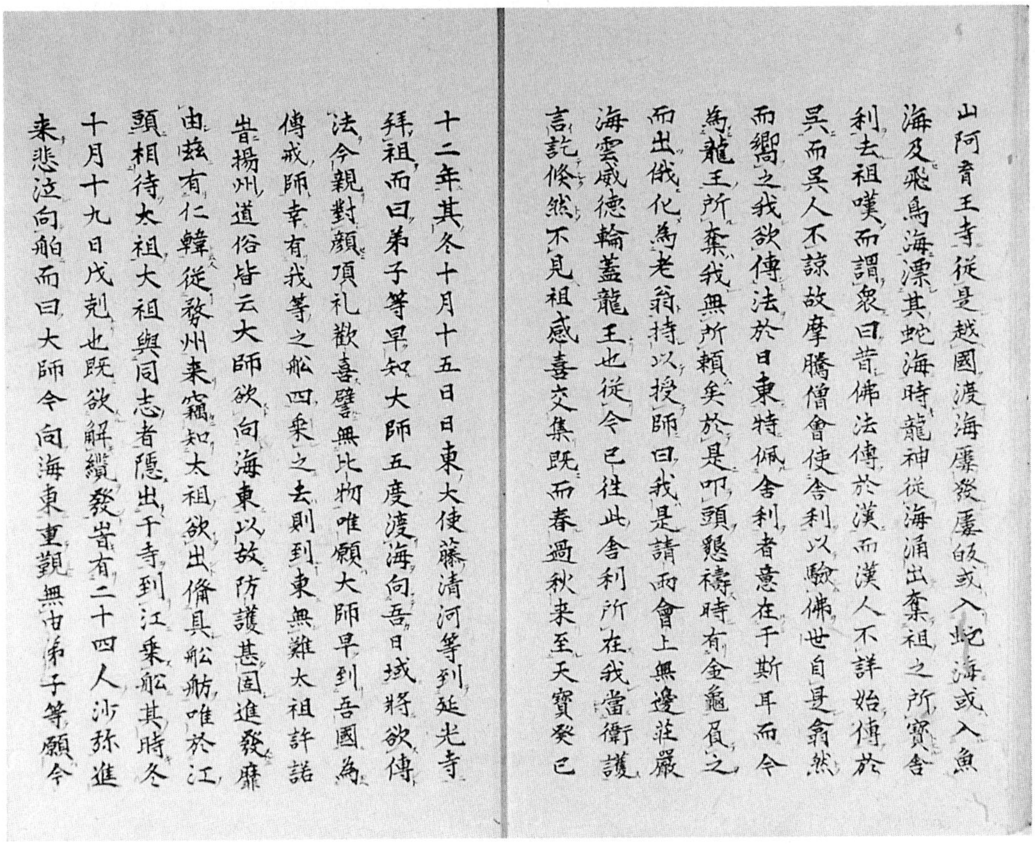
十二年其冬十月十五日日東大使藤清河等到延光寺
拜祖而曰弟子等早知大師五度渡海向吾日域將欲傳
法今親對顔頂礼歓喜譬無比物唯願大師早到吾國為
傳戒師幸有我等之船四乗之去則到東無難太祖許諾
昔揚州道俗皆云大師欲向海東以故防護甚固進發靡
由玆有仁韓従務州来竊知太祖欲出備具船舫唯於江
頭相待太祖大祖與同志者隠出于寺到江乗船其時冬
十月十九日戊剋也既欲解纜發耑有二十四人沙弥進
来悲泣向舶而曰大師今向海東重覲無由弟子等願今

①09オ

山阿育王寺従是越國渡海屢發屢皈或入蛇海或入魚
海及飛鳥海漂其蛇海時龍神従海涌出奪祖之所寳舎
利去祖嘆而謂衆曰昔佛法傳於漢而漢人不詳始傳於
呉而呉人不諒故摩騰僧會使舎利以驗佛世自是翕然
而嚮之我欲傳法於日東特佩舎利者意在于斯耳而今
為龍王所奪我無所頼矣於是叩頭懇禱時有金亀負之
而出俄化為老翁持以授師曰我是請雨會上無邊莊嚴
海雲威德輪蓋龍王也従今已往此舎利所在我當衛護
言訖倏然不見祖感喜交集既而春過秋来至天寳癸巳

①08ウ

山阿育王寺一ニ。従レ是レ越ヘレ国ヲ渡リレ海、屢ク発シ屢帰リ、或ハ入リ二蛇海一ニ、或ハ入ル二魚海及ヒ飛鳥海一ニ。漂シ二其ノ蛇海一ニ時キ、龍神従リレ海涌出テ、奪テ二祖ノ之所ノレ宝トスル舎利ヲ一去ル。祖嘆シテ而謂テレ衆ニ曰ク、昔シ仏法伝フ二於漢一ニ、而漢人不レ詳。始テ伝フ二於呉一ニ、而呉人不レ諒。故ニ摩騰・僧会、使ム二舎利ヲ一以テ験シムレ仏ヲ。世自リレ是レ翕然トシテ而嚮フレ之ニ。我レ欲シレ伝ント二法ヲ於日東一ニ。特ニ佩ル二舎利ヲ一者、意在ルノミ二于斯一耳。而ニ今為メニ二龍王ノ一所ル奪ハ。我レ無シレ所レ頼ム矣。於テレ是ニ叩テレ頭ヲ懇祷ス。時ニ有リ二金亀一。負テレ之ヲ而出ツ。俄ニ化シテ為二老翁一ト。持シ以テ授テレ師ニ曰ク、我ハ是レ請雨会上無辺荘厳海雲威徳輪蓋龍王ナリ也。従レ今已往、此ノ舎利所レ在ス、我レ当ニ二衛護《シト》一ス。言イ訖テ、倏然《シク》トシテ不レ見ヘ。祖感喜交集リ。既ニ而春ル過秋来リ。至ル二天宝癸巳

十二年一ニ。其ノ冬十月十五日、日東ノ大使藤ノ清河等、到テ二延光寺一ニ、拝シテレ祖ヲ而曰ク、弟子等早ク知ル。大師五度渡リレ海ヲ、向フテ二吾カ日域一ニ、将ニ欲スレ伝ントレ法ヲ。今親リ対シレ顔ニ、頂礼歓喜ス。譬ルニ無シ二比物一。唯願ハ大師早ク到リ二吾国一ニ、為玉ヘ二伝戒ノ師一ト。幸ニ有リ二我等ノ之船四ツ一。乗シレ之ニ去ハ、則到ルコトレ東ニ無シレ難。太祖許諾シ。時ニ揚州ノ道俗皆云、大師欲スレ向ントレ海東ニ。以ノ故ニ防護甚タ固シ。進発スルニ靡シレ由。兹ニ有リ二仁韓一ト云人。従リ二務州一来リ、竊カニ知リ二太祖ノ欲コトヲ一レ出ント、備ニ具シ船舫ヲ、唯於二江ノ頭一ニ相ニ待ツ太祖ヲ。大祖与二同志ノ者一、隠ニ出テ二于寺ヲ一、到リ二江一ニ乗スレ船ニ。其ノ時キ冬十月十九日戊剋ナリ也。既ニ欲スル二解キレ纜ヲ発シント一時キ、有リ二二十四人ノ沙弥一。進来テ悲泣シ、向テレ舶ニ而曰ク、大師今向フ二海東一ニ。重テ観《ミルニ》無シレ由。弟子等ラ。願ハ今

⌐①09オ ⌐①08ウ

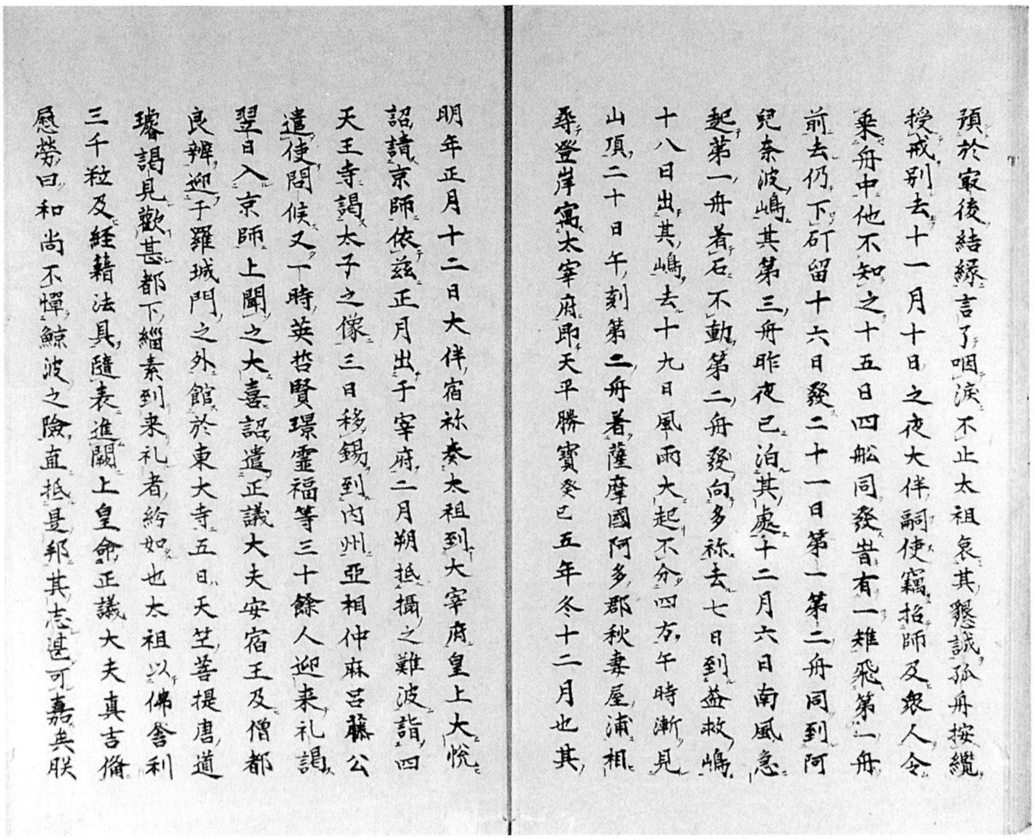

①10オ　①09ウ

預ント二於最後ノ結縁ニ一。言了テ、咽テレ涙ニ不レ止。太祖哀ミ二其ノ懇誠ヲ一、孤舟按ヘレ纜ヲ、
授テレ戒ヲ別レ去玉フ。十一月十日ノ之夜、大伴ノ嗣《フス》使、竊カニ招テ二師及ヒ衆人ヲ一令ム
レ乗セ二舟中ニ一。他不レ知ラレ之ヲ。十五日、四船同ク発ス。時キ有リ二一ツノ雉一。飛ヒ二第一ノ舟ノ
前ニ一去ル。仍テ下ロシテレ矴留。十六日、発ス。二十一日、第一第二ノ舟同ク到ル二阿
児奈波ノ嶋ニ一。其第三ノ舟、昨夜已ニ泊ル二其ノ処ニ一。十二月六日、南風急ニ
起テ、第一ノ舟着テレ石ニ不レ動カ。第二ノ舟発シテ向テ二多祢ニ一去ル。七日、到ル二益救ノ嶋ニ一。
十八日、出テ二其ノ嶋ヲ一去ル。十九日、風雨大ニ起リ、不レ分タ二四方ヲ一。午時漸ク見ル二
山頂ヲ一。二十日午ノ刻、第二ノ舟着ク二薩摩国阿多ノ郡秋妻屋ノ浦ニ一。相ヒ
尋テ登岸。寓ス二太宰府ニ一。即チ天平勝宝癸巳五年冬十二月也。其ノ

明年正月十二日、大伴ノ宿祢奏ス三太祖到ルコト二大宰府ニ一。皇上大ニ悦ヒ、
詔シテ請ス二京師ニ一。依テレ茲ニ正月出テ二于宰府ヲ一、二月朔、抵ル二摂ノ之難波ニ一。詣シテ二四
天王寺ニ一謁ス二太子之像ニ一。三日、移シテレ錫ヲ到ル二内州ニ一。亜相仲麻呂藤公
遣シテレ使ヲ問候ス。又タ一時ノ英哲賢璟・霊福等三十余人、迎来テ礼謁ス。
翌日、入ル二京師ニ一。上聞シテ之大ニ喜ヒ、詔シテ遣シテ二正議大夫安宿王及ヒ僧都
良弁ヲ一、迎フ二于羅城門ノ之外ニ一。館ス二於東大寺ニ一。五日ハ天竺ノ菩提・唐ノ道
璿謁見シ、歓コト甚シ。都下ノ緇素到リ来リ、礼ル者ノ紛如タル也。太祖以テ二仏舎利
三千粒及ヒ経籍法具ヲ一、随レ表ニ進ムレ闕ニ。上皇命シテ二正議大夫真吉備ニ一、
慰労シテ曰ク、和尚、不レ憚ラ二鯨波ノ之険ヲ一、直ニ抵ル二是ノ邦ニ一。其ノ志シ甚タ可シレ嘉ス矣。朕

①09ウ

①10オ

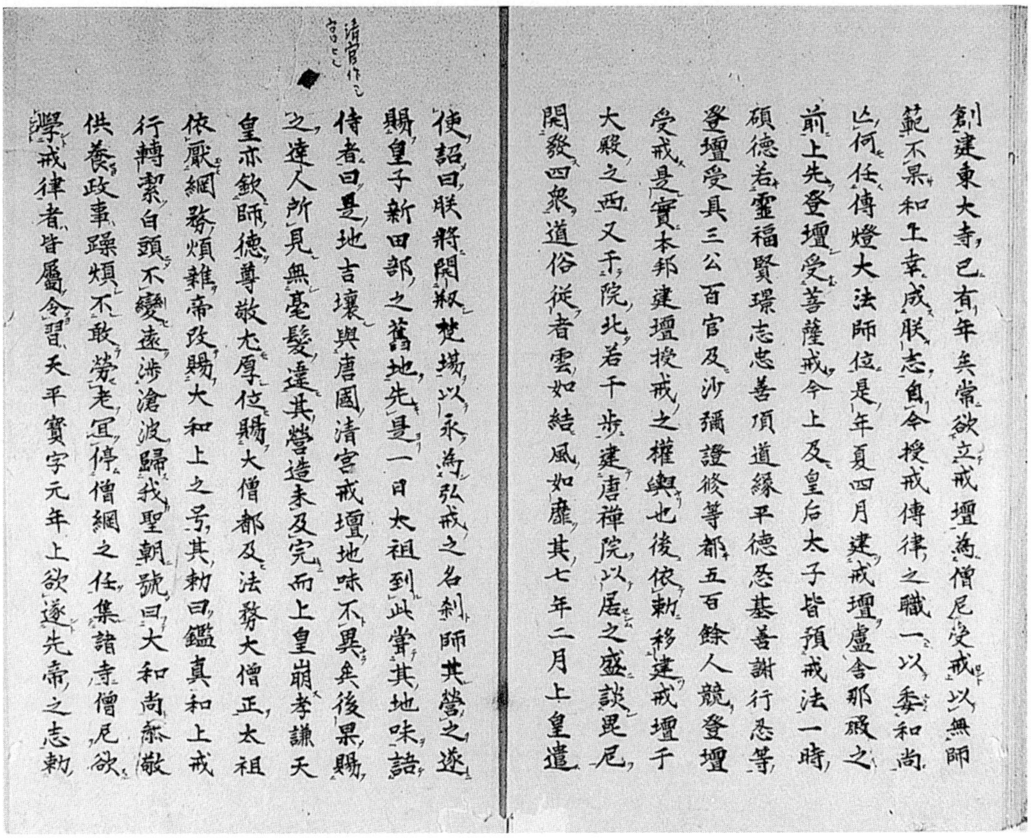

①11オ　①10ウ

創二建東大寺一《ヲ》、已《ニ》有《リ》レ年矣。常《ニ》欲下立《テ》二戒壇一為《ニ》二僧尼一受戒《セント》上、以《テ》レ無二師
範一不レ果《サ》。和上幸《ニ》成《ス》二朕《カ》志一《ヲ》。自《リ》レ今授戒伝律《ノ》之職、一《ヘニ》以《テ》委《ユタヌ》二和尚一《ニ》。
亡《シテ》レ何《モ》、任《ス》二伝灯大法師位一《ニ》。是《ノ》年夏四月、建《ツ》二戒壇《ヲ》盧舎那殿之
前一《ニ》。上先《ツ》登壇《シ》、受《ケ玉》二菩薩戒一《ヲ》。今上及《ヒ》皇后・太子、皆預二戒法一。一時《ノ》
碩徳、若《キ》二霊福・賢璟・志忠・善頂・道縁・平徳・忍基・善謝・行忍等一《ノ》、
登壇受具。三公百官及《ヒ》沙弥証修等、都《テ》五百余人。競《テ》登壇
受戒《ス》。是《レ》実《ニ》本邦建壇授戒《ノ》之権輿《ナリ》也。後《ニ》依《テ》レ勅《ニ》、移二建《ツ》戒壇于
大殿《ノ》之西一《ニ》。又于《テ》二院《ノ》北《タ》若干歩一《ニ》建《テ》二唐禅院一《ヲ》、以《テ》居《セシム》之。盛《ニ》談《シ》二毘尼一《ヲ》、
開二発《ス》四衆一《ヲ》。道俗従《フ》者、雲《ノ》如結《ヒ》風《ノ》如靡《ク》。其《ノ》七年二月、上皇遣《ス》
レ使《ヲ》。詔《シテ》曰《ク》、朕、将《ニ》開二刱《シ》梵場一《ヲ》、以《テ》永《ク》為《ン》二弘戒《ノ》之名刹一《ト》。師其レ営《メ》之《ヲ》。遂《イニ》
賜《フ》二皇子新田部《ノ》之旧地一《ヲ》。先《キ》レ是《ヨリ》、一日太祖到《ル》レ此。嘗《テ》二其《ノ》地味一《ヲ》、語《テ》二
侍者一《ニ》曰《ク》、是《ノ》地吉壌《也》。与二唐国《ノ》清宮戒壇《ノ》地味一不《ト》レ異《ナラ》矣。後果《シテ》賜《フ》二
レ之《ヲ》。達人所《ル》レ見無《シ》二毫髪《ノ》違一《ヒ》。其《ノ》営造未レ及レ完《キニ》、而上皇崩《ス》。孝謙天
皇、亦欽《ミ》二師《ノ》徳一《ヲ》、尊敬尤《モ》厚《シ》。位《ヒ》賜《フ》二大僧都及《ヒ》法務大僧正一《ヲ》。太祖
依レ厭《玉フニ》二綱務《ノ》煩雑一《ヲ》、帝改《テ》賜《フ》二大和上之号一《ヲ》。其《ノ》勅曰《ク》、鑑真和上、戒
行転潔《ク》、白頭《ニシテ》不レ変《セ》。遠《ク》渉二滄波一《ヲ》、帰《ス》二我《カ》聖朝一《ニ》。号《シテ》曰《ツテ》二大和尚一《ト》、恭敬
供養《セヨ》。政事《ハ》躁煩《シ》、不レ敢《テ》労《セ》レ老《ヲ》。宜《シク》レ停《ム》二僧綱之任一《ヲ》。集《ル》《テ》二諸寺一《ニ》《ノ》僧尼《ヲ》、欲《スル》《ハ》
レ学《ント》《シメント》二戒律一者《ハ》、皆属《シテ》令《メヨ》レ習《ハ》。天平宝字元年、上欲レ遂《ント》二先帝《ノ》之志一、勅《シテ》二

★清官作ヘシ。宮ヒ也。

①11オ　①10ウ

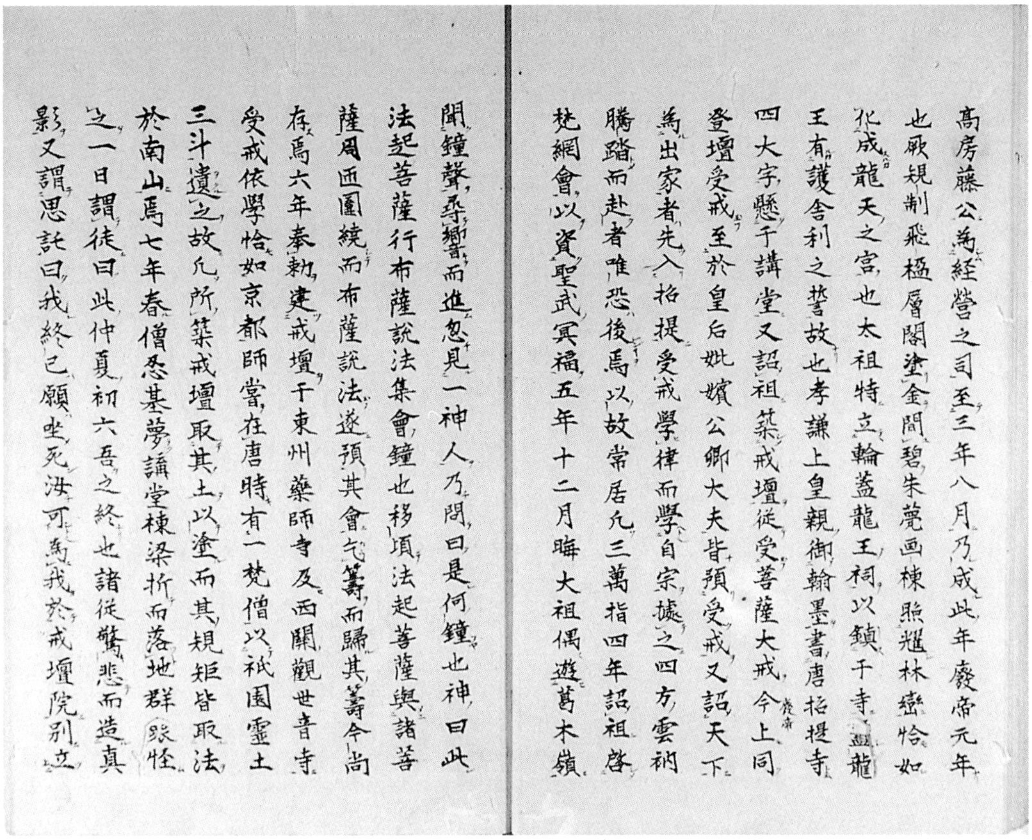

①12オ　①11ウ

高房藤公ニ為二シム経営之司一。至テ二三年八月一ニ、乃シ成ル。此ノ年、廃帝元年ナリ也。厥規制、飛楹層閣塗レリ金ヲ間レユ碧ヲ。朱甍画棟照二耀シ林巒一ニ、恰モ如シレ化二成スルカ龍天ノ之宮一ヲ也。太祖特ニ立二テ、輪蓋龍王ノ祠一ヲ、以鎮二ス于寺一ニ。蓋シ龍王有二ルカ護舎利之誓一故ナリ也。孝謙上皇親ク御二シテ翰墨一ヲ、書二シテ唐招提寺一ト云四大字一ヲ、懸二ク于講堂一ニ。又詔レシテ祖ニ築二シメ戒壇一ヲ、従テ受二玉フ菩薩大戒一ヲ。今上《廃帝》モ同ク登壇受戒玉フ。至二於皇后・妣嬪・公卿・大夫一、皆ナ預二リ受ク戒一ヲ。又詔二シテ天下一ニ、為二ル出家一者ハ先ッ入二リ招提一ニ、受レ戒学レヒ律、而学二ヘト也自宗一ヲ。拠レテ之ニ、四方ノ雲衲、騰踏トシテ而赴ク者、唯恐ハ後レンコトヲ焉。以ノ故、常居凡ソ三万指。四年、詔レシテ祖ニ啓二シメ梵網会一ヲ、以テ資二ク聖武ノ冥福一ヲ。五年十二月晦、大祖偶く遊二ヒ葛木嶺一ニ、

聞二ク鐘声一ヲ。尋レテ響キヲ而進ム。忽チ見二ル一神人一ヲ。乃チ問テ曰ク、是レ何ノ鐘ソヤ也。神ノ曰、此レ法起菩薩、行布薩説法、集会ノ鐘也。移頃テ法起菩薩、与二メニ諸菩薩一、周匝囲繞シテ而布薩説法玉フ。遂ニ預二リ其会一ニ、乞《カウ》レ籌ヲ而帰ル。其ノ籌、今尚存ス焉。六年、奉レ勅ヲ、建二ッ戒壇ヲ于東州薬師寺及ヒ西関ノ観世音寺一ニ。受戒依学、恰モ如二京都一。師嘗テ在レ唐時キ、有二一梵僧一。以二テ祇園霊土三斗一遺《ヲクル》レ之ヲ。故ニ凡ソ所レノ築戒壇、取二テ其ノ土一ヲ以テ塗ル。而其ノ規矩、皆取二ル法ヲ於南山一ニ焉。七年春ル、僧忍基夢ラク、講堂棟梁折テ、而落レット地。群衆怪ムレ之ヲ。一日謂レテ徒ニ曰ク、此ノ仲夏ノ初六、吾カ之終ナリ也。諸徒驚キ悲テ、而造二ル真影一ヲ。又謂二テ思託一曰ク、我レ終已ハ、願ハ坐シテ死ン。汝チ可下シト也為レニ我カ於二テ戒壇院一ニ別ニ立ッ上二

①12オ　①11ウ

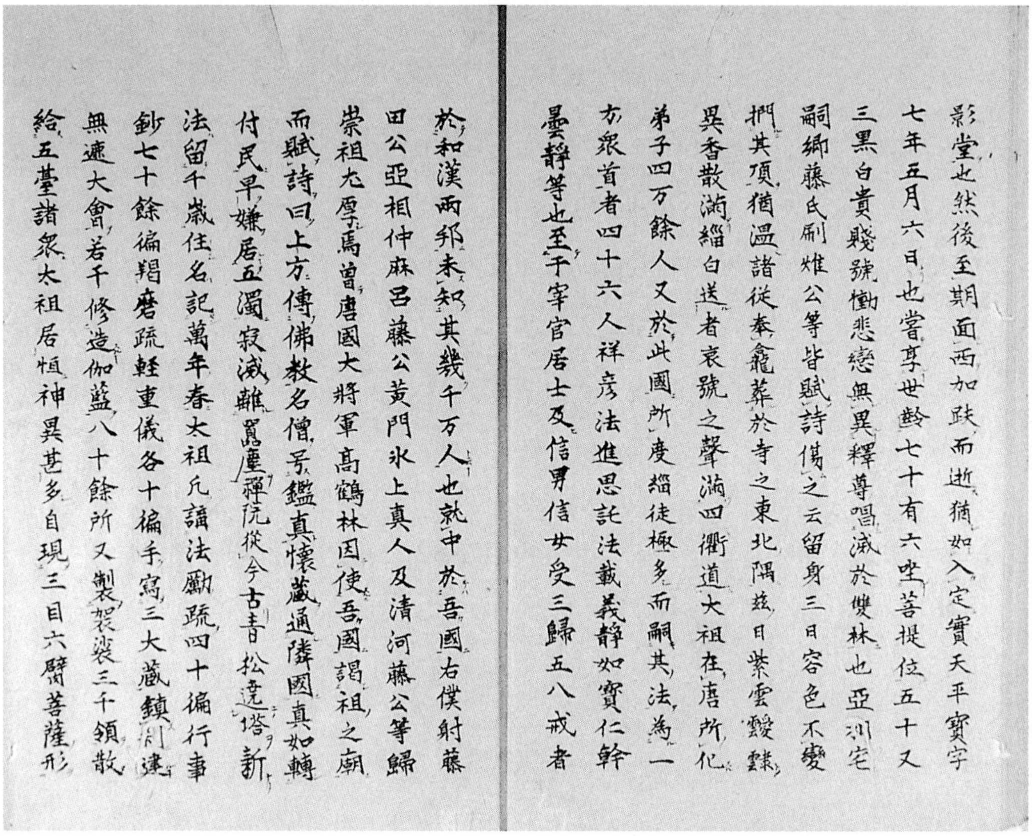

影堂也然後至期面西加趺而逝猶如入定實天平寶字
七年五月六日也嘗享世齡七十有六坐菩提位五十又
三黒白貴賤號慟悲戀無異釋尊唱滅於雙林也亞相宅
嗣卿藤氏刷雄公等皆賦詩傷之云留身三日容色不變
捫其頂猶温諸從奉龕葬於寺之東北隅玆日紫雲靉靆
異香散満緇白送者哀號之聲満四衢道大祖在唐所化
弟子四万餘人又於此國所度緇徒極多而嗣其法為一
方衆首者四十六人祥彦法進思託法載義静如寶仁幹
曇静等也至于宰官居士及信男信女受三歸五八戒者

於和漢兩邦未知其幾千万人也就中於吾國右僕射藤
田公亞相仲麻呂藤公黄門氷上真人及清河藤公等歸
崇祖尤厚焉曽唐國大将軍高鶴林因使吾國謁祖之廟
而賦詩曰上方傳佛教名僧号鑑真懐藏通隣國真如轉
付民早嫌居五濁寂滅離囂塵禅院從今古青松遶塔新
法留千歳住名記萬年春太祖凡講法勵疏四十徧行事
鈔七十餘徧羯磨疏軽重儀各十徧手寫三大藏鎮刹建
無遮大會若干修造伽藍八十餘所又製袈裟三千領散
給五臺諸衆太祖居恒神異甚多自現三目六臂菩薩形

①13オ　①12ウ

影堂一ヲ也。然後、至レ期、面レニシ西ヲ、加趺シテ而逝ス。猶シ如レシ入レカ定ニ。実天平宝字
七年五月六日ナリ也。嘗テ享二ルコト世齢一七十有六、坐二ルコト菩提位一ニ五十又
三。黒白貴賤、号慟悲恋。無レシ異三ルコト釈尊ノ唱二フニ滅於双林一ニ也。亜相宅
嗣卿・藤氏刷雄公等、皆賦レシテ詩傷レム之云。留身三日、容色不レ変。
捫二ルニ其頂一ヲ、猶温也。諸従奉レシテ龕、葬二ル於寺之東北ノ隅一ニ。茲ノ日、紫雲靉靆トシテ、
異香散満タリ。緇白送ル者、哀号之声、満二ツ四衢道一ニ。大祖在レテ唐、所レノ化スル
弟子四万余人。又於二テ此国一ニ、所レ度緇徒極多シ。而嗣二キ其ノ法一ヲ、為二ル一
方ノ衆首一者四十六人。祥彦・法進・思託・法載・義静・如宝・仁幹・
曇静等也。至二テ于宰官居士及ヒ信男信女、受三帰五八戒者、

於二テ和漢両邦一ニ、未レス知ラ其幾ク千万人一ト云コト也。就レ中於二テハ吾カ国一ニ、右僕射藤
田公・亜相仲麻呂藤公・黄門氷上真人及清河藤公等、帰
崇祖尤厚シ焉。曽テ唐国大将軍高鶴林、因レテ使二スルニ吾カ国一ニ、謁二シ祖ノ之廟一ニ、
而賦レシテ詩ヲ曰ク、上方ニ伝二フ仏教一。名僧ヲ号二ス鑑真一ト。懐蔵ヲ通二シ隣国一ニ、真如転二シ
付民一ニ、早ク嫌フ居二ルコトヲ五濁一ニ。寂滅シテ離二ル囂塵一ヲ。禅院従レ今古リ、青松遶レテ塔ヲ新ナリ。
法ハ留二テ千歳一住シ、名ハ記二セン万年ノ春一ニ。太祖凡ソ講二法励ノ疏一ヲ四十偏、行事
鈔七十余偏、羯磨疏・軽重儀各十偏。手ラ写二シテ三大蔵一、鎮レス刹ニ。建ルコト
無遮大会一ヲ若干。修二造スルコト伽藍一ヲ八十余所。又製二シテ袈裟三千領一ヲ、散シテ
給二ス五台諸衆一ニ。太祖居恒ニ神異甚多シ。自現二シテ三目六臂菩薩ノ形一ヲ、

∟ ①13オ　∟ ①12ウ

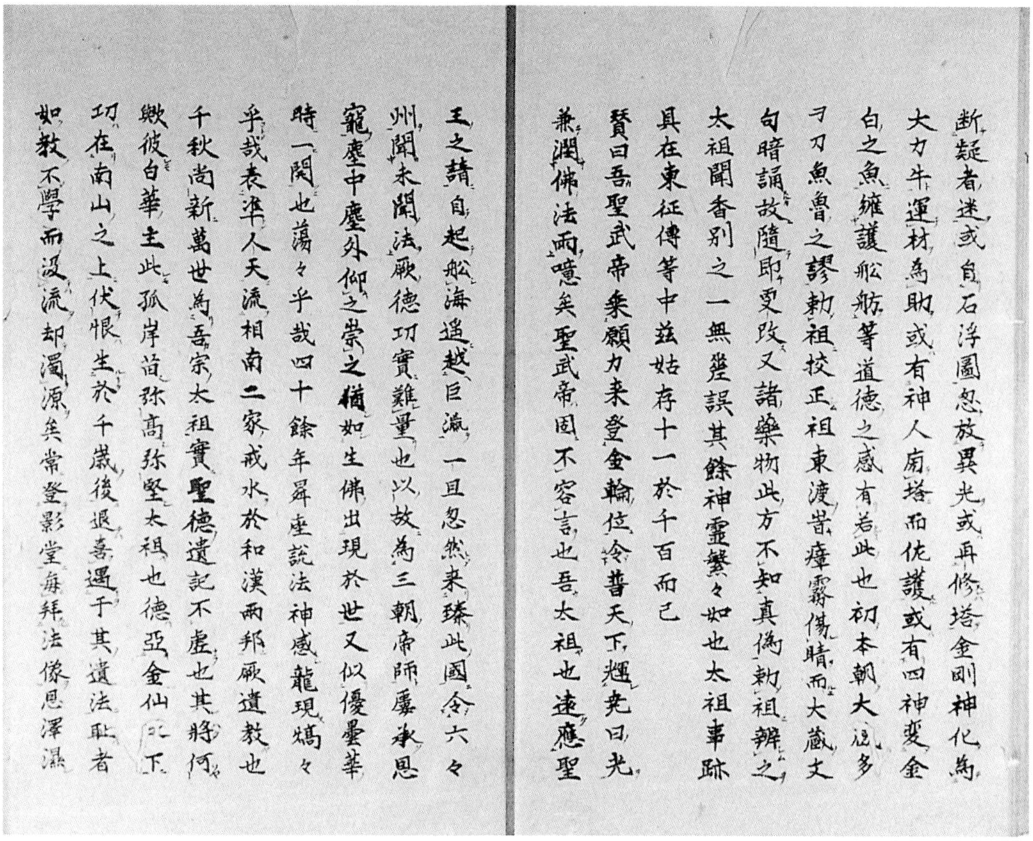

①13ウ　①14オ

断チ二疑者ノ迷ヲ一、或自リ二石浮図一忽チ放チ二異光ヲ一、或ハ再修スレハ二塔ヲ一、金剛神化シテ為テ二
大力牛ト一。運テレ材ヲ為レ助ヲ、或ハ有二神人旁テレ塔ニ而佐護スル一。或ハ有リ下四神変シテ二金
白ノ之魚ニ一擁中護船舫ヲ上等、道徳ノ之感、有リレ若ナルコトレ此ノ也。初メ本朝ノ大蔵、多
ヲ刀魚魯ノ之謬一、勅シテレ祖ニ校正シム。祖東渡ノ時キ、瘴霧傷ルレ晴ヲ。而ルニ大蔵ノ文
句、暗誦スルカ故ニ、随テ即チ更改ス。又諸ノ薬物、此ノ方不レ知二真偽一。勅シテレ祖ニ弁シムレ之ヲ。
太祖聞香別之、一無差誤。其余神霊繁々如也。太祖事跡、
具在東征伝等中。茲姑、存十一於千百而已。
賛曰、吾カ聖武帝、乗二願力一来、登二金輪ノ位一ニ。令ム下シテ普天ノ下ヲ一輝シ二堯日ノ光ヲ一
兼テ潤サ中仏ノ法雨ヲ上。噫矣、聖武帝ハ固ニ不レ容レ言ヲ也。吾カ太祖ヤ也、遠ク応二聖
王ノ之請一ニ、自ラ起テ船シレ海、遥ニ越ヘ二巨瀛ヲ一、一旦忽然トシテ来リ二臻リ此ノ国一ニ、令シテ下二六々
州ヲ一聞カ中未聞ノ法ヲ上。厥ノ徳功実ニ難シレ量リ也。以ノ故ニ為二三朝ノ帝師一ト、屢承ク恩
寵ヲ一。塵中塵外、仰キレ之崇コトレ之、猶シ如シ三生仏ノ出二現於世一。又似リ二優曇華ノ
時ニ一ヒ開クニ一也。蕩々乎哉、四十余年。昇座説法、神感シ龍現ス。熇々
乎コトヲシテ哉、表二準トシテ人天一ニ、流フ二相南二家ノ戒水ヲ於和漢両邦一ニ。厥遺教ヤ也、
千秋尚新ニ、万世為リ二吾カ宗ノ太祖一。実ニ聖徳ノ遺記、不レ虚ナラ也。其レ将《ハタ》何ソヤ
歟。彼レモ白華ノ主、此レモ孤岸苗也。弥高シ弥堅シ。太祖ヤ也、徳ハ亜キ二金仙之下一ニ、
功ハ在リ二南山ノ之上一ニ。伏テ恨ハ生ルコトヲ二於千歳ノ後一ニ。退テハ喜フレ遇コトヲ二于其ノ遺法一ニ。恥ハ者、
如クレ教ノ不シテレ学、而汲テハレ流ヲ、却テ濁コトヲレ源ヲ矣。常ニ登テ二影堂一ニ毎ニレ拝スル二法像一ヲ、恩沢湿シ

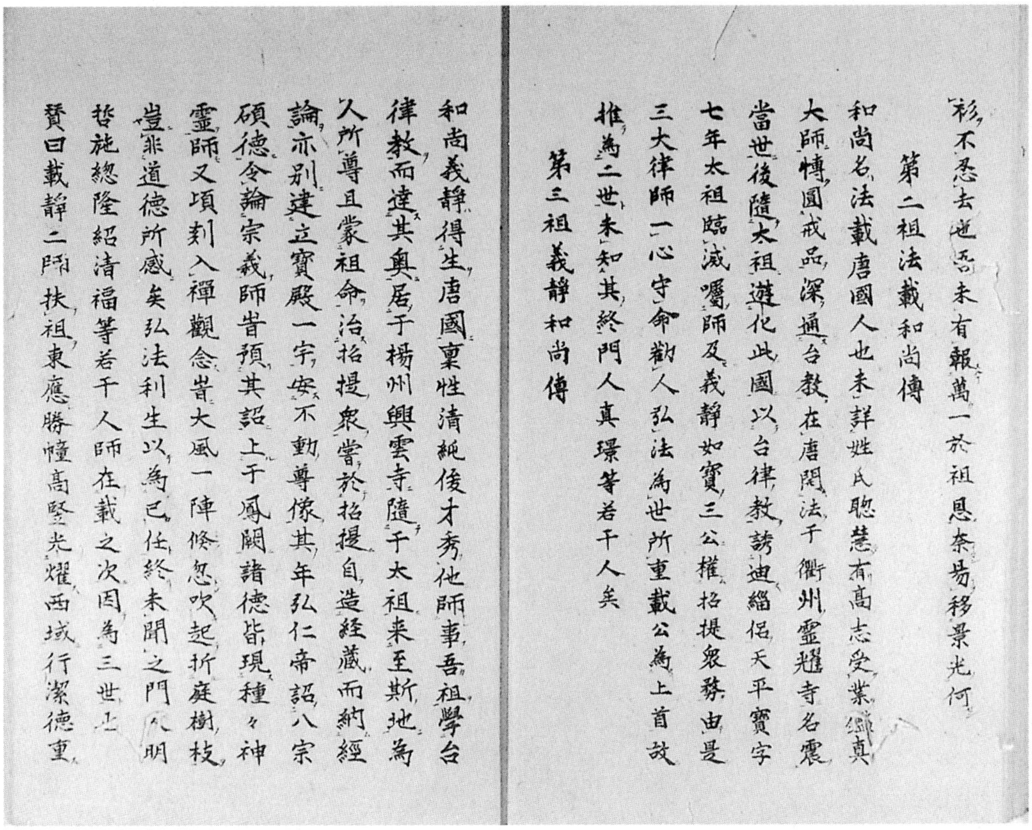

①15オ ①14ウ

レ衫ヲ、不レ忍レ去也。吾未レ有レ報スルコト二万カ一於祖恩ニ一。奈《イカン》易コトヲレ移二景光ノ一何セン。

**第二祖法載和尚伝**

和尚、名ハ法載。唐国人也。未レ詳二姓氏一。聡慧ニシテ有リ二高志一。受ク下業ヲ鑑真
大師ニ上。博ク円二戒品ヲ一、深ク通ス二台教ニ一。在レ唐、開キ二法ヲ于衢州ノ霊耀寺ニ一、名震フ二
当世ニ一。後随テ二太祖ニ一遊二化此ノ国ニ一。以テ二台律ノ教ヲ一誘二迪ス緇侶ヲ一。天平宝字
七年、太祖臨レ滅、嘱シテ二師及ヒ義静・如宝ノ三公ニ一、権シム二招提衆務ヲ一。由テレ是ニ
三大律師、一レ心守レ命。勧レ人弘レ法、為レ世所レ重。載公為タリ二上首一。故ニ
推テ為二一世ト一。未レ知二其ノ終一。門人真璟等若干人矣。

**第三祖義静和尚伝**

和尚義静、得二生ヲ唐国ニ一。稟性清純、俊才秀ツレ他ニ。師トシ二事フ吾カ祖ヲ一学二台
律教ヲ一、而達ス二其奥ニ一。居シテ二于楊州興雲寺ニ一、随テ二于太祖ニ一来二至斯ノ地ニ一。為
レ人所レ尊。且蒙二祖命ヲ一治ス二招提ノ衆ヲ一。嘗テ於テ二招提ニ一、自ラ造二経蔵ヲ一而納ム二経
論ヲ一。亦別ニ建二立宝殿一宇ヲ一、安ス二不動ノ尊像ヲ一。其ノ年、弘仁帝詔シテ二八宗
碩徳ニ一令レ論二宗義ヲ一。師時預リ二其詔ニ一上ル二于鳳闕ニ一。諸徳皆ナ現ス二種々神
霊ヲ一。師モ又頃刻入レ禅観念ス。時ニ大風一陣倏忽《シク》トシテ吹キ起テ、折ル二庭樹ノ枝ヲ一。
豈ニヤレ非二道徳所感ニ一矣。弘法利生、以テ為二己カ任ト一。終リ未レ聞レ之。門人明
哲・施総・隆紹・清福等若干人。師在リ二載之次ニ一。因テ為二三世ト一也。
賛曰、載静二師、扶テレ祖ヲ東応シ、勝幢高竪、光二耀ス西域ニ一。行潔徳重ス。

①15オ ①14ウ

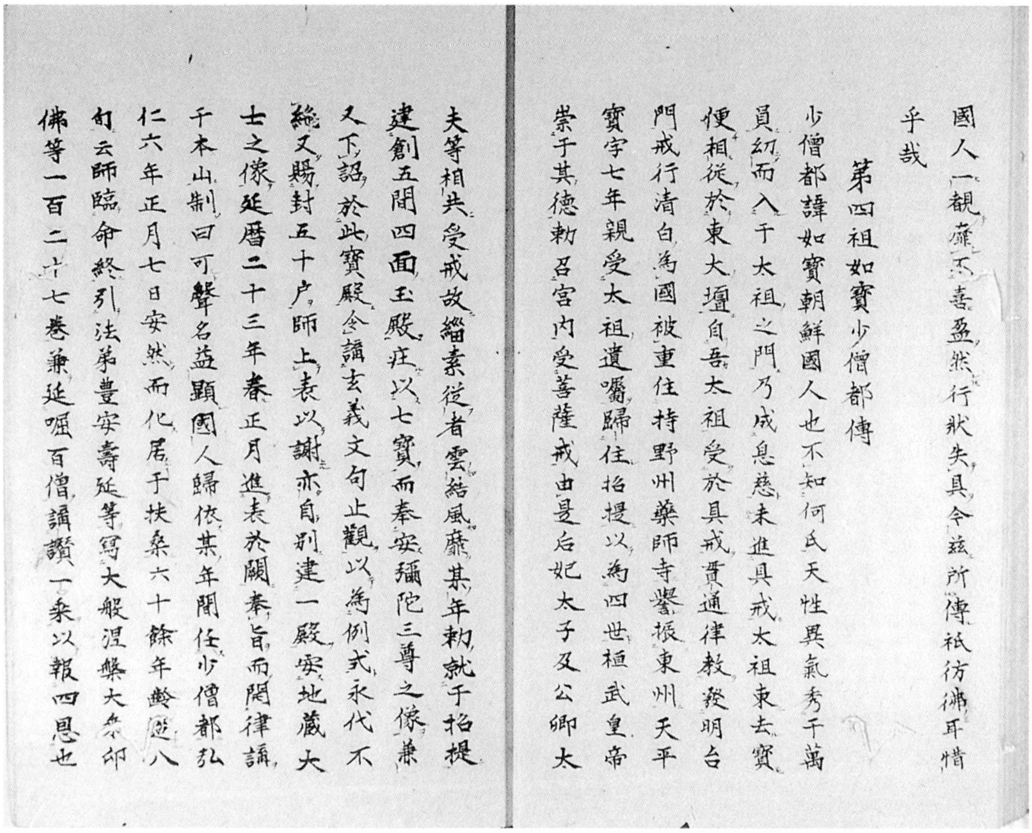
國人一覩靡不喜盈然行状失具今茲所傳祇彷彿耳惜
乎哉
第四祖如寶少僧都傳
少僧都諱如寶朝鮮國人也不知何氏天性異氣秀于萬
員幼而入于太祖之門乃成息慈未進具戒太祖東去寶
便相從於東大壇自吾太祖受於具戒貫通律教發明台
門戒行清白為國被重住持野州藥師寺譽振東州天平
寶字七年親受太祖遺囑歸住招提以為四世桓武皇帝
崇于其德勅召宮内受菩薩戒由是后妃太子及公卿大
夫等相共受戒故緇素從者雲結風靡某年勅就于招提
建創五間四面玉殿莊以七寶而奉安彌陀三尊之像兼
又下詔於此寶殿令講玄義文句止觀以為例式永代不
絶又賜封五十戸師上表以謝亦自別建一殿安地藏大
士之像延暦二十三年春正月進表於闕奉旨而開律講
于本山制曰可聲名益顯國人歸依某年間任少僧都弘
仁六年正月七日安然而化居于扶桑六十餘年齡迨八
旬云師臨命終引法弟豊安壽延等寫大般涅槃大乘印
佛等一百二十七巻兼延堀百僧講讃一乘以報四恩也

①16オ　①15ウ

国人一ヒ観テ、靡レシ不二喜ヒ盈一タ。然レトモ行状失レテ具ヲ、今茲ニ所レ伝ル、祇彷彿耳ノミ。惜
乎哉。

## 第四祖如宝少僧都伝

少僧都、諱如宝。朝鮮国人也。不レ知二何氏一。天性異気、秀二于万
員一ニ。幼ニシテ而入ル二于太祖ノ之門一ニ。乃成二息慈一ト。未ルニ進二具戒一ニ、太祖東ニ去ル。宝モ
便チ相ヒ従フ。於テ二東大ノ壇一ニ、自リ二吾カ太祖一受ク二於具戒一ヲ。貫二通律教一ヲ、発二明台
門一。戒行清白シテ為レ国被レ重。住二持野州薬師寺一ニ、誉レ振二東州一ニ。天平
宝字七年、親受二太祖ノ遺嘱一ヲ、帰二住シ招提一ニ、以テ為二四世一ト。桓武皇帝
崇二于其ノ徳一、勅召二宮内一受二菩薩戒一。由レ是后妃・太子及公卿・太
夫等、相共ニ受戒。故ニ緇素従フ者、雲ノ如結風如靡ク。某ノ年、勅シテ就二于招提一ニ。
建二創五間四面ノ玉殿一ヲ、荘ルニ以二七宝一ヲ。而奉二安ス弥陀三尊之像一ヲ。兼
又下シテレ詔ヲ、於二此ノ宝殿一ニ、令レ講二玄義・文句・止観一ヲ。以テ為二例式一ト、永代不
レ絶。又タ賜フ二封五十戸一ヲ。師上テレ表、以テ謝上ル。亦タ自ラ別ニ建二一殿一ヲ、安ス二地蔵大
士之像一ヲ。延暦二十三年春ル正月、進テ二表於闕一ニ、奉テレ旨ヲ而シテ開二律講ヲ
于本山一ニ。制シテ曰、可也ト。声名益顕レ、国人帰依ス。某ノ年間、任ス二少僧都一ニ。弘
仁六年正月七日、安然トシテ而化ス。居スルコト二于扶桑一ニ六十余年。齢迨フト也二八
旬一ニ云。師臨テ二命終一ニ、引テ二法弟豊安・寿延等一ヲ、写二大般涅槃・大乗印
仏等一百二十七巻一。兼テ延二崛百僧一ヲ講二讃一乗一ヲ、以テ報二四恩一也。

①16オ　①15ウ

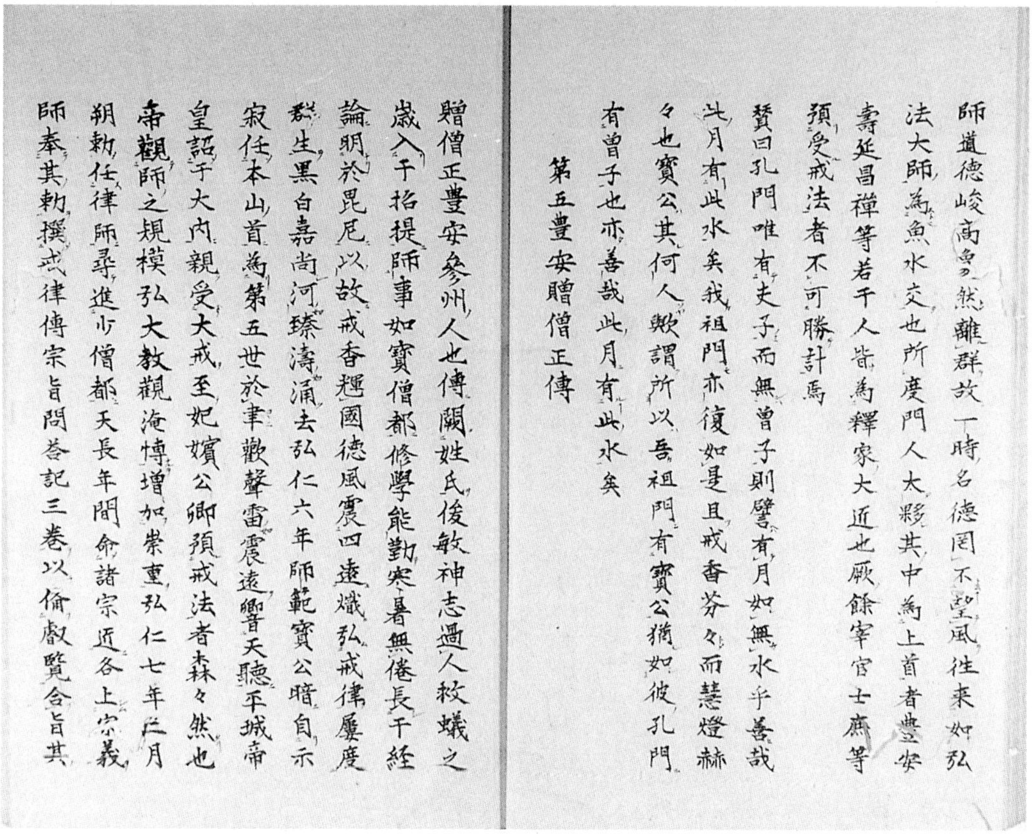

師道德峻高𡙡然離群故一時名德罔不望風往来如弘
法大師爲魚水交也所度門人太夥其中爲上首者豊安
壽延昌禪等若干人皆爲釋家大匠也厥餘宰官士庶等
預受戒法者不可勝計焉
賛曰孔門唯有夫子而無曾子則譬有月如無水乎善哉
此月有此水矣我祖門亦復如是且戒香芬々而慧燈赫
々也寶公其何人歟謂所以吾祖門有寶公猶如彼孔門
有曾子也亦善哉此月有此水矣

第五豊安贈僧正傳

贈僧正豊安参州人也傳闕姓氏俊敏神志過人救蟻之
歳入于招提師事如寶僧都修學能勤寒暑無倦長于経
論明於毘尼以故戒香輝國徳風震四遠熾弘戒律屢度
群生黒白嘉尚河臻濤涌去弘仁六年師範寶公暗自示
寂任本山首爲第五世於聿歡聲雷震遠響天聴平城帝
皇詔于大内親受大戒至妃嬪公卿預戒法者森々然也
帝觀師之規模弘大教観淹博増加崇重弘仁七年二月
朔勅任律師尋進少僧都天長年間命諸宗匠各上宗義
師奉其勅撰戒律傳宗旨問答記三巻以備叡覧合旨其

①16ウ　①17オ

師道徳峻高、敻然トシテ離ルレ群ヲ。故ニ一時ノ名徳、罔レ不二ト云コト望レテ風ヲ往来一。如二キ弘
法大師ノ為ニ二スト也魚水交一ヲ也。所レ度門人太タ夥シ。其ノ中為ニ二上首一者、豊安・
寿延・昌禅等若干人。皆ナ為ニ二釈家ノ大匠一也。厥ノ余宰官士庶等、
預リ二受ル戒法一者、不レ可ニ勝テ計一焉。
賛曰、孔門唯有テ二夫子一ノミ、而無ンハ二曽子一、則譬ヘハ有テレ月如シレ無カレ水乎。善ヒ哉、
此ノ月有ニコト二此水一矣。我カ祖門モ亦復如レ是。且ツ戒香芬々トシテ而慧灯赫
々也。宝公ハ其レ何人ソヤ歟。謂ク、所三以ハ吾カ祖門ニ有ニ宝公一、猶シ如三シ彼ノ孔門ニ
有ニ曽子一也。亦タ善哉、此ノ月ニ有ルコト二此ノ水一矣。

## 第五豊安贈僧正伝

贈僧正豊安、参州ノ人也。伝ニ闕ニ姓氏一ヲ。俊敏神志過レ人。救蟻之
歳入リ二于招提一ニ、師ニ事如宝僧都一ニ。修学能勤テ、寒暑無レ倦。長シ二于経
論一ニ、明ナリ二於毘尼一ニ。以ノ故ニ戒香輝レ国、徳風震ニ二四遠一ニ。熾ニ弘ム二戒律一ヲ、屢度ニ
群生一ヲ。黒白嘉尚シ、河ノ如臻、濤ノ如涌ク。去弘仁六年、師範宝公暗ニ自リ二示
寂一、任シテ二本山ノ首一ニ為リ二第五世一。於レ聿コヽニ、歓声雷ノ如震、遠ク響ニ二天聴一ニ。平城帝
皇詔シテ二于大内一ニ親ク受玉フ二大戒一ヲ。至テ二妃嬪・公卿預ル二戒法一者、森々然タリ也。
帝観テ二師ノ之規模弘大教観淹博ナルヲ一、増ク加フ二崇重一ヲ。弘仁七年二月
朔、勅シテ任ス二律師一ニ。尋テ進ム二少僧都一ニ。天長年間、命シテ二諸宗匠一ニ各上シム二宗義一ヲ。
師奉テ二其ノ勅一ヲ、撰シテ二戒律伝宗旨問答記三巻一ヲ、以テ備フ二叡覧一。合フレ旨。其ノ

└①16ウ　└①17オ

二

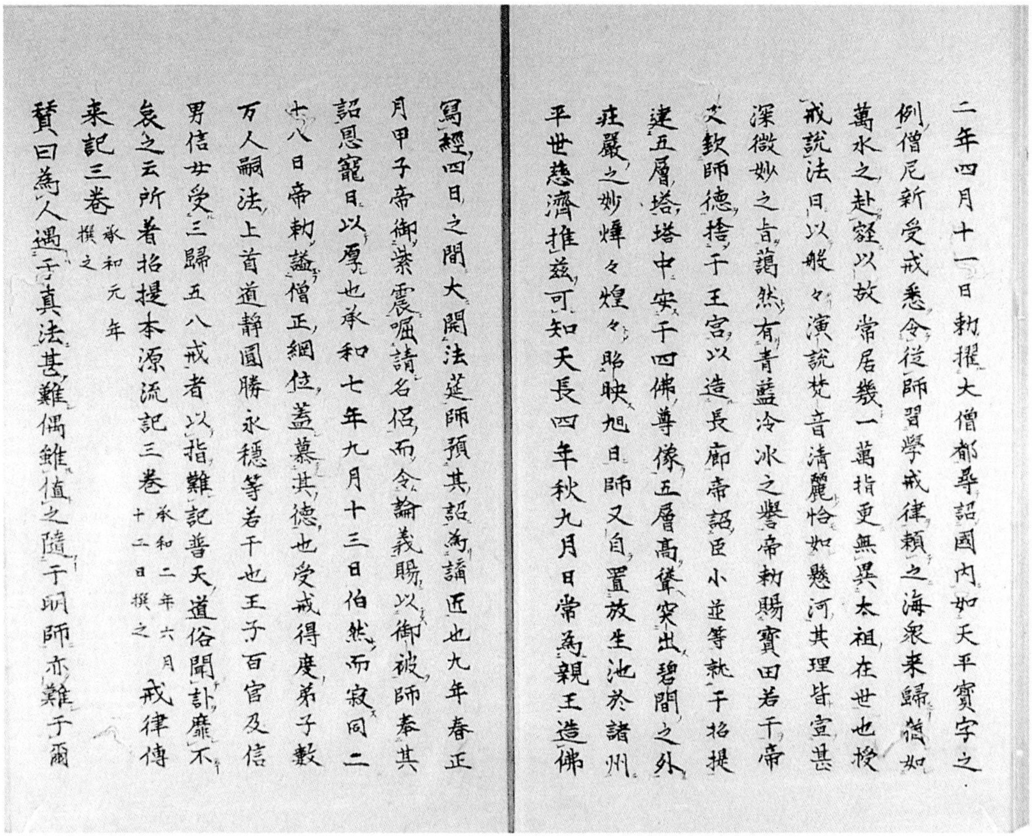

①17ウ　①18オ

二年四月十一日、勅シテ擢ル二大僧都一。尋テ詔シテ二国内ニ一、如二天平宝字之
例一ノ。僧尼新受戒、悉ク令テ三レ従レ師習二学戒律一ヲ。頼テレ之ニ海衆来帰スルコト、猶シ如二
万水之ノ赴クカ一レ壑ニ。以故常居幾ト一万指。更ニ無レ異二太祖ノ在世一也。授
レ戒説レ法、日ニ以テ般々タリ。演説梵音、清麗トシテ恰モ如シ二懸河一ノ。其理皆ナ宣フ二甚
深微妙之旨一ヲ。藹然トシテ有リ二青藍冷氷之誉一。帝勅賜二宝田若干一ヲ。帝
又欽二師徳一ヲ、捨シテ二于王宮一ヲ以造ル二長廊一。帝詔シテ二臣小並等一、就二于招提一
建二五層ノ塔一ヲ、塔中ニ安ス二于四仏ノ尊像一ヲ。五層高ク聳ヘ、突二出ス碧間ノ之外一カニ。
荘厳ノ之妙、煒々煌々トシテ昭二映ス旭日一ニ。師又自ラ置二放生池於諸州一ニ、
平世慈済、推レ茲ヲ可レシ知。天長四年秋九月日、常為ニ二親王一造レ仏

⌞
①17ウ

写レ経ヲ、四日ノ之間ニ大ニ開二法莚一。師預二其ノ詔一ニ為リ二講匠一也。九年春正
月甲子、帝御シテ二紫震一ニ、喝二請シ名侶一ヲ而シテ令ム二論義一。賜フニ以テス二御被一ヲ。師奉二其
詔一、恩寵日ニ以テ厚シ也。承和七年九月十三日、伯然トシテ而寂ス。同二一
十八日、帝勅シテ諡玉フ二僧正ノ綱位一ヲ。蓋シ慕テ也二其ノ徳一ヲ也。受戒得度ノ弟子数
万人。嗣法ノ上首、道静・円勝・永穏等若干也。王子百官及信
男信女、受ル二三帰五八戒一者以テレ指ヲ難シレ記。普天ノ道俗聞テレ訃ヲ靡シレ不云コト
哀之云。所著招提本源流記三巻承和二年六月十二日撰之。・戒律伝
来記三巻承和元年撰之。
賛曰、為レ人遇コトハ二于真法一ニ甚タ難シ。偶雖トモレ値トレ之、随フコト二于明師一ニ亦タ難シ。于レ爾

⌞
①18オ

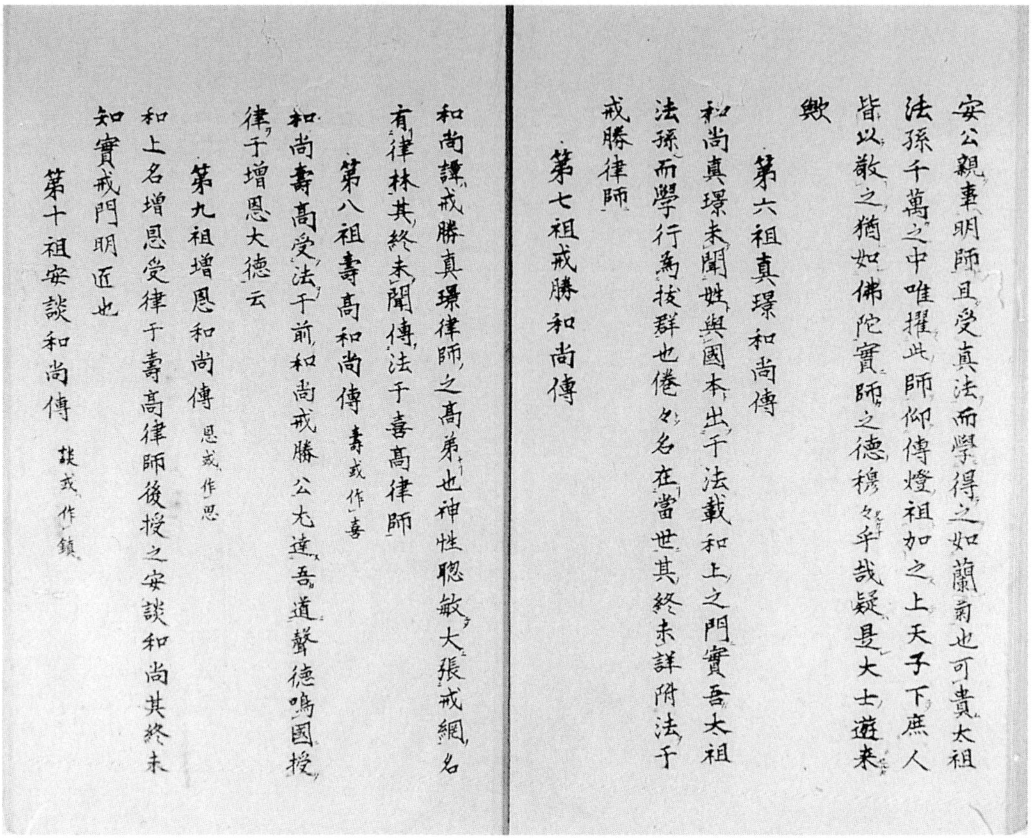
安公親事明師且受真法而學得之如蘭菊也可貴太祖
法孫千萬之中唯擢此師仰傳燈祖加之上天子下庶人
皆以敬之猶如佛陀實師之德穆々乎哉疑是大士遊来
歟
第六祖真璟和尚傳
和尚真璟未聞姓與國本出于法載和上之門實吾太祖
法孫而學行為拔群也倦々名在當世其終未詳附法于
戒勝律師
第七祖戒勝和尚傳
和尚諱戒勝真璟律師之高弟也神性聡敏大張戒網名
有律林其終未聞傳法于喜高律師
第八祖壽高和尚傳 壽或作喜
和尚壽高受法于前和尚戒勝公尤達吾道聲德鳴國授
律于增恩大德云
第九祖增恩和尚傳 恩或作思
和上名增恩受律于壽高律師後授之安談和尚其終未
知實戒門明匠也
第十祖安談和尚傳 談或作鎮

①19オ　①18ウ

安公親ク事二ヘ明師一ニ、且タ受二真法一ヲ。而学二ヒ得テ之一ヲ、如二蘭菊一也。可レ貴ム、太祖法孫千万カ之中、唯擢二テ、此ノ師一ヲ仰二ク伝灯ノ祖一ト。加之ス、上ニシテ天子、下ニシテ庶人、皆ナ以テ敬レコト之ヲ、猶シ如二シ仏陀一。実ニ師カ之徳ノ穆々タルカナ乎哉。疑ハ是レ大士ノ遊来セルカ歟。

**第六祖真璟和尚伝**

和尚真璟、未レタ聞二姓ト与一レ国。本ト出二ツ于法載和上ノ之門一ニ。実吾カ太祖法孫也。而学行為二抜群一也。倦々トシテ名在二リ当世一ニ。其ノ終未レ詳。附二法ヲ于戒勝律師一ニ。

**第七祖戒勝和尚伝**

和尚、諱ハ戒勝。真璟律師ノ之高弟ナリ也。神性聡敏ニシテ大ニ張二戒網一ヲ、名有二リ律林一。其ノ終未レタ聞。伝二フ法于喜高律師一。

**第八祖寿高和尚伝**　寿、或作レ喜。

和尚寿高、受二ク法ヲ于前ノ和尚戒勝公一。尤達二ス吾カ道一ニ。声徳鳴レ国ニ。授二ク律ヲ于増恩大徳一ニ云。

**第九祖増恩和尚伝**　恩、或ハ作レ思。

和上、名増恩。受律于寿高律師、後授之安談和尚。其終未知。実戒門明匠也。

**第十祖安談和尚伝**　談、或ハ作レ鎮ニ。

①19オ　①18ウ

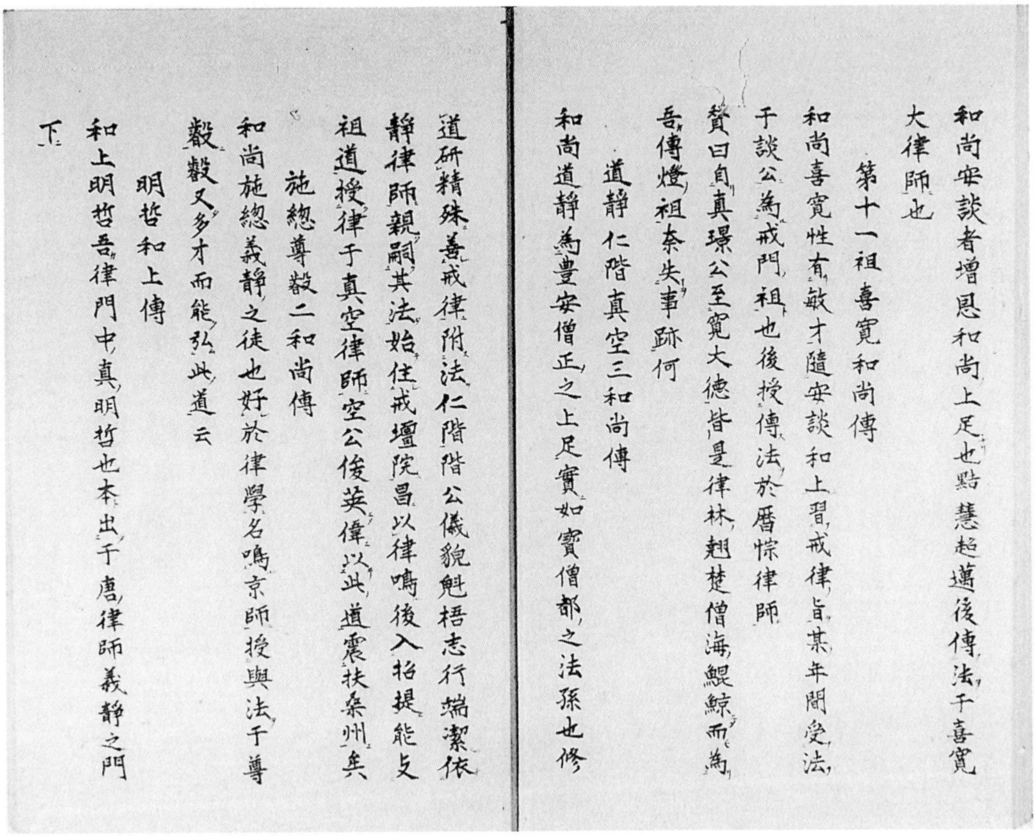

①20オ　①19ウ

和尚安談者、増恩和尚ノ上足ナリ也。黠慧超邁、後伝フ二法ヲ于喜寛大律師一ニ也。

## 第十一祖喜寛和尚伝

和尚喜寛、性有リ二敏才一。随二安談和上一ニ習フ二戒律ノ旨一ヲ。某ノ年間、受テ二法ヲ于談公一ニ為ル二戒門ノ祖一ト也。後授二伝ス法ヲ於暦悰律師一ニ。

贊曰、自リ二真璟公一至二寛大徳一、皆是律林ノ翹楚、僧海ノ鯤鯨ニシテ而モ為リ二吾カ伝灯ノ祖一。奈失コトヲ二事跡一何。

## 道静・仁階・真空三和尚伝

和尚道静、為二豊安僧正ノ之上足一、実ニ如宝僧都ノ之法孫也。修レ道研レ精、殊ニ善シ二戒律一ニ。附ス二法ヲ仁階一。階公、儀貌魁梧、志行端潔也。依テ二静律師一ニ親ク嗣ク二其法一ヲ。始テ住シ二戒壇院一ニ、昌ニ以レ律鳴ル。後入二招提一ニ、能支二祖道一、授ク二律于真空律師一ニ。空公、俊英ニシテ、偉ニ以テ二此ノ道一震二扶桑州一ニ矣。

## 施総・尊叡二和尚伝

和尚施総、義静ノ之徒也。好シ二於律学一ニ、名鳴ル二京師一ニ。授二与法ヲ于尊叡一ニ。叡、又タ多才、而能ク弘ム二此ノ道一云。

## 明哲和上伝

和上明哲、吾カ律門中ノ真ノ明哲也。本ト出ツ二于唐ノ律師義静之門下一ニ。

①20オ　①19ウ

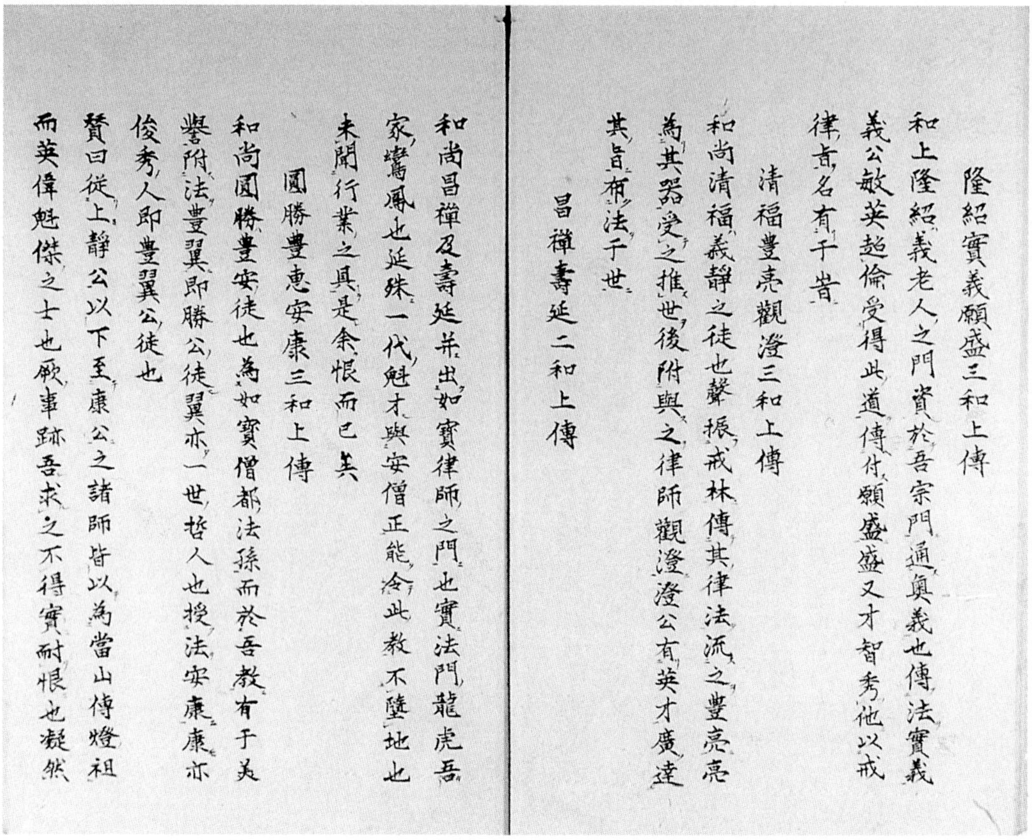

①21オ　①20ウ

**隆紹・実義・願盛三和上伝**

和上隆紹ハ、義老人ノ之門資也。於テ二吾宗門ニ一通ス二奥義一也。伝フ二法ヲ実義ニ一。義公、敏英超レ倫。受ケ二得此ノ道ヲ一伝ヘ二付ス願盛ニ一。盛又才智秀ヅレ他ニ。以テ二戒律ノ旨ヲ一名有リ二于時ニ一。

**清福・豊亮・観澄三和上伝**

和尚清福ハ、義静之徒也。声振フ二戒林ニ一。伝テ二其ノ律法ヲ一流ス二之ヲ豊亮ニ一。亮為リ二其器一。受テレ之推スレ世ヲ。後附ス二与之ヲ律師観澄ニ一。澄公有リ二英才一。広ク達二其ノ旨ニ一、布ク二法ヲ于世ニ一。

**昌禅・寿延二和上伝**

和尚昌禅及寿延、并ニ出ヅ二如宝律師ノ之門ニ一也。実ニ法門ノ龍虎、吾カ家ノ鸞鳳也。延殊ニ一代ノ魁才也。与ニ安僧正一能ク令ムテ下此ノ教一不上レ墮レ地也。未レ聞二行業ノ之具一コトヲ。是レ余カ恨而已矣。

**円勝・豊恵・安康三和上伝**

和尚円勝ハ、豊安ノ徒也、為二如宝僧都ノ法孫一。而於二吾教ニ有二于美誉一。附ス二法ヲ豊翼ニ一。即勝公ノ徒也。翼亦タ一世ノ哲人也。授ク二法ヲ安康ニ一。康モ亦俊秀ノ人。即豊翼公ノ徒也。

賛曰、従リ二上ミ静公一以下至テ二康公ニ一之。諸師皆以テ為二当山伝灯ノ祖一。而英偉魁傑ノ之士也。厥ノ事跡、吾レ求ルレ之不レ得。実ニ耐リレ恨ニ也。凝然

①21オ　①20ウ

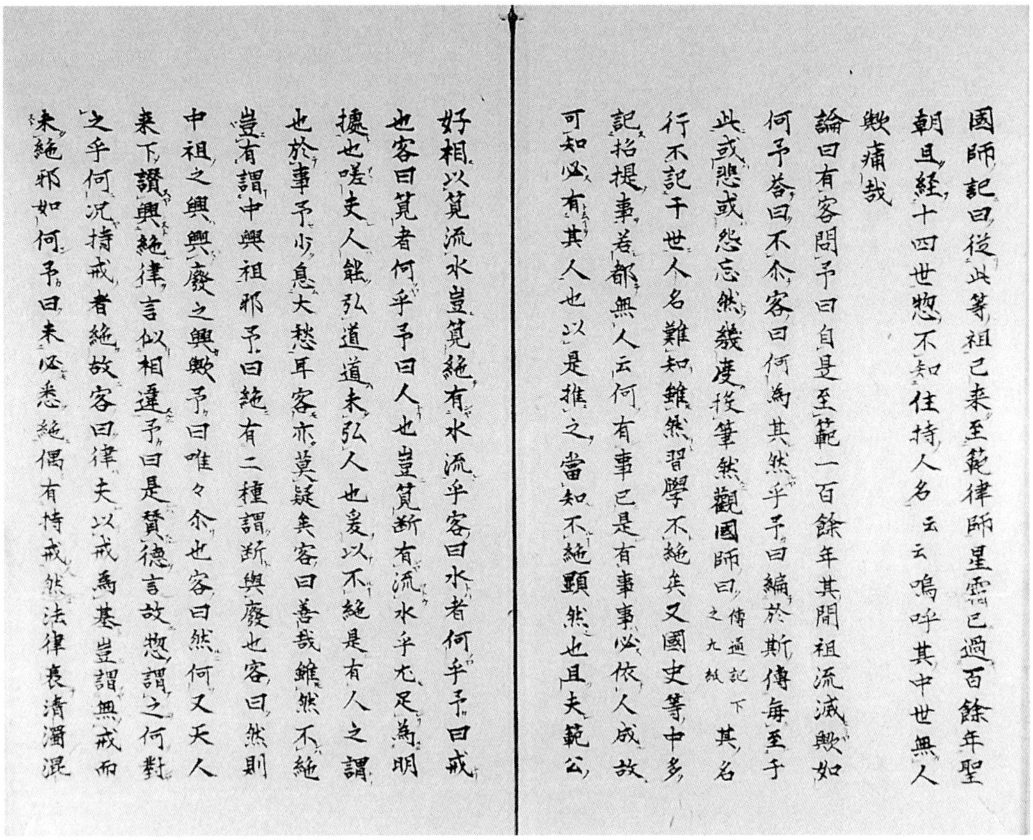

①22オ　①21ウ

国師《ノ》記《ニ》曰《ク》、従《リ》此等《ノ》祖已来《タ》至範律師、星霜已《ニ》過《キ》百余年、聖
朝且《タ》経《フ》十四世。惣《シテ》不知住持《ノ》人名云云。嗚呼、其《ノ》中世無《カ》人
歟、痛哉。
論曰、有客、問予曰、自是至範一百余年、其《ノ》間祖流滅《セリヤ》歟、如
何。予答《テ》曰《ク》、不尓《ラ》。客《ノ》曰、何為其然《ルヤ》乎。予《カ》曰、編《テ》於斯《ノ》伝、毎《ニ》至《ル》于
此《ニ》。或《ハ》悲、或《ハ》怨、忘然《トシテ》幾度《カ》投筆。然《ルニ》観国師《ノ》曰《ク》、伝通記下之九紙。其《ノ》名
行不記于世《ニ》、人名難知《リ》。雖《トモ》然《リト》、習学不《ト》絶矣。又国史等《ノ》中、多《ク》
記《ス》招提《ノ》事《ヲ》。若《シ》都《テ》無人、云何《ソ》有《ン》事。已《ニ》是有事。事《ハ》必《ス》依《テ》人成《ル》。故《ニ》
可知、必《ス》有《ト云コトヲ》其人也。以是推《ニ》之《ヲ》、当知《ル》、不《ルコト》絶顕然《也》也。且《ツ》夫範公《ノ》

⌊
①21ウ

好相《ニ》、以覓流水。豈《ニ》覓絶《テ》有《ンヤ》水流《ル、》乎。客《ノ》曰、水《トハ》者何《ソヤ》乎。予《カ》曰、戒《ナリ》
也。客曰、覓者何《ソヤ》乎。予曰、人《ナリ》也。豈《ニ》覓断有《ンヤ》流《ツトウ》水乎。尤《モ》足《レリ》為《ルニ》明
拠《ト》也。嗟《ア、》夫人《ハ》能《ク》弘道、道《ハ》未《タ》弘人也。爰《ヲ》以《テ》不《ルコト》絶、是有人之謂《ナリ》
也。於《テ》事予《モ》少《ク》息《ム》大愁耳。客《モ》亦《タ》莫疑矣。客《ノ》曰、善哉、雖《トモ》然不《ンハ》絶、
豈《ニ》有《ヤ》謂《コト》中興祖邪。予《カ》曰、絶《ニ》有二種。謂《ク》断《ト》与廃也。客《ノ》曰《ク》、然則
中祖《ノ》之興《ハ》興《スノ》廃之興《カ》歟。予《カ》曰、唯々尓《リ》也。客《ノ》曰、然《ルニ》何《ソ》又、天人
来下《シテ》讃《スヤ》興《スト》絶《ル》律《ヲ》。言似《リ》相違《スルニ》。予《カ》曰、是《レハ》賛《スル》徳《ヲ》言《也》。故《ニ》惣《シテ》謂《フ》之《ヲ》。何《ソ》対《ンヤ》
之乎、何《ニ》況《ヤ》持戒《ノ》者絶《カ》故《ニ》。客《ノ》曰《ク》、律《ハ》夫以《テ》戒為基《ト》。豈《ニ》謂《フヤ》無《シテ》戒而
未《タ》絶邪、如何《ン》。予《カ》曰《ク》、未必《シモ》悉《ク》絶《ニ》。偶《く》有持戒《ノ人》。然《ルニ》法律衰《テ》清濁混《スト》

⌊
①22オ

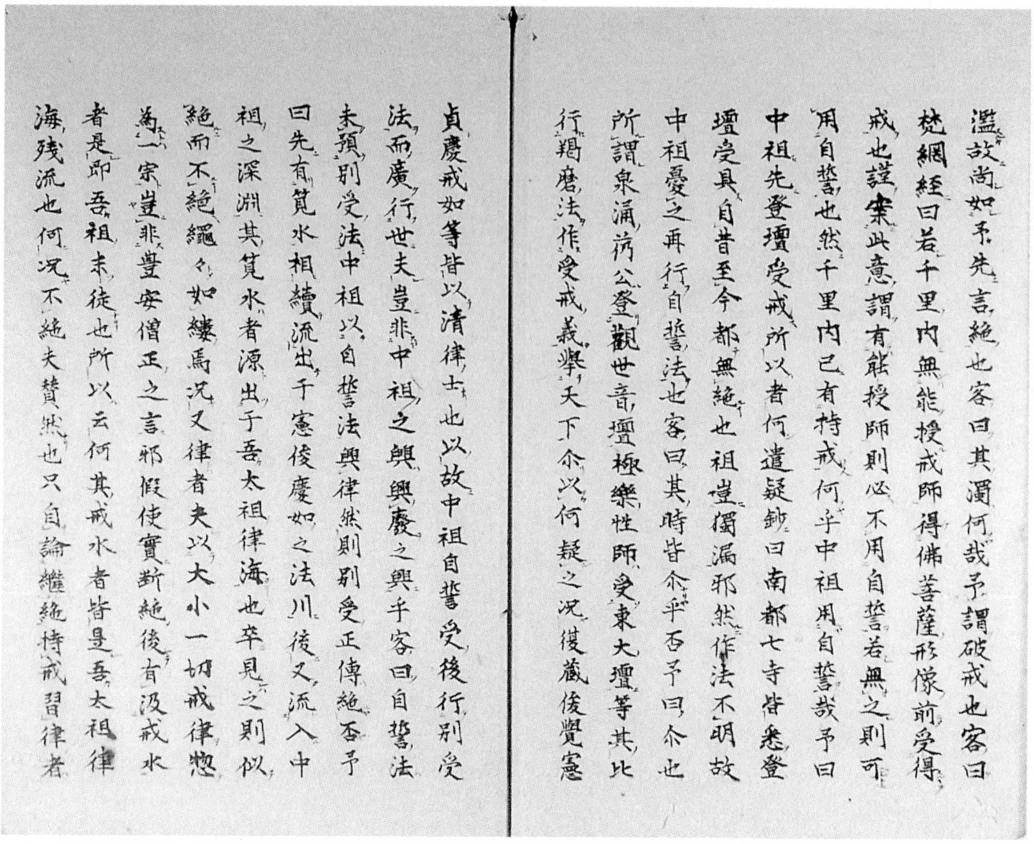

①23オ ①22ウ

濫スルカ故ニ。尚シ如ニ予カ先ニ言フ絶一ノ也。客ノ曰ク、其ノ濁ハ何ソヤ哉、予カ謂ク、破戒也。客ノ曰ク、
梵網経ニ曰、若シ千里ノ内ニ無ニシハ能ク授ル戒師一、得ウ三仏菩薩ノ形像ノ前ニシテ受ニ得スルコトヲ
戒一ヲ也。謹テ案ニルニ此意一ヲ、謂ク有ニテハ能授師一、則必ス不レ用ニ自誓一ヲ。若シ無レトキ之レ、則可ヘシト也
レ用ニ自誓一ヲ也。然ニ千里内已ニ有ニ持戒一ノ人、何ソヤ乎、中祖用ニルヤ自誓一ヲ哉。予曰、
中祖モ先ニ登壇受戒ス。所以ハ者何ン。遺疑鈔ニ曰、南都七寺皆悉ク登
壇受具ス。自レ昔至レ今、都テ無レ絶ルコト也。祖豈ヤニ独漏一邪。然ルニ作法不レ明。故
中祖憂レ之、再行ニフ自誓ノ法一ヲ也。客ノ曰ク、其ノ時皆尓ナリヤ乎否。予曰ク、尓也。
所ルレ謂ル泉涌ノ仍公ハ登ニリ観世音ノ壇一、極楽ノ性師ハ受ニク東大ノ壇一ニ等、其ノ比
行ニヒ羯磨ノ法一ヲ作ニス受戒ノ義一ヲ。挙ニテ天下一尓リ。以レテカ何疑レン之。況ヤ復、蔵俊・覚憲・
貞慶・戒如等、皆以テ清律ノ士ナリ也。以ノ故ニ中祖自誓受ノ後、行ニテ別受
法一ヲ、而シテ広ク行ニフ世一ニ。夫レ豈ニ非ニスヤ中祖ノ之興ハ興レノ廃ヲ之興一ニ乎。客ノ曰ク、自誓ノ法ハ
未レタ預ニラ別受ノ法一ニ。中祖以ニテ自誓法一興レ律。然則別受ノ正伝ハ絶ルヤ否ヤ。予
曰、先ニ有ニリ筧水一、相ヒ続テ流ニ出テ于憲・俊・慶・如ノ之法川一ニ、後ニ又タ流ニレ入ル中
祖ノ之深淵一ニ。其ノ筧水ハ者、源ト出ニッ于吾カ太祖ノ律海一ヨリ也。卒ニ見レハ之、則似テ
レ絶ルニ。而不レルコト絶ヘ、縄々トシテ如レ縷ノ焉。況ヤ又律トハ者、夫レ以ニテ大小一切戒律ヲ惣テ
為ニストハ一宗一ト、豈レヤニ非ニス豊安僧正ノ之言一ニ邪。仮使実ニ断絶シテ、後レテ有レ汲ニ戒水一
者、是レ即吾カ祖ノ末ッ徒ナリ也。所以ハ云何。其ノ戒水者、皆是レ吾カ太祖、律
海ノ残流也。何ニ況ヤ不レ絶、夫賛然ナリ也。只自レリ論ニ継絶一、持レ戒習レ律者ハ、

⌞ ①23オ

⌞ ①22ウ

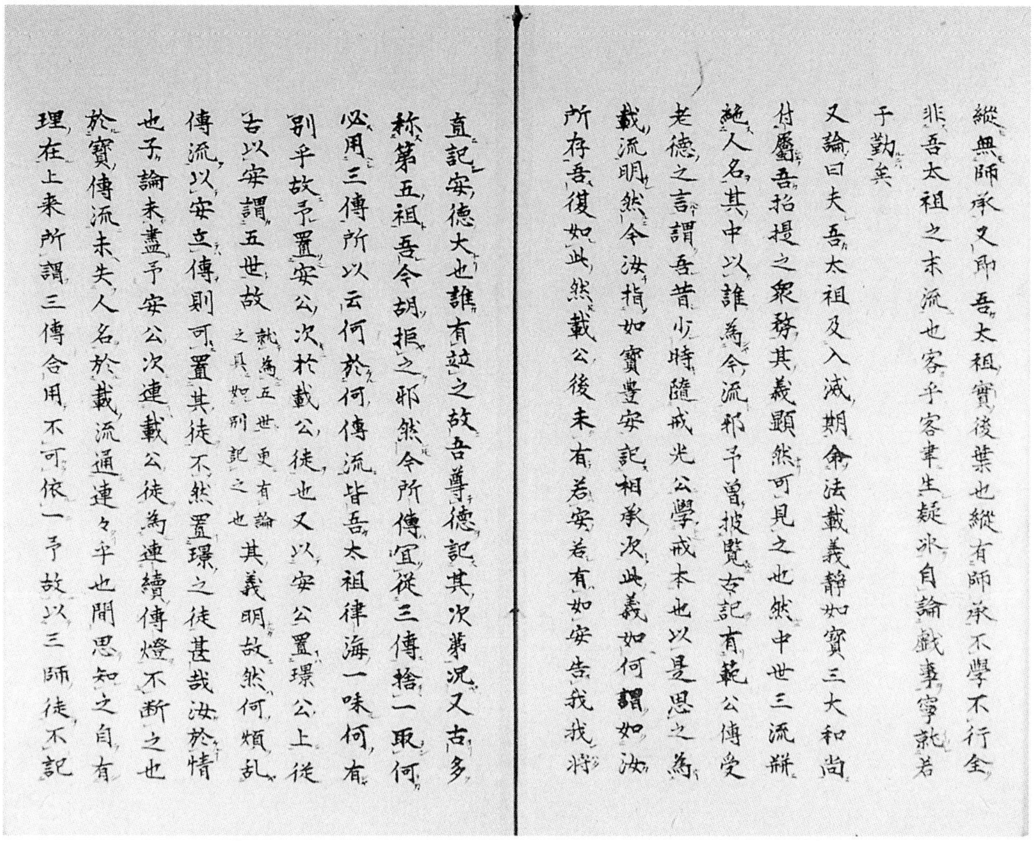

①24オ　①23ウ

縦ヒ無トモ二師承一、又即吾カ太祖ノ実ノ後葉也。縦有二師承一、不レ学不レ行、全ク非ス二吾太祖之末流一也。客ヨ乎客、聿ニ生シ二疑氷ヲ一、自レ論二戯事ヲ一、寧《イツレ》就二若于勤ルニハ一矣。

又論シテ曰、夫レ吾カ太祖及二入滅ノ期ニ一、命シテ二法載・義静・如宝三大和尚ニ一、付二属シ玉フ吾カ招提之衆務ヲ一。其ノ義顕然ナリ。可レ見レ之也。然ルニ中世三流并ニ絶ス二人名ヲ一。其ノ中以レ誰為ンヤ二今ノ流ト一邪。予曽テ披二覧スルニ古記ヲ一、有リ二範公伝受老徳ノ之言一ヘルコト。謂ク、吾レ昔シ少シ時キ、随二戒光公ニ一学フト也二戒本一也。以レ是思レ之、為ルコト二載ノ流一明ケシ。然ルニ今、汝チ指シテ二如宝・豊安一記ス二相承ノ次ヲ一コトヲ。此ノ義如何。謂ク、如ク二汝カ所存一、吾モ復如シレ此ノ。然トモ載公ノ後末タ有ラ。若キハレ安ノ、若シ有ハレ如レ安、告ヨレ我。我レ将《ハタ》直ニ記ン。安ノ徳ノ大ナリ也。誰カ有レ並レ之。故ニ吾尊テレ徳ヲ記ス二其ノ次第一。況ヤ又古ヨリ多ク称ス二第五ノ祖ト一。吾レ今胡ソ拒ヤレ之ヲ邪。然レトモ今所伝ハ宜クシ従二三伝ニ一。捨テレ、一取ランレ何ヲカ。必ス用ヘシ二三伝ヲ一。所以云何。於ケル二何ノ伝流ニ一、皆吾カ太祖律海ノ一味也。何ソ有ンヤレ別乎。故ニ予レ置ク也二安公ノ次キニ於載公ノ徒ヲ一也。又以テ二安公一置コトハ二璟公ノ上ニ一、従レ古以レ安謂カ二五世ト一故。就レ為ルニ二五世ト一。更ニ有レ論之。具ニ如シ二別記ノ之也。其ノ義明ナルカ故ニ。然ハ何ソ煩ク乱ヤ二伝流ヲ一。以テレ安立テハレ伝ヲ、則可キニレ置二其ノ徒ヲ一、不シテレ然置コト二璟ノ之徒一甚哉。汝カ於ケルコトレ情也。子カ論未タレ尽サ。予安公ノ次ニ連コトハ二載公ノ徒ヲ一、為下連二続シテ伝灯ヲ一不上レ断レ之也。於ル二宝ノ伝流ニ一、末ヘ失フ二人名ヲ一。於ル二載ノ流通ニ一、連々タリ乎也。間思テ知レ之。自ラ有ン二理ノ在一ル。上来所レ謂フ三伝、合用テ不レ可カラレ依ル二一ニ一。予故ニ以テ二三師ノ徒ヲ一不レ記二

①24オ　①23ウ

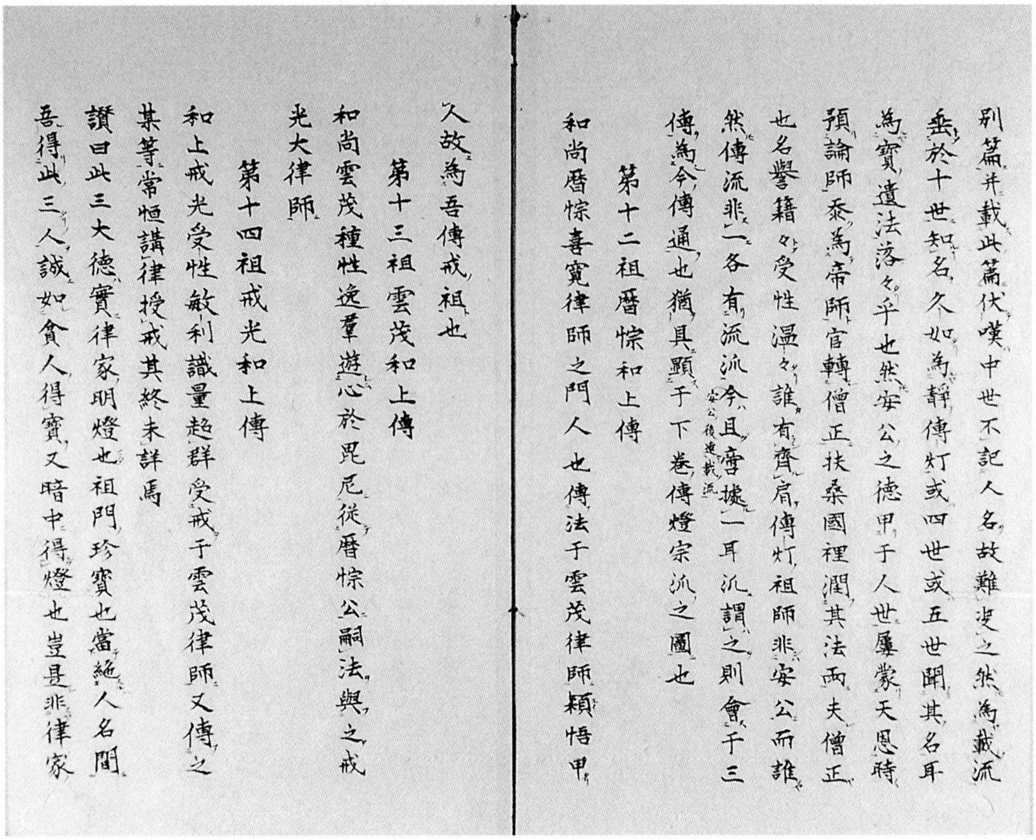
別篇幷載此篇伏嘆中世不記人名故難决之然為載流
垂於十世知名久如為静傳灯或四世或五世聞其名耳
為寶遺法落々乎也然安公之徳甲于人世屢蒙天恩時
預論師忝為帝師官轉僧正扶桑國裡潤其法雨夫僧正
也名譽籍々受性温々誰有齊肩傳灯祖師非安公而誰
然傳流非一各有流派今且啻拠一耳派謂之則會于三
傳為今傳通也猶具顯于下巻傳燈宗派之圖也
第十二祖曆悰和上傳
和尚曆悰喜寛律師之門人也傳法于雲茂律師頴悟甲
人故為吾傳戒祖也
第十三祖雲茂和上傳
和尚雲茂種性逸羣遊心於毘尼従曆悰公嗣法與之戒
光大律師
第十四祖戒光和上傳
和上戒光受性敏利識量超群受戒于雲茂律師又傳之
某等常恒講律授戒其終未詳焉
讃曰此三大徳實律家明燈也祖門珍寶也當絶人名間
吾得此三人誠如貧人得寶又暗中得燈也豈是非律家

①25オ　①24ウ

別篇ニ一、并ニ載ス二此ノ篇ニ一。伏テ嘆ハ、中世不レ記二人名ヲ一、故難レ決レ之。然トモ為ヤ二載ノ流一
垂トシテ二於十世ニ一、知ルコトレ名ヲ久如タリ。為ルヤ二静ノ伝灯一或ハ四世、或ハ五世、聞ノミ二其ノ名一耳。
為ルヤ二宝ノ遺法一落々タリ乎也。然トモ安公ノ之徳、甲リ二于人世ニ一、屢蒙リ二天恩一、時ク
預リ二論師一、忝ク為テ二帝師ト一官転シ二僧正ニ一、扶桑国裡潤フ二其法雨ニ一。夫レ僧正ヤ
也、名誉籍々トシテ、受性温々タリ。誰カ有ランレ斉ルレ肩ヲ。伝灯ノ祖師、非ンハ二安公ニ一而誰ソヤ。
然トモ伝流非レス一ニ。各有リ二流派一。今ハ且ク啻拠ルレ一耳。安公ノ後連ルコト二載ノ流一 汎ニ謂ハレ之ヲ、則会ス二于三
伝ヲ一。為也二今ノ伝通ヲ一也、猶ヲ具ニ顕ス二于下巻ノ伝灯宗派ノ之図ニ一也。

**第十二祖暦悰和上伝**

和尚暦悰、喜寛律師之門人也。伝フ二法于雲茂律師ニ一。頴《エイ》悟甲タリ
レ人。故ニ為ス二吾伝戒ノ祖ト一也。

**第十三祖雲茂和上伝**

和尚雲茂、種性逸群、遊シム二心於毘尼ニ一。従テ二暦悰公ニ一嗣レ法ヲ、与フ二之ヲ戒
光大律師ニ一。

**第十四祖戒光和上伝**

和上戒光、受性敏利、識量超レ群。受ク二戒ヲ于雲茂律師ニ一、又伝フ二之
某等ニ一。常恒講レ律授レ戒。其終未レ詳焉。
讃曰、此三大徳ハ実ニ律家ノ明灯也《マタ》祖門ノ珍宝也。当テ下絶スル二人名間ニ一
吾レ得リ二此ノ三タリノ人ヲ一。誠ニ如シ二貧人ノ得レ宝ヲ又暗中ニ得ルカ一レ灯也。豈是レ非スヤ二律家ノ

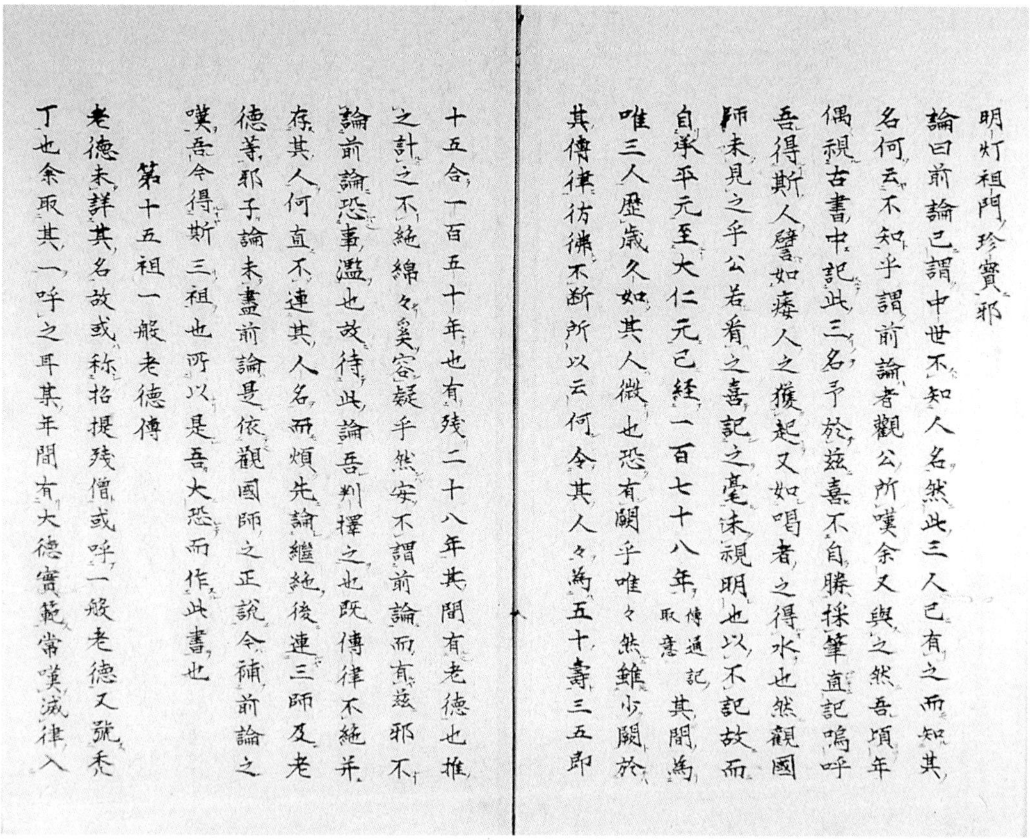

①25ウ　①26オ

明灯祖門ノ珍宝ニ邪。
論曰、前論已ニ謂ク、中世不レスト知ニ人名一ヲ。然ニ此ノ三人、已ニ有レリ之。而モ知ルニ其ノ
名一。何ソ云ニヤ不知一ト乎。謂ク、前論ハ者観公ノ所レ嘆、余又与レス之。然ニ吾レ頃コロノ年、
偶く視ルニ古書ノ中ニ記ニスルヲ此ノ三タリノ名一ヲ。予於レテ兹ニ喜ヒ不ニ自ラ勝一ヘ、採レ筆直ジキニ記。嗚呼
吾レ得ニルコト斯ノ人一ヲ、譬ヘハ如ニ痿人ノ之獲一カレ起コトヲ、又如ニシ喝者ノ之得ルカレ水ヲ也。然ニ観国
師、未タレ見レヤ之乎。公若シ看レハ之喜テ記ニン之ヲ毫一ニ。未タレ視明ルコトシ也。以ノレ不レ記故ニ。而ニ
自ニリ承平元一至ニルコト大仁元一ニ、已ニ経ニフ一百七十八年一ヲ。伝通記ノ取意。其ノ間ノ為ニリ
唯三人一。歴レ歳久如トシテ其人ハ微ナリ也。恐ク有レン闕乎。唯々然ルニ雖ニトモ少ク闕一ト、於ニテハ
其ノ伝律一ニ彷彿トシテ不レ断。所以云何ン。令ニシテ其ノ人々一ヲ為ニハ五十ノ寿一ト、三五即
十五、合テ一百五十年ナリ也。有ニリ残リ二十八年一。其ノ間有ニル也老徳一也。推シテ
レ之計ルニレ之、不レコト絶綿々タリ。奚ソ容レン疑乎。然シハ安ソ不レ謂ニ前論一ニ、而シテ有レルヤ兹ニ邪。不ルコト
レ論ニ前論一ニ、恐ニレハ也事ノ濫一ヲ也。故ニ待ニテ此ノ論一、吾レ判ニ択之一ヲ也。既ニ伝律不レ絶、并ニ
存ニス其ノ人一ヲ。何直ニ不レシテ連ニ其ノ人名一ヲ、而モ煩ク先ニ論ニシ継絶一ヲ、後ニ連ニルヤ三師及ヒ老
徳等一ヲ邪。子カ論未タレ尽。前論ハ是レ依ニテ也観国師ノ之正説一ニ。今ハ補ニフ前論之
嘆一ヲ。吾レ今得ニルコトヤ斯三リノ祖一ヲ也、所ニ以ナリ是レ吾カ大ニ恐レテ而作ニスル此書一ヲ也。

## 第十五祖一般老徳伝

老徳、未タレ詳ニ其ノ名一。故或ハ称ニシ招提残僧一ト、或呼ニフ一般老徳一。又号ニス禿
丁一也。余取ニ其ノ一一ヲ呼レ之耳。某ノ年間、有ニリ大徳実範一人。常嘆レシテ滅レ律ノ、入ニ

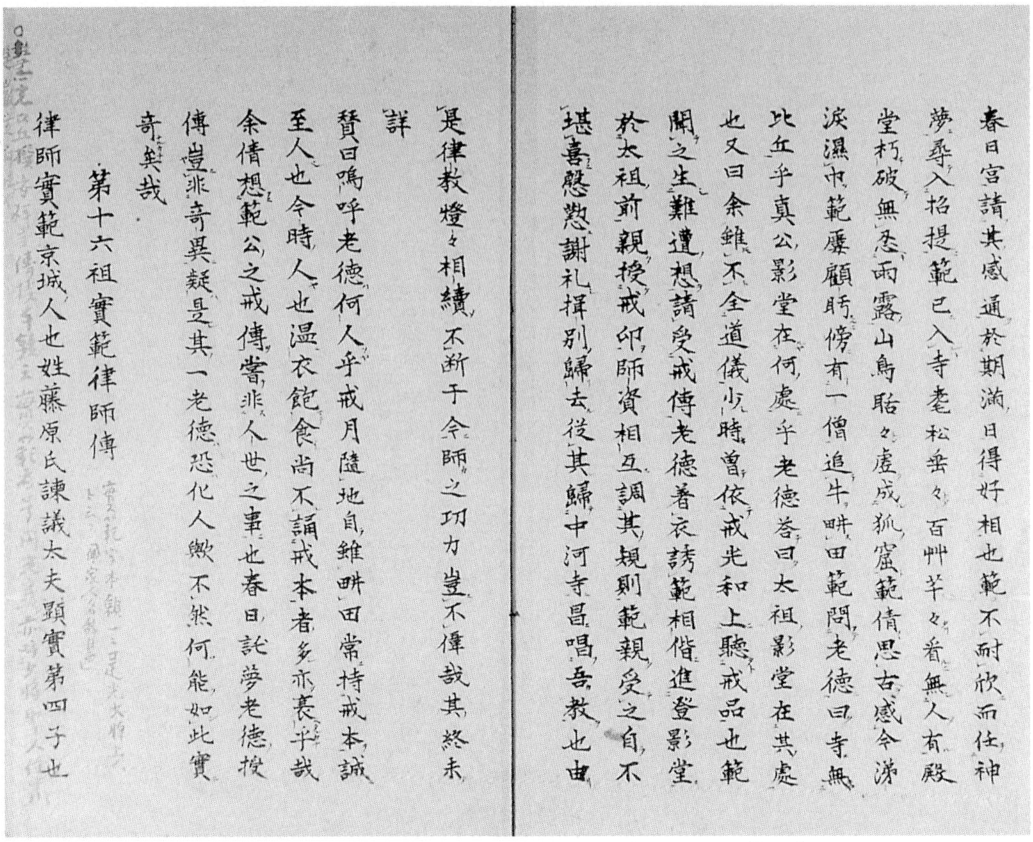

①27オ　①26ウ

春日宮一請二フ其ノ感通一ヲ。於二期満ノ日一得二好相一也。範不レ耐レ欣ニ、而任二テ神夢一ニ尋テ入二招提一ニ。範已ニ入レハ寺、耄松垂々トシテ百草芊々タリ。看ルニ無二シ人ノ有一ル。殿堂朽チ破テ無レ忍二ヘキ雨露一ノ。山鳥聒々トシテ虚ク成二ル狐ノ窟一ト。範倩ク思レ古ヘヲ感レ今、涕涙湿レ巾ヲ。範屢顧眄スルニ、傍ニ有二リ一僧一。追レテ牛ヲ畊レス田。範問二フテ老徳一ニ曰ク、寺ニ無二キヤ比丘一乎、真公ノ影堂在二ルヤ何ノ処一ニ乎。老徳答テ曰ク、太祖ノ影堂在二其ノ処一也。又曰、余雖レトモ不レト全二道儀一、少シ時キ曽テ依二テ戒光和上一ニ聴二クト戒品一也。範聞レテ之生二シ難遭ノ想一ヲ、請レ受二戒伝一。老徳着レ衣誘レ範、相偕ニ進二登影堂一ニ、於二太祖ノ前一親ク授二ク戒印一ヲ。師資相互ニ調二其ノ規則一。範親ク受レテ之自ラ不レ堪レ喜フニ。慇懃ニ謝礼シ、揖別シテ帰リ去ル。従レ其レ帰二テ中河寺一ニ昌ニ唱二フ吾カ教一ヲ也。由リレ是律教灯々相続シテ不レ断于今一ニ。師カ之功力、豈レニ不レ偉哉。其ノ終未タレ詳。

賛曰、嗚呼老徳ハ何人ソヤ乎。戒月随レ地、自ラ雖レ畊レ田常ニ持二戒本一ヲ。誠ニ至人也也。今時ノ人ヤ也、温ニ衣飽マテ食イ、尚不レル誦二戒本一者ノ多シ。亦タ衰ヘタルカナ乎哉。余倩想二フニ範公ノ之戒伝一ヲ、嘗テ非二ス人世ノ之事一ニ也。春日ノ託夢、老徳ノ授伝、豈レニ非二ヤ奇異一ニ。疑ハ是レ、其ノ一老徳ハ、恐ハ化人歟。不レ然何ソ能ク如レン此。実ニ奇ナルカナ矣哉。

## 第十六祖実範律師伝

☆実範、字本願。一ニ蓮光少将上人ト云フ。「仏家人名辞書」。

律師実範、京城ノ人也。姓藤原氏、諫議太夫顕実第四子也。

☆〇慧光比丘撰安祥寺伝授手鏡云、実範者号円光房一ト、亦呼二少将聖人。住中川一。是厳覚付法也。

└①27オ　└①26ウ

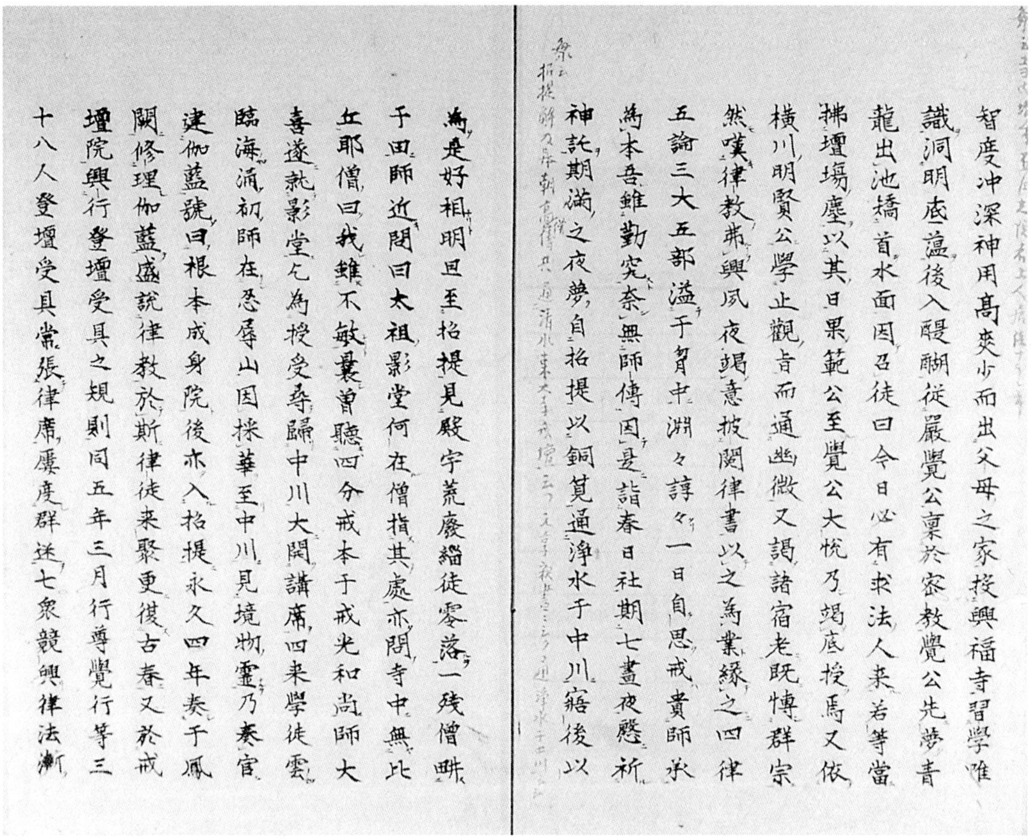

①27ウ　①28オ

☆栞云、寺内塔中在円光院者、上人居住ナラン乎。
智度冲深、神用高爽。少而出二父母ノ之家一投二興福寺一、習二学唯
識一ヲ洞二明底蘊一ヲ。後入二醍醐一、従二厳覚公一稟二於密教一。覚公先ニ夢ク、青
龍出レ池、矯二首ヲ水面一。因テ召レ徒曰、今日必有二求法ノ人来一ル。若等当ニ
レ払二壇場ノ塵一ヲ。以二其ノ日一、果シテ範公至ル。覚公大悦、乃シ竭シテレ底授ク焉。又依テ二
横川ノ明賢公一ニ学二止観ノ旨一、而通二幽微一。又謁シテ二諸宿老一ニ既ニ博シ二群宗一ニ。
然モ嘆キ二律教ノ弗レルコトヲ興、夙夜竭シテレ意披二閲律書一、以テレ之為レ業ト。縁テレ之ニ四律・
五論・三大・五部、溢テ二于胸中一ニ淵々諄々タリ。一日自ラ思ク、戒ハ貴二師承一
為レ本。吾レ雖二勤究一スト、奈レン無二師伝一。因テレ是ニ詣二春日社一、期二七昼夜一慇ニ祈ル二
神託一ヲ。期満ノ之夜夢ク、自二招提一以二銅筧一通二浄水于中川一ニ。寤後以
☆栞云、招提解及ヒ本朝高○僧伝共、通二清水東大寺戒壇一ニ云フ。元享釈書ニ云ク、通二浄水于中川一云云。

⌞①27ウ

為ク、是好相ナリト。明日至二招提一、見二殿宇荒廃緇徒零落一ルヲ。一残僧畊ス二
于田一ニ。師近キ問曰、太祖ノ影堂何在ル。僧指二其ノ処一。亦タ問フ、寺中ニ無二ヤ比
丘一耶。僧ノ曰ク、我レ雖トモ二不敏一ナリト、嚢シ曽聴キ二四分戒本于戒光和尚一ニ。師大
喜、遂ニ就テ二影堂一ニ、乞為二授受一。尋テ帰リ二中川一大ニ開ク二講席一ヲ。四来学徒雲ノ如
臨海ノ如涌ク。初メ師在リシ二忍辱山一。因レ採レ華ヲ至リ二中川一ニ、見二境物ノ霊一ナルヲ、乃奏レ官ニ
建二伽藍一。号シテ曰フ二根本成身院一ト。後亦タ入ル二招提一ニ。永久四年、奏シ二于鳳
闕一ニ、修二理シ伽藍一ヲ、盛説二律教一。於テレ斯ニ律徒来聚、更ニ復ス二古春一ニ。又於二戒
壇院一興二行登壇受具之規則一。同五年三月、行尊・覚行等三
十八人登壇受具。常ニ張テ二律席一ヲ屢度シ二群迷一ヲ、七衆競興リ、律法漸ク

⌞①28オ

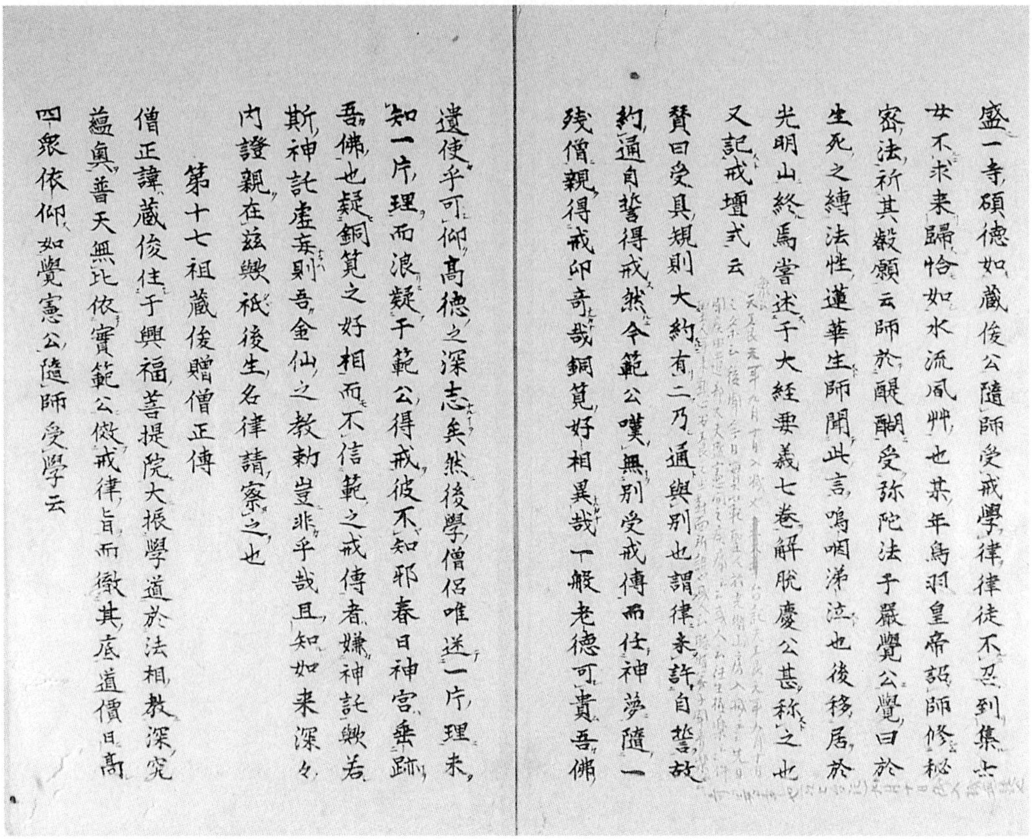

①28ウ　①29オ

盛也。一寺ノ碩徳、如キ二蔵俊公一、随レ師受レ戒学フレ律ヲ。律徒不ルニレ召カ到リ集ル。士女不ルニレ求来リ帰ス。恰モ如シ二水流風草一ノ也。某ノ年、鳥羽皇帝詔シテレ師修シム二秘密ノ法一ヲ。祈二其叡願一云。師於テ二醍醐ニ受ク二弥陀法于厳覚公一ニ。覚ノ曰、於二生死ノ之縛一法性ノ蓮華生スト。師聞テ二此ノ言一ヲ嗚咽涕泣スト也。後移シテ二居ヲ於光明山一ニ終ル焉。嘗述ス二于大経要義七巻一ヲ。解脱慶公甚タ称スレト之也。

☆栞云、天養元年九月十日入滅也。東大寺台記天養元年九月十日之条云、後聞、今日実範聖人於光明山房入滅云云。先日聞疾由、遣部大夫盛憲問之。疾痛云云。或人云、往生極楽云云。件聖人、年来顕心安養之由、対面所語也。或人云、臨時弟子聞音楽云云。奇異事也（以上台記）。九月十日御入滅無疑也。

又記スト二戒壇式一云。

賛曰、受具ノ規則、大ニ約スルニ有リレ二ツ。乃シ通ト与レ別也。謂ク、律ニ未タレ許サ二自誓一ヲ故ニ、約シテレ通自誓得戒ス。然ルニ今、範公嘆シテレ無コトヲ二別受戒伝一、而任テ二神夢一ニ、随テ二一残僧一ニ親ク得二戒印一。奇ナルカナ哉銅筧ノ好相、異ナルカナ哉一般老徳。可シレ貴ム吾カ仏ノ

①28ウ

遣使カ乎。可シレ仰ク高徳ノ之深志ナルコトヲ矣。然ニ後学ノ僧侶、唯迷テ二一片ノ理一ニ未タレ知一片ノ理一ヲ、而浪リニ疑フ二于範公ノ得戒一ヲ。彼不ヤレ知邪、春日神宮ハ垂二跡コトヲ吾カ仏一ノ也。疑ヒ二銅筧之好相一、而モ不レ信二範ノ之戒伝一者ハ、嫌カ二神託一歟。若シ斯ノ神託虚妄ナラハ、則吾カ金仙ノ之教勅。豈ニ非カ乎哉。且ツ知ル如来深々ノ内証、親ク在レ茲歟。祇《タヾ》後生ノ名律、請フ察レヨ之ヲ也。

### 第十七祖蔵俊贈僧正伝

僧正、諱ハ蔵俊。住シ二于興福ノ菩提院一ニ、大ニ振二学道一。於二法相ノ教一ニ深ク究二蘊奥一ヲ、普天無レ比。依テ二実範公一ニ倣フ二戒律ノ旨一ヲ。而徹二其ノ底一、道價日ニ高シ。四衆依仰ス。如二覚憲公一ノ、随レ師受レ学云。

①29オ

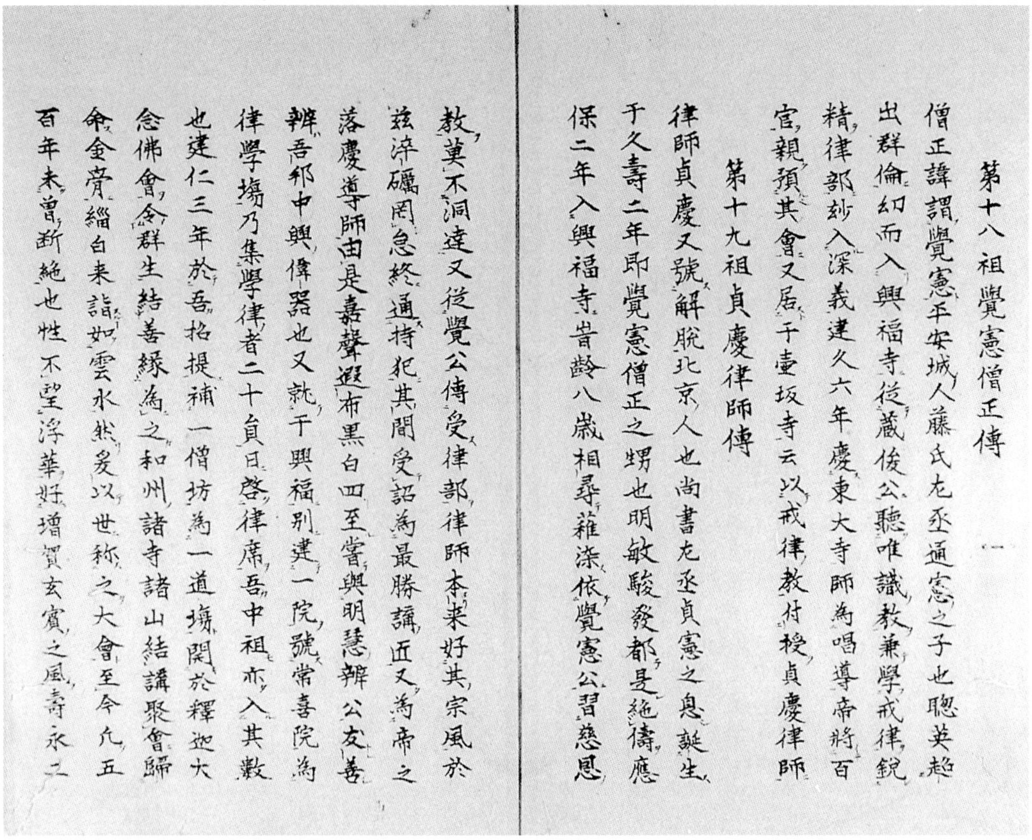
第十八祖覺憲僧正傳
僧正諱謂覺憲平安城人藤氏左丞通憲之子也聰英超
出群倫幼而入興福寺從藏俊公聽唯識教兼學戒律鋭
精律部妙入深義建久六年慶東大寺師爲唱導帝將百
官親預其會又居于壷坂寺云以戒律教付授貞慶律師
第十九祖貞慶律師傳
律師貞慶又號解脱北京人也尚書左丞貞憲之息誕生
于久壽二年即覺憲僧正之甥也明敏駿發都是絶儔應
保二年入興福寺時齡八歳相尋薙染依覺憲公習慈恩
教莫不洞達又從覺公傳受律部律師本來好其宗風於
玆淬礪罔怠終通持犯其間受詔爲最勝講匠又爲帝之
落慶導師由是嘉聲遐布黒白四至嘗與明慧辨公友善
辨吾邦中興偉器也又就于興福別建一院號常喜院爲
律學場乃集學律者二十員日啓律席吾中祖亦入其數
也建仁三年於吾招提補一僧坊爲一道場開於釋迦大
念佛會令群生結善縁爲之和州諸寺諸山結講聚會歸
命金骨緇白來詣如雲水然爰以世稱之大會至今凡五
百年未曾斷絶也性不望浮華好增賀玄賓之風壽永二

①30オ　①29ウ

## 第十八祖覚憲僧正伝

僧正、諱謂フ二覚憲一ト。平安城ノ人、藤氏左丞通憲ノ之子也。聡英超二出群倫一ニ。幼而入リ二興福寺一ニ、従テ二蔵俊公一ニ聴ク二唯識ノ教一ヲ。兼テ学フ二戒律一ヲ。鋭シ二精ヲ律部一ニ妙入ル二深義一ニ。建久六年、慶ス二東大寺一ヲ。師為ル二唱導一ト。帝将イテ二百官一ヲ親ク預ル二其ノ会一ニ。又居スト二于壷坂寺一ニ云。以テ二戒律ノ教一ヲ付二授ク貞慶律師一ニ。

## 第十九祖貞慶律師伝

律師貞慶、又号ス二解脱一ト。北京ノ人也。尚書左丞貞憲之息也。誕二生ス于久寿二年一ニ。即覚憲僧正之甥也。明敏駿発、都テ是レ絶レ儔ヲ。応保二年、入ル二興福寺一ニ。時齢八歳。相尋テ薙染ス。依テ二覚憲公一ニ習フ二慈恩ノ教一ヲ、莫レ不二洞達一。又従テ二覚公一ニ伝二受ス律部一ヲ。律師本ヨリ来好ム二其ノ宗風一ヲ、於レ茲淬礪罔レ怠シ。終ニ通ス二持犯一ニ。其ノ間受テレ詔ヲ為ル二最勝講ノ匠一、又タ為二帝之落慶導師一。由レ是嘉声遐布、黒白四リ至ル。嘗テ与二明慧ノ弁公一友トシ善シ。弁ハ吾邦中興ノ偉器也。又就テ二于興福一ニ、別ニ建テ二一院一ヲ号ス二常喜院一ト。為二律学場一ト。乃集ニ学律ノ者二十員一ヲ、日ニ啓ク二律席一ヲ。吾カ中祖モ亦タ入ル二其数一ニ也。建仁三年、於テ二吾カ招提一ニ補ニ二一僧坊一ヲ為二一道場一ト。開キ二於釈迦大念仏会一ヲ、令ム下シテ群生一結中善縁上。為ニレ之カ和州ノ諸寺諸山、結レ講聚レ会ニ帰二命ス金骨一ニ。緇白来詣スルコト如ク二雲水一然リ。爰以テ世ニ称スニ之ヲ大会一ト。至レ今凡ツ五百年、未タ二曽テ断絶一也。性不レ望二浮華一ヲ、好ム二増賀・玄賓ノ之風一ヲ。寿永二

①30オ　①29ウ

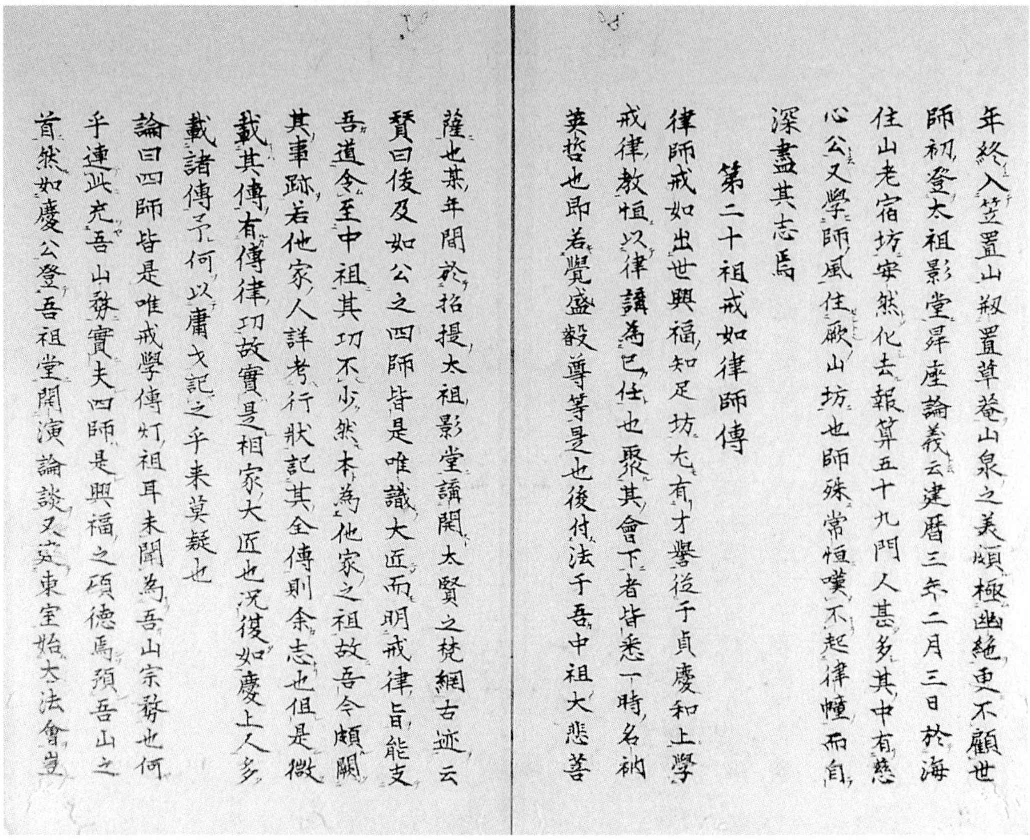

①30ウ　①31オ

年、終イニ入テ二笠置山一籾二置草菴一ヲ。山泉ノ之美、頗ル極ム二幽絶一ヲ。更ニ不レ顧レ世。
師初メ登テ二太祖影堂ニ一昇座論義ト云云。建暦三年二月三日、於テ二海
住山老宿坊ニ一安然トシテ化シ去ル。報算五十九。門人甚タ多シ。其ノ中有リ二慈
心公ト云一。又学ヒ二師ノ風一、住セシト也二厥ノ山坊ニ一也。師殊ニ常恒ニ嘆シテレ不コトヲレ起二律幢ノ一、而自ラ
深尽其志焉。

## 第二十祖戒如律師伝

律師戒如、出二世興福ノ知足坊ニ一、尤モ有リ二才誉一。従二于貞慶和上ニ一学二
戒律ノ教一。恒ニ以テ二律講一為二己カ任ト一也。聚ル二其ノ会下ニ一者、皆悉一時ノ名衲
英哲也。即若キ二覚盛・叡尊等一是也。後付ス二法于吾カ中祖大悲菩

└ ①30ウ

薩ニ一也。某ノ年間、於テ二招提ノ太祖ノ影堂ニ一、講二開スト太賢之梵網古迹ヲ一云。
賛曰、俊及如公之四師、皆是唯識ノ大匠ニシテ而モ明二戒律ノ旨ヲ一。能支テ二
吾カ道一令ムレ至二中祖ニ一。其功不也レ少ラ。然トモ本ト為二他家ノ之祖一故ニ、吾今頗ル闕ク二
其ノ事跡ヲ一。若他家ノ人、詳考ヘ二行状一記二其ノ全伝一、則余カ志ナリ也。但シ是ニ微ク
載コトハ二其伝ヲ一、有ルカ二伝律ノ功一故。実ハ是レ相家ノ大匠也。況復タ如二慶上人一、多ク
載二諸伝一。予レ何ソ以テ二庸才一記ヤレ之乎。来莫疑也。
論曰、四師皆是、唯戒学伝灯ノ祖耳。未レ聞レ為コトヲ二吾カ山宗務一也。何ヤ
乎、連テレ此ニ充ツヤ二吾山務ニ一・。実ニ夫レ四師ハ是レ興福ノ之碩徳。焉ンソ預ン二吾山之
首ニ一。然トモ如二慶公一、登テ二吾祖堂ニ一開二演論談ヲ一、又建テ二東室一始ム二大法会ヲ一。豈ニ

└ ①31オ

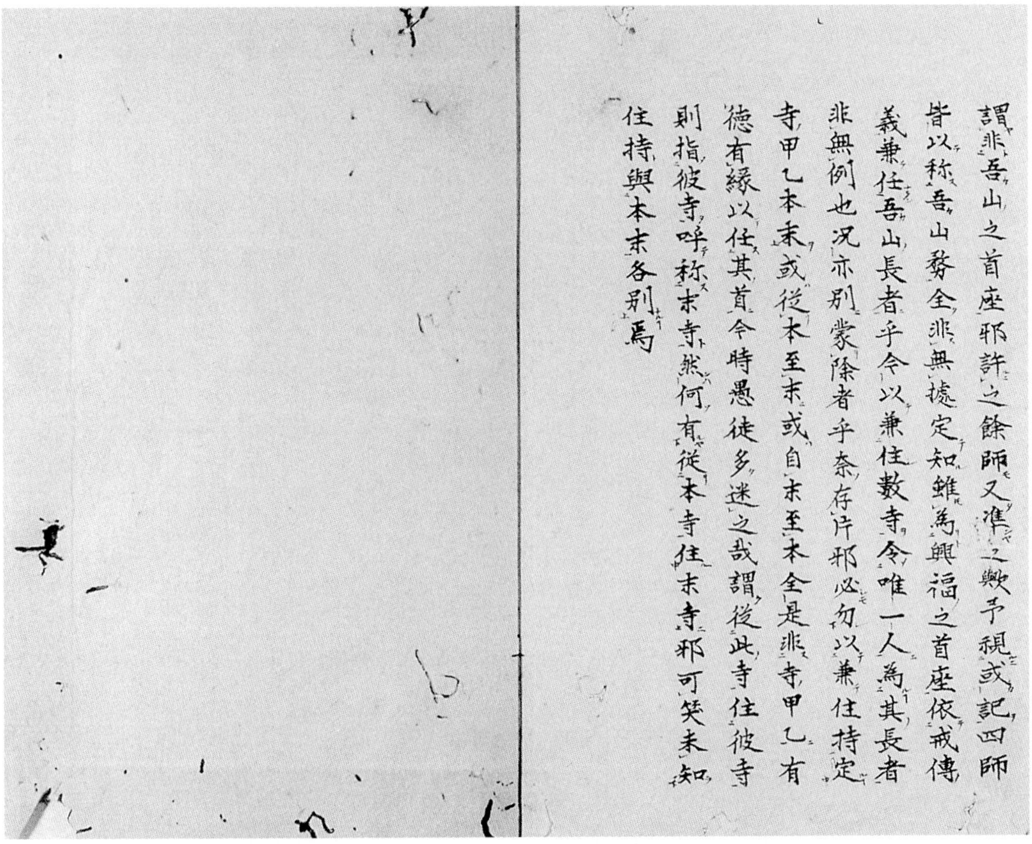

①裏表紙見返　①31ウ

謂ヤレ非トニ吾カ山ノ之首座一邪。許ルニレ之、余師モ又タ準ンヤレ之歟。予視ルニニ或カ記ヲ一、四師
皆以テ称スニ吾カ山務一。全ク非スレ無レ拠。定テ知ル、雖トモレ為リトニ興福ノ之首座一、依テニ戒伝ノ
義一、兼テ任ナランニ吾カ山ノ長者ニ一乎。今以テ兼ニ住シ数寺ヲ一、令シテニ唯一人ニ一為ルコトニ其ノ長者一、
非レ無レ例也。況亦別ニ蒙リレ除者乎、奈ソ存レ片邪。必シモ勿下レ以テニ兼テ住持一定中ルコト
寺ノ甲乙本末ヲ上。或ハ従リレ本至レ末ニ、或ハ自レ末至レ本、全是非スニ寺ノ甲乙ニ一。有
レ徳有レ縁、以テ任スニ其ノ首ニ一。今時愚徒、多ク迷レ之哉。謂ク、従ニ此ノ寺一住ニ彼寺一。
則指シテニ彼寺ヲ一呼テ称スニ末寺ト一。然シハ何ソ有ルヤ下従リニ本寺一住ル中末寺ニ上邪。可レ笑、未レ知ラ下
住持ト与ニ本末一各別ナルコト上焉。

①裏表紙見返　①31ウ

①裏表紙

①裏表紙

律宗戒学院蔵

# 能満院義澄撰『招提千歳伝記』

（妙音院元鏡書写本）第二冊

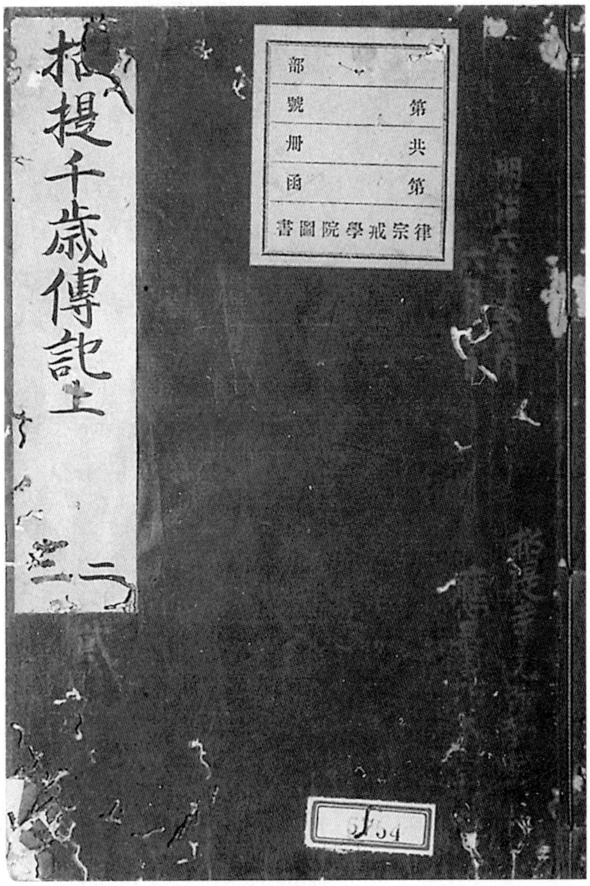


②表表紙

明治六年癸酉
六月二日

部
号 第
冊 共
函 第
書図院学戒宗律

招提千歳伝記上

二
三

弐

招提寺元弥勒院
応量坊本常求

5754

②表表紙

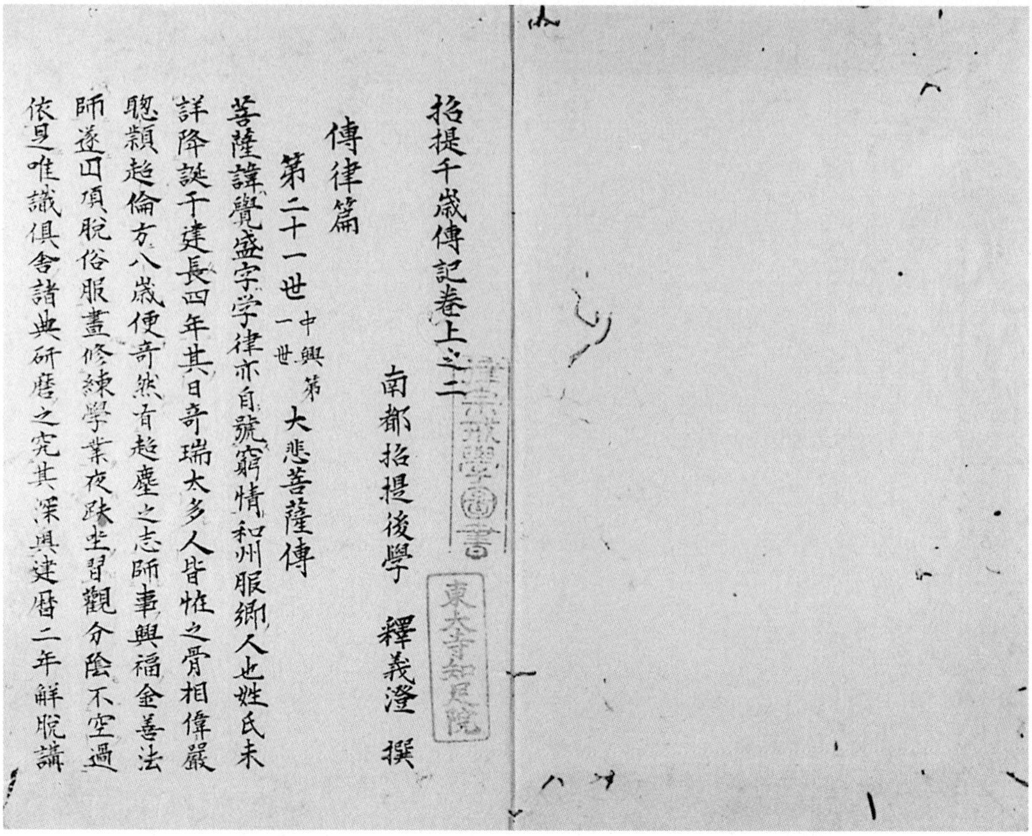

②01オ　　②表表紙見返

# 招提千歳伝記巻上之二



南都招提後学　釈義澄　撰

## 伝律篇

### 第二十一世中興第一世　大悲菩薩伝

菩薩、諱ハ覚盛、字ハ学律、亦自ラ号ス二窮情ト一。和州服郷ノ人也。姓氏未レ詳。降二誕于建長《久》四年一ニ。其ノ日、奇瑞太多シ。人皆佐之。骨相偉厳、聡頴超倫。方ニ八歳、便チ奇然トシテ有二超塵之志一。師二事フ興福ノ金善法師一ニ。遂ニ円頂脱二俗服一。昼ハ修二練学業一ヲ、夜ハ趺坐シテ習レ観、分陰モ不二空ク過一。依レ是ニ唯識・倶舎ノ諸典、研磨シテ之究二其深奥一。建暦二年、解脱講

②01オ　　②表表紙見返

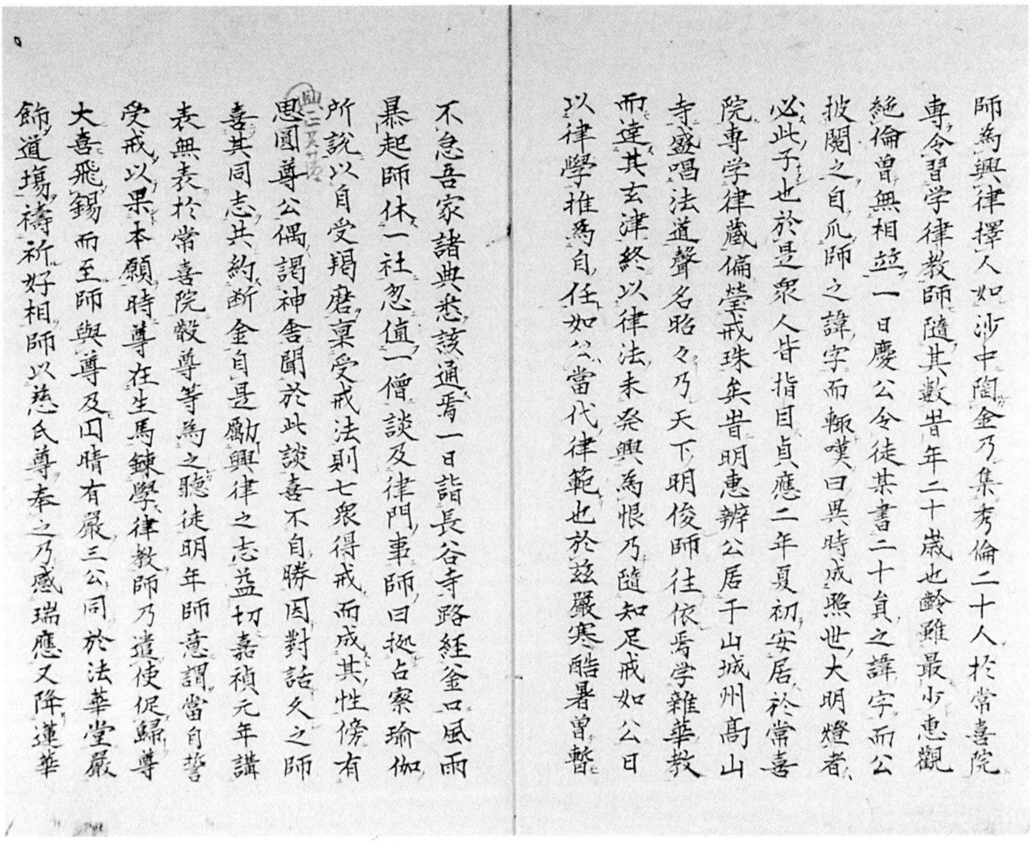


②02オ　②01ウ

②01ウ

師為レ興レ律択レ人。如二シ沙中ニ陶一レルカ金。乃シ集二メ秀倫二十人ヲ於常喜院一ニ、
専ラ令レ習二学律教一。師モ随二フ其数一。時年二十歳也。齢雖二最モ少一シト、恵観
絶レ倫、曽テ無二相並一フ。一日慶公令レ徒某書二二十員ノ之諱ノ字一ヲ。而公
披二閲之一ヲ。自ラ爪二シテ師之諱ノ字一ニ、而輙チ嘆シテ曰ク、異時成二照世ノ大明灯一者ノハ、
必ス此ノ子ナラン也。於レ是衆人皆指目ス。貞応二年夏、初テ安二居ス於常喜
院一ニ。専学二律蔵一、偏ニ瑩二戒珠一矣。時ニ明恵弁公居二于山城州高山
寺一ニ、盛唱二法道一、声名昭々タリ。乃シ天下ノ明俊也。師往テ依ル焉。学二雑華ノ教一、
而モ達二ス其玄津一ニ。終ニ以三律法ノ未二発興一為レ恨。乃チ随二知足戒如公一ニ。日
以二律学一。推為二自ノ任一ト。如公ハ当代ノ律範ナリ也。於レ茲厳寒酷暑、曽テ暫モ

②02オ

不レ怠、吾家諸典、悉ク該通ス焉。一日詣二長谷寺一、路経二釜口一ニ。風雨
暴起、師休二ス一社一ニ。忽ニ値二フ一僧一ニ。談及二律門ノ事一ニ。師ノ曰、拠二ルニ占察・瑜伽ノ
所説一ニ、以二自受羯磨一ヲ、稟二受戒法一。則七衆得戒ス。而成二ストト其ノ性一。傍ニ有二
☆興正菩薩
思円尊公一。偶ク謁二神舎一ニ、聞二於此談一。喜不二自ラ勝一、因テ対話ルコト久シ之。師
喜二ニシテ其同志一ヲ、共ニ約二ス断金一。自レ是励二コト興律之志一益切也。嘉禎元年、講二
表無表ヲ於常喜院一ニ。叡尊等為二之レカ聴徒一。明年、師意ニ謂ク、当自誓
受戒シテ、以テ果二ントト本願一ヲ。時ニ尊在二生馬一、錬二学ス律教一ヲ。師乃遣レシテ使促レス帰コトヲ。尊
大ニ喜ヒ、飛レシテ錫而至ル。師与レ尊及ヒ円晴・有厳ノ三公ト、同ク於法華堂一ニ、厳二
飾シテ道場一ヲ、祷二祈ル好相一ヲ。師以二慈氏尊一ヲ奉レ之、乃シ感二瑞応一。又降リ二蓮華

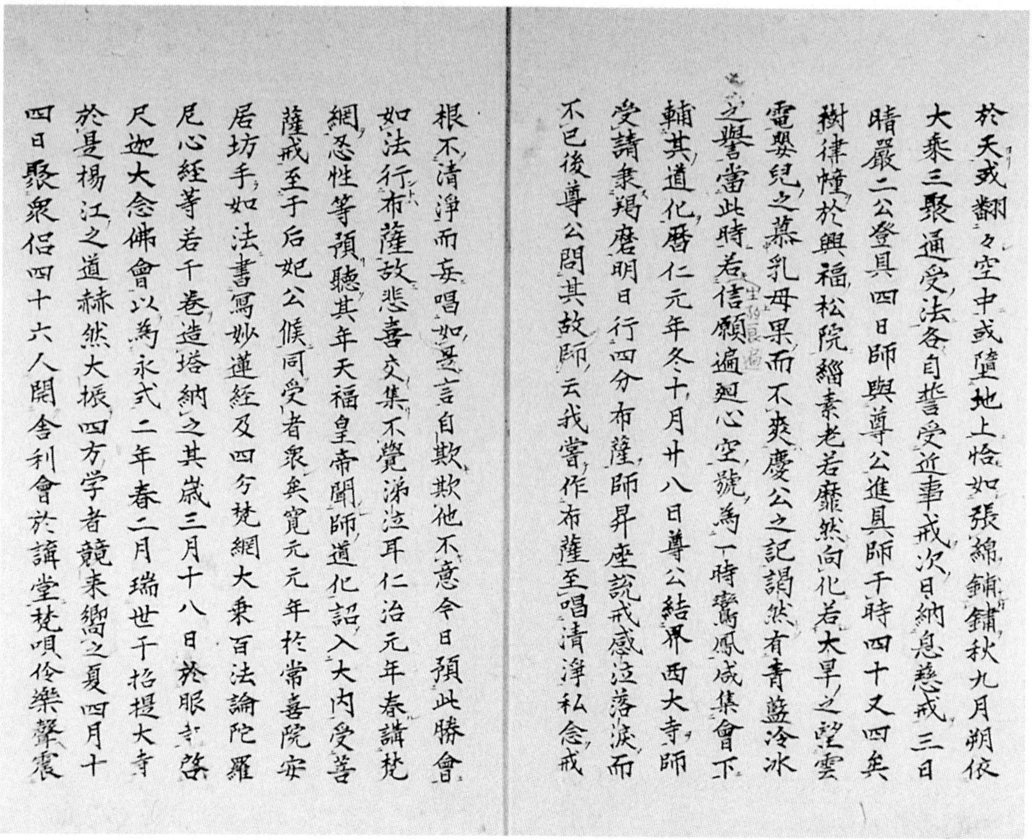

於天或翻々空中或墮地上恰如張綿鋪鏞秋九月朔依
大乘三聚通受法各自誓受近事戒次日納息慈戒三日
晴嚴二公登具四日師與尊公進具師于時四十又四矣
樹律幢於興福松院緇素老若靡然向化若大旱之望雲
電嬰兒之慕乳母果而不爽慶公之記謂然有青藍冷冰
之譽當此時若信願遍廻心空號為一時鸞鳳咸集會下
輔其道化曆仁元年冬十月廿八日尊公結界西大寺師
受請秉羯磨明日行四分布薩師昇座說戒感泣落淚而
不已後尊公問其故師云我嘗作布薩至唱清淨私念戒
根不清淨而妄唱如是言自欺欺他不意今日預此勝會
如法行布薩故悲喜交集不覺涕泣耳仁治元年春講梵
網忍性等預聽其年天福皇帝聞師道化詔入大內受菩
薩戒至于后妃公候同受者衆矣寬元元年於常喜院安
居坊手如法書寫妙蓮經及四分梵網大乘百法論陀羅
尼心経等若干巻造塔納之其歲三月十八日於服寺啓
尺迦大念佛會以為永式二年春二月瑞世于招提大寺
於是楊江之道赫然大振四方学者競來嚮之夏四月十
四日聚衆侶四十六人開舎利會於講堂梵唄伶樂聲震

②02ウ　②03オ

於天一ヨリ、或翻二々シ空中一ニ、或堕二地上一ニ。恰モ如二シ張レ綿ヲ鋪ケルカ一レ鏞ヲ。秋九月朔、依二
大乗三聚通受ノ法一ニ、各ク自誓受二近事戒一ヲ。次ノ日、納二息慈戒一ヲ。三日、
晴・厳二公登具。四日、師与二尊公一進具。師于レ時四十又四矣。
樹二律幢ヲ於興福ノ松院一ニ。緇素老若、靡然トシテ向レ化ニ。若シ下大旱ノ之望二雲
電一嬰児ノ之慕中乳母上。果シテ而不レ爽ハ慶公之記一、謂然トシテ有二青藍冷氷
之誉一。当二此時一ニ、若キ二信願遍《☆生駒良遍》・廻心空一ノ、号シテ為二一時鸞鳳一。咸集二会下一ニ、
輔二其ノ道化一ヲ。暦仁元年冬十月廿八日、尊公結二界西大寺一ヲ。師
受レ請秉二羯磨一ヲ。明日、行二四分布薩一ヲ。師昇座説戒、感泣落涙シテ而
不レ已。後尊公問二其故一ヲ。師ノ云、我嘗テ作二布薩一至レ唱二清浄一。私念ク、戒
根不二シテ清浄一、而妄ニ唱二如ノ是言一、自欺キ欺レ他不レキ意、今日預二此勝会一ニ、
如レ法行二シトハ布薩一。故ニ悲喜交ク集リ、不レ覚涕泣耳。仁治元年春ル、講二梵
網一ヲ。忍性等預リ聴ク。其年、天福皇帝聞二メシ師ノ道化一、詔シテ入二大内一受二菩
薩戒一。至二于后妃公候一ニ、同ク受者衆シ矣。寛元元年、於常喜院安
居坊、手ラ如法ニ書二写妙蓮経及四分・梵網・大乗百法論・陀羅
尼・心経等若干巻一ヲ、造レ塔納レ之。其歳三月十八日、於二服寺一ニ啓キ二
尺迦大念仏会一、以テ為二永式一。二年春二月、瑞二世于招提大寺一。
於レ是楊江ノ之道赫然大振テ、四方ノ学者競来嚮レ之。夏四月十
四日、聚二衆侶四十六人一、開ク二舎利会於講堂一ニ。梵唄伶楽、声ヘ震二

②02ウ　②03オ

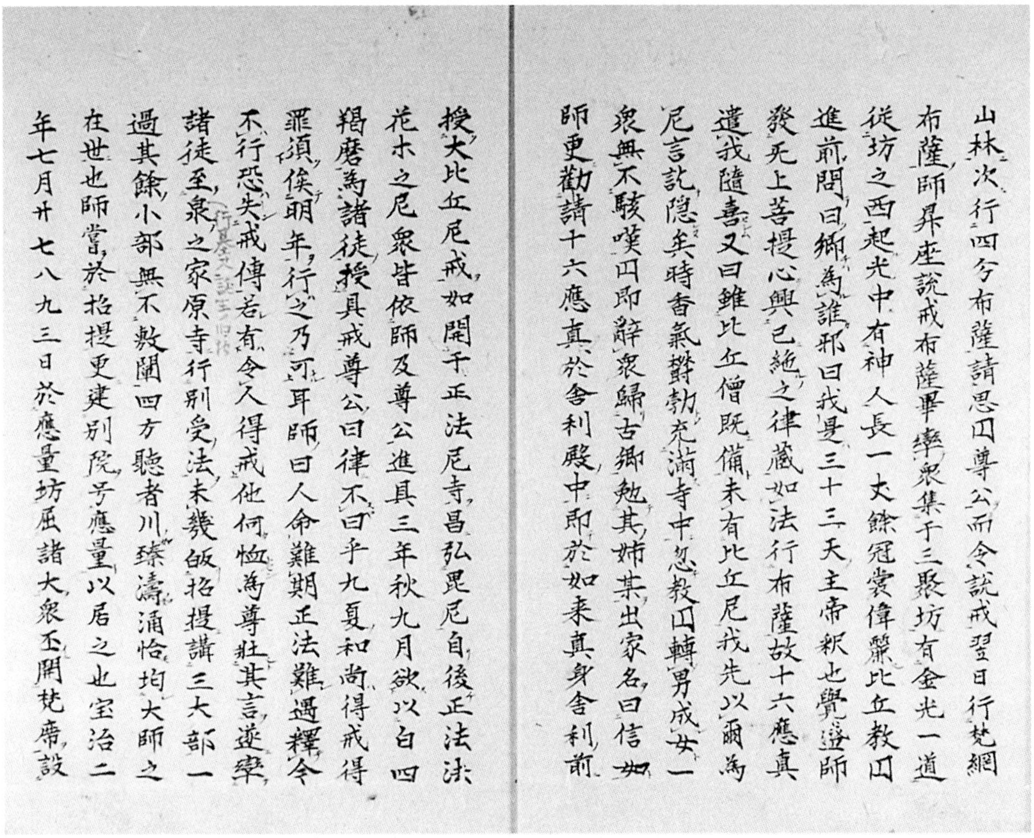

②04オ　②03ウ

山林ニ一。次ニ行二四分布薩一。請二思円尊公ヲ一而令二説戒一。翌日、行二梵網
布薩ヲ一。師昇座説戒布薩畢、率テレ衆集二于三聚坊ニ一。有二金光一道一、
従二坊之西一起ル。光中ニ有二神人一。長一丈余、冠裳偉麗也。比丘教円
進前シテ問テ曰ク、卿チハ為ルレ誰カ邪。曰、我是ハ三十三天ノ主帝釈也。覚盛師
発二无上菩提心ヲ一、興二已ニ絶ルノ之律蔵一、如レ法行二布薩一故、十六応真
遣レ我随喜セシム。又曰、雖二比丘僧既ニ備ト一、未レ有二比丘尼一。我先以レ爾為
レ尼。言訖テ隠レヌ矣。時香気欝勃トシテ充二満ス寺中ニ一。忽チ教円転シテレ男成ルレ女ト。一
衆無レ不二駭嘆一。円即辞レ衆帰リ二古郷一、勉テ二其ノ姉某ヲ一出家。名ヲ曰二信如ト一。
師更ニ勧二請十六応真於舎利殿ノ中ニ一。即チ於二如来真身舎利ノ前ニ一
授ク二大比丘尼戒ヲ一。如開二于正法尼寺ヲ一、昌ニ弘二毘尼一。自リ後チ正法・法
花等之尼衆、皆依二師及尊公一進具。三年秋九月、欲ス下以二白四
羯磨一為二諸徒ノ一授上二具戒一。尊公ノ曰、律ニ不レスヤ曰乎、九夏ノ和尚ハ得戒得
罪。須ク下俟テ二明年ヲ一行ハレ之乃可ナル上耳。師ノ曰、人命難レ期、正法難レ遇シ。釈テレ今
不レハ行、恐ハ失ン二戒伝一。若シ有ハ下令レ人得戒上、他何カ恤トセン為。尊壮也ト二其言ヲ一。遂ニ率テ二
諸徒一、至テ二泉ノ之家原寺ニ一（☆行基菩薩誕生ノ旧地）、行二別受ノ法ヲ一。未レ幾帰リ二招提ニ一、講二三大部一。一
過其余ノ小部、無レ不二敷闡一。四方聴者、川ノ如臻、濤ノ如涌。恰モ均シ二大師之
在世ニ一也。師嘗テ於二招提一、更ニ建二別院ヲ一。号二応量ト一以居之也。宝治二
年七月廿七八九三日、於二応量坊一、屈二諸大ヲ一衆、丕イニ開二梵席ヲ一。設二

②04オ　②03ウ

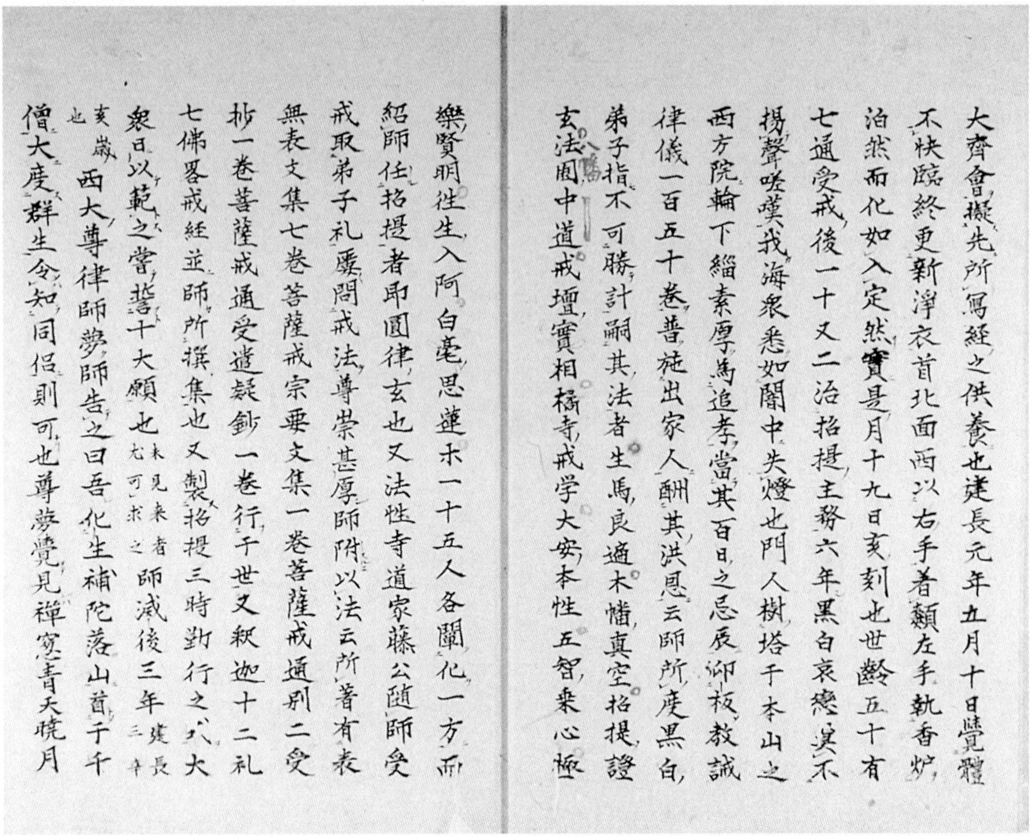

②05オ　②04ウ

大斉会一ヲ、擬二ス先ニ所レ写経ノ之供養一ニ也。建長元年五月十日、覚二体
不レ快。臨終更二新浄衣一、首北面西、以二右ノ手一着レ頬、左手ニ執二香炉一ヲ、
泊然而化。如レ入レ定然リ。実ニ是ノ月十九日亥ノ刻也。世齢五十有
七、通受戒ノ後一十又二、治二招提ノ主務一六年也。黒白哀恋、莫レ不二
揚レテ声嗟嘆一。我カ海衆、悉ク如二闇中ニ失レ灯也。門人樹二ツ塔于本山之
西方院一ニ。輪下緇素、厚ク為二追孝一ヲ。当二テ其百日ノ之忌辰一ニ、印二板シテ教誡
律儀一百五十巻一ヲ、普ク施二出家人一ニ、酬二其ノ洪恩一ニ云。師所レ度黒白ノ
弟子、指モ不可二勝テ計一。嗣二其ノ法一者・生馬ノ良遍・木幡ノ真空・招提ノ証
玄・法園《☆八幡》ノ中道・戒壇ノ実相・橘寺ノ戒学・大安ノ本性・五智ノ乗心・極
楽ノ賢明・往生ノ入阿・白毫ノ思蓮・等一十五人、各闡二ク化ヲ一方一ニ。而
紹レ師任二ル招提一者、即円律ノ玄也。又法性寺道家藤公、随レ師受
戒、取二弟子礼一。屢く問二戒法一ヲ、尊崇甚厚シ。師附スルニ以レ法云。所レ著有二表
無表文集七巻・菩薩戒宗要文集一巻・菩薩戒通別二受
抄一巻・菩薩戒通受遣疑鈔一巻、行二フ于世一。又釈迦十二礼・
七仏略戒経、並ニ師カ所二撰集一也。又製二ス招提三時勤行之式一ヲ。大
衆日ニ以テ範トレス之。嘗テ誓二フト十大願一也。未見。来者尤可レ求之。師滅後三年、建長三辛
亥歳也。西大ノ尊律師夢ク、師告レテ之曰、吾レ化二生補陀落山一ニ、首トシテ二于千
僧一ニ、大ニ度二ス群生一。令レメハ知ラ二同侶一ニ則可ナリ也。尊夢覚メテ見レハ、禅窓青天、暁月

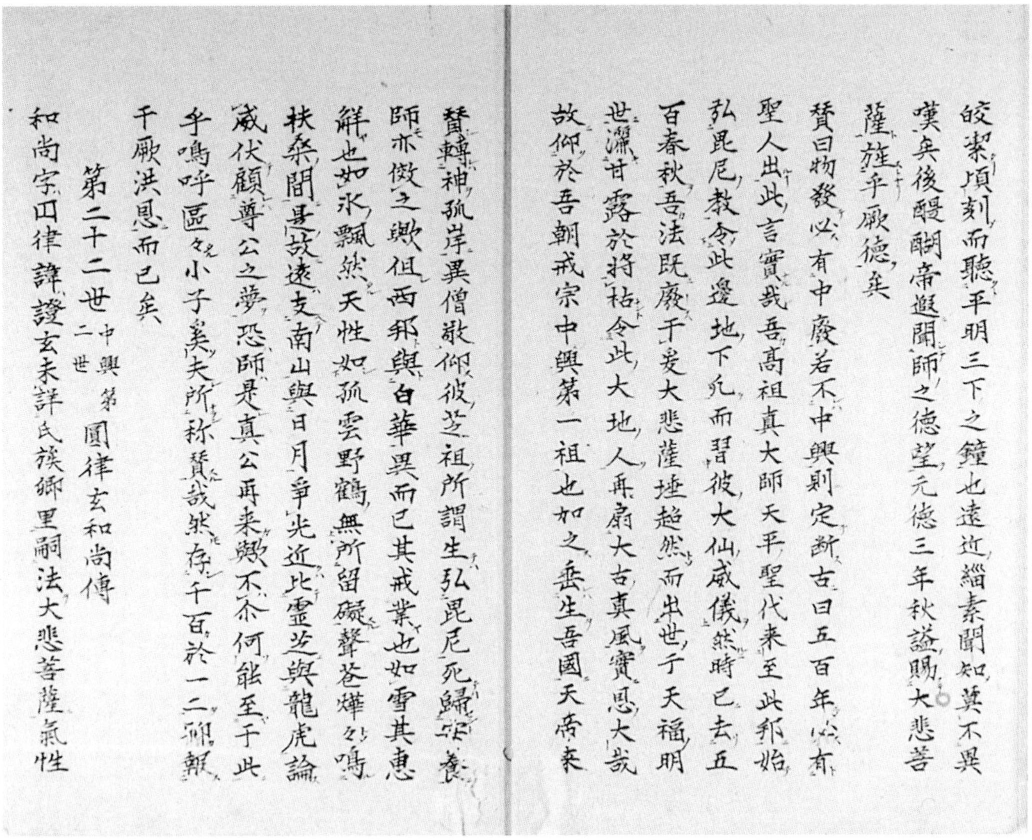

②06オ　②05ウ

皎潔タリ。頃刻シテ而聴二クト平明三下ノ之鐘一也。遠近ノ緇素、聞知シテ莫レ不二異嘆一矣。後醍醐帝遐ニ聞二シテ師ノ之徳望一ヲ、元徳二年秋、諡シテ賜フテ二○大悲菩薩一ト、旌二ストナリ乎厥徳一ヲ矣。

賛曰、物発テ必ス有二中廃一。若不二レハ中興一、則定テ断ス。古ニ曰、五百年ニシテ必ス有二ト聖人出一ルコト。此ノ言実ナル哉。吾カ高祖真大師、天平ノ聖代、来二至此邦一ニ、始テ弘二毘尼ノ教一、令下シテ二此辺地ノ下凡一ヲ而習中彼ノ大仙ノ威儀上ヲ。然ルニ時已ニ去二リ五百春秋一ヲ、吾カ法既ニ廃ス。于レ爰大悲薩埵、超然トシテ而出二世シテ于天福ノ明世一ニ、灑二キ甘露於将一レ枯ナントト、令三此ノ大地ノ人一ヲ、再ヒ扇二大古ノ真風一ヲ。実ニ恩ノ大哉。故ニ仰二ク於吾朝戒宗中興第一祖一也。加之ス垂二レハ生ヲ吾国一ニ天帝来賛シ、転二レハ神ヲ孤岸一ニ異僧敬仰ス。彼ノ芝祖ノ、所謂生テハ弘二毘尼一、死テハ帰二セント安養一ニ。師モ亦傚レ之歟。但シ西邦ト与二ト白華一異而已。其戒業ヤ也如レ雪、其恵解ヤ也如レ氷ノ。飄然タル天性、如下シ孤雲野鶴ノ無上レ所二留礙一スル。声花燁々トシテ鳴二ル扶桑ノ間一ニ。是ノ故ニ遠ハ支ヘテ二南山一与二日月一争レ光、近クハ比テ二霊芝一ニ与二龍虎一論スレ威。伏テ顧二レハ尊公之夢一ヲ、恐ハ師ハ是レ真公再来カ歟。不ハレ尓何ソ能至ヤ二于此一ニ乎。嗚呼区々タル小子、奚ソ夫レ所ナラン二称賛スル一哉。然トモ存シ二千百カ於一二一ヲ、聊カ報ス二于厥洪恩一ニ而已矣。

## 第二十二世（中興第二世）円律玄和尚伝

和尚、字ハ円律、諱ハ証玄。未レ詳二氏族郷里一。嗣二法ヲ大悲菩薩一ニ。気性

②06オ　②05ウ

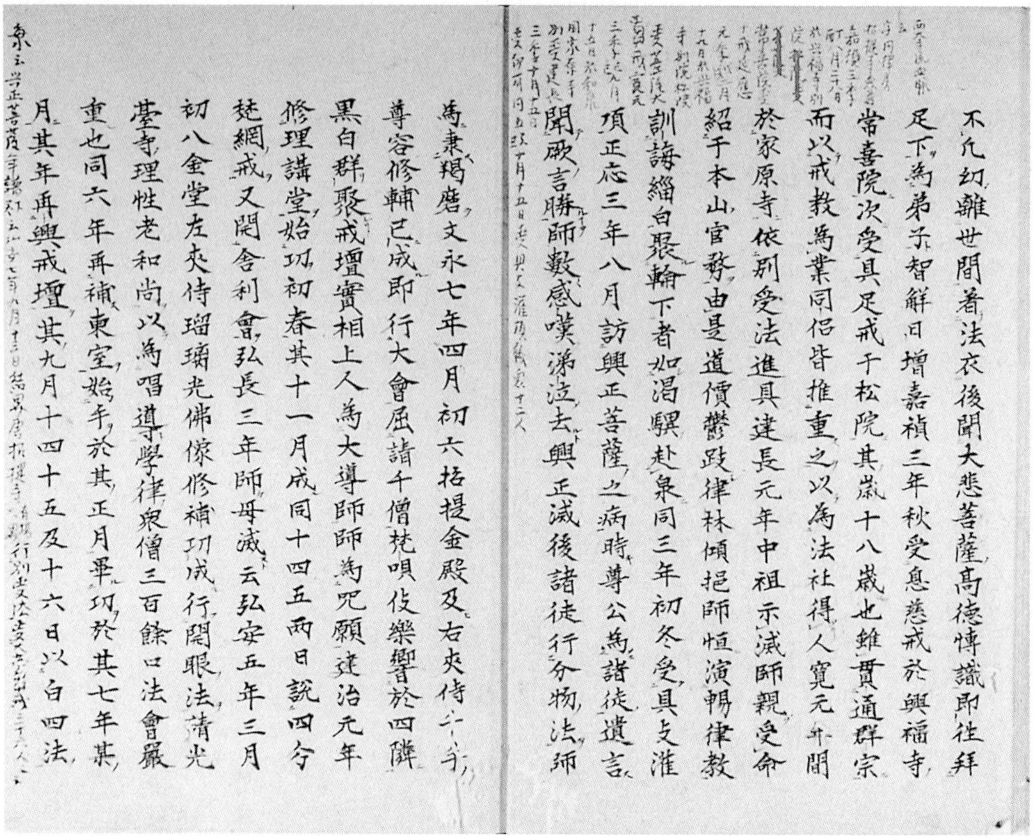

②06ウ　②07オ

不レ凡、幼シテ離二世間一。着テ法衣一後、聞二大悲菩薩ノ高徳博識一。即往拝二
足下一ヲ為二弟子一ト、智解日増。嘉禎三年秋、受二息慈戒於興福寺ノ
常喜院一ニ、次ニ受二具足戒于松院一ニ。其ノ歳十八歳也也。雖レ貫二通群宗一ニ、
而以テ戒教一為レ業。同侶皆推二重ス之一ヲ。以テ為二法社得レタリ人。寛元年間、
於二家原寺一ニ依二別受法一進具。建長元年、中祖示レ滅。師親ク受レ命
紹二于本山ノ官務一ヲ。由レ是道價鬱跂シ律林傾挹。師恒ニ演二暢律教一、
訓二誨緇白一。聚ル二輪下一者、如シ二渴驥ノ赴レ泉一ニ。同三年初冬、受ク二具支灌
頂一。正応三年八月、訪二興正菩薩ノ之病一。時キ尊公為メニ二諸徒ノ遺言ス。
聞テ二厥ノ言勝ルコトヲ一、師数ク感嘆涕泣シテ去ルト。興正滅後、諸徒行二分物ノ法一ヲ。師

☆西大寺流血脈云、字円律房。招提寺衆首。嘉禎三季丁酉八月二十八日、於興福寺別院松院受菩薩大常喜院受十戒。延応元季己亥二月十九日、於興福寺別院松院、受菩薩大苾芻戒。寛元三季乙巳九月十五日、於和泉国家原寺別受。建長三季十月十五日、受印可。同五癸丑十月十五日、受具支灌頂。職衆十二人。

┗②06ウ

為ニ二秉ス羯磨一ヲ。文永七年四月初六、招提金殿及ヒ右夾侍千手ノ
尊容修輔已ニ成ル。即行二大会一。屈二請千僧一、梵唄伎楽響二於四隣一ニ、
黒白群リ聚レリ。戒壇実相上人為二大導師一、師為二呪願一。建治元年、
修二理講堂一ヲ。始二功ヲ初春一其十一月成ル。同十四五両日、説二四分
梵網ノ戒一ヲ、又開二舎利会一ヲ。弘長三年、師カ母滅スト云。弘安五年三月
初八、金堂左夾侍瑠璃光仏像修補功成ル。行フ二開眼ノ法一ヲ。請二光
台寺ノ理性老和尚一ヲ、以テ為二唱導一ト。学律ノ衆僧三百余口、法会厳
重也也。同六年再二補ス東室一ヲ。始メ二手ヲ於其ノ正月一畢ル二功ヲ於其七年某ノ
月一ニ。其年再二興戒壇一ヲ。其ノ九月十四十五及十六日、以二白四法一ヲ
★粱云、興正菩薩年譜巻下云、弘安七年九月十三日、結界唐招提寺大界有場、行二別受法一。受二大苾芻戒一三十六人云云。

┗②07オ

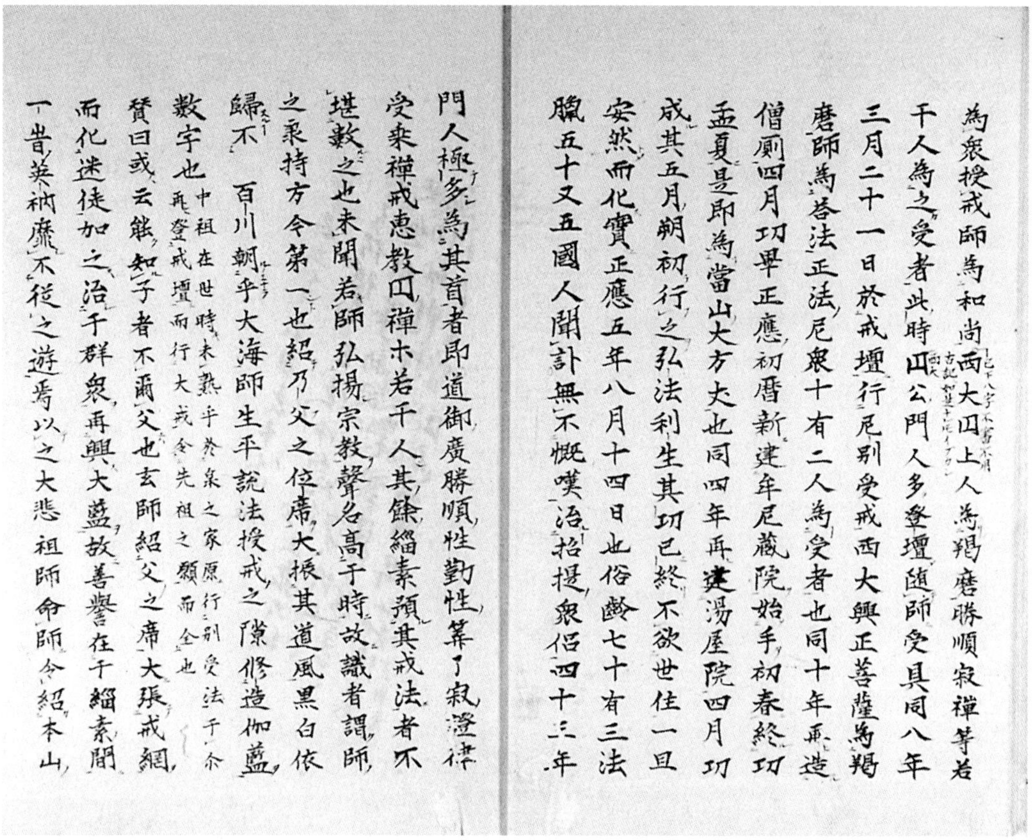

②08オ　②07ウ

②07ウ

為レ衆授レ戒。師為二和尚一、○西大円上人為リ二羯磨一。（★已下八字不審不用）（★古記ニ如是ナレトモイブカシ）（★西大）勝順・寂禅等若
干人為二之カ受者一。此ノ時、円公ノ門人多ク登壇シテ、随レテ師ニ受具。同八年
三月二十一日、於二戒壇一ニ行二尼別受戒一。西大興正菩薩為二羯
磨一、師為二答法一。正法ノ尼衆十有二人為リ二受者一也。同十年、再ヒ造ル二
僧厠一。四月功畢。正応ノ初暦、新ニ建二牟尼蔵院一ヲ。始メ二手ヲ初春一ニ終ル二功
孟夏一ニ。是即為リ二当山ノ大方丈一也。同四年、再ヒ建二湯屋院一。四月功
成ル。其五月ノ朔、初テ行フレ之ヲ。弘法利生、其功已ニ終リ、不レ欲二世住一、一旦
安然トシテ而化ス。実ニ正応五年八月十四日也。俗齢七十有三、法
臘五十又五。国人聞レ訃無レ不二慨嘆一。治ルコト二招提ノ衆侶一四十三年。

②08オ

門人極テ多シ。為二其首一者、即道御ノ広・勝順ノ性・勤性ノ算・了寂ノ証・律
受乗・禅戒恵・教円ノ禅等若干人也。其ノ余ノ緇素、預ル二其戒法一ニ者、不
レ堪二数ルニ之也。未レ聞若キレ師弘二揚シ宗教一ヲ、声名高二于時一ニ。故ニ識者謂ク、師ノ
之秉持、方今第一也ト也。紹二テ乃父之位席一ヲ、大ニ振二其道風一。黒白依
帰スルコト不三百川朝二ルノミナラ乎大海一。師生平説法授戒ノ之隙、修二造伽藍一ヲ
数字也。（中祖在世時キ、未レ熟乎。於二泉之家原一ニ行二別受法一。于レ尓再ヒ登二戒壇一ニ而行二大戒一。令下二先祖之願一而全上也。）
賛曰、或人云、能ク知ルレ子者、不レ爾レ父ニハ也。玄師紹二父ノ之席一、大ニ張テ二戒網一ヲ
而化二迷徒一。加之ス治シ二于群衆一ヲ、再二興ス大藍一ヲ。故ニ善誉在二于緇素ノ間一ニ、
一時ノ英衲靡レシ不二従レ之遊一焉。以レテ之大悲祖師、命レ師ニ令レ紹カ二本山ノ

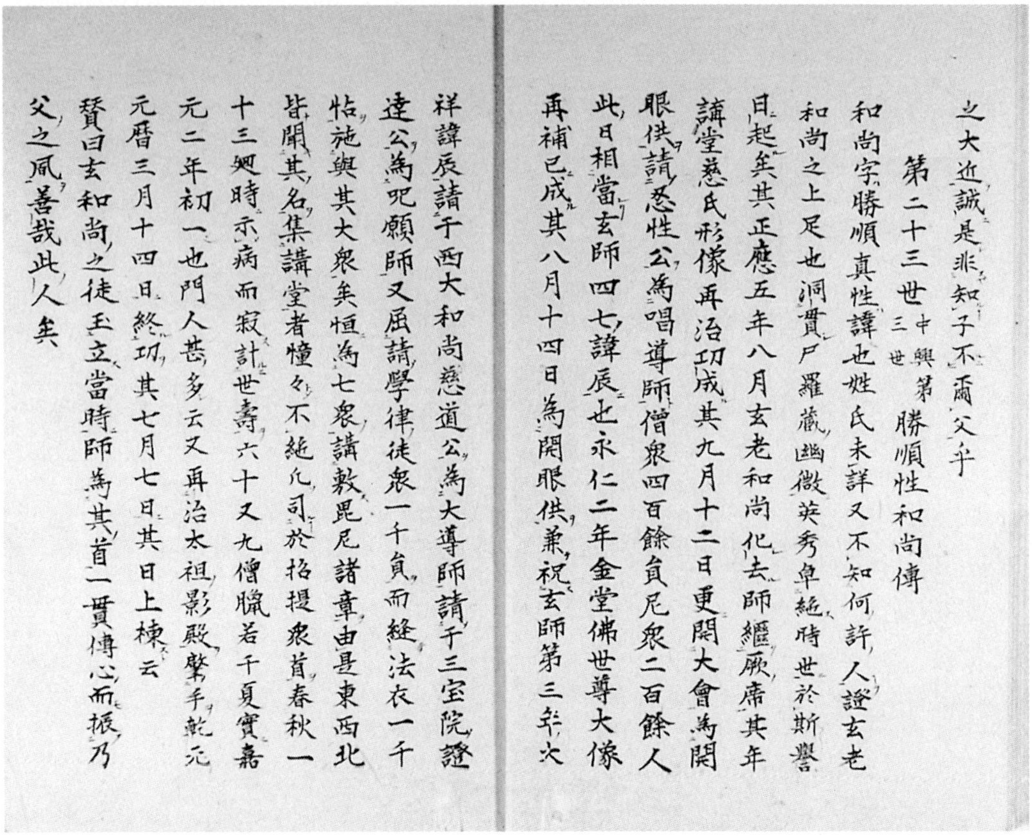
之大匠誠是非知子不爾父乎
第二十三世 中興第三世 勝順性和尚傳
和尚字勝順真性諱也姓氏未詳又不知何許人證玄老
和尚之上足也洞貫尸羅藏幽微英秀卓絶時世於斯譽
日起矣其正應五年八月玄老和尚化去師繼厥席其年
講堂慈氏形像再治功成其九月十二日更開大會為開
眼供請忍性公為唱導師僧衆四百餘員尼衆二百餘人
此日相當玄師四七諱辰也永仁二年金堂佛世尊大像
再補已成其八月十四日為開眼供兼祝玄師第三年次
祥諱辰請于西大和尚慈道公為大導師請于三宝院證
達公為呪願師又屈請學律徒衆一千員而縫法衣一千
帖施與其大衆矣恒為七衆講敷毘尼諸章由是東西北
皆聞其名集講堂者幢々不絶凡司於招提衆首春秋一
十三廻時示病而寂計世壽六十又九僧臘若干夏實嘉
元二年初一也門人甚多云又再治太祖影殿肇手乾元
元暦三月十四日終功其七月七日其日上棟云
賛曰玄和尚之徒玉立當時師為其首一貫傳心而振乃
父之風善哉此人矣

②09オ　②08ウ

之大匠一ヲ。誠ニ是レ非三スヤ知ルコトレ子不ルニレ爾レ父一乎。

**第二十三世 中興第三世 勝順性和尚伝**

和尚、字ハ勝順、真性ハ諱也也。姓氏未レ詳。又不レ知二何ノ許ノ人一コトヲ。証玄老和尚之上足也。洞二貫シ尸羅蔵ノ幽微一ニ、英秀卓二絶ス時世一ニ。於レ斯誉レ日ニ起ル矣。其正応五年八月、玄老和尚化シ去ル。師継二ク厥ノ席一。其年、講堂慈氏形像再治功成ル。其九月十二日、更ニ開二大会一為二開眼供一ヲ。請シテ二忍性公一ヲ為二唱導師一ト。僧衆四百余員、尼衆二百余人。此ノ日、相二当レリ玄師四七ノ諱辰一ニ也。永仁二年、金堂仏世尊大像再補已ニ成ル。其八月十四日、為二開眼供一ヲ、兼テ祝二ス玄師第三年ノ大祥諱辰一。請二于西大和尚慈道公一ヲ為二大導師一。請シテ二于三宝院ノ証達公一ヲ為二呪願師一。又屈二請シテ学律ノ徒衆一千員一ヲ、而縫テ二法衣一千帖一ヲ施二与其大衆一ニ矣。恒ニ為二七衆ノ講一ニ敷ス二毘尼諸章一ヲ。由レ是東西北皆ナ聞キ二其ノ名一ヲ、集二講堂一者幢々トシテ不レ絶。凡ソ司ルコト二於招提衆首一ヲ春秋一十三廻。時ニ示シテレ病而寂ス。計ルニ二世寿一ヲ六十又九、僧臘若干、夏実ニ嘉元二年初一也也。門人甚タ多シ云。又再二治太祖ノ影殿一ヲ。肇メ二手ヲ乾元元暦三月十四日一ニ、終ル二功ヲ其七月七日一ニ。其日上棟スト云。

賛曰、玄和尚ノ之徒、玉二立ス当時一ニ。師為二其ノ首一。一貫伝心シテ而モ振二フ乃父ノ之風一ヲ。善哉此ノ人矣。

②09オ　②08ウ

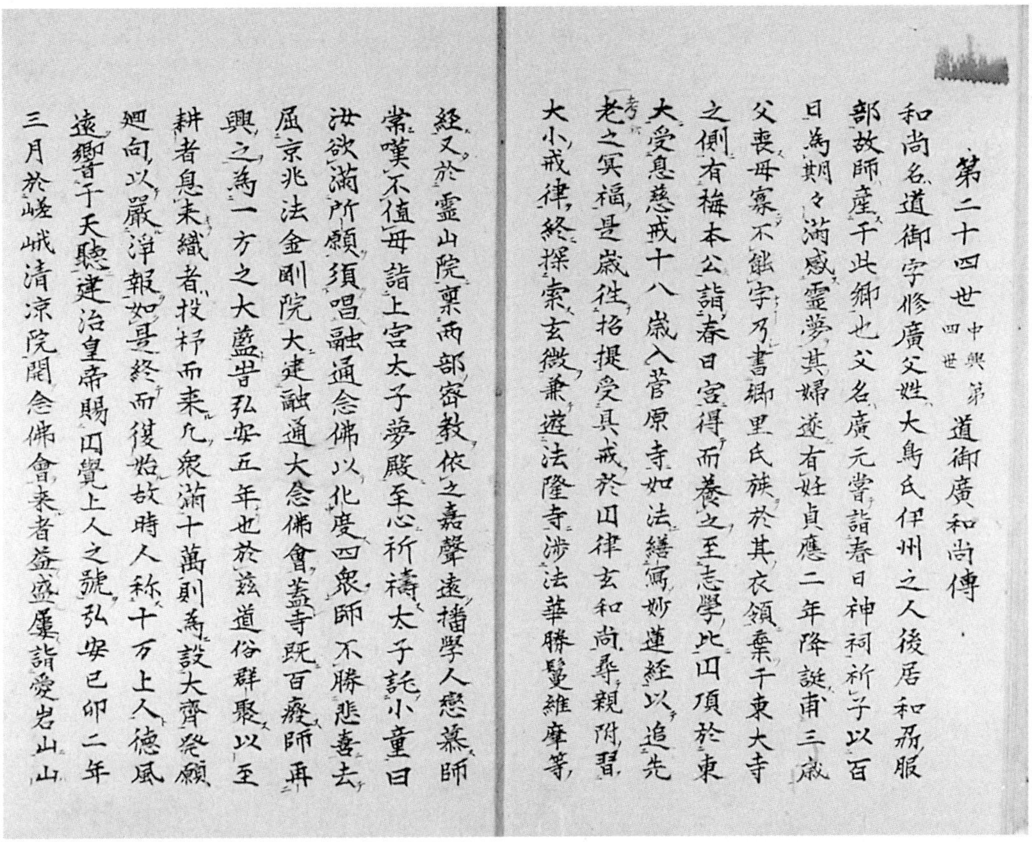

②10オ　②09ウ

## 第二十四世（中興第四世）道御広和尚伝

和尚、名ハ道御、字修広。父姓ハ大鳥氏。伊州之人、後居和州ノ服
部一。故師ハ産ス二于此郷一也。父名ハ広元、嘗テ詣二春日神祠一祈レ子。以二百
日一為レ期。々満感ス二霊夢一ヲ。其ノ婦遂ニ有レ妊。貞応二年降誕ス。甫二三歳一
父喪ス。母寡ニシテ不レ能レ字ナフコト。乃シ書二郷里氏族ヲ於其ノ衣領一ニ、棄ッ于東大寺
之側一ニ。有二梅本公一云。詣シテ二春日宮一ニ、得テ而養レ之ヲ。至二志学ノ比一ニ円頂、於二東
大一ニ受二息慈戒一。十八歳入二菅原寺一ニ、如法ニ繕二写シテ妙蓮経一、以テ追二先
☆考歟
老之冥福一ヲ。是歳往テ二招提一、受二具戒ヲ於円律玄和尚一ニ。尋テ親附シテ習フ二
大小ノ戒律一ヲ、終ニ探二索ス玄微一ヲ。兼テ遊二法隆寺一ニ、渉二法華・勝鬘・維摩等ノ
経一ニ。又タ於二霊山院一ニ稟二両部ノ密教一ヲ。依レ之嘉声遠ク播、学人恋慕ス。師
常ニ嘆レ不レ値レ母。詣二上宮太子夢殿一ニ、至心ニ祈祷ス。太子託シテ二小童一曰、
汝欲レ満二所願一ヲ、須ク下唱ヘ二融通念仏一以テ化中度ス四衆上ヲ。師不レ勝二悲喜一ニ。去テ
屈二京兆法金剛院一、大ニ建二融通大念仏会一ヲ。蓋シ寺既ニ百廃ス。師再二
興シテ之一ヲ、為二一方之大藍一ト。時弘安五年ナリ也。於レ茲道俗群聚ス。以至
耕者息レ耒キヲ、織者ハ投レ杼而来ル。凡ソ衆満二十万一。則為ニ設二大斉一、発願
廻向シテ、以テ厳ル二浄報一ヲ。如レ是ク終テ而復始ル。故時人称ス二十万上人一ト。徳風
遠ク響二于天聴一ニ。建治皇帝賜二円覚上人之号一ヲ。弘安己卯二年
三月、於二嵯峨清涼院一ニ開ク念仏会一ヲ。来ル者益く盛也。屢く詣二愛岩山一ニ。山ハ

②10オ　②09ウ

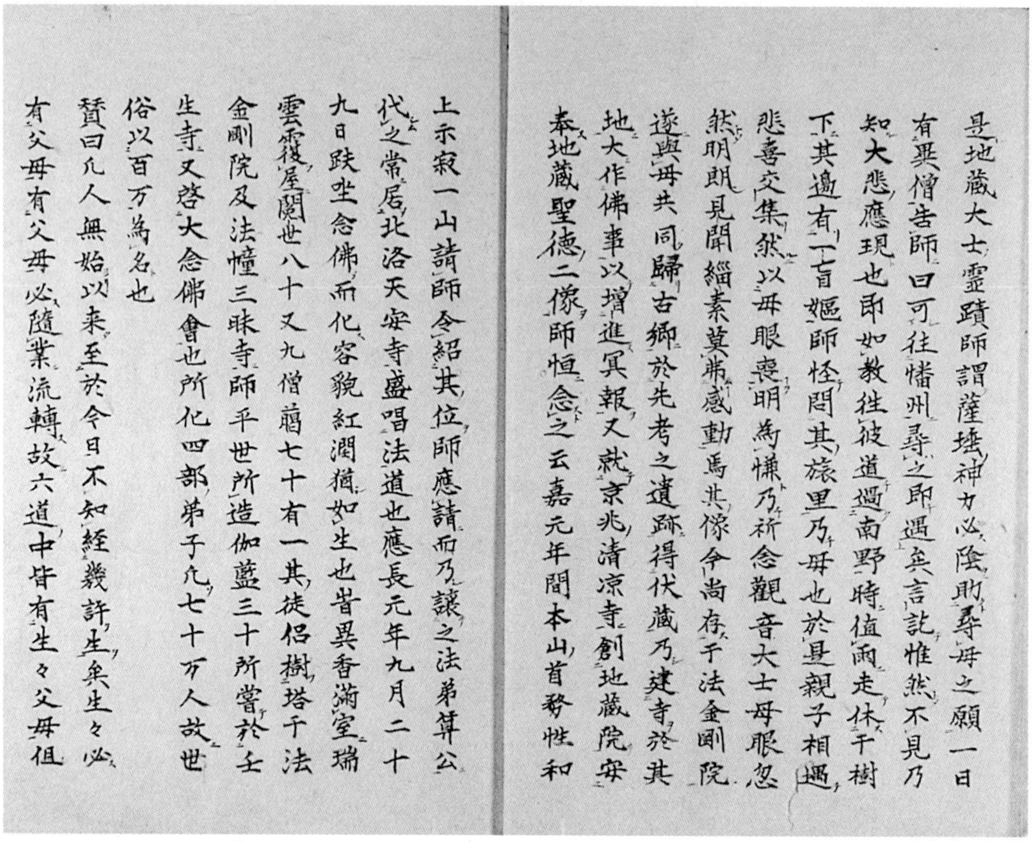

②11オ　②10ウ

是レ地蔵大士ノ霊蹟。師謂ク、薩埵ノ神力、必ス陰カニ助クト二尋レ母之願一。一日
有二異僧一。告レ師ニ曰、可シ下往二幡州一ニ尋レハ之即チ遇上矣。言訖テ、惟然トシテ不レ見。乃
知ル大悲ノ応現ト也。即如レ教往レ彼、道チ過ク二南野一。時ニ値レ雨ニ、走テ休ス二于樹
下一ニ。其辺有リ二一盲嫗一。師怪テ問二其ノ旅里一、乃チ母也。於レ是親子相遇テ、
悲喜交集リ。然ルニ以二母眼喪レコトヲ明為レ慊ト。乃チ祈念観音大士、母眼忽
然トシテ明朗也。見聞緇素莫レ弗云コト二感動一焉。其ノ像今尚存ス二于法金剛院一ニ。
遂ニ与レ母共同ク帰リ二古郷一ニ、於二先考之遺跡一ニ得二伏蔵一。乃シ建二寺ヲ於其
地一ニ大ニ作二仏事一、以テ増二進ス冥報一ヲ。又就テ二京兆ノ清涼寺一ニ創二地蔵院一ヲ、安二
奉ス地蔵・聖徳ノ二像一ヲ。師恒ニ念レスト之云。嘉元年間、本山ノ首務性和

上示寂。一山請レ師令レ紹二其ノ位一ヲ。師応レ請ニ、而乃シ譲テ二之法弟算公一ニ
代レシム之。常ニ居シテ二北洛天安寺一、盛唱二法一道也。応長元年九月二十
九日、趺坐念仏シテ而化ス。容貌紅潤、猶シ如レ生也。時異香満レ室ニ、瑞
雲覆フレ屋ニ。閲世八十又九、僧臘七十有一。其ノ徒侶樹ツ二塔于法
金剛院及法幢三昧寺一ニ。師平世所レ造伽藍三十所。嘗テ於二壬
生寺一ニ、又啓二大念仏会一也。所化四部ノ弟子、凡ソ七十万人。故ニ世
俗以二百万一為レ名ト也。
賛曰、凡人無始ヨリ以来タ至二於今日一、不レ知レ経二幾許ク生一ヲ矣。生々必ス
有二父母一。有二父母一、必ス随レ業ニ流転ス。故ニ六道ノ中、皆有二生々父母一。但シ

②10ウ
②11オ

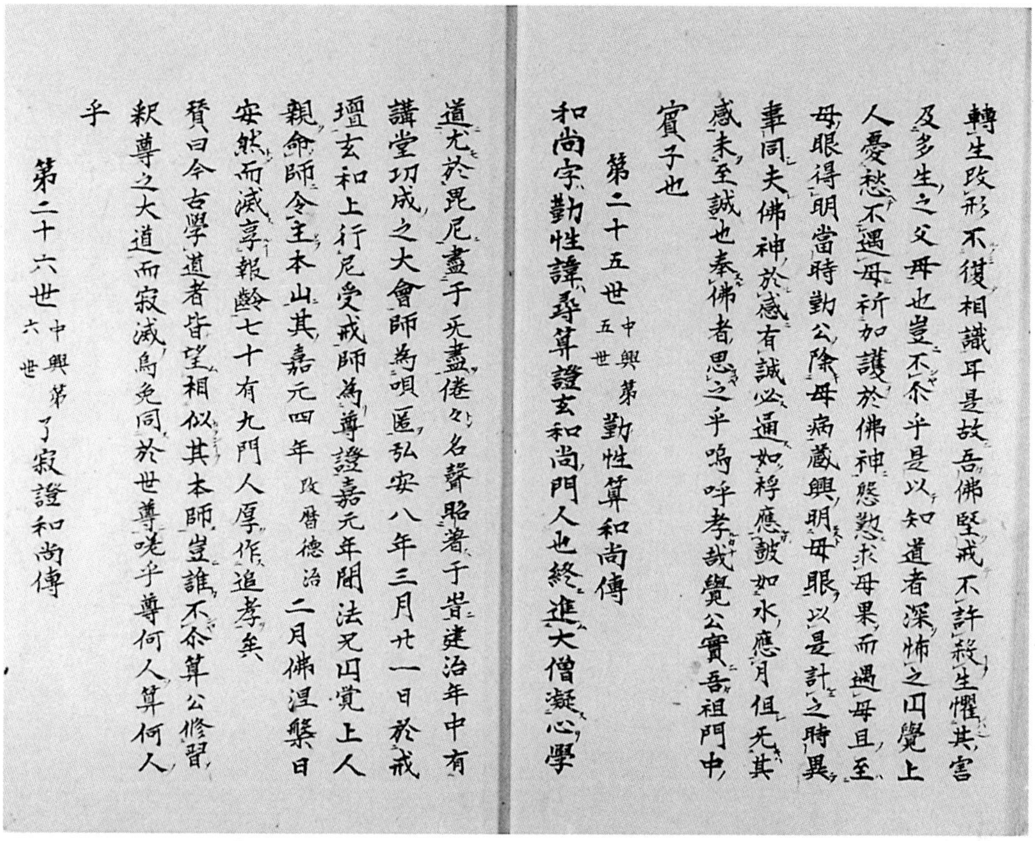
轉生改形不復相識耳是故吾佛堅戒不許殺生懼其害
及多生之父母也豈不尓乎是以知道者深怖之円覺上
人憂愁不遇母祈加護於佛神慇懃求母果而遇母且至
母眼得明當時勤公除母病藏興明母眼以是計之時異
事同夫佛神於感有誠必通如桴應皷如水應月但无其
感未至誠也奉佛者思之乎嗚呼孝哉覺公實吾祖門中
賓子也
第二十五世 中興第五世 勤性算和尚傳
和尚字勤性諱尋算證玄和尚門人也終進大僧凝心學
道尤於毘尼盡于无盡倦々名聲昭著于時建治年中有
講堂功成之大會師為唄匿弘安八年三月廿一日於戒
壇玄和上行尼受戒師為尊證嘉元年間法兄円覚上人
親命師令主本山其嘉元四年 改暦徳治 二月佛涅槃日
安然而滅享報齢七十有九門人厚作追孝矣
賛曰今古學道者皆望相似其本師豈誰不尓算公修習
釈尊之大道而寂滅烏兎同於世尊嗟乎尊何人算何人
乎
第二十六世 中興第六世 了寂證和尚傳

②12オ　②11ウ

転レ生改レ形、不ニルノミ復タ相識一耳。是故ニ吾カ仏、堅ク戒テ不レ許レ殺コトヲ生。懼二レハ也其ノ害
及ニ多生ノ之父母一也。豈ニ不レンヤ尓乎。是以テ知道者深ク怖レ之。円覚上
人憂ニ愁ヘテ不レ遇レ母ニ、祈ニ加護ヲ於仏神一ニ。慇懃ニ求レ母、果シテ而遇レ母。且ツ至ハ二
母ノ眼得レ明、当時勤公ノ除ニキ母病一、蔵興ノ明ニスト母眼一ヲ。以レ是計レルニ之、時異ニシテ
事同シ。夫レ仏神ノ於ルル感ニ、有レ誠必ス通ス。如ニク桴応ルカ一レ鼓、如ニ水ノ応一レ月。但シ无ニキハ其
感一、未ニ至誠一也。奉レスル仏者ノ思レヨヤ之乎。嗚呼孝ルカナ哉覚公、実ニ吾カ祖門中ノ
賓子也。

**第二十五世** 中興第五世 **勤性算和尚伝**

和尚、字ハ勤性、諱ハ尋算。証玄和尚ノ門人也。終ニ進ニム大僧一。凝ニス心ヲ学
道ニ。尤モ於ニ毘尼ニ尽ニ于无尽一ヲ。倦々トシテ名声昭ニ著ス于時一ニ。建治年中、有ニ
講堂功成ノ之大会一。師為ニ唄匿一ヲ。弘安八年三月廿一日、於ニ戒
壇一、玄和上行ニ尼受戒一。師為リ尊証一。嘉元年間、法兄円覚上人
親ク命シテ師ニ令レ主タラ本山ニ。其ノ嘉元四年改暦徳治二月仏涅槃日、
安然トシテ而滅ス。享ニルコト報齢一七十有九。門人厚ク作ニス追孝一ヲ矣。
賛曰、今古学レ道者、皆ナ望ム相ニ似カランコトヲ其本師一ニ。豈ニ誰カ不レンヤ尓。算公修ニ習シテ
釈尊之大道一、而寂滅ノ烏兎同ニス於世尊一ニ。嗟乎尊何人ソ、算何人ソ
乎。

**第二十六世** 中興第六世 **了寂証和尚伝**

②12オ　②11ウ

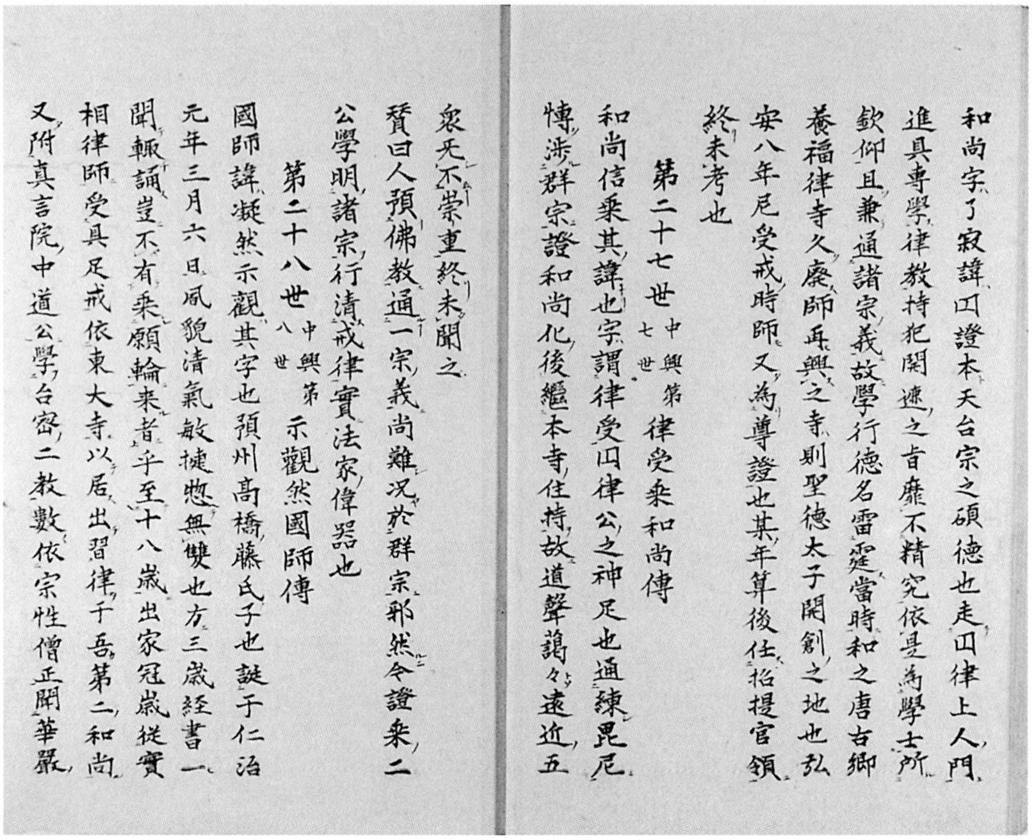
和尚字了寂諱円證本天台宗之碩徳也走円律上人門
進具専學律教持犯開遮之旨靡不精究依是為學士所
欽仰且兼通諸宗義故學行徳名雷霆當時和之唐古郷
養福律寺久廢師再興之寺則聖徳太子開創之地也弘
安八年尼受戒時師又為尊證也某年算後任招提官領
終未考也
第二十七世中興第七世律受乘和尚傳
和尚信乘其諱也字謂律受円律公之神足也通練毘尼
博渉群宗證和尚化後繼本寺住持故道聲藹々遠近五
衆无不崇重終未聞之
賛曰人預佛教通一宗義尚難況於群宗耶然今證乘二
公學明諸宗行清戒律實法家偉器也
第二十八世中興第八世示觀然國師傳
國師諱凝然示觀其字也預州高橋藤氏子也誕于仁治
元年三月六日風貌清氣敏捷惣無雙也方三歳經書一
聞輒誦豈不有乘願輪來者乎至十八歳出家冠歳從實
相律師受具足戒依東大寺以居出習律于吾第二和尚
又附真言院中道公學台密二教數依宗性僧正聞華嚴

②13オ　②12ウ

和尚、字ハ了寂、諱ハ円証。本ト天台宗之碩徳也。走テ二円律上人ノ門一ニ
進具、専学ス二律教一。持犯開遮ノ之旨、靡レ不二精究一。依レ是為二学士一所ル二
欽仰一。且ツ兼テ通二諸宗ノ義一ニ、故ニ、学行徳名雷二霆ス当時一ニ。和之唐古郷
養福律寺久ク廃ス。師再ヒ興レス之。寺ハ則聖徳太子開創ノ之地也。弘
安八年、尼受戒ノ時、師モ又タ為リ二尊証一也。某ノ年、算後任ス二招提官領一ニ。
終リ未レ考也。

## 第二十七世 中興第七世 律受乗和尚伝

和尚信乗、其ノ諱ナリ也。字ハ謂二律受一。円律公ノ之神足也。通二練シ毘尼一ニ、
博ク渉ル二群宗一ニ。証和尚化ノ後、継二本寺ノ住持一ヲ。故ニ道声藹々トシテ、遠近ノ五



衆无シレ不云コト二崇重一。終リ未レタ聞之。
賛曰、人預リ二仏教一ニ、通ルコト二一宗ノ義一ニ尚難シ。況ヤ於二群宗一ニ邪。然ルニ今、証・乗ノ二
公、学明メ二諸宗一ヲ、行清ス二戒律一。実ニ法家ノ偉器也。

## 第二十八世 中興第八世 示観然国師伝

国師、諱ハ凝然、示観ハ其字也。預州高橋ノ藤氏ノ子也。誕二于仁治
元年三月六日一ニ。風貌清気敏捷、惣ヘテ無レ双也。方ニ三歳、経書一ヒ
聞テ輒チ誦ス。豈ニ不レヤ有ラ下乗シ二願輪一ニ来ル者上ニ乎。至テ二十八歳一ニ出家、冠歳従二実
相律師一ニ受二具足戒一、依二東大寺一ニ以テ居ス。出テ習二律ヲ于吾カ第二ノ和尚一ニ、
又タ附二真言院ノ中道公一ニ、学フ二台密ノ二教一。数く依二宗性僧正一聞二華厳ノ

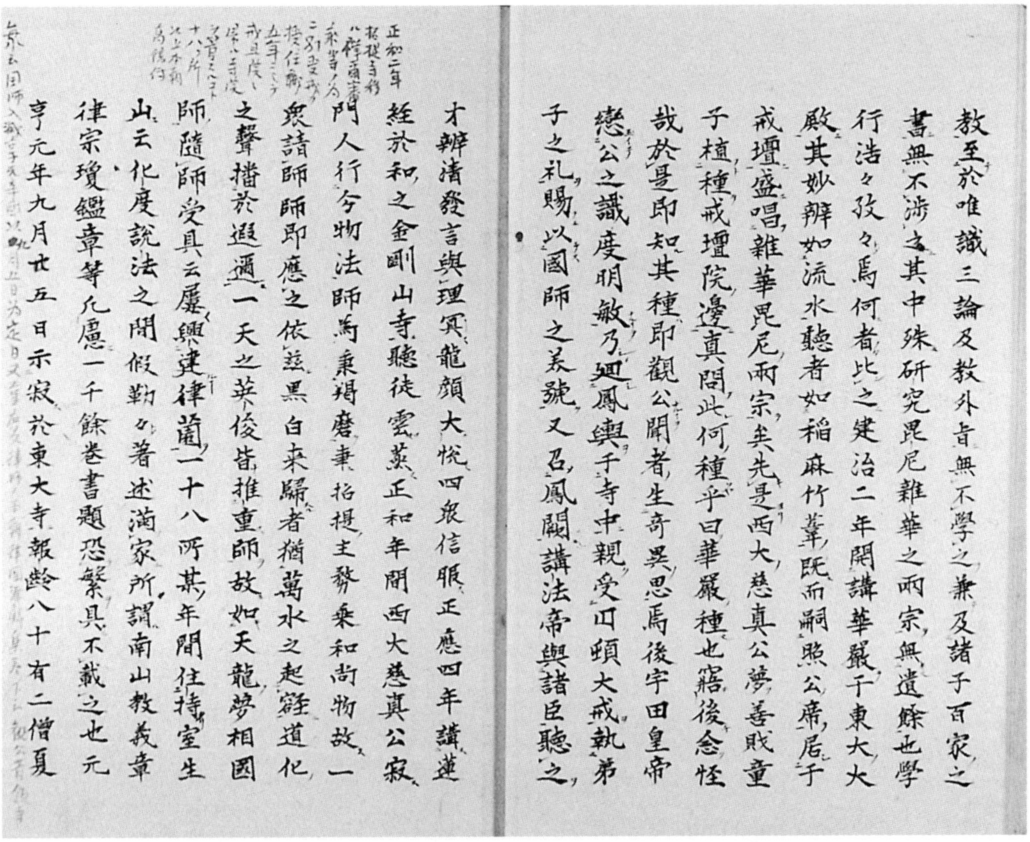

②14オ ②13ウ

教一。至テ二於唯識・三論及教外旨ニ一無レ不レ学レ之ヲ、兼テ及二諸子百家ノ之
書ニ一無レ不レ渉レ之ニ。其中殊ニ研究毘尼・雑華之両宗ヲ一無キ也二遺余一也。学
行浩々孜々トシテ、焉何ニ者ノカ比レ也之ニ一。建治二年、開二講華厳ヲ于東大ノ大
殿ニ一。其妙弁如二流水一、聴者如二稲麻竹葦一ノ。既ニ而嗣二照公ノ席一ヲ。居シ二于
戒壇ニ一盛ニ唱フ二雑華・毘尼ノ両宗一ヲ矣。先キレ是ヨリ、西大ノ慈真公夢ク、善財童
子植フト二種ヲ戒壇院ノ辺一ニ。真問フ、此レ何ノ種ソヤ乎。曰ク、華厳ノ種也也。寤テ後チ念ク、怪
哉。於レ是即知ル、其種ハ即観公ナルコトヲ。聞者ノ生二奇異ノ思一焉。後宇田皇帝
恋玉イテ二公之識度明敏一ナルコトヲ、乃シ廻シ三鳳輿ヲ于二寺中一ニ、親ク受二円頓大戒一ヲ。執二弟
子之礼一ヲ、賜フニ以テス二国師之美号一ヲ。又召シテ二鳳闕一ニ講法、帝与二諸臣一聴レ之ヲ。
才弁清発、言与レ理冥ス。龍顔大ニ悦ヒ、四衆信服ス。正応四年、講ス二蓮
経於和ノ之金剛山寺一ニ。聴徒雲如蒸ス。正和年間、西大慈真公寂ス。
門人行二分物法一、師為二秉羯磨一ヲ。聿ニ招提ノ主務乗和尚物故ス。一
衆請レ師、師即応レ之。依レ茲ニ黒白来帰スル者猶二万水之起一レ壑ニ一、道化ノ
之声播二於遐邇一ニ。一天之英俊皆ナ推二重スル師一ヲ。故ニ如キ二天龍ノ夢相国
師一ノ、随レ師受具云。屢く興二建ルコト律薗ヲ一十八所。某ノ年間、住二持タリ室生
山一ニ云。化度説法之間假、勒々トシテ著述満レ家ニ。所謂ル南山教義章・
律宗瓊鑑章等、凡慮ニ一千余巻。書題恐テレ繁ヲ具サニ不レ載レ之也。元
享元年九月廿五日、示二寂ス於東大寺一ニ。報齢八十有二、僧夏
☆粱云、国師入滅、享元辛酉以●九月五日為定日。又重慶律師ノ本朝律図源解集巻ノ下云、観公管領寺

正和二年、招提寺移ル。禅爾・審乗等ノ為ニ別受戒ヲ授。住職五年ニシテ戒壇院ニ帰ル。寺院ヲ管スルコト十八ヶ所。以上本朝高僧伝。

②14オ ②13ウ

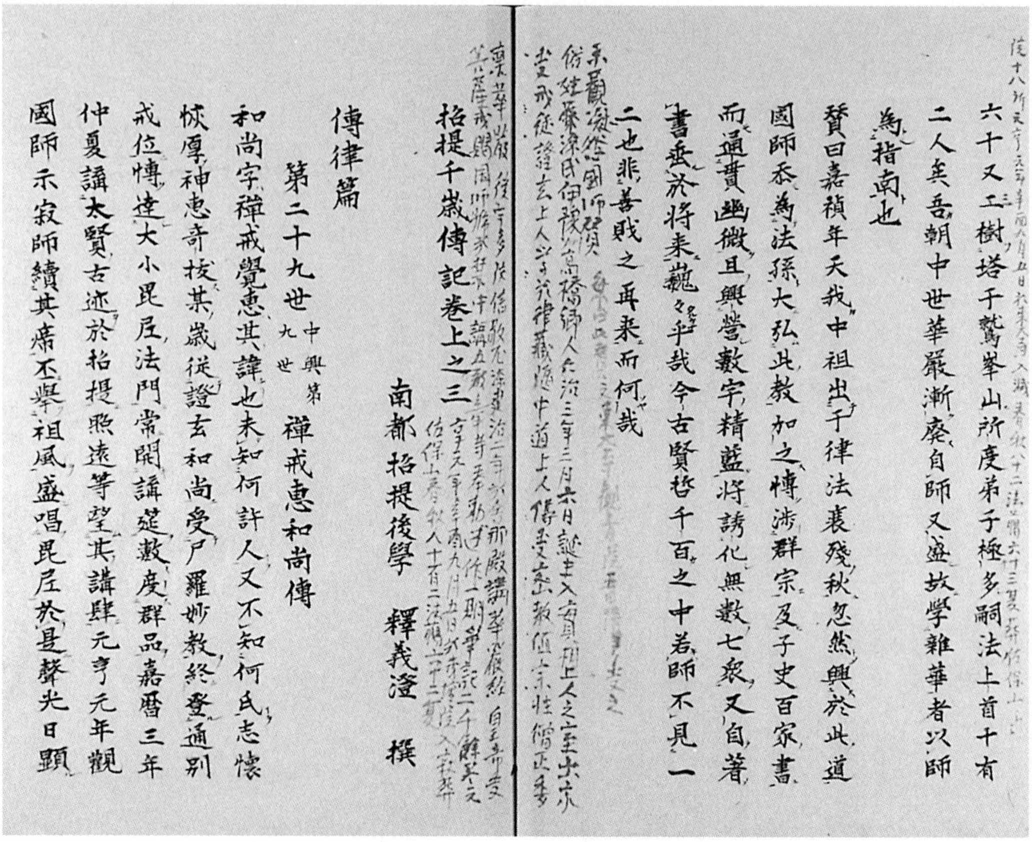

②15オ　②14ウ

☆院十八所。元亨元年辛酉九月五日、於東大寺入滅。春秋八十二、法臘六十三夏。葬佐保山云。

六十又十。☆三 樹二ツ塔于鷲峯山一ニ。所度弟子極テ多シ。嗣法ノ上首十有

二人矣。吾カ朝中世、華厳漸ク廃ス。自レ師又盛也。故ニ学二雑華一者、以レ師

為二指南一ト也。

賛曰、嘉禎年天、我カ中祖出テ二于律法衰残ノ秋一ニ、忽然トシテ興二ス於此ノ道一。

国師忝モ為テ二法孫一ト、大ニ弘ム二此ノ教一。加之ス博ク渉リ二群宗一ニ、及ヒ二子史百家ノ書一ニ、

而モ通二貫幽微一ヲ。且ツ興二営シ数宇ノ精藍一ヲ、将ニ誘二化シ無数ノ七衆一ヲ、又自ラ著シテ

レ書垂ル二於将来一ニ。巍々タルカナ乎哉、今古賢哲千百カ之中、若キハレ師不レ見二一

二一也。非シテ二善財之再来一ニ而何ソヤ哉。

☆示観凝然国師賛　䋄曰、此賛文、東大寺観音院普清ヨリ受之。
俗姓藤原氏。伊予州高橋郷人。仁治三年三月六日誕生。入実相上人之室出家。
受戒、従証玄上人学於律蔵、随中道上人伝受密教、値宗性僧正委

☆稟華厳。後宇多院信敬尤深。建治二年、於舎那殿講華厳経。皇帝受
菩薩戒、賜国師号。於禁中講五教章等。奉勅述作、一期筆記二千余巻。元
亨元年辛酉九月五日、於戒壇院入寂。葬
佐保山。春秋八十有二、法臈六十二夏。

## 招提千歳伝記巻上之三

南都招提後学　釈義澄　撰

## 伝律篇

### 第二十九世 中興第九世 禅戒恵和尚伝

和尚、字ハ禅戒、覚恵ハ其ノ諱ナリ也。未タレ知二何許人一コトヲ、又不レ知二何氏一コトヲ。志懐

恢厚シテ神恵奇抜ス。某ノ歳、従テ二証玄和尚一ニ受テ二戸羅妙教一ヲ、終ニ登ル二通別

戒位一ニ。博ク達シ二大小毘尼ノ法門一ニ、常ニ開キ二講筵一ヲ数く度ス二群品一ヲ。嘉暦三年

仲夏、講二太賢ノ古迹ヲ於招提一ニ、照遠等望ム二其ノ講肆一ニ。元亨元年、観

国師示寂、師続二其席一。丕ニ挙ク二祖風一ヲ、盛ニ唱フ二毘尼一。於テレ是ニ声光日顕ル、

②15オ　②14ウ

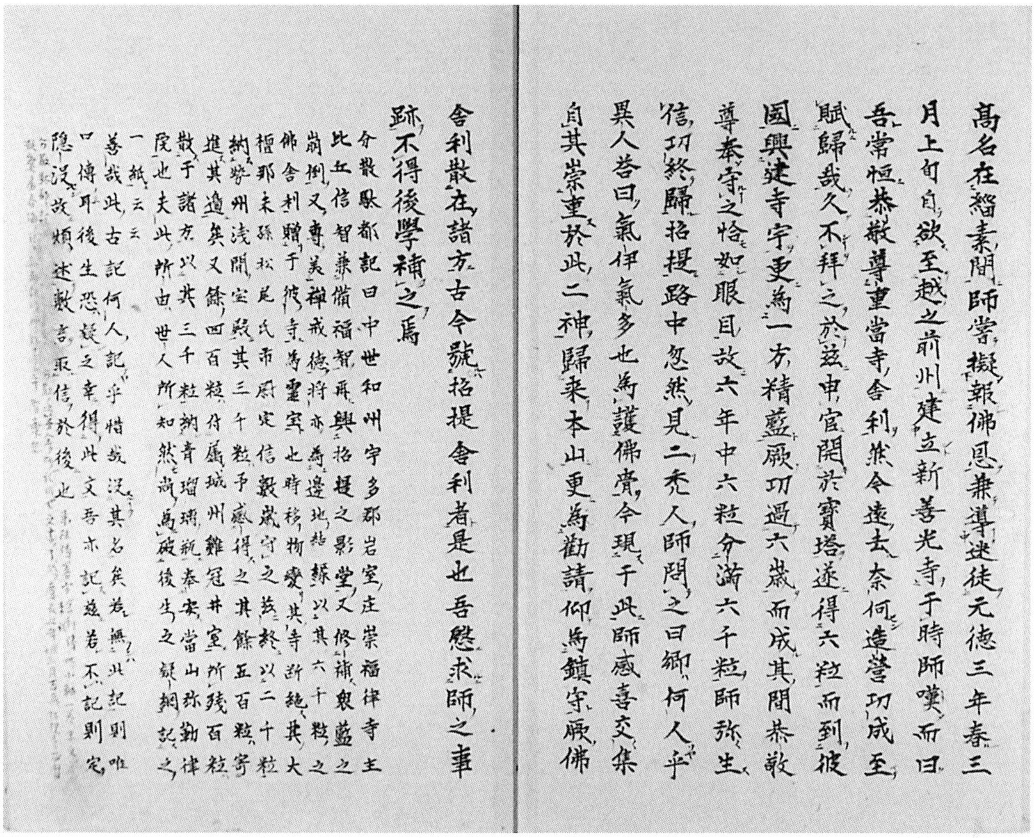

②16オ　②15ウ

高名在二緇素ノ間一ニ。師嘗テ擬下シテ報二シ仏恩一ヲ兼テ導中コトヲ迷徒上ヲ、元徳三年春ル三
月上旬。自ラ欲下ス至二リ越ノ之前州一ニ建中立ントス新善光寺上ヲ。于レ時師嘆シテ而曰ク、
吾レ常恒ニ恭二敬尊三重当寺ノ舎利一ヲ。然今遠ク去ル。奈何セン造営功成。至マテ
レ賦ルニ帰哉一ヲ、久ク不レンコトヲ拝レ之ヲ。於レテ茲ニ申レシテ官ニ開二キ於宝塔一ヲ、遂ニ得二六粒一而到二リ彼
国一ニ、興二建寺宇一ヲ更ニ為二一方ノ精藍一ト。厥ノ功過二テ六歳一ヲ而成ル。其ノ間、恭敬
尊奉シテ守レルコト之、恰モ如二シ眼目一ノ。故ニ六年中、六粒分二満六千粒一ヲ。師弥く生ス
レ信ヲ。功終テ帰二ル招提一ニ。路中忽然シテ見ル二一リ禿人一ヲ。師問レテ之曰、卿ハ何人ソヤ乎。
異人答曰ク、気伊・気多也。為レ護二仏骨一ヲ今現二ス于此一ニ。師感喜交く集、
自レ其崇二重ス於此ノ二神一ヲ。帰二来リ本山一ニ更ニ為二勧請一ヲ、仰テ為二鎮守一ト。厥ノ仏

舎利散二在シテ諸方一ニ、古今号ルハ招提舎利者一ト是也。吾懇ニ求ルニ師ノ之事
跡一ヲ不レ得。後学補レヨ之ヲ焉。

分散駄都記曰、中世、和州宇多郡岩室ノ庄崇福律寺主
比丘信智、兼二備福智一ヲ、再ヒ興二招提之影堂一ヲ、又修二補ス衆藍之
崩倒一ヲ。又タ専ラ美二禅戒徳一ヲ。将亦タ為二辺地ノ結縁一、以二其六千粒ノ之
仏舎利一贈二リ于彼ノ寺一ニ為二霊宝一ト也。時移リ物変リ、其ノ寺断絶ス。其ノ大
檀那末孫松尾氏市尉定信、数歳守レ之。茲ニ終ニ以二二千粒一、
納二ム勢州浅間ノ宝殿一ニ。其三千粒ハ、予感二得ス之一。其余五百粒ハ、寄二
進ス其辺一ニ矣。又余ノ四百粒ハ、付二属シテ城州鶏冠井室一ニ。所レ残百粒ハ、
散二ス于諸方一ニ。以二其三千粒一、納レ二青瑠璃ノ瓶一ニ、奉二安ス当山弥勒律
院一也。夫此ノ所由ハ世人所レ知。然モ尚ヲ為レ二破二後生ノ之疑網一ヲ記二ス之ヲ
一紙一ニ云云。
善哉此ノ古記、何人ノ記ソヤ乎。惜哉没スルコトヲ二其名一矣。若シ無二クンハ此記一、則唯
口伝ノミ耳。後生恐ハ疑レン之。幸ニ得二テ此文一、吾亦記レス茲ニ。若シ不レハ記、則定テ
隠没セン。故ニ煩ク述二テ数言一ヲ、取二ル信ヲ於後一ニ也。

☆東往伝略出、舎利伝来記。此ノ
小軸一巻ノ末文ニ
分散駄都記
分散ノ次第全ク此ノ記ニ
同也。文書ノ了ニ於テ、
慶長五年庚子三月吉辰、
招提寺苾芻
凝実房春海ト記ス。駄
都記同師ノ作ナラン乎。
智棨誌。

②15ウ

②16オ

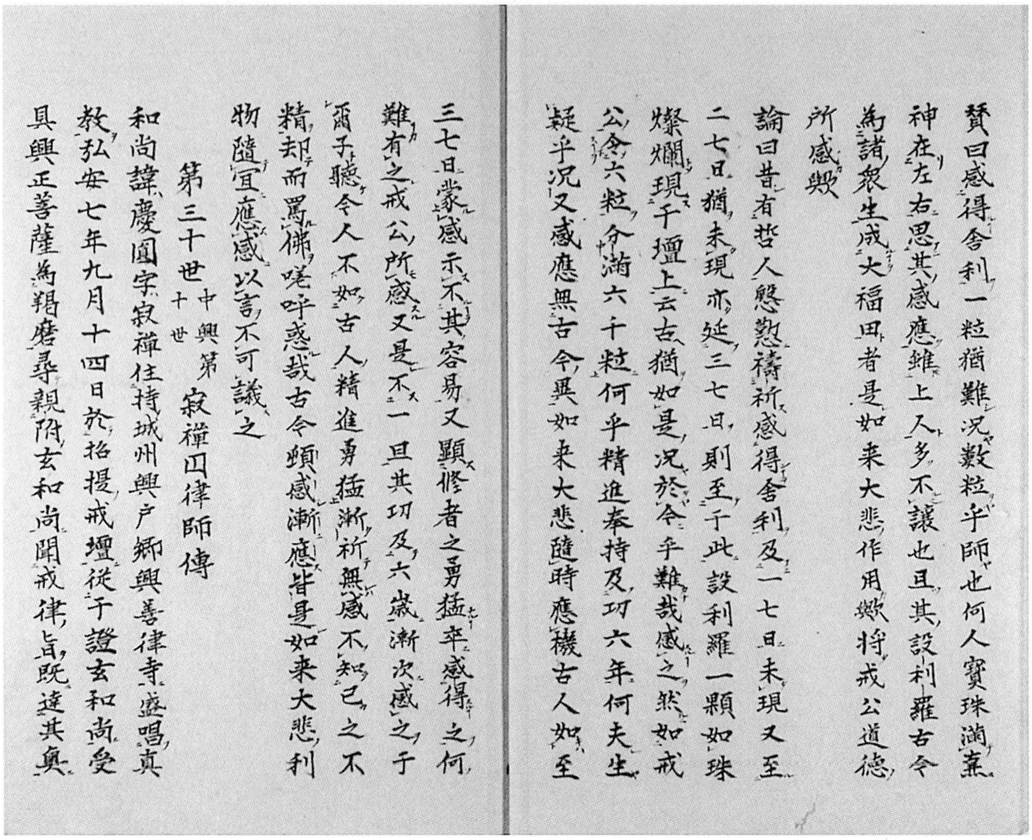

②16ウ　②17オ

賛曰、感得ルコト二舎利ヲ一、一粒猶難シ。況ヤ数粒ヲヤ乎。師ヤ也何人。宝珠満テレ壺ニ、神在リ二左右ニ一。思フニ二其ノ感応ヲ一、雖トモ二上人ト一多ク不ル也レ譲也。且ッ其ノ設利羅、古今為二諸ノ衆生ノ一成ルコトヲ二大福田ト一者、是レ如来大悲ノ作用カ歟、将タ戒公道徳ノ所感カ歟。

論曰、昔シ有二哲人一。慇懃ニ祷三祈ス感二得ンコトヲ舎利ヲ一。及フニ二一七日ニ一未タレ現。又至ルニ二二七日ニ一猶ヲ未タレ現。亦タ延フ二三七日ヲ一。則至テ二于此ニ一、設利羅一顆如レ珠燦爛トシテ現ス二于壇上ニ一云。古ヘ猶ヲ如レ是ノ。況ヤ於ヲヤレ今ニ乎。難カナ哉感スルコトレ之ヲ。然ルニ如二戒公ノ令シテ下二六粒ヲ一分スコトヲ中満六千粒ニ上何乎。精進奉持及フ二功六年ニ一。何夫レ生ヤレ疑乎。況又感応無二古今ノ異一。如来大悲随レ時応レ機。古人如キハ下至

②16ウ

三七日ニ一蒙ル上レ感、示スレ不ルコトヲ二其ノ容易一。又顕ス二修者之勇猛ナルコト一。卒ニ感二得スルコト之ヲ一、何ソ難コトカ有レ之レ。戒公ノ所モレ感スル、又是レ不ス二一旦一。其功及テ二六歳ニ一漸次ニ感レ之ヲ。于レ爾子チ聴ケ、今人不下如ク二古人ノ一精進勇猛上。漸ク祈テ無レハレ感、不シテレ知ラ二己カ之不精ヲ一、却テ而罵ルレ仏ヲ。嗟呼惑ル哉、古今頓感シ漸ニ応ス。皆是レ如来大悲ノ利物、随テレ宜ニ応スレ感ニ。以レ言ヲ不レ可レ議スレ之。

## 第三十世 中興第十世 寂禅円律師伝

和尚、諱ハ慶円、字ハ寂禅。住二持シテ城州興戸郷興善律寺ニ一盛唱フ二真教ヲ一。弘安七年九月十四日、於テ二招提ノ戒壇ニ一、従二于証玄和尚ニ一受具。興正菩薩為二羯磨一。尋テ親二附シテ玄和尚ニ一聞二戒律ノ旨ヲ一、既ニ達ス二其奥ニ一。

②17オ

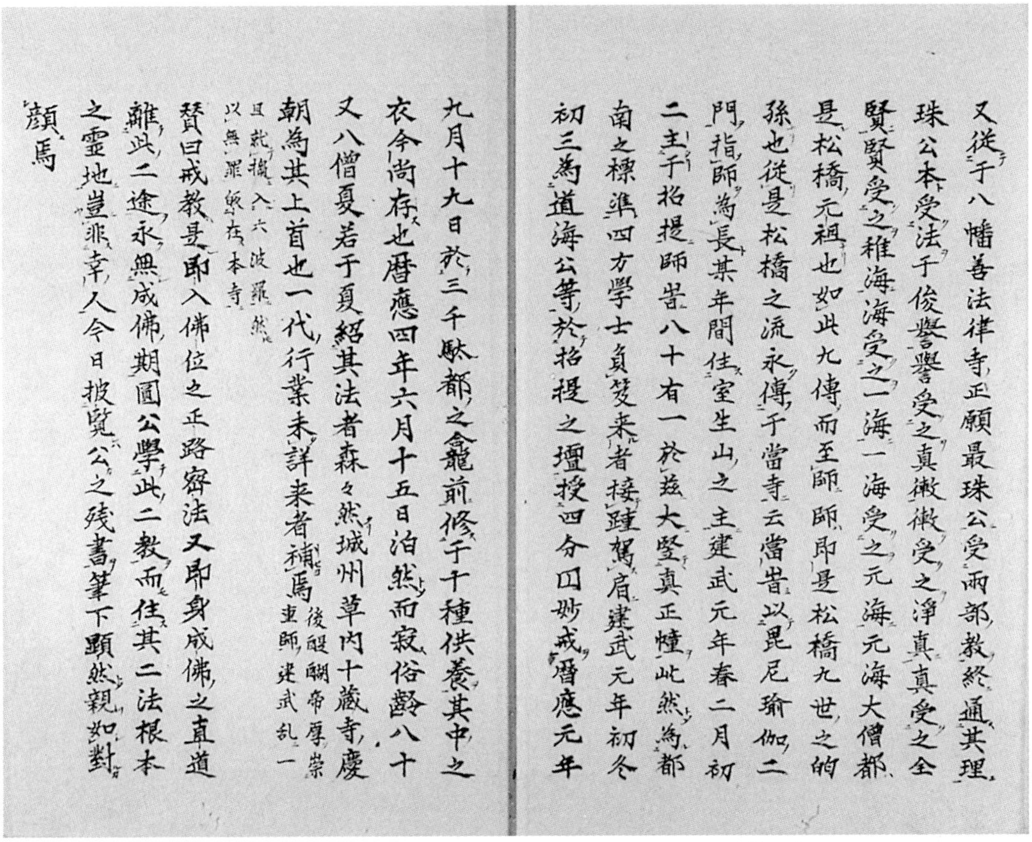

②18オ　②17ウ

又従二テ于八幡善法律寺ノ正願最珠公ニ受二両部ノ教一ヲ、終ニ通二ス其理一ニ。
珠公本ト受二ク法ヲ于俊誉一。誉受二ク之ヲ真徹一。徹ク受ク之ヲ浄真一ニ。真受二ク之全
賢一ニ。賢受二ク之ヲ稚海一ニ。海受二ク之ヲ一海一ニ。一海受二ク之ヲ元海一ニ。元海大僧都ハ
是レ松橋ノ元祖ナリ也。如レ此九伝シテ而至レ師ニ。師ハ即是松橋九世ノ之的
孫ナリ也。従レリ是松橋之流、永ク伝二フ于当寺一ニ云。当時ミ以二テ毘尼・瑜伽ノ二
門一ヲ、指レシテ師ヲ為レ長ト。某年間、住二ス室生山ノ之主一ニ。建武元年春二月初
二、主二タリ于招提一ニ。師時ニ八十有一。於レ茲ニ大ニ竪二テ、真正幢一ヲ、屹然トシテ為二ル都
南之標準一ト。四方学士、負レ笈来ル者接レテ踵駕レス肩ニ。建武元年初冬
初三、為二道海公等一ノ、於二テ招提之壇一授二四分円妙戒一ヲ。暦応元年

②17ウ

九月十九日、於二テ三千駄都ノ之龕前一ニ修二ス于十種供養一ヲ。其中ノ之
衣今尚存ス也。暦応四年六月十五日、泊然トシテ而寂ス。俗齢八十
又八、僧夏若干夏。紹二其法者森々然タリ。城州草内十蔵寺ノ慶
朝為其上首也。一代ノ行業未レタ詳。来者補レセヨ焉。後醍醐帝厚ク崇二重師一ヲ。建武乱ニ一
旦就レテ擒レニ入二ル六波羅一ニ。然トモ以レ無レ罪一帰二在ス本寺一ニ。
賛曰、戒教ハ是レ即入仏位之正路、密法又即身成仏ノ之直道。
離二テ此ノ二途一ヲ永ク無二シ成仏ノ期一。円公学二テ此ノ二教一ヲ、而モ住二ス其二法根本
之霊地一ニ。豈ニ非レ二ス幸ノ人一ヤ。今日被二覧レハ公カ之残書一ヲ、筆下顕然トシテ親ク如レシ対ルカ
レ顔ニ焉。

②18オ

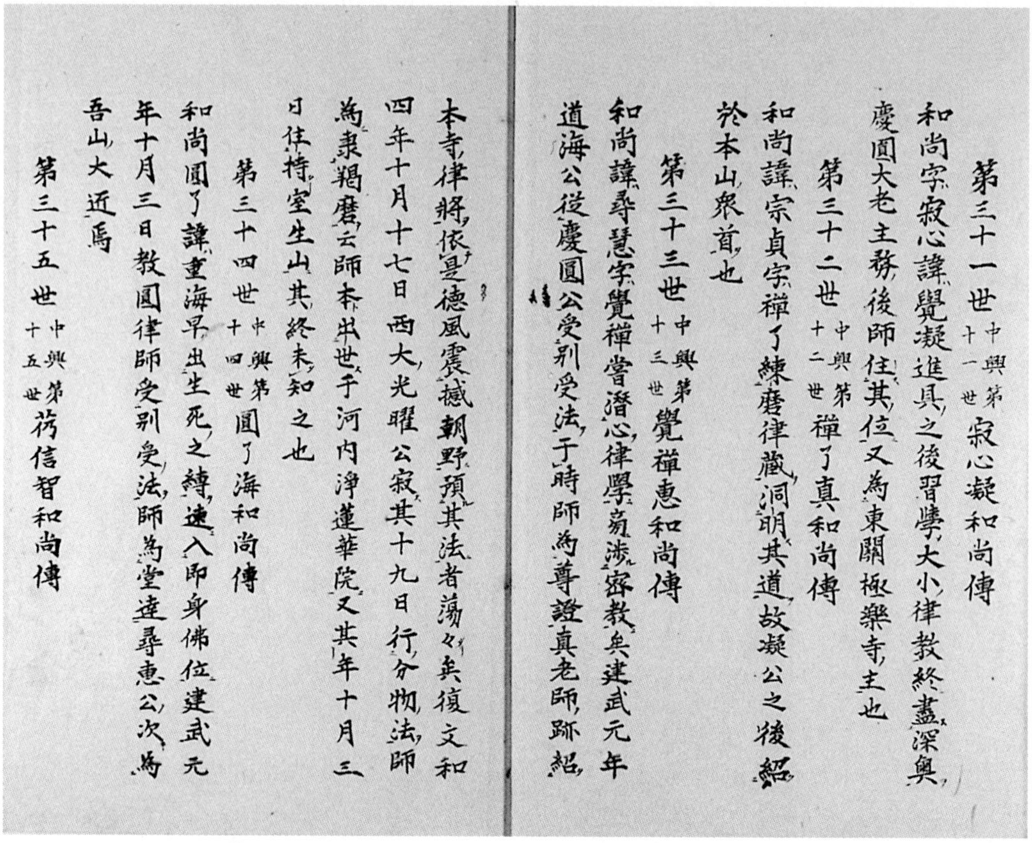

②19オ　②18ウ

**第三十一世中興第十一世寂心凝和尚伝**

和尚、字ハ寂心、諱ハ覚凝。進具ノ之後、習二学シテ大小ノ律教一、終ニ尽スニ深奥ヲ一。慶円大老主務ノ後、師住スニ其ノ位一ニ。又為ニ東関極楽寺ノ主一也。

**第三十二世中興第十二世禅了真和尚伝**

和尚、諱ハ宗貞、字ハ禅了。練ニ磨律蔵ヲ一、洞ニ明ス其道ヲ一。故凝公之後、紹クニ於本山ノ衆首ヲ一也。

**第三十三世中興第十三世覚禅恵和尚伝**

和尚、諱ハ尋慧、字ハ覚禅。嘗潜ニ心ヲ律学一ニ、旁ニ渉ルニ密教一ニ矣。建武元年、道海公、従ニ慶円公一受ニ別受法ヲ一。于レ時師為ニ尊証一。真老師ノ跡、紹クニ本寺ノ律将ヲ一。依レテ是徳風震ニ撼朝野一ニ。預ルニ其法一ニ者蕩々タリ矣。復文和四年十月十七日、西大ノ光曜公寂ス。其十九日、行フニ分物ノ法ヲ一。師為ニ秉ニ羯磨ヲ一云。師本ト出スニ世于河内浄蓮華院一ニ。又其年十月三日、住ニ持タリ室生山一ニ。其ノ終末レタ知之也。

**第三十四世中興第十四世円了海和尚伝**

和尚円了、諱ハ重海。早ク出ニ生死ノ之縛ヲ一、速ニ入ニ即身仏位一ニ。建武元年十月三日、教円律師受ニ別受ノ法ヲ一。師為ニ堂達一。尋恵公ノ次キ、為ニ吾山ノ大匠一焉。

**第三十五世中興第十五世芿信智和尚伝**

⌞②19オ　⌞②18ウ

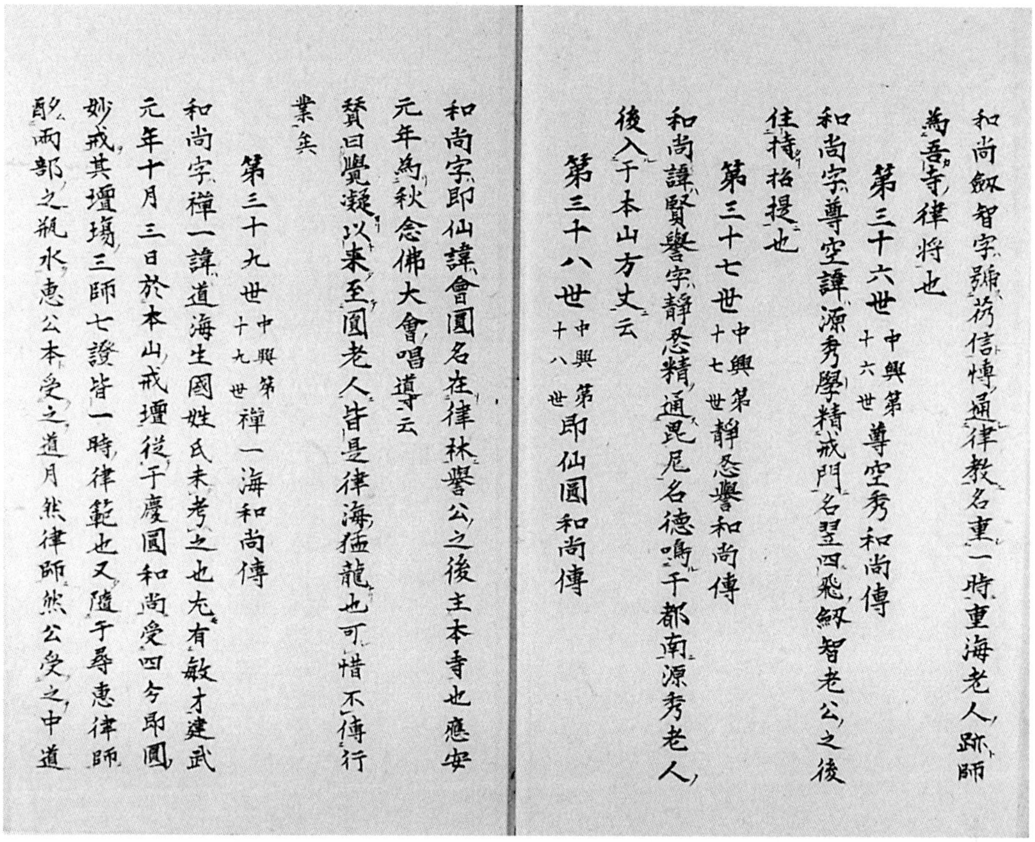

②20オ　②19ウ

和尚剣智、字ハ号二ス仍信一ト。博ク通二シ律教一ニ、名重二シ一時一ニ。重海老人ノ跡ト、師為二吾カ寺ノ律将一也。

**第三十六世**中興第十六世**尊空秀和尚伝**

和尚、字ハ尊空、諱ハ源秀。学精二戒門一ニ、名翌四ニ飛フ。剣智老公ノ之後、住二持タリ招提一ニ也。

**第三十七世**中興第十七世**静忍誉和尚伝**

和尚、諱ハ賢誉、字ハ静忍。精ク通二ス毘尼一。名徳鳴二ル于都南一ニ。源秀老人ノ後、入二ル于本山方丈一ニ云。

**第三十八世**中興第十八世**即仙円和尚伝**

和尚、字ハ即仙、諱ハ会円。名在二リ律林一ニ。誉公ノ之後、主二本寺一也。応安元年、為二リ秋念仏大会ノ唱導一云。

賛曰、覚凝ヨリ以チ来タ至二テ円老人一ニ、皆是律海ノ猛龍ナリ也。可レシ惜不レ伝二行業一矣。

**第三十九世**中興第十九世**禅一海和尚伝**

和尚、字ハ禅一、諱ハ道海。生国姓氏未レタ考レヘ之也。尤モ有二敏才一。建武元年十月三日、於二本山ノ戒壇一、従二テ于慶円和尚一ニ受二四分即円ノ妙戒一ヲ。其壇場ノ三師七証、皆一時ノ律範也。又タ随二于尋恵律師一ニ酌二ム両部ノ之瓶水一ヲ。恵公本ト受二ク之ヲ道月然律師一ニ。然公受二ク之ヲ中道

②20オ　②19ウ

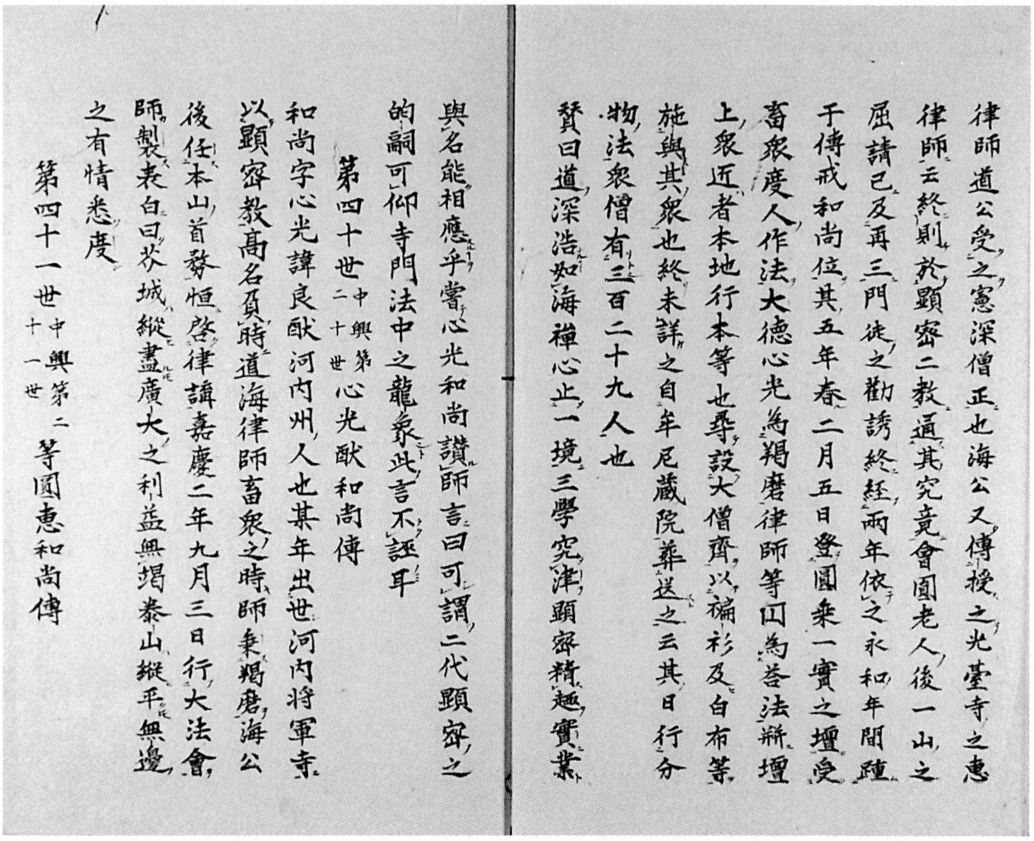

②21オ　②20ウ

律師。道公受二ク之ヲ憲深僧正一ニ也。海公又タ伝二授ス之ヲ光台寺ノ之恵
律師一ニ云。終ニ則チ於二テ顕密二教一ニ通二ス其ノ究竟一ニ。会円老人ノ後、一山ノ之
屈請已ニ及二再三一ニ、門徒ノ之勧誘終ニ経二フ両年。依レテ之永和ノ年間、踵二ム
于伝戒和尚位一ヲ。其ノ五年春ル二月五日、登二テ円乗一実之壇一ニ受二ク
畜衆度人ノ作法一ヲ。大徳心光為二羯磨一。律師等円為二答法一。并ニ壇
上ノ衆匠ハ者、本地・行本等也。尋テ設二ク大僧斉一ヲ。以二テ褊衫及ヒ白布等一ヲ、
施二与□其ノ衆一也。終リ未レ詳カ之。自二牟尼蔵院一葬二送スト之一云。其ノ日行二分
物ノ法一。衆僧有二リト也三百二十九人一也。
賛曰、道ノ深浩ナルコト如レ海、禅心止二メ一境一ニ、三学究レメ津ヲ、顕密精レス趣ヲ。実ニ業ト
与レ名能ク相応スルコトヲ乎。嘗テ心光和尚讃レル師言ニ曰、可シレ謂ツ二代顕密ノ之
的嗣、可レ仰寺門法中之龍象也ト。此ノ言不レラク誣耳ノミ。

**第四十世 中興第二十世 心光猷和尚伝**

和尚、字心光、諱良猷。河内州ノ人也。某年出二世シ河内将軍寺一ニ、
以二テ顕密教一高名負レフ時ニ。道海律師畜衆ノ之時キ、師秉二ス羯磨一ヲ。海公
後、任二ス本山ノ首務一。恒ニ啓二ク律講一。嘉慶二年九月三日、行二フ大法会一ヲ。
師カ製ス表白ニ曰ク、芥城ハ縦ヒ尽ルトモ、広大ノ之利益無レ竭、泰山ハ縦ヒ平クトモ、無辺ノ
之有情悉ク度ン。

**第四十一世 中興第二十一世 等円恵和尚伝**

②21オ　②20ウ

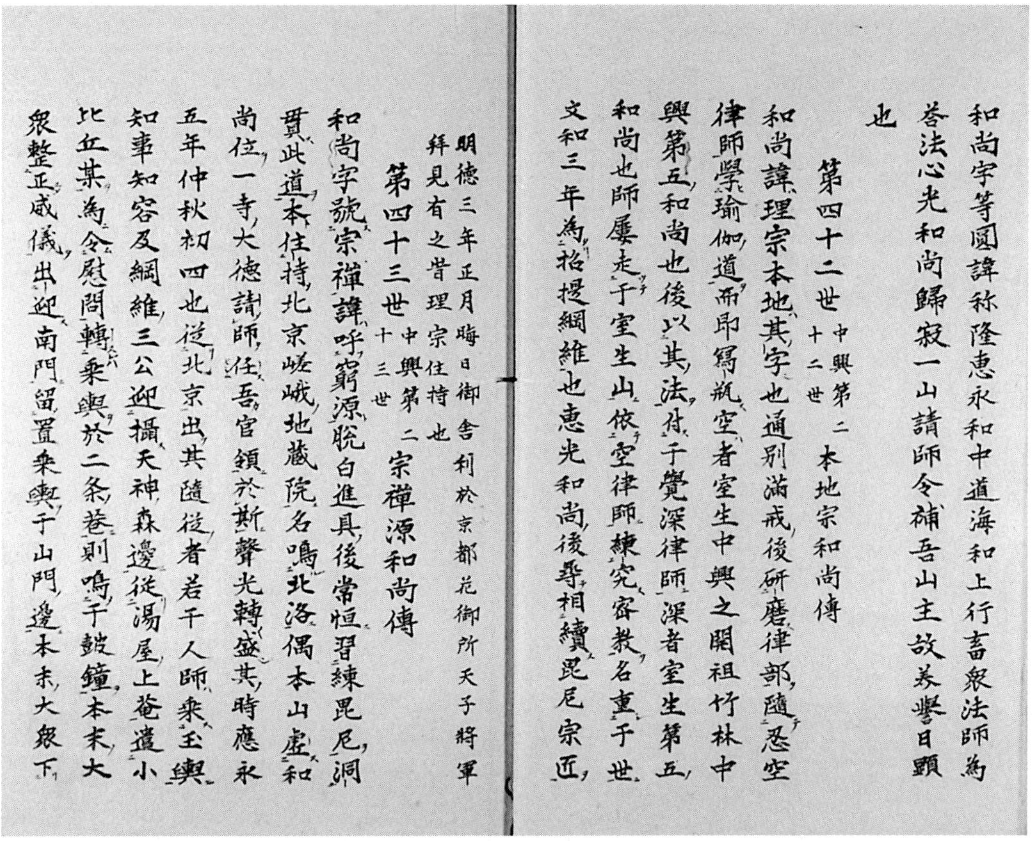

②22オ　②21ウ

和尚、字等円、諱称隆恵。永和中、道海和上行畜衆法。師為答法。心光和尚帰寂。一山請師、令補吾山主。故美誉日顕也。

### 第四十二世 中興第十二世 本地宗和尚伝

和尚、諱ハ理宗、本地ハ其ノ字也也。通別満戒ノ後、研二磨ス律部一ヲ。随テ二忍空律師一学ヒ二瑜伽ノ道一ヲ、而即写瓶ス。空ハ者室生中興之開祖、竹林中興第五ノ和尚也。後以二其ノ法一ヲ付ス二于覚深律師一ニ。深者室生第五ノ和尚也。師屢走ツテ二于室生山一ニ、依テ二空律師一ニ練二究ス密教一ヲ。名重シ二于世一ニ。文和三年、為タリ二招提綱維一也。恵光和尚ノ後、尋テ相二続ス毘尼宗匠一ヲ。

明徳三年正月晦日、御舎利於京都花御所、天子将軍拝見有之。時理宗住持也。

### 第四十三世 中興第十三世 宗禅源和尚伝

和尚、字号ス二宗禅一。諱ハ呼フ二窮源一ト。脱白進具ノ後、常恒ニ習二練毘尼一ヲ、洞二貫ス此道一ヲ。本ト住シテ二持北京嵯峨ノ地蔵院一ニ、名鳴ル二北洛一ニ。偶本山虚ス二和尚位一ヲ。一寺ノ大徳、請レシテ師ヲ任ス《セシム》二吾カ官領一ニ。於レ斯レニ声光転く盛也。其ノ時応永五年仲秋初四也。従リ二北京一出ツ。其随従ノ者若干人。師ハ乗ス二玉輿一ニ。知事知容及綱維ノ三公、迎二摂ス天神ノ森辺一ニ。従リ二湯屋ノ上菴一遣二小比丘某一ヲ、為ニ令ム二慰問一。転スレハ二乗輿ヲ於一条ノ巷一ニ、則鳴シテ二于鼓鐘一ヲ、本末ノ大衆整ニシテ二正威儀一ヲ、出二迎ス南門一ニ。留メ二置乗輿ヲ于山門ノ辺一ニ、本末ノ大衆下リ二

②22オ　②21ウ

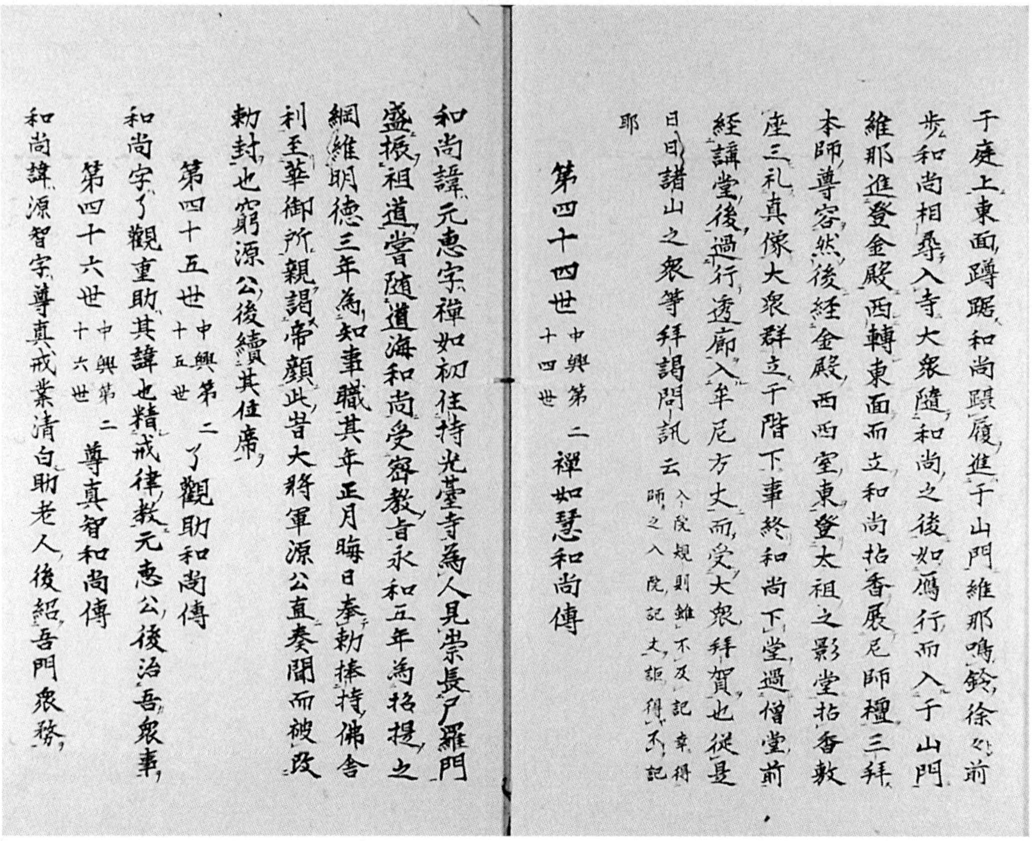
于庭上東面蹲踞和尚躡履進于山門維那鳴鈴徐々前
歩和尚相尋入寺大衆隨和尚之後如鴈行而入于山門
維那進登金殿西轉東面而立和尚拈香展尼師壇三拜
本師尊容然後経金殿西西室東登太祖之影堂拈香敷
座三礼真像大衆群立于階下事終和尚下堂過僧堂前
経講堂後過行透廊入牟尼方丈而受大衆拜賀也従是
日日諸山之衆等拜謁問訊云 入院規則雖不及記幸得師之入院記文詎得不記
耶

第四十四世 中興第二 十四世 禅如慧和尚傳

和尚諱元恵字禅如初住持光臺寺為人見崇長戸羅門
盛振祖道嘗隨道海和尚受密教旨永和五年為招提之
綱維明徳三年為知事職其年正月晦日奉勅捧持佛舎
利至華御所親謁帝顔此時大将軍源公直奏聞而被改
勅封也窮源公後續其位席

第四十五世 中興第二 十五世 了觀助和尚傳

和尚字了觀重助其諱也精戒律教元恵公後治吾衆事

第四十六世 中興第二 十六世 尊真智和尚傳

和尚諱源智字尊真戒業清白助老人後紹吾門衆務

②23オ　②22ウ

于庭上ニ、東面シテ蹲踞ス。和尚躡レ履ヲ進ム二于山門一ニ。維那鳴シテレ鈴ヲ、徐々トシテ前歩ム。和尚相尋テ入レ寺ニ。大衆随テ二和尚ノ之後ニ一、如シテ二鴈行ノ一而入ル二于山門ニ一。

維那進二登金殿一ニ、西シニ転シ東面ニシテ而立ツ。和尚拈レ香ヲ展テ二尼師檀一ヲ、三ニ拝ス本師ノ尊容一ヲ。然シテ後ニ経二金殿ノ西西室ノ東一ヲ、登リ二太祖ノ之影堂一ニ、拈レ香敷レ座、三ヒ礼ス二真像一ヲ。大衆群テ二立ス于階下一ニ。事終リ、和尚下リレ堂ヲ、過キ二僧堂ノ前一、経二講堂ノ後一ヲ、過テ二行透廊一ヲ入ル二牟尼方丈一ニ。而シテ受ク二大衆ノ拝賀一ヲ也。従レ是日日諸山之衆等、拝謁問訊云。入院規則、雖レ不レ及レ記、幸ニ得二師カ之入院ノ記文一ヲ。詎ソ得ヤ不レ記コトヲ二耶。

**第四十四世**中興第二十四世 **禅如慧和尚伝**

和尚、諱ハ元恵、字ハ禅如。初住二持光台寺一、為レ人見レ崇。長二戸羅門一、盛ニ振フ二祖道一ヲ。嘗随二道海和尚一ニ受二密教ノ旨一ヲ。永和五年、為二招提ノ之綱維一ト。明徳三年、為リ二知事職一ト。其年正月晦日、奉テレ勅ヲ捧二持シテ仏舎利一ヲ至リ二華御所一ニ、親ク謁ス二帝顔一ニ。此ノ時大将軍源公、直ニ奏聞而被レ改二勅封一ヲ也。窮源公ノ後、続二其位席一ヲ。

**第四十五世**中興第二十五世 **了観助和尚伝**

和尚、字ハ了観、重助ハ其諱也。精シ二戒律ノ教一ニ。元恵公ノ後、治二吾カ衆事一ヲ。

**第四十六世**中興第二十六世 **尊真智和尚伝**

和尚、諱ハ源智、字ハ尊真。戒業清白也。助老人ノ後、紹ク二吾門衆務一ヲ。

②23オ　②22ウ

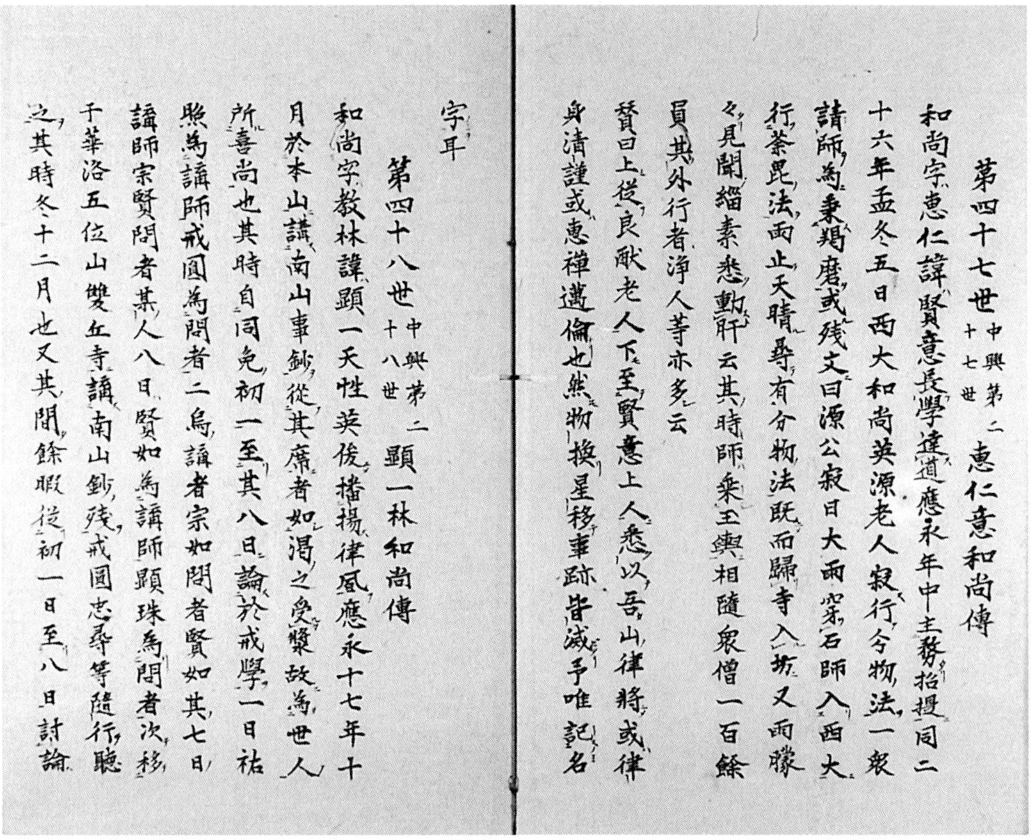
第四十七世 中興第二十七世 恵仁意和尚傳
和尚字恵仁諱賢意長學達道應永年中主務招提同二
十六年孟冬五日西大和尚英源老人寂行分物法一衆
請師爲秉羯磨或殘文曰源公寂日大雨穿石師入西大
行荼毘法雨止天晴尋有分物法既而歸寺入坊又雨朦
々見聞緇素悉動肝云其時師乘玉輿相隨衆僧一百餘
員其外行者淨人等亦多云
賛曰上從良猷老人下至賢意上人悉以吾山律將或律
身清謹或恵禪邁倫也然物換星移事跡皆滅予唯記名
字耳
第四十八世 中興第二十八世 顕一林和尚傳
和尚字教林諱顕一天性英俊播揚律風應永十七年十
月於本山講南山事鈔從其席者如渇之受漿故爲世人
所喜尚也其時自同兎初一至其八日論於戒學一日祐
照爲講師戒圓爲問者二烏講者宗如問者賢如其七日
講師宗賢問者某人八日賢如爲講師顕珠爲問者次移
于華洛五位山雙丘寺講南山鈔殘戒圓忠尋等隨行聽
之其時冬十二月也又其間餘暇從初一日至八日討論

②23ウ　②24オ

## 第四十七世 中興第二十七世 恵仁意和尚伝

和尚、字ハ恵仁、諱ハ賢意。長ケ学達レス道。応永年中、主二務タリ招提一ニ。同二十六年孟冬五日、西大和尚英源老人寂ス。行フ分物ノ法ヲ。一衆請レ師ヲ為ニ秉二羯磨ヲ一。或ル残文ニ曰、源公寂日、大雨穿レツ石。師入リ二西大ニ一、行フ二荼毘ノ法ヲ一。雨止テ天晴ル。尋テ有二分物ノ法一。既ニシテ而帰リレ寺入ル坊ニ。又雨朦々タリ。見聞ノ緇素、悉ク動レスト肝云。其ノ時キ師ハ乗シ二玉輿ニ一、相随衆僧一百余員、其ノ外、行者浄人等亦多シ云。

賛曰、上ミ従リ二良猷老人一、下モ至テ二賢意上人一ニ、悉ク以テ吾カ山ノ律将ニシテ、或ハ律身清謹、或ハ恵禅邁倫ナリ也。然トモ物換リ星移テ、事跡皆滅ビタリ。予唯記スノミ二名

└②23ウ

字ヲ一耳。

## 第四十八世 中興第二十八世 顕一林和尚伝

和尚、字ハ教林、諱ハ顕一。天性英俊ニシテ播二揚ス律風ヲ一。応永十七年十月、於二本山一ニ講ス二南山事鈔ヲ一。従フ二其席ニ一者如シ二渇ノ之受レルカ漿。故ニ為二世人ノ一所ル二喜尚一也。其時自二同兎ノ初一一至リ二其八日一ニ、論ス二於戒学ヲ一。一日祐照為二講師一、戒円為二問者一。二烏ノ講者宗如、問者賢如、其ノ七日ノ講師宗賢、問者某ノ人。八日ハ賢如為二講師一、顕珠為リ二問者一。次テ移テ二于華洛五位山双丘寺ニ一講ス二南山鈔ノ残ヲ一。戒円・忠尋等、随行テ聴レ之ヲ。其時冬十二月也。又其ノ間タ余暇、従リ二初一日一至リ二八日一、討二論ス

└②24オ

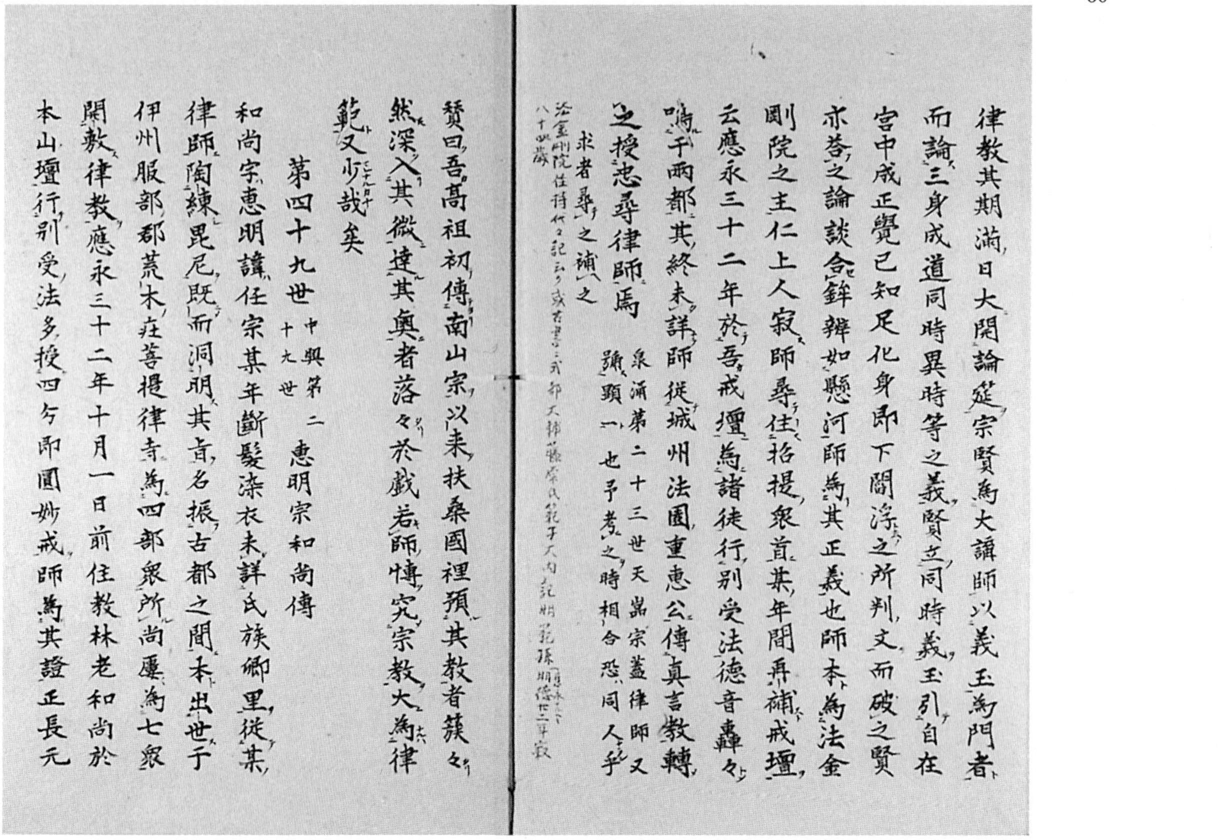

②25オ　②24ウ

律教。其期満《ノ》日、大《ニ》開㆓論筵《ヲ》㆒。宗賢為㆓大講師㆒。以㆓義玉㆒為門者㆒《ト》。
而論《ス》㆓三身成道同時異時等之義《ヲ》㆒。賢立《ツ》㆓同時義《ヲ》㆒。玉引《テ》㆓自在
宮中成正覚、已知足化身即下閻浮《ト云ノ》之所判《ノ》文《ヲ》㆒、而破㆑之。賢
亦答《フ》㆑之。論談合《セ》㆑鉾、弁如㆓懸河㆒。師為《リ》㆓其正義㆒也。師本《ト》為㆓法金
剛院之主㆒。仁上人寂《ス》。師尋《テ》住《ス》㆓招提《ノ》衆首《ニ》㆒。某《ノ》年間、再㆓補《スト》戒壇《ヲ》㆒
云。応永三十二年、於《テ》㆓吾《カ》戒壇《ニ》㆒、為《ニ》㆓諸徒㆒行《フ》㆓別受法㆒。徳音轟々《トシテ》
鳴《ル》㆓于両都《ニ》㆒。其《ノ》終未《タ》㆑詳《ナラ》。師従《テ》㆓城州法園《ノ》重恵公《ニ》㆒伝㆓真言教㆒。転《シテ》
㆑之授㆓忠尋律師《ニ》㆒焉。泉涌第二十三世天嵓宗蓋律師、又号《ス》㆓顕一《ト》㆒也。予考《ニ》㆑之《ヲ》、時相合。恐《ハ》同人《ナラン》乎。
求者尋《テ》㆑之補《ヘ》㆑之。

☆法金剛院住持代々記云ク、或古書ニ、式部大輔藤原氏範子、大内記明範孫。明徳《応永ナルヘシ》廿二年寂。八十四歳。

②24ウ

賛曰《ク》、吾《カ》高祖初《テ》伝《テヨリ》㆓南山宗《ヲ》㆒以来《タ》、扶桑国裡預《ル》㆓其教㆒者簇々《タリ》。
然《トモ》深《ク》入《リ》㆓其微《ニ》㆒、達《ル》㆓其奥《ニ》㆒者落々《タリ》。於戯、若《キ》㆑師《ノ》博《ク》究《メテ》㆓宗教《ヲ》㆒大《ニ》為《ナルハ》㆓律
範《ト》㆒、又少哉矣《マレナルカナ》。

## 第四十九世 中興第二十九世 恵明宗和尚伝

和尚、字《ハ》恵明、諱《ハ》任宗。某年断髪染衣。未《タ》㆑詳㆓氏族郷里《ヲ》㆒。従《テ》㆓某《ノ》
律師《ニ》㆒陶㆓練《シ》毘尼《ヲ》㆒、既《ニシテ》而洞㆓明《ス》其旨《ヲ》㆒。名振《フ》㆓古都之間《ニ》㆒。本《ト》出㆓世《ス》于
伊州服部《ノ》郡荒木《ノ》庄菩提律寺《ニ》㆒。為《ニ》㆓四部衆㆒所《ル》㆑尚。屢《く》為㆓七衆㆒
開㆓敷《ス》律教《ヲ》㆒。応永三十二年十月一日、前住教林老和尚、於
本山《ノ》壇㆒行《テ》㆓別受《ノ》法㆒、多《ク》授《ク》㆓四分即円妙戒《ヲ》㆒。師為《リ》㆓其証㆒。正長元

②25オ

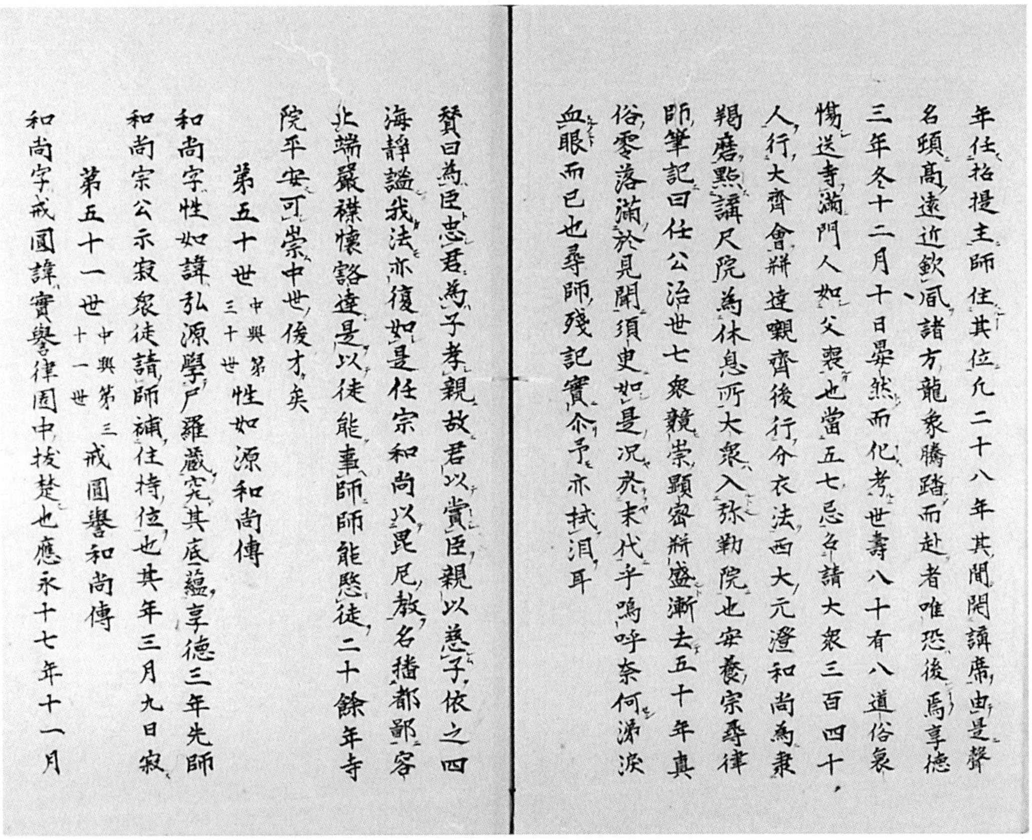
年任招提主師住其位凡二十八年其間開講席由是聲
名頓高遠近欽風諸方龍象騰踏而赴者唯恐後焉享徳
三年冬十二月十日晏然而化考世壽八十有八道俗哀
傷送寺滿門人如父喪也當五七忌名請大衆三百四十
人行大齋會并達嚫齋後行分衣法西大元澄和尚為秉
羯磨點講尺院為休息所大衆入弥勒院也安養宗尋律
師筆記曰任公治世七衆競崇顕密并盛漸去五十年真
俗零落滿於見聞須臾如是況於末代乎嗚呼奈何涕涙
血眼而已也尋師殘記實尒予亦拭涙耳

賛曰為臣忠君為子孝親故君以賞臣親以慈子依之四
海静謐我法亦復如是任宗和尚以毘尼教名播都鄙容
止端嚴襟懐豁達是以徒能事師師能愍徒二十餘年寺
院平安可崇中世俊才矣
第五十世 中興第三十世 性如源和尚傳
和尚字性如諱弘源學尸羅藏究其底蘊享徳三年先師
和尚宗公示寂衆徒請師補住持位也其年三月九日寂
第五十一世 中興第十一世 戒圓譽和尚傳
和尚字戒圓諱實譽律園中抜楚也應永十七年十一月

②26オ ②25ウ

年、任二ス招提主一ニ。師住二スルコト其位一ニ凡二十八年。其ノ間タ開二講席一ヲ。由レテ是ニ声名頓ニ高ク、遠近欽レ風ヲ。諸方ノ龍象、騰踏トシテ而赴ク者、唯恐ハ後レンコトヲ焉。享徳三年冬十二月十日、晏然トシテ而化ス。考二ルニ世寿八十有八。道俗哀傷シ、送寺レツ満ニ。門人如二シ父喪一ルカ也。当二五七ノ忌一、召二請大衆三百四十人一ヲ行二フ大斉会一ヲ。并達嚫斉後、行二フ分衣法一ヲ。西大ノ元澄和尚、為ニ秉二羯磨一ヲ点二ス講尺院一。為二休息所一大衆ハ入二ルト也弥勒院一ニ也。安養ノ宗尋律師ノ筆記ニ曰、任公治世、七衆競ヒ崇メ、顕密并盛也ト。漸去テ五十年、真俗ノ零落満二ツ於見聞一ニ。須臾ニ如レシ是ノ。況ヤ於二テヲヤ末代一ニ乎。嗚呼奈何セン涕涙血レスルノミト眼而已也。尋師ノ残記実ニ尓リ。予モ亦拭レフ泪ヲ耳。

賛曰、為レハ臣ト忠レシ君ニ、為レハ子ト孝レシ親ニ。故ニ君以テ賞レシ臣ヲ、親以慈レシム子ヲ。依之四海静謐也。我カ法モ亦復如レシ是。任宗和尚以二テ毘尼ノ教一ヲ、名播二都鄙一ニ。容止端厳、襟懐豁達シ、是ヲ以テ徒能ク事レヘ師ニ、師能愍レミ徒ヲ、二十余年寺院平安也。可レシ崇ム中世ノ俊才カ矣。

### 第五十世 中興第三十世 性如源和尚伝

和尚、字ハ性如、諱ハ弘源。学二テ尸羅蔵一ヲ究二メ其底蘊一ヲ。享徳三年、先師和尚宗公示寂。衆徒請レシテ師補二フ住持ノ位一ヲ也。其年三月九日寂ス。

### 第五十一世 中興第三十一世 戒円誉和尚伝

和尚、字ハ戒円、諱ハ実誉。律園中ノ抜楚也也。応永十七年十一月、

②26オ ②25ウ

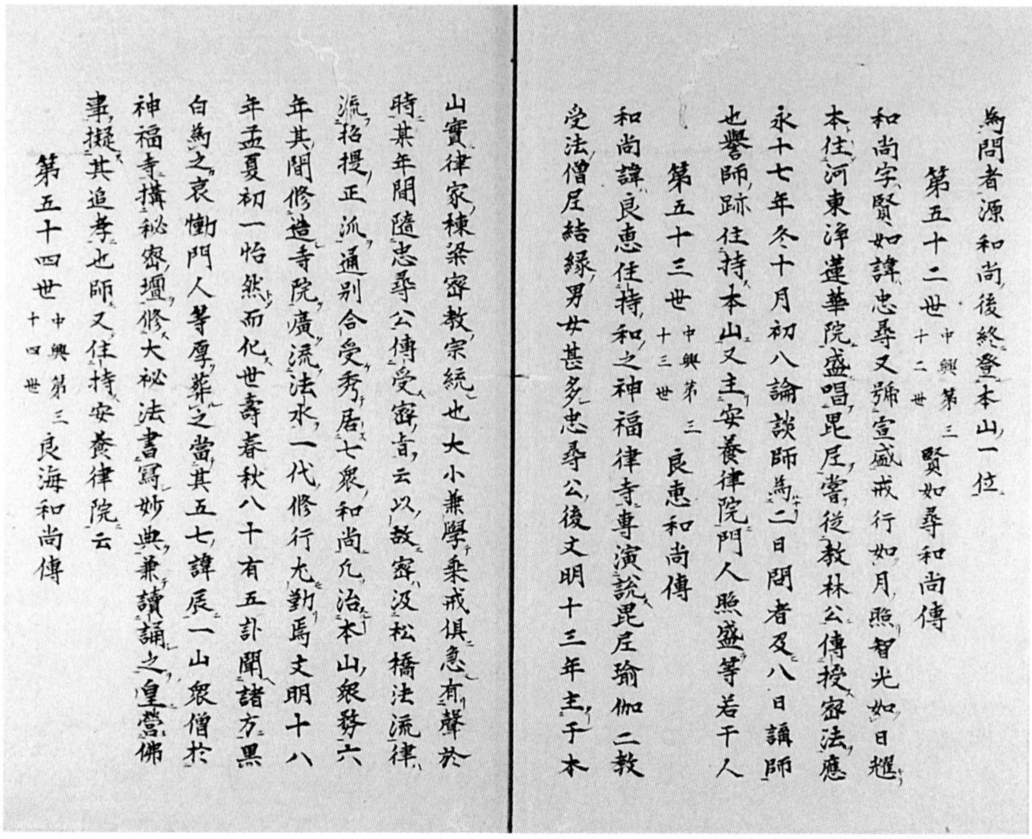
為問者源和尚後終登本山一位
第五十二世 中興第三十二世 賢如尋和尚傳
和尚字賢如諱忠尋又號宣盛戒行如月照智光如日耀
本住河東淨蓮華院盛唱毘尼嘗從教林公傳授密法應
永十七年冬十月初八論談師為二日問者及八日講師
也譽師跡住持本山又主安養律院門人照盛等若干人
第五十三世 中興第三十三世 良恵和尚傳
和尚諱良恵住持和之神福律寺専演説毘尼瑜伽二教
受法僧尼結縁男女甚多忠尋公後文明十三年主于本
山實律家棟梁密教宗統也大小兼學乗戒倶急有聲於
時某年間隨忠尋公傳受密旨云以故密汲松橋法流律
流招提正派通別合受秀居七衆和尚凡治本山衆務六
年其間修造寺院廣流法水一代修行尤勤焉文明十八
年孟夏初一怡然而化世壽春秋八十有五訃聞諸方黒
白為之哀慟門人等厚葬之當其五七諱辰一山衆僧於
神福寺構秘密壇修大秘法書寫妙典兼讀誦之皇營佛
事擬其追孝也師又住持安養律院云
第五十四世 中興第三十四世 良海和尚傳

②27オ　②26ウ

為二問者一。源和尚ノ後、終ニ登ル二本山ノ一位一ニ。

**第五十二世** 中興第三十二世 **賢如尋和尚伝**

和尚、字ハ賢如、諱ハ忠尋、又号二宣盛一。戒行如レク月ノ照リ、智光如レク日耀ケリ。本ト住シテ二河東浄蓮華院一ニ盛ニ唱フ二毘尼一ヲ。嘗テ従二教林公一ニ伝二授ス密法一ヲ。応永十七年冬十月初八、論談。師為ルナリ二一日問者及ヒ八日講師一也。誉師ノ跡、住二持ス本山一ニ。又主リ二安養律院一ニ。門人照盛ラ等若干人。

**第五十三世** 中興第三十三世 **良恵和尚伝**

和尚、諱ハ良恵。住二持シテ和ノ之神福律寺一ニ専演二説ス毘尼・瑜伽二教一。受法ノ僧尼、結縁ノ男女甚多シ。忠尋公ノ後、文明十三年、主タリ二于本

②26ウ

山一。実ニ律家ノ棟梁、密教ノ宗統也也。大小兼学テ、乗戒倶ニ急也。有リ二声於時一ニ。某年間、随二忠尋公一伝二受ス密ノ旨一ヲ云。以ノ故ニ密ハ汲二松橋法流一、律ハ流フ二招提ノ正派一ヲ。通別合受ケ、秀テ居ス二七衆ノ和尚一ニ。凡ソ治スルコト二本山ノ衆務一六年。其ノ間修二造シ寺院一ヲ、広ク流フ二法水一ヲ。一代ノ修行尤モ勤リ焉。文明十八年孟夏初一、怡然トシテ而化ス。世寿春秋八十有五。訃聞ヘ二諸方一ニ、黒白為レ之カ哀慟。門人等厚ク葬レル之。当テ二其五七ノ諱辰一ニ、一山衆僧於二神福寺一ニ、構二秘密ノ壇一ヲ修ス二大秘法一。書二写シ妙典一ヲ兼テ読二誦シ之一ヲ、皇ニ営ミ二仏事一ヲ擬ス二其追孝一ニ也。師モ又タ住二持ス安養律院一ニ云。

**第五十四世** 中興第三十四世 **良海和尚伝**

②27オ

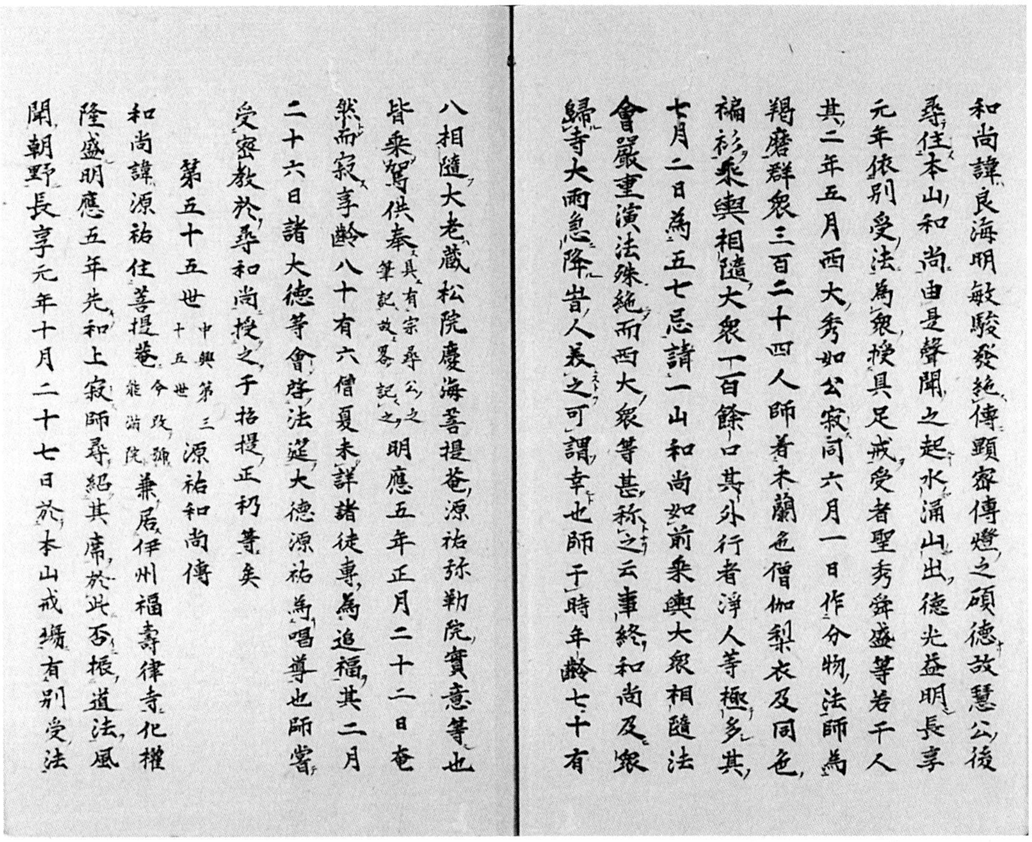

②28オ　②27ウ

和尚、諱ハ良海。明敏駿発絶レス伝ニ。顕密伝灯ノ之碩徳ナリ。故慧公ノ後、尋テ住ス二本山ノ和尚一ニ。由レ是声聞ノ之起ルコト水ノ如涌、山ノ如出ッ。徳光益明也。長享元年、依二別受ノ法ニ一為レ衆ノ授二具足戒一ヲ。受者聖秀・舜盛等若干人。其ノ二年五月、西大ノ秀如公寂ス。同六月一日、作二分物ノ法一。師為二羯磨一。群衆三百二十四人。師着二木蘭色僧伽梨衣及同色ノ褊衫一ヲ乗輿。相随フ大衆一百余口。其外、行者浄人等極テ多シ。其ノ七月二日、為二五七忌一、請二一山和尚。如レ前乗輿。大衆相随。法会厳重、演法殊絶ニシテ而西大ノ衆等甚タ称レトナリ之云。事終リ、和尚及ヒ衆帰レル寺。大雨急ニ降ル。時ノ人美レミスト之ヲ。可レ謂ッ幸也ト也。師于レ時年齢七十有八。相随フ大老ハ、蔵松院慶海・菩提菴ノ源祐・弥勒院ノ実意等也。皆乗レシテ駕供奉ス。具ニ有二宗尋公ノ之筆記一ニ。故ニ略シテ記レス之ヲ。明応五年正月二十二日、菴然トシテ而寂ス。享齢八十有六、僧夏未レタ詳。諸徒専ラ為二追福一ヲ。其二月二十六日、諸大徳等会シテ啓二ク法筵一ヲ。大徳源祐為二リ唱導一也。師嘗テ受二密教於ヲ尋和尚一ニ、授二ク之ヲ于招提ノ正秀等一ニ矣。

## 第五十五世 中興第三十五世 源祐和尚伝

和尚、諱ハ源祐。住二菩提菴一ニ、今改テ号ス二能満院一ト。兼テ居ス二伊州福寿律寺一ニ。化権隆盛也。明応五年、先キノ和上寂ス。師尋テ紹二ク其席一ヲ。於レ此ニ否イニ振フ二道法一ヲ。風聞フ三朝野一ニ。長享元年十月二十七日、於テ二本山戒場一ニ有二別受ノ法一。

②28オ　②27ウ

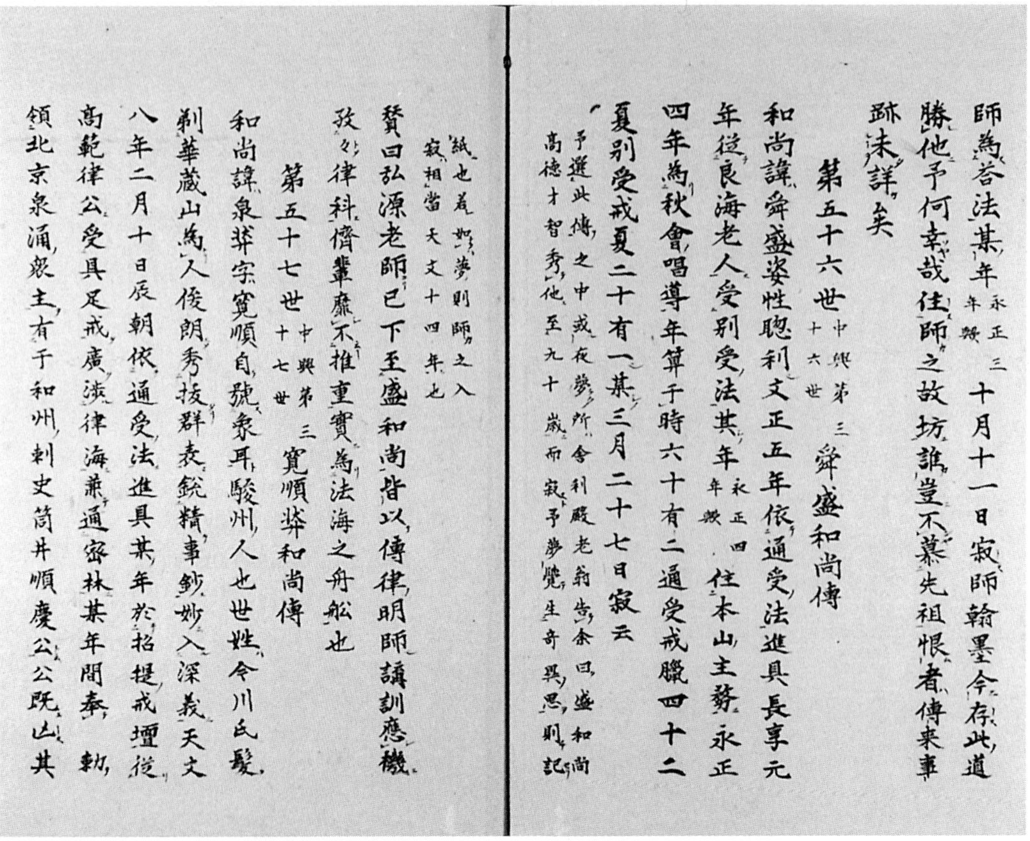

②29オ　②28ウ

師為二ス答法一。某ノ年永正三年歟。十月十一日寂ス。師翰墨今ニ存ス。此ノ道
勝ルレ他ニ。予何幸ソヤ哉、住二ス師カ之故坊一ニ。誰カ豈ニ不レンヤ慕二先祖一。恨ム者ハ伝来事
跡未タ詳カルコトヲ矣。

**第五十六世**中興第十六世三 **舜盛和尚伝**

和尚、諱ハ舜盛。姿性聡利也。文正五年、依二テ通受ノ法一進具。長享元
年、従二テ良海老人一ニ受二別受ノ法一。其シノ年永正四年歟。住二本山ノ主務一ニ。永正
四年、為二リ秋会ノ唱導一。年算于レ時六十有二、通受戒臘四十二
夏、別受戒夏二十有一也。某シノ三月二十七日寂ト云。
予選二此伝ヲ一之中、或ル夜夢ラク、所ハ舎利殿。老翁告レテ余曰ク、盛和尚
高徳才智秀レテ他ニ。至二九十歳一ニ而寂スト。予夢覚テ生二奇異ノ思一ヲ、則チ記セリ
レ紙ニ也。若シ如レナラハ夢ノ、則師カ之入
寂ハ相二当天文十四年一ニ也。

賛曰、弘源老師ヨリ已下至二盛和尚一、皆以テ伝律ノ明師也。講訓応レシ機ニ、
孜二々トシテ律科一ニ、儕輩靡レシ不二云コト推重一。実ニ為二リ法海之舟船一也。

**第五十七世**中興第十七世三 **寛順奘和尚伝**

和尚、諱ハ泉奘、字ハ寛順、自ラ号二ス象耳一ト。駿州ノ人也。世姓ハ今川氏。髪ヲ
剃二華蔵山一。為レナリ人俊朗ニシテ、秀二抜タリ群表一ニ。鋭二精ヲ事鈔一ニ、妙ニ入二ル深義一ニ。天文
八年二月十日辰朝、依二テ通受ノ法一ニ進具。某ノ年、於二テ招提ノ戒壇一、従二リ
高範律公一ニ受二具足戒一ヲ。広ク渉二ル律海一ニ。兼テ通二密林一ニ。某年間、奉レテ勅ヲ
領二北京泉涌ノ衆主一ヲ。有二于和州ノ刺史筒井順慶公一ト云。公既ニ亡ス。其

②29オ　②28ウ

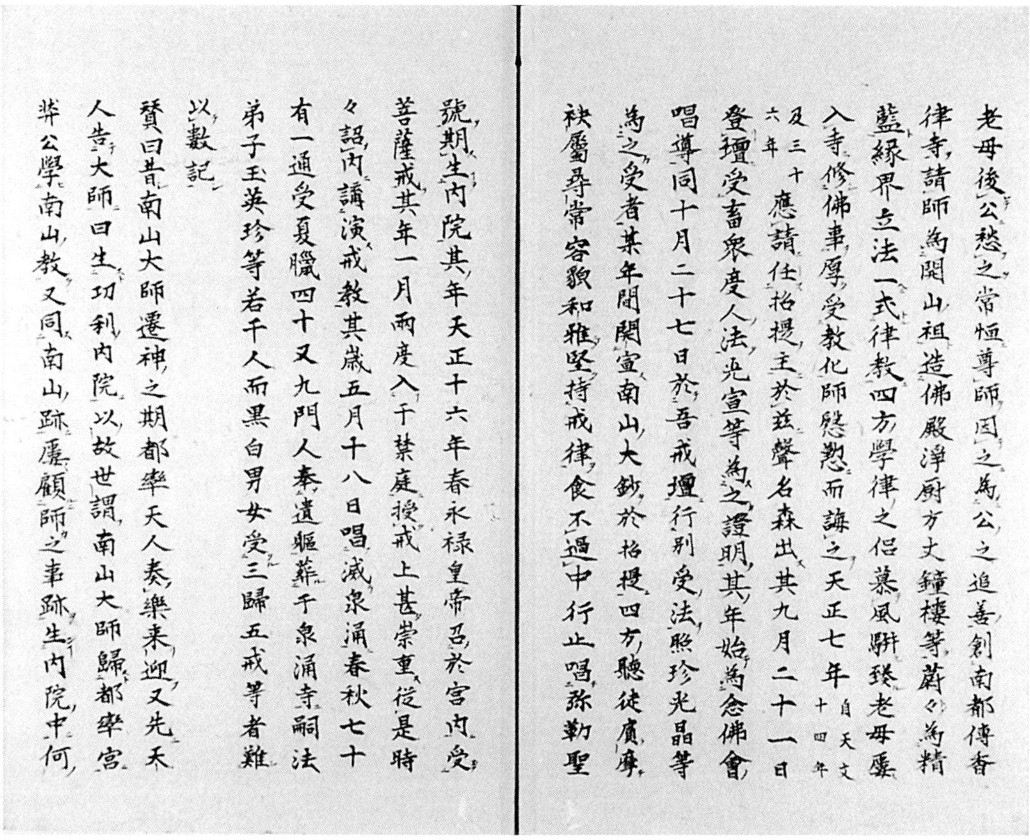

②30オ　②29ウ

老母後レテ㆑公ニ愁フ㆑之ヲ。常恒ニ尊㆑師ヲ、因テ㆑之ニ為メニ㆓公ノ之追善ノ㆒創㆓南都伝香
律寺ヲ㆒、請㆑師為㆓開山ノ祖ト㆒。造㆓仏殿・浄厨・方丈・鐘楼等ヲ㆒、蔚々トシテ為㆓精
藍ト㆒。縁界立法一ヘニ式トル㆓律教ニ㆒。四方ノ学律ノ之侶慕テ㆑風駢ヒ臻ル。老母屢く
入㆑寺ニ修シ㆓仏事ヲ㆒厚ク受㆓教化㆒。師慇懃ニ而誨㆑之ヲ。天正七年、自天文十四年
及三十六年。応㆑請ニ任ス㆓招提ノ主ニ㆒。於㆑茲ニ声名森出ス。其九月二十一日、
登リ㆑壇ニ受㆓畜衆度人ノ法ヲ㆒。光宣等為ス㆓之カ証明ヲ㆒。其ノ年、始テ為㆓念仏会ノ
唱導㆒。同十月二十七日、於テ㆓吾戒壇ニ㆒行㆓別受ノ法ヲ㆒。照珍・光晶等
為㆓之カ受者㆒。某年間、開㆓宣ス南山ノ大鈔ヲ於招提ニ㆒。四方ノ聴徒屭ラ摩テ
袂属。尋常容貌和雅ニシテ堅ク持㆓戒律ヲ㆒。食不㆑過㆑中、行止唱テ㆓弥勒聖
号ヲ㆒、期ス㆑生コトヲ㆓内院㆒。其ノ年天正十六年春、永禄皇帝召シテ㆓於宮内ニ㆒受玉フ㆓
菩薩戒ヲ㆒。其年一月、両度入リ㆓于禁庭ニ㆒授ク㆑戒。上甚タ崇重ス。従㆑是時
々詔シテ㆑内ニ講㆓演ス戒教㆒。其歳五月十八日、唱フ㆓滅ヲ泉涌ニ㆒。春秋七十
有一、通受夏臘四十又九。門人奉シテ㆓遺軀㆒葬ル㆓于泉涌寺ニ㆒。嗣法
弟子、玉英珍等若干人。而黒白男女、受クル㆓三帰五戒等者難シ㆓
以テ㆑数記シ㆒。
賛曰、昔シ南山大師遷神ノ之期、都率天人奏シテ㆑楽来リ迎フ。又先ニ天
人告テ㆓大師ニ㆒曰、生スト㆓功利ノ内院ニ㆒。以ノ故世謂フ、南山大師帰スト㆓都率宮ニ㆒。
奘公学ヒ㆓南山ノ教ヲ㆒、又同ス㆓南山ノ跡ニ㆒。屢く顧ルニ㆓師カ之事跡ヲ㆒、生ンコト㆓内院ノ中ニ㆒、何ノ

②30オ　②29ウ

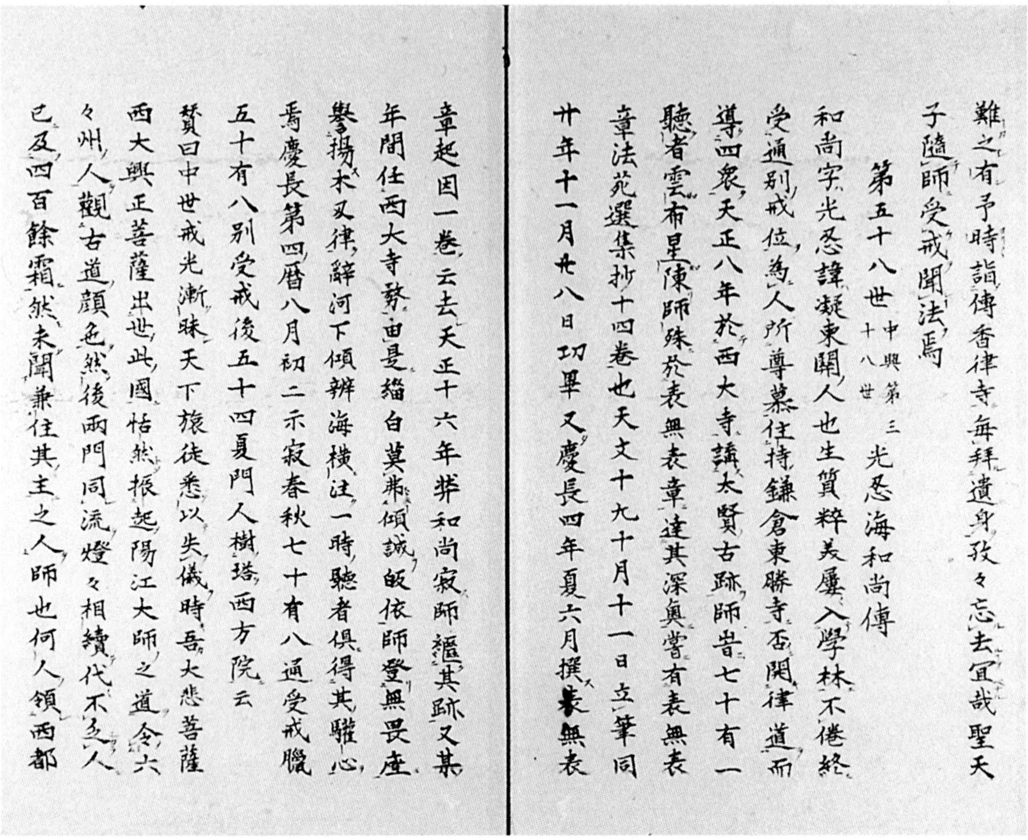
難之有予時詣傳香律寺毎拜遺身孜々忘去宜哉聖天
子隨師受戒聞法焉
第五十八世中興第十八世 三 光忍海和尚傳
和尚字光忍諱凝東関人也生質粋美屢入學林不倦終
受通別戒位為人所尊慕住持鎌倉東勝寺否開律道而
導四衆天正八年於西大寺講太賢古跡師旹七十有一
聴者雲布星陳師殊於表無表章達其深奥嘗有表無表
章法苑選集抄十四巻也天文十九十月十一日立筆同
廿年十一月廿八日功畢又慶長四年夏六月撰表無表
章起因一巻云去天正十六年弉和尚寂師継其跡又某
年間任西大寺務由是緇白莫弗傾誠皈依師登無畏座
譽揚木叉律辞河下傾辨海横注一時聴者倶得其驪心
焉慶長第四暦八月初二示寂春秋七十有八通受戒臘
五十有八別受戒後五十四夏門人樹塔西方院云
賛曰中世戒光漸昧天下旅徒悉以失儀時吾大悲菩薩
西大興正菩薩出世此國恬然振起陽江大師之道令六
々州人覩古道顔色然後両門同流燈々相續代不乏人
已及四百餘霜然未聞兼住其主之人師也何人領西都

②30ウ　②31オ

難コトカ之レ有ン。予時《ヨリ〳〵》詣二シテ伝香律寺一ニ毎レ拝二ル遺身一ヲ、孜々忘レル去ルコトヲ。宣ベナル哉聖天
子、随レテ師ニ受レケ戒ヲ聞レシコト法ヲ焉。

**第五十八世** 中興第十八世 三 **光忍海和尚伝**

和尚、字ハ光忍、諱ハ凝。東関ノ人也。生質粋美。屢ク入二テ学林一ニ不レ倦、終ニ
受二通別ノ戒位一ヲ、為レニ人所二尊慕一。住二持シテ鎌倉東勝寺一ニ、否イニ開二キ律道一ヲ而
導二ク四衆一ヲ。天正八年、於二テ西大寺一ニ講二ス太賢ノ古跡一ヲ。師時ニ七十有一。
聴ク者雲如布、星如陳リ。師殊ニ於二表無表章一ニ達二其深奥一ニ。嘗ニ有二表無表
章法苑選集抄十四巻一也。天文十九十月十一日立レ筆、同
廿年十一月廿八日功畢。又タ慶長四年夏六月、撰ス表無表
章起因一巻一ヲ云。去シ天正十六年、奘和尚寂ス。師継二ク其跡一。又某ノ
年間、任二西大寺務一ニ。由レ是ニ緇白莫レ弗二スト云コト傾誠ヲ帰依一。師登二リ無畏座一ニ、
誉二揚ス木叉律一ヲ。辞河下傾、弁海横ニ注ク。一時ノ聴者、倶ニ得二其ノ驪心一ヲ
焉。慶長第四ノ暦八月初二、示寂。春秋七十有八、通受戒臘
五十有八、別受戒後五十四夏。門人樹二ツ塔ヲ西方院一ニ云。
賛曰、中世戒光漸ク昧シ。天下旅徒、悉ク以テ失レフ儀ヲ。時キ吾カ大悲菩薩・
西大興正菩薩出二世シテ此ノ国一ニ、恬然トシテ振二起シテ陽江大師ノ之道一ヲ、令三シテシム六
々州ノ人一ヲ観二古道ノ顔色一ヲ。然シテ後両門同レシ流ヲ、灯々相続テ、代々不レ乏レシカラ人ニ。
已ニ及二フ四百余霜一ニ。然モ未レタ聞下兼二住其ノ主一ニ之人上ヲ。師也何人ソ。領二シ西都

⌞ ②31オ　⌞ ②30ウ

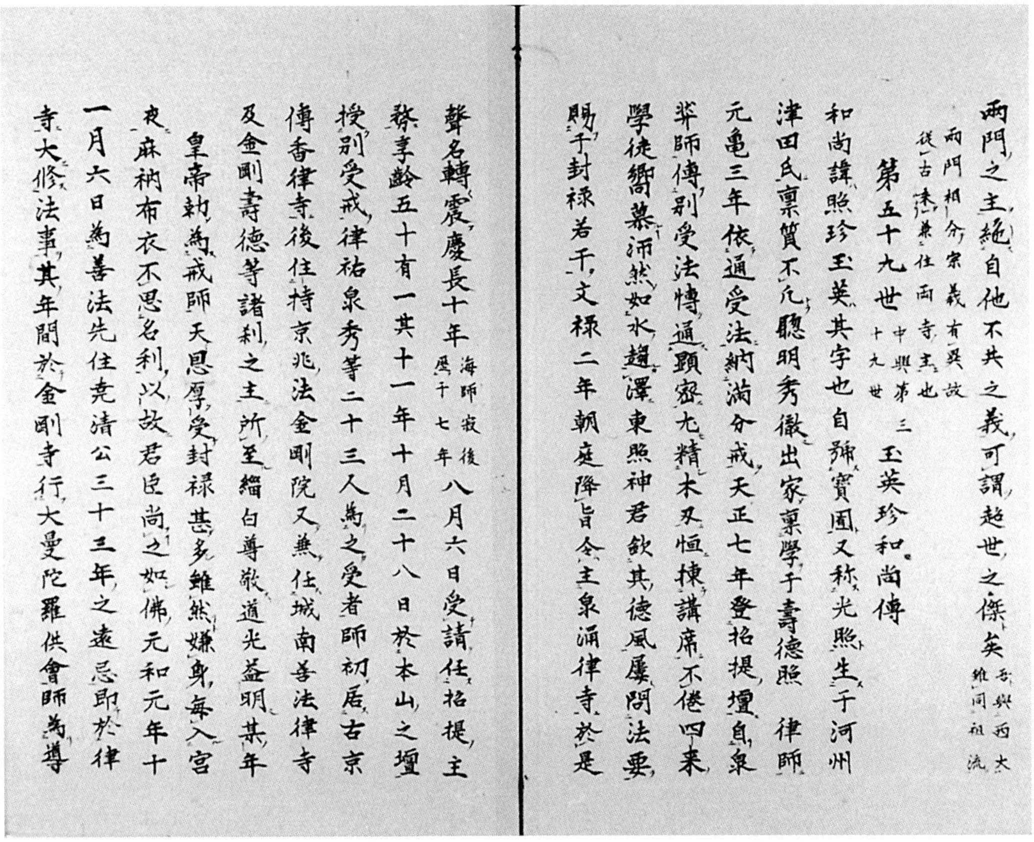

②32オ　②31ウ

両門ノ之主一ヲ、絶ス二自他不共之義一ヲ。可レ謂ッ超世ノ之傑ト矣。吾ト与二西大一雖レ同二祖流一ヲ、両門相分テ宗義有レ異。故従レ古未タレ兼二住両寺ノ主一ニ也。

### 第五十九世 中興第十九世 三 玉英珍和尚伝

和尚、諱ハ照珍、玉英ハ其字也。自号ス二宝囿一ト。又称ス二光照一ト。生ス二于河州津田氏一ニ。稟質不レ凡ナラ、聡明秀徹也。出家シテ稟二学ヲ于寿徳照律師一ニ。元亀三年、依テ二通受法一ニ納二満分戒一ヲ。天正七年、登二招提ノ壇一ニ、自リ二泉奘師一伝フ二別受法一。博ク通ス二顕密一ニ。尤モ精シ二木叉一ニ。恒ニ揀テ二講席一ニ不レ倦。四来ノ学徒嚮慕ルコト、沛然シテ如二水ノ趨ルカ一レ沢ニ。東照神君欽二其ノ徳風一、屢ク問二法要一ヲ、賜フ二于封禄若干一ヲ。文禄二年、朝庭降レ旨、令ムレ主二泉涌律寺一ニ。於レ是声名転ク震フ。慶長十年 海師寂後歴フ二于七年。八月六日、受テレ請ヲ任ス二招提ノ主務一ニ。享齢五十有一。其十一年十月二十八日、於二本山ノ之壇一授ク二別受戒一ヲ。律祐・泉秀等二十三人、為リ二之カ受者一。師初メ居ス二古京伝香律寺一ニ。後住二持京兆ノ法金剛院、又タ兼テ任ス二城南善法律寺及金剛寿徳等諸刹ノ之主一ニ。所ノレ至ル緇白尊敬ス。道光益明也。某ノ年、皇帝勅シテ為ス二戒師一。天恩厚ク受ケ、封禄甚タ多シ。雖レ然リト嫌レ身ヲ、毎レ入ル二宮夜一ニ麻衲布衣、不レ思二名利一ヲ。以ノ故ニ君臣尚フコトレ之如シレ仏ノ。元和元年十一月六日、為ニ二善法先住堯清公三十三年ノ之遠忌一、即チ於二律寺一ニ、大ニ修ス二法事一ヲ。其ノ年間、於テ二金剛寺一行フ二大曼陀羅供会一。師為リ二導

②31ウ
②32オ

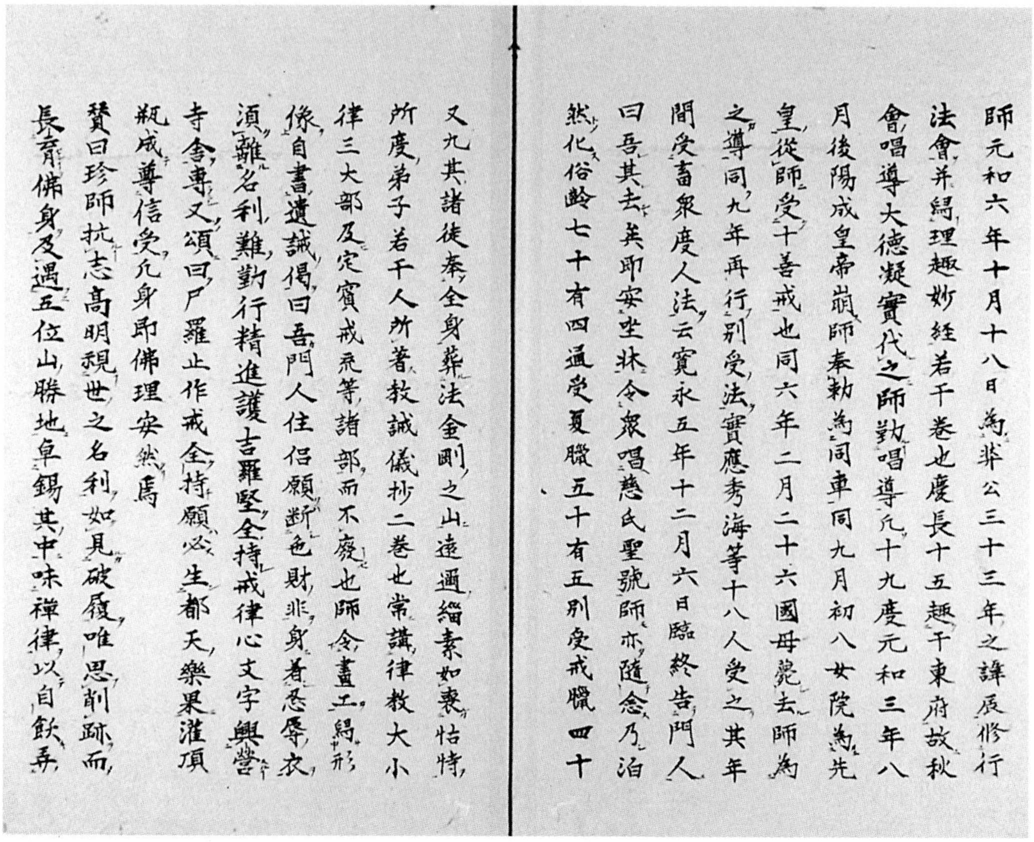

②33オ　②32ウ

師。元和六年十月十八日、為メニ二奘公三十三年ノ之諱辰一修二行
法会一ヲ、并ニ写二コト理趣妙経一若干巻也。慶長十五、趣二ク于東府一。故ニ秋
会ノ唱導、大徳凝実代レル之ニ。師勤二ルコト唱導一凡ソ十九度。元和三年八
月、後陽成皇帝崩ス。師奉レ勅為二同車一。同九月初八、女院為メニ二先
皇一ノ、従レ師ニ受二ク十善戒一也。同六年二月二十六。国母薨シ去ル。師為二
之カ導一。同ク九年、再行二フ別受ノ法一ヲ。実応・秀海等十八人受レ之ヲ。其年
間、受二畜衆度人法一ヲ云。寛永五年十二月六日、臨終。告テ二門人一ニ
曰、吾レ其レ去ント矣。即安二坐牀一ニ、令三衆唱二ヘ慈氏聖号一。師モ亦タ随テ念ス。乃シ泊
然トシテ化ス。俗齢七十有四、通受夏臘五十有五、別受戒臘四十

又九。其ノ諸徒奉二シテ全身一ヲ葬二ル法金剛ノ之山一ニ。遠邇ノ緇素、如レ喪二ルカ怙恃一ヲ。
所度ノ弟子若干人。所レ著ス、教誡儀抄二巻也。常ニ講二シテ律教大小・
律三大部及ヒ定賓戒疏等ノ諸部一ヲ、而不レ廃セ也。師令下シテ画工ヲ写中サ形
像ヲ上。自書シテ二遺誡ノ偈一ヲ曰、吾カ門人住侶、願クハ断二シ色財ノ非一ヲ、身ニ着二シ忍辱ノ衣一ヲ、
須レク離二ル名利ノ難一ヲ。勤行精進、護吉羅、堅ク全持シ戒律心文字、興二営スルコト
寺舎一ヲ専ラニシ、又タノ頌ニ曰ク、尸羅止作戒全ク持チ、願ハ必ス生二都天ノ楽果一ニ。灌頂
瓶成テ尊二信受一ヲ、凡身即仏理安然タリ焉。
賛曰、珍師抗ルコトレ志高明、視ルコト二世ノ之名利一ヲ如レ見ルカ二破履一ヲ、唯思レフ削レ跡ヲ。而シテ
長二育センコトヲ仏身一ヲ。及レ遇フニ二五位山ノ勝地一ニ、卓二錫其ノ中一ニ。味二禅律一ヲ以テ自飫キ、弄シテ二

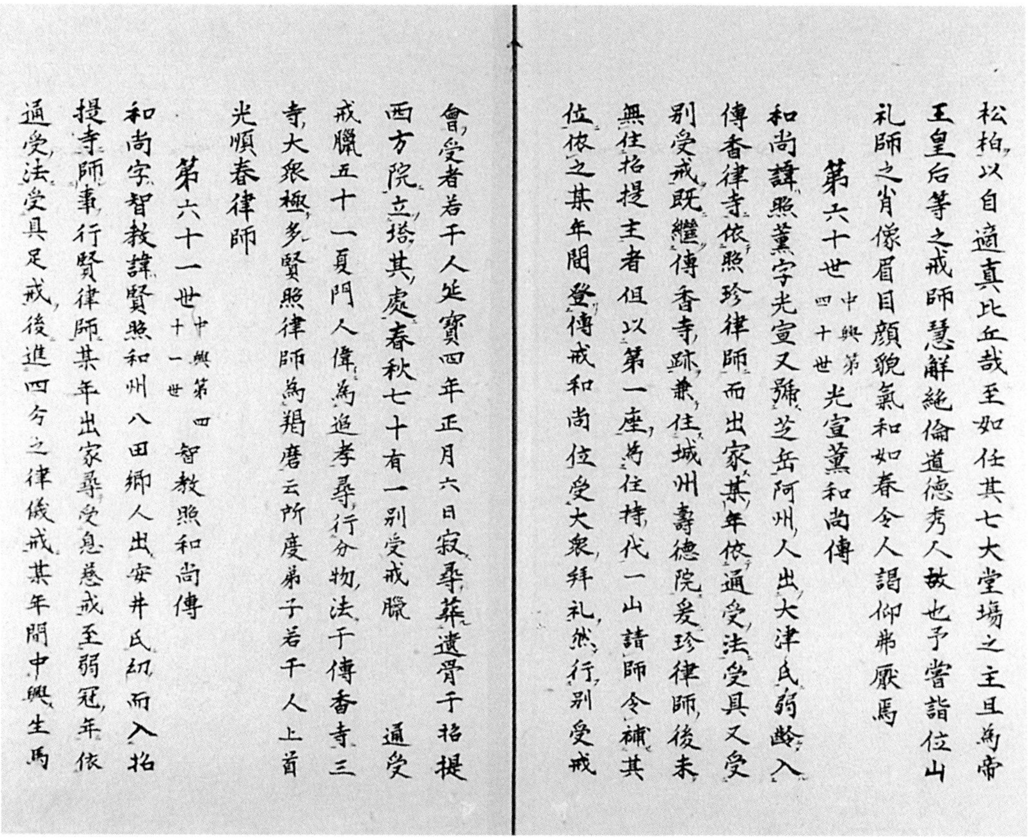
松柏以自適真比丘哉至如任其七大堂場之主且為帝
王皇后等之戒師慧解絶倫道徳秀人故也予嘗詣位山
礼師之肖像眉目顔貌氣和如春令人謁仰弗厭焉
第六十世 中興第四十世 光宣薫和尚傳
和尚諱照薫字光宣又號芝岳阿州人出大津氏弱齢入
傳香律寺依照珍律師而出家某年依通受法受具又受
別受戒既繼傳香寺跡兼住城州壽徳院爰珍律師後未
無住招提主者但以第一座為住持代一山請師令補其
位依之某年間登傳戒和尚位受大衆拜礼然行別受戒
會受者若干人延寶四年正月六日寂尋葬遺骨于招提
西方院立塔其處春秋七十有一別受戒臘　通受
戒臘五十一夏門人偉為追孝尋行分物法于傳香寺三
寺大衆極多賢照律師為羯磨云所度弟子若干人上首
光順春律師
第六十一世 中興第四十一世 智教照和尚傳
和尚字智教諱賢照和州八田郷人出安井氏幼而入招
提寺師事行賢律師某年出家尋受息慈戒至弱冠年依
通受法受具足戒後進四分之律儀戒某年間中興生馬

②34オ　②33ウ

松柏ヲ以自適。真比丘哉、至如任其七大堂場之主。且為帝王皇后等之戒師。慧解絶倫、道徳秀人故也。予嘗詣位山礼師之肖像。眉目顔貌、気和如春、令人謁仰弗厭焉。

**第六十世**中興第四十世**光宣薫和尚伝**

和尚、諱ハ照薫、字光宣、又号ス芝岳ト。阿州ノ人、出ツ大津氏ニ。弱齢ニシテ入ル伝香律寺ニ。依テ照珍律師ニ而出家ス。某ノ年、依テ通受ノ法ニ受具、又受ニ別受戒ヲ。既ニ継ク伝香寺ノ跡ヲ。兼テ住ス城州寿徳院ニ。爰ニ珍律師ノ後、未タ無レ住ニ招提主ニ者、但以ニ第一座ヲ為ニ住持ノ代ト。一山請レ師令レ補セ其位ニ。依レ之某年間、登リ伝戒和尚位ニ受ニ大衆ノ拝礼ヲ。然シテ行フ別受戒会ヲ。受者若干人。延宝四年正月六日寂ス。尋テ葬ル遺骨于招提西方院ニ。立ツ塔ヲ其ノ処ニ。春秋七十有一、別受戒臘　通受戒臘五十一夏。門人偉イニ為ニ追孝ト。尋テ行ニ分物ノ法ヲ于伝香寺ニ。三寺ノ大衆極テ多シ。賢照律師為ニ羯磨ト云。所度弟子若干人。上首光順春律師。

**第六十一世**中興第四十一世**智教照和尚伝**

和尚、字ハ智教、諱ハ賢照。和州八田郷人、出ス安井氏ニ。幼シテ而入ニ招提寺ニ、師ニ事シ行賢律師ニ。某年出家、尋テ受ニ息慈戒ヲ。至ニ弱冠ノ年ニ、依ニ通受ノ法ニ受ニ具足戒ヲ。後ニ進ニ四分之律儀戒ニ。某年間、中ニ興ス生馬

②34オ　②33ウ

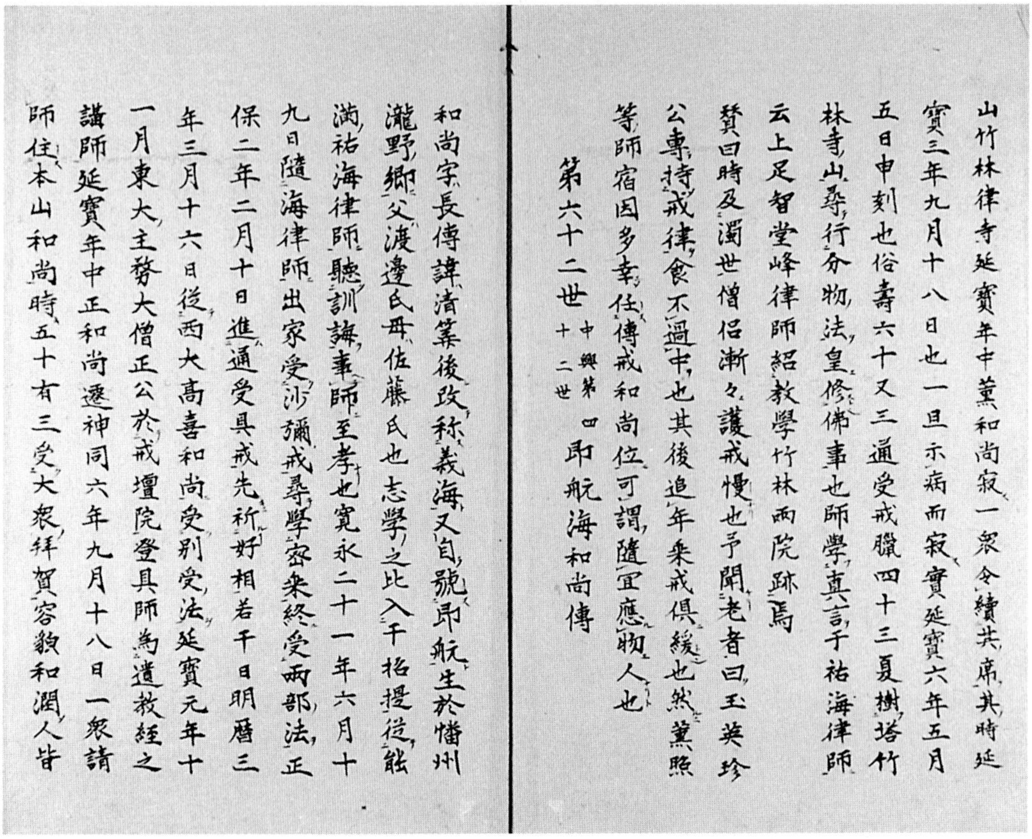
山竹林律寺延寳年中薫和尚寂一衆令續其席其時延
寳三年九月十八日也一旦示病而寂實延寳六年五月
五日申刻也俗壽六十又三通受戒臘四十三夏樹塔竹
林寺山尋行分物法皇修佛事也師學真言于祐海律師
云上足智堂峰律師紹教學竹林両院跡焉
賛曰時及濁世僧侶漸々護戒慢也予聞老者曰玉英珍
公専持戒律食不過中也其後追年乗戒俱緩也然薫照
等師宿因多幸任傳戒和尚位可謂隨宜應物人也
第六十二世中興第四十二世即航海和尚傳
和尚字長傳諱清筭後改稱義海又自號即航生於幡州
瀧野郷父渡邊氏母佐藤氏也志學之比入于招提從能
滿祐海律師聽訓誨事師至孝也寛永二十一年六月十
九日隨海律師出家受沙彌戒尋學密乗終受両部法正
保二年二月十日進通受具戒先祈好相若干日明暦三
年三月十六日從西大高喜和尚受別受法延寳元年十
一月東大主務大僧正公於戒壇院登具師為遺教経之
講師延寳年中正和尚遷神同六年九月十八日一衆請
師住本山和尚時五十有三受大衆拜賀容貌和潤人皆

②35オ　②34ウ

山竹林律寺一。延宝年中、薫和尚寂ス。一衆令レ続二其ノ席一ヲ。其ノ時延
宝三年九月十八日也。一旦示レ病而寂ス。実延宝六年五月
五日申刻也。俗寿六十又三、通受戒臘四十三夏。樹二ツ塔竹
林寺ノ山二。尋テ行二分物ノ法一ヲ。皇ニ修二スト也仏事一也。師学二フ真言ヲ于祐海律師二ニ
云。上足智堂峰律師。紹二教学・竹林両院跡一焉。
賛曰。時及二濁世一。僧侶漸々ニ護戒慢ナリ也。予聞ケリ二老者一。曰ク。玉英珍
公専ラ持シテ二戒律一ヲ。食不レ過レ中ヲ也。其後追レ年乗戒倶ニ緩ト也也。然ルニ薫照
等ノ師、宿因多幸ニシテ任ス二伝戒和尚位一ニ。可レ謂ツ随レ宣応ル物ニ人ナリト也。

**第六十二世** 中興第四十二世 **即航海和尚伝**

和尚、字ハ長伝、諱ハ清算、後ニ改テ称ス二義海一ト。又自ラ号ス二即航一ト。生於幡州
瀧野ノ郷ニ。父ハ渡辺氏、母ハ佐藤氏也。志学ノ之比入二于招提一、従テ二能
満ノ祐海律師ニ聴ク二訓誨一ヲ。事ヘテ師ニ至孝ナリ也。寛永二十一年六月十
九日、随二海律師ニ出家受ク二沙弥戒一。尋テ学二密乗一終二受ニ両部ノ法一ヲ。正
保二年二月十日、進ム二通受具戒一。先キニ祈ルコト二好相一若干日。明暦三
年三月十六日、従テ二西大高喜和尚ニ受ク二別受ノ法一ヲ。延宝元年十
一月、東大ノ主務大僧正公於テ二戒壇院一登具。師為二遺教経之
講師一。延宝年中、正和尚遷神。同六年九月十八日、一衆請
レ師住ス二本山和尚一。時キ五十有三。受ク二大衆ノ拝賀一。容貌和潤シテ人皆

②35オ　②34ウ

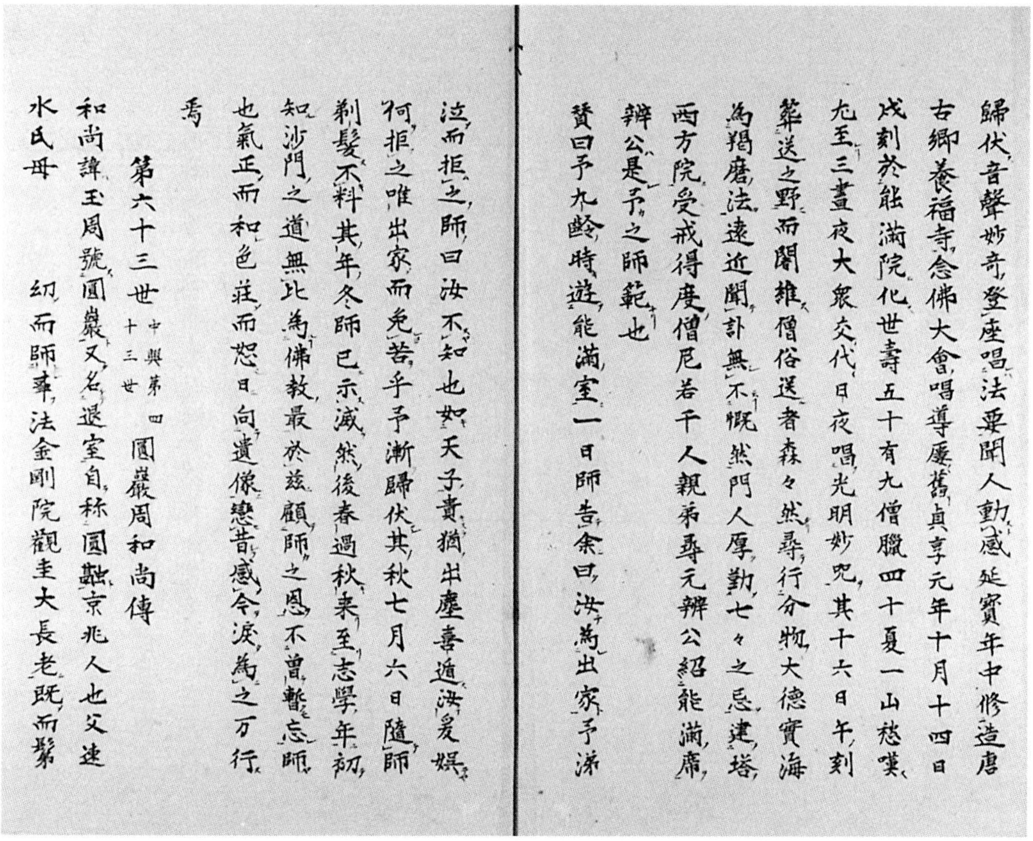
歸伏音聲妙奇登座唱法要聞人動感延寶年中修造唐
古郷養福寺念佛大會唱導屢舊貞享元年十月十四日
戌刻於能滿院化世壽五十有九僧臘四十夏一山愁嘆
尤至三晝夜大衆交代日夜唱光明妙呪其十六日午刻
葬送之野而闍維僧俗送者森々然尋行分物大德實海
為羯磨法遠近聞訃無不慨然門人厚勤七々之忌建塔
西方院受戒得度僧尼若干人親弟尋元辨公紹能滿席
辨公是予之師範也
賛曰予九齡時遊能滿室一日師告余曰汝為出家予涕
泣而拒之師曰汝不知也如天子貴猶出塵喜遁汝爰娯
何拒之唯出家而免苦乎予漸歸伏其秋七月六日隨師
剃髮不料其年冬師已示滅然後春過秋来至志學年初
知沙門之道無比為佛教最於茲顧師之恩不曾暫忘師
也氣正而和色莊而恕日向遺像戀昔感今涙為之万行
焉
第六十三世中興第四十三世　圓巖周和尚傳
和尚諱玉周號圓巖又名退室自稱圓融京兆人也父速
水氏母　幼而師事法金剛院觀圭大長老既而髫

②36オ　②35ウ

帰伏ス。音声妙奇シテ登レ座唱ニレハ法要一、聞人動レスト感。延宝年中、修ニ造唐
古郷養福寺一ヲ。念仏大会ノ唱導屢く旧リ。貞享元年十月十四日
戌刻、於ニ能満院一ニ化ス。世寿五十有九、僧臘四十夏。一山愁嘆ス。
尤至レリ三昼夜。大衆交ノ代く、日夜唱ニフ光明妙呪一ヲ。其十六日午ノ刻、
葬ニ送之野一ニ而闍維ス。僧俗送ル者森々然タリ。尋テ行ニ分物一ヲ。大徳実海
為ニ羯磨ノ法一ヲ。遠近聞レテ訃、無シレ不ニ云コト慨然一。門人厚ク勤メ七々之忌一ヲ、建ニツ塔ヲ
西方院一ニ。受戒得度ノ僧尼若干人。親弟尋元弁公紹ニ能満ノ席一ヲ。
弁公ハ是レ予カ之師範ナリ也。
賛曰、予九齢ノ時キ遊ニフ能満ノ室一ニ。一日師告テレ余ニ曰ク、汝チ為レ出家一ト。予涕
泣シテ而拒ムレ之ヲ。師ノ曰、汝不レスヤ知也、如ニキ天子一ノ貴キスラ猶ヲ出塵喜遁ス。汝チ爰娯テヤ
レ何ヲ拒フレ之。唯出家シテ而免レヨ苦ヲ乎。予漸ク帰伏シ、其ノ秋七月六日、随テレ師
剃髪ス。不レキ料其ノ年ノ冬、師已ニ示スレ滅ヲ。然シテ後、春過秋キ来リ、至ニリ志学ノ年一ニ、初テ
知ル沙門ノ之道無レ比、為ニルコト仏教ノ最一、於レ茲ニ顧テ師カ之恩ヲ不ニ曽テ暫クモ忘一レ。師ヤ
也気正シテ而和シ、色荘シテ而恕也。日ニ向テ遺像ニ恋ヒ昔シヲ、感シテ今ヲ涙タ為ニレ之万行ス
焉。

## 第六十三世〔中興第四十三世〕円巌周和尚伝

和尚、諱ハ玉周、号ス円巌ト。又タ名ケテ退室ト、自ラ称ス円融ト。京兆人也。父速
水氏、母　幼シテ而師トシ事フ法金剛院観圭大長老ニ。既シテ而髫

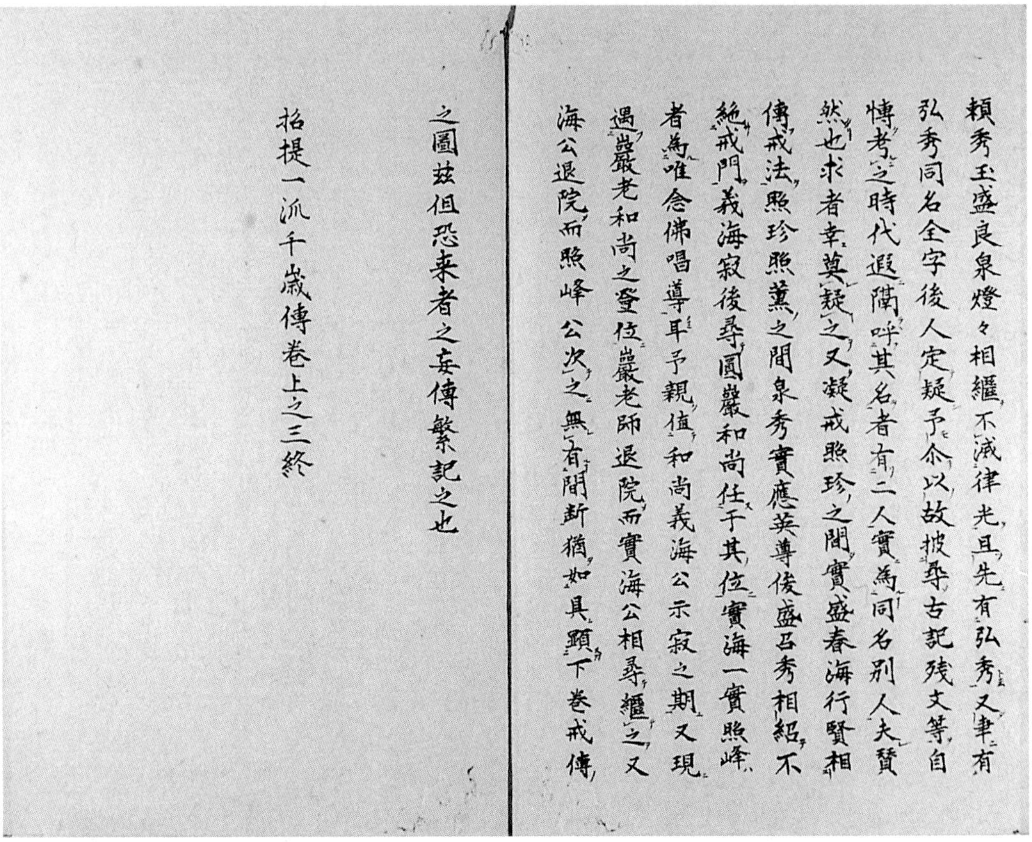
頼秀玉盛良泉燈々相繼不滅律光且先有弘秀又聿有
弘秀同名全字後人定疑予亦以故披尋古記残文等自
博考之時代遐隔呼其名者有二人實為同名別人夫賛
然也求者幸莫疑之又凝戒照珍之間實盛春海行賢相
傳戒法照珍照薫之間泉秀實應英尊俊盛召秀相紹不
絶戒門義海寂後尋圓巌和尚任于其位實海一實照峰
者為唯念佛唱導耳予親値和尚義海公示寂之期又現
遇巌老和尚之登位巌老師退院而實海公相尋繼之又
海公退院而照峰公次之無有間断猶如具顯下巻戒傳

之圖茲但恐来者之妄傳繁記之也

招提一派千歳傳巻上之三終

②39オ　②38ウ

頼秀・玉盛・良泉灯々相継テ不レ滅二律光一ヲ。且ッ先ニ有二弘秀一ト云、又タ聿ニ有二弘秀。同名全字、後人定テ疑ン。予モ尓リ。以ノ故披二尋シテ古記残文等一ヲ、自博ク考ルニ之、時代遐ニ隔テ、呼フ二其名ヲ一者有リ二二人一。実ニ為ルコト二同名別人一、夫レ賛然タリ也。求者幸ニ莫レ疑レコト之ヲ。又タ凝戒・照珍ノ之間タ、実盛・春海・行賢相ニ伝フ戒法一ヲ。照珍・照薫ノ之間、泉秀・実応・英尊・俊盛・召秀相紹テ不絶サ二戒門一ヲ。義海寂後、尋テ円巌和尚任ス二于其ノ位一ニ。実海・一実・照峰ハ者為ル二唯念仏唱導一耳《ノミ》。予親ク値テ二和尚義海公示寂之期一ニ、又現ニ遇フ二巌老和尚之登位一ニ。巌老師退院シテ而実海公相尋テ継レ之ヲ。又海公退院シテ而照峰公次テレ之ニ無シレ有ルコト二間断一。猶ヲ如二具ニ顕スカ二下巻戒伝ノ之図。茲但恐来者之妄伝、繁記之也。

招提一派千歳伝巻上之三終

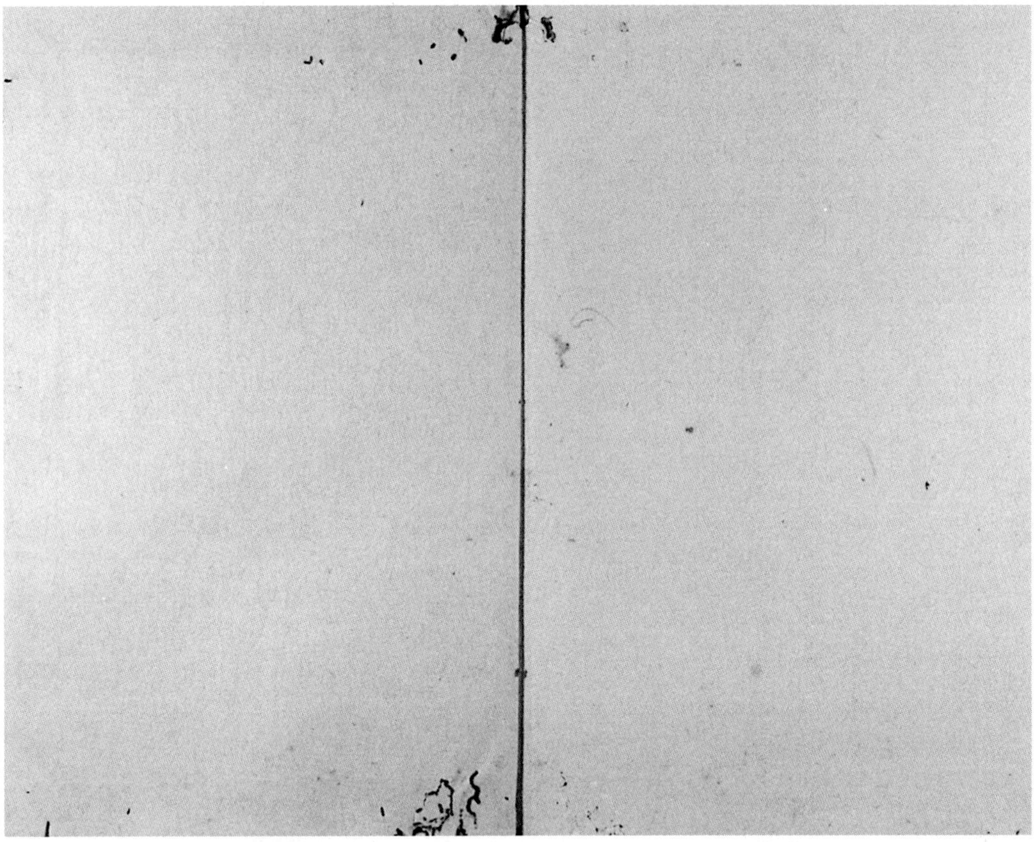

②裏表紙見返　　②39ウ

②裏表紙見返　　②39ウ

②裏表紙

②裏表紙

律宗戒学院蔵

能満院義澄撰『招提千歳伝記』

（妙音院元鏡書写本）第三冊

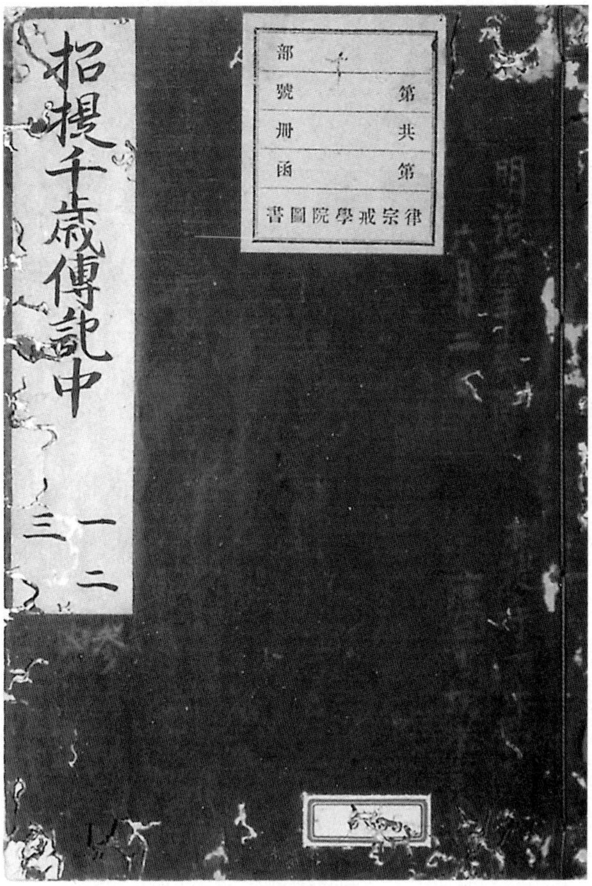


③表表紙

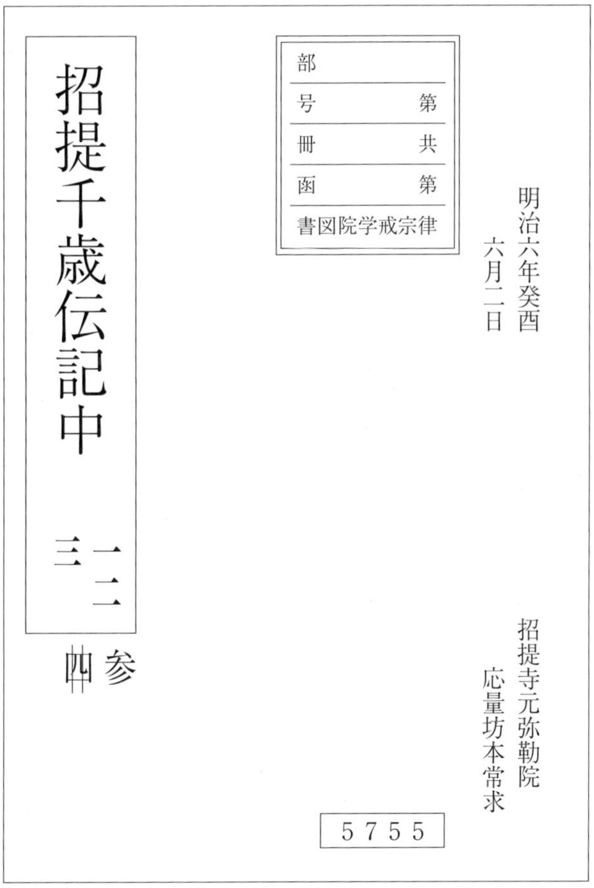


③表表紙

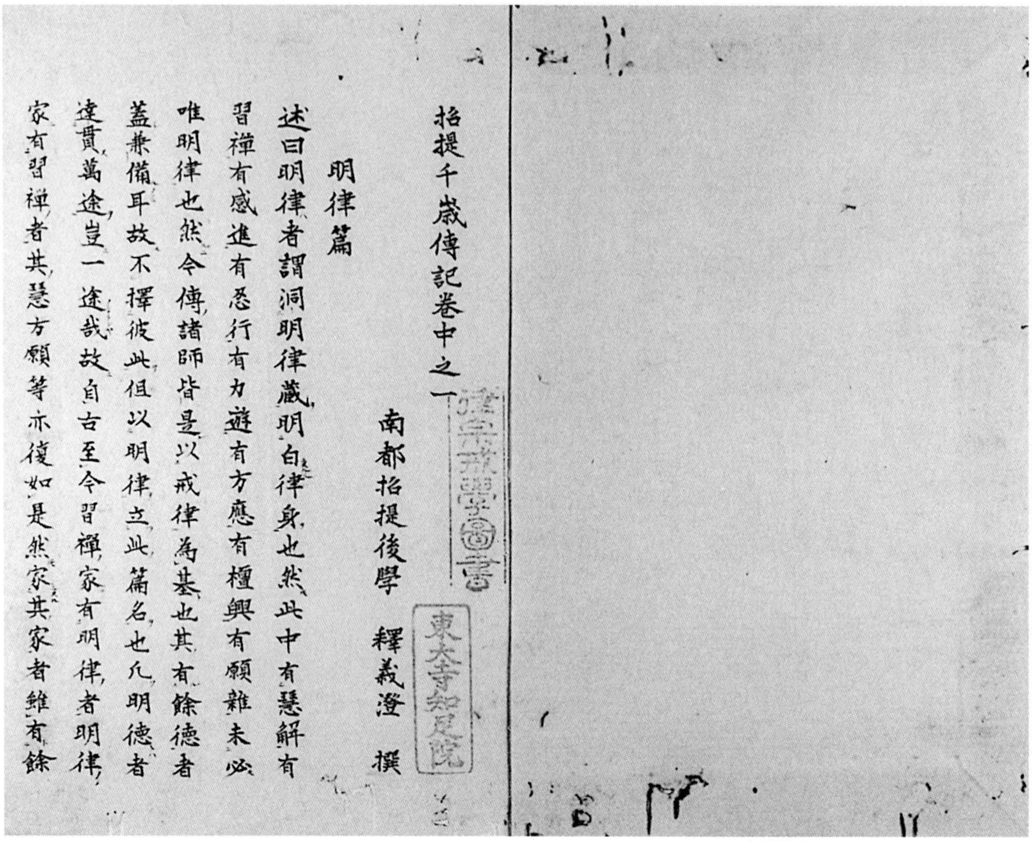
招提千歳傳記巻中之一
南都招提後學　釋義澄　撰
明律篇
述曰明律者謂洞明律蔵明白律身也然此中有慧解有
習禅有感進有忍行有力遊有方應有檀興有願雜未必
唯明律也然今傳諸師皆是以戒律為基也其有餘徳者
蓋兼備耳故不擇彼此但以明律立此篇名也凡明徳者
達貫萬途豈一途哉故自古至今習禅家有明律者明律
家有習禅者其慧方願等亦復如是然家共家者雖有餘

③01オ　　③表表紙見返

# 招提千歳伝記巻中之一




南都招提後学　釈義澄　撰

## 明律篇

述曰、明律ハ者、謂洞二明律蔵一ヲ明二白ニスル也律身一ヲ也。然トモ此中有二慧解一、有習禅一、有感進一、有忍行一、有力遊一、有方応一、有檀興一、有願雑一。未二必モ唯明律一也。然ルニ今伝ノ諸師、皆是レ以二戒律一為レ基ト也。其ノ有ルニ余徳一者、蓋シ兼備耳《ルノミ》。故ニ不レ択二彼此一ヲ、但以二明律一ヲ立ツ二此ノ篇名一ヲ也。凡ソ明徳トハ者、達二貫ス万途一ヲ。豈ニ一途《ノミナランヤ》哉。故ニ自レ古至レ今、習禅ノ家ニ有二明律ノ者一、明律ノ家ニ有二習禅ノ者一。其ノ慧方願等、亦復如レ是。然トモ家ニスル二其ノ家一者、雖レ有ト二余

③01オ　　③表表紙見返

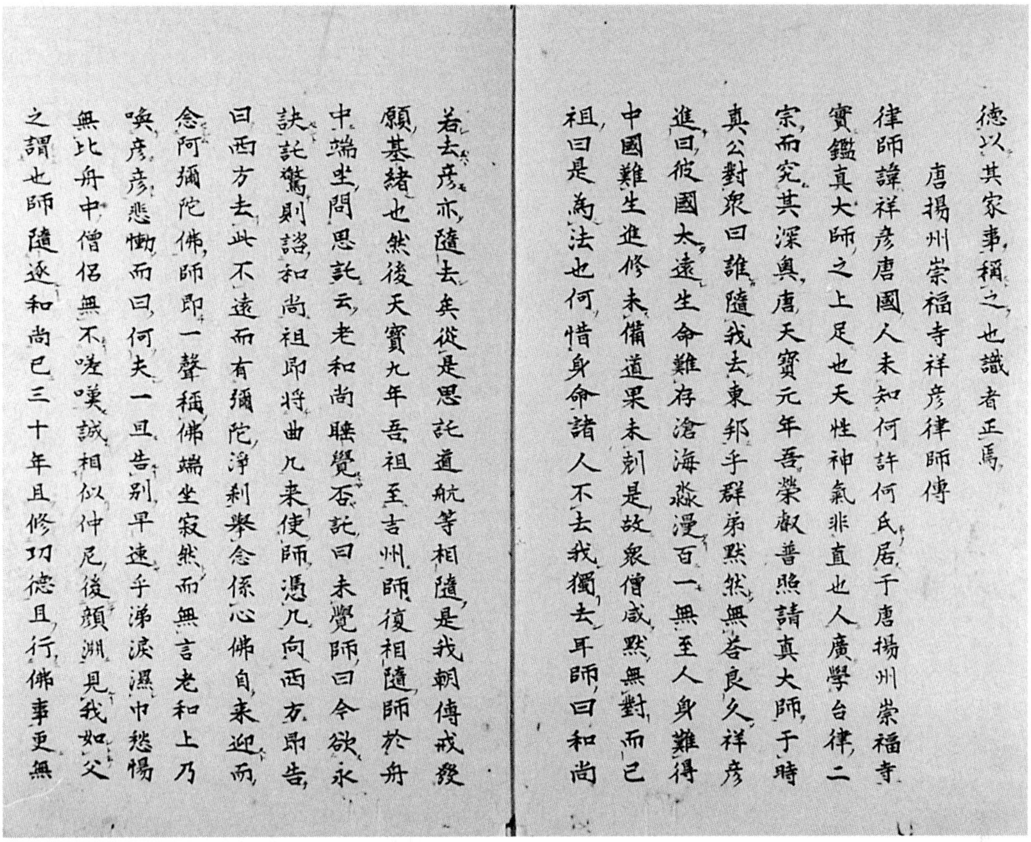

德以其家事稱之也識者正焉
唐揚州崇福寺祥彥律師傳
律師諱祥彥唐國人未知何許何氏居于唐揚州崇福寺
實鑑真大師之上足也天性神氣非直也人廣學台律二
宗而究其深奧唐天寶元年吾榮叡普照請真大師于時
真公對衆曰誰隨我去東邦乎群弟黙然無荅良久祥彥
進曰彼國太遠生命難存滄海淼漫百一無至人身難得
中國難生進修未備道果未剋是故衆僧咸黙無對而已
祖曰是為法也何惜身命諸人不去我獨去耳師曰和尚

若去彥亦隨去矣從是思託道航等相隨是我朝傳戒發
願基緒也然後天寶九年吾祖至吉州師復相隨師於舟
中端坐問思託云老和尚睡覺否託曰未覺師曰今欲永
訣託驚則諮和尚祖即将曲几来使師憑几向西方即告
曰西方去此不遠而有彌陀淨刹擧念係心佛自来迎而
念阿彌陀佛師即一聲稱佛端坐寂然而無言老和上乃
喚彥彥悲慟而曰何夫一旦告別早速乎涕淚濕巾愁惕
無比舟中僧侶無不嗟嘆誠相似仲尼後顔淵見我如父
之謂也師隨逐和尚已三十年且修功德且行佛事更無

③02オ　③01ウ

徳一、以テ二其家事ヲ一称スレト之ヲ也。識者正レ焉ヲ。

## 唐揚州崇福寺祥彦律師伝

律師、諱ハ祥彦、唐国ノ人。未レ知二何許何氏一云コトヲ。居ス二于唐揚州崇福寺一ニ。
実ニ鑑真大師ノ之上足也也。天性神気、非二直也人一ニ。広ク学二台律ノ二
宗一ヲ、而究ム二其深奥一ヲ。唐ノ天宝元年、吾カ栄叡・普照請二真大師一ヲ。于レ時
真公対レ衆曰、誰レカ随レ我去ン二東邦一ニ乎。群弟黙然トシテ無レ答。良久シテ祥彦
進テ曰ク、彼国太タ遠シ。生命難レ存。滄海淼漫タリ。百ニ一モ無レ至。人身難レ得、
中国難レ生。進修未レス備、道果未レ剋。是ノ故ニ衆僧咸ク黙シテ無レ対コト而已。
祖ノ曰、是為也レ法也。何ソ惜二身命一。諸人不レ去、我レ独リ去ン耳。師ノ曰、和尚

若シ去玉ハ、、彦モ亦タ随去ン矣。従レ是思託・道航等相随フ。是我朝伝戒発
願ノ基緒也也。然後天宝九年、吾カ祖至ル二吉州一ニ。師モ復相随フ。師於二舟
中一ニ端坐シテ問二思託一ニ云ク、老和尚睡覚スルヤ否ヤ。託ノ曰、未レ覚。師ノ曰、今欲ス二永
訣セント一。託驚テ則諮フ二和尚一ニ。祖即チ将二曲几一来リ、使シテ二レ師ヲ憑レ几ニ向ヘ二西方一ニ、即告テ
曰ク、西方去コトレ此不レ遠而有二弥陀ノ浄刹一。挙レ念係レ心、仏自ラ来迎スト。而シテ
念セシム二阿弥陀仏一ヲ。師即チ一声称シテレ仏端坐、寂然トシテ而無レ言。老和上、乃
喚テ二彦ヨ彦ヨト一、悲慟シテ而曰ク、何ソ夫レ一旦ニ告ルコトレ別ヲ早速キヤ乎。涕涙湿シレ巾、愁惕
無レ比。舟中ノ僧侶無レ不ルコト二嗟嘆セ一。誠ニ相似リ下仲尼ノ後レテ二顔淵一ニ見ルコトレ我如シトレ父云ノ
之謂イ上、ニ也。師随ルコト二逐和尚一已ニ三十年。且ツ修二功徳一、且ツ行フ二仏事一、更ニ無

③02オ　③01ウ

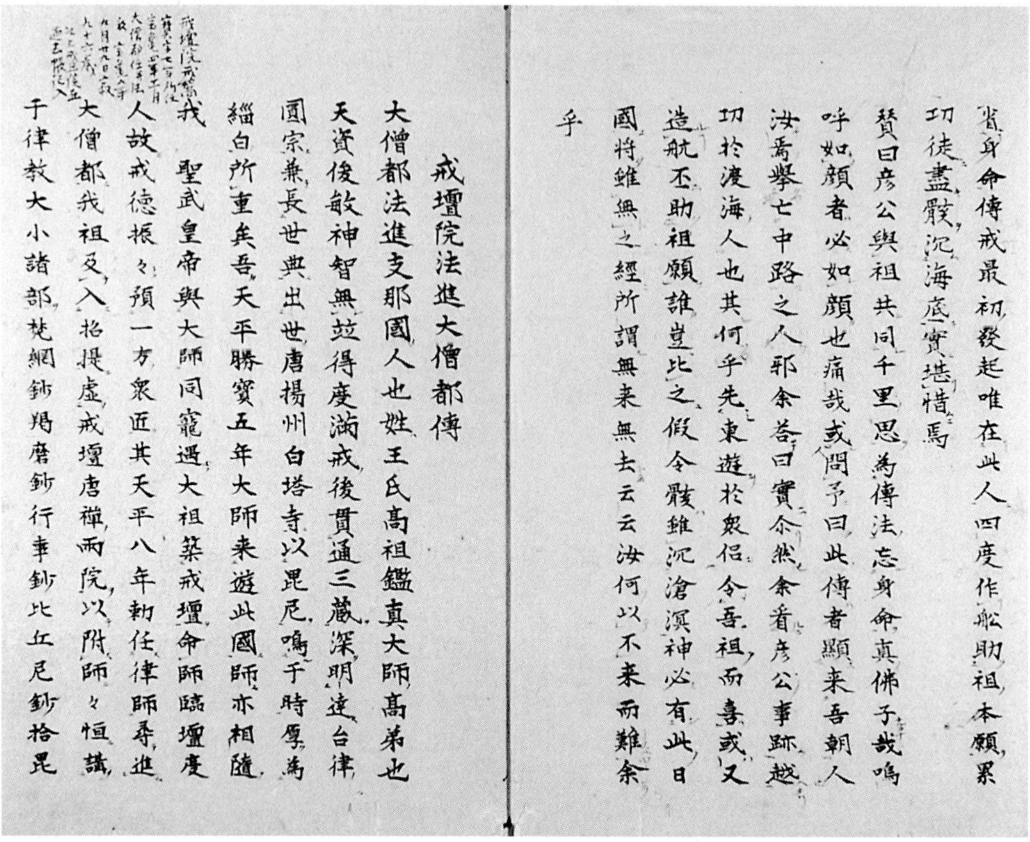
省身命傳戒最初發起唯在此人四度作船助祖本願累
功徒盡骸沉海底實堪惜焉
賛曰彦公與祖共同千里思為傳法忘身命真佛子哉嗚
呼如顔者必如顔也痛哉或問予曰此傳者顯来吾朝人
汝焉擧亡中路之人邪余答曰實尓然余看彦公事跡越
功於渡海人也其何乎先東遊於衆侶令吾祖而喜或又
造航丕助祖願誰豈比之假令骸雖沉滄溟神必有此日
國將雖無之經所謂無来無去云云汝何以不来而難余
乎

戒壇院法進大僧都傳
大僧都法進支那國人也姓王氏高祖鑑真大師高弟也
天資俊敏神智無並得度満戒後貫通三藏深明達台律
圓宗兼長世典出世唐揚州白塔寺以毘尼鳴于時厚為
緇白所重矣吾天平勝寶五年大師来遊此國師亦相随
我 聖武皇帝與大師同寵遇大祖築戒壇命師臨壇度
人故戒徳振々預一方衆匠其天平八年勅任律師尋進
大僧都我祖及入招提虚戒壇唐禅兩院以附師々恒講
于律教大小諸部梵網鈔羯磨鈔行事鈔比丘尼鈔拾毘

③02ウ　③03オ

レ省ルコト二身命一。伝戒最初ノ発起、唯在リ二此人一ニ。四度作リレ船、助ク二祖ノ本願一ヲ。累
功徒ニ尽キ、骸ヲ沈ム二海底一ニ。実ニ堪リレ惜ムニ焉。
賛曰、彦公与レ祖共ニ同シ二千里ノ思一ヲ。為二伝法一ノ忘ル二身命一ヲ。真ノ仏子ナルカナ哉。嗚
呼如キレノ顔者ハ必ス如シレ顔カ也。痛哉。或ル〇人問レ予ニ曰ク、此ノ伝ハ者、顕ス下来二吾朝一人上。
汝チ焉ソ挙クヤ二地亡二中路一ニ之人天ヲ邪。余答テ曰、実ニ尓リ。然トモ余看ルニ二彦公ノ事跡一ヲ、越ヘタリ二
功於渡海ノ人一也。其レ何ソヤ乎。先シ二東遊ヲ於衆侶一ニ、令シテ二吾カ祖一ヲ而喜一ハ、或ハ又
造ルコトレ航、丕ニ助ク二祖願一ヲ。誰カ豈ニ比レ之ニ。仮令骸ハ雖レ沈二滄溟一、神必ス有ン二此ノ日
国一ニ。将タ雖レ無トレ之、経ニ所謂ル無来無去ト云二云云。汝何ソ以テレ不レ来、而難スルヤレ余レヲ
乎。

## 戒壇院法進大僧都伝

大僧都法進、支那国ノ人也。姓ハ王氏、高祖鑑真大師ノ高弟也。
天資俊敏、神智無シレ並。得度満戒ノ後、貫二通三蔵一ヲ、深ク明二達ス台律ノ
円宗一ニ。兼テ長二世典一ニ。出二世シテ唐揚州白塔寺一ニ、以二毘尼一ヲ鳴ル二于時一。厚ク為二
緇白一ノ所レ重矣。吾カ天平勝宝五年、大師来二遊此国一ニ、師モ亦相随フ。
我 聖武皇帝与二大師一同寵遇玉フ。大祖築二戒壇一ヲ、命レ師臨壇度
人。故ニ戒徳振々トシテ預二一方ノ衆匠一ヲ。其天平八年、勅任ス二律師一。尋テ進ム二
大僧都一ニ。我祖及テレ入ニ二招提一ニ、虚シテ二戒壇・唐禅ノ両院一ヲ、以テ附スレ師ニ。々恒ニ講シテ二
于律教大小諸部一ヲ、梵網鈔・羯磨鈔・行事鈔・比丘尼鈔・拾毘

★戒壇院戒和尚、宝字七年所任。宝亀四年十一月、大僧都任并法務。宝亀九年九月廿九日寂。九十六歳。以上戒旦院在過去帳記入。

③02ウ

③03オ

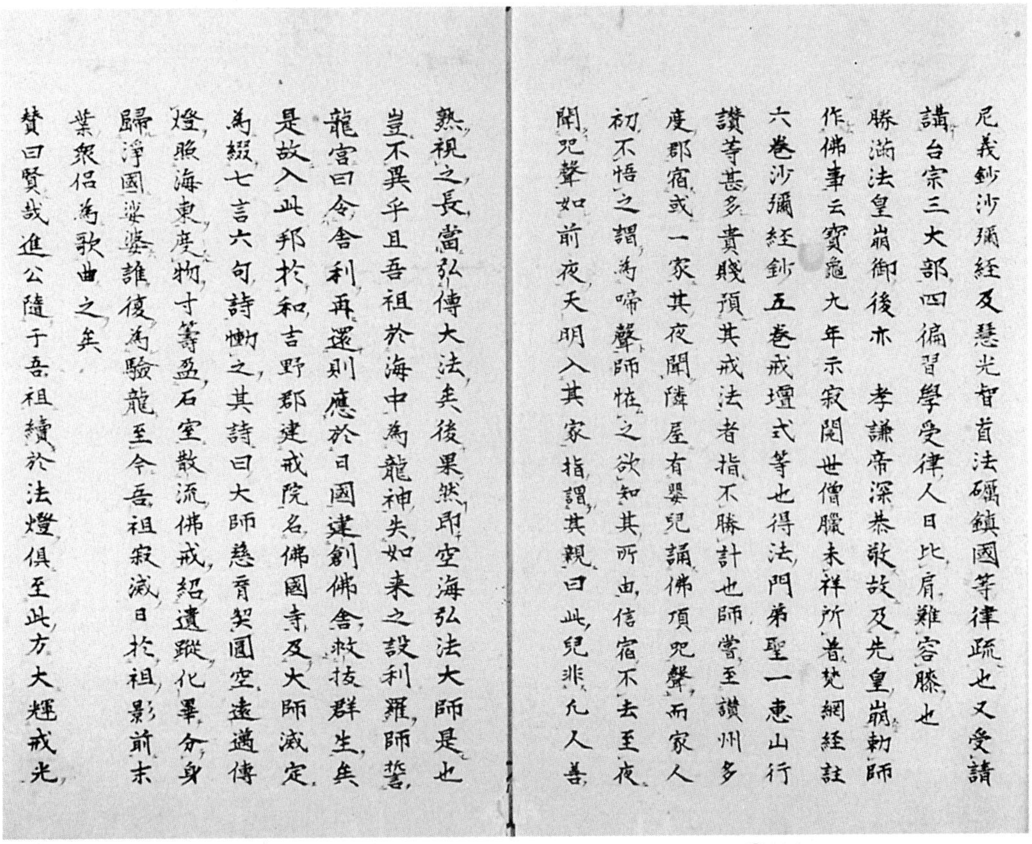
尼義鈔沙彌経及慧光智首法礪鎮國等律疏也又受請
講台宗三大部四徧習學受律人日比肩難容膝也
勝滿法皇崩御後亦　孝謙帝深恭敬故及先皇崩勅師
作佛事云寳亀九年示寂閲世僧臘未祥所著梵網経註
六巻沙彌経鈔五巻戒壇式等也得法門弟聖一恵山行
讃等甚多貴賤預其戒法者指不勝計也師嘗至讃州多
度郡宿或一家其夜聞隣屋有嬰兒誦佛頂咒聲而家人
初不悟之謂為啼聲師恠之欲知其所由信宿不去至夜
聞咒聲如前夜天明入其家指謂其親曰此兒非凡人善
熟視之長當弘傳大法矣後果然即空海弘法大師是也
豈不異乎且吾祖於海中為龍神失如来之設利羅師誓
龍宮曰令舎利再還則應於日國建創佛舎救抜群生矣
是故入此邦於和吉野郡建戒院名佛國寺及大師滅定
為綴七言六句詩慟之其詩曰大師慈育契圓空遠邁傳
燈照海東度物寸籌盈石室散流佛戒紹遺蹤化畢分身
歸淨國娑婆誰復為驗龍至今吾祖寂滅日於祖影前末
葉衆侶為歌曲之矣
賛曰賢哉進公隨于吾祖續於法燈倶至此方大煇戒光

③04オ　③03ウ

尼義鈔・沙弥経及慧光・智首・法礪・鎮国等ノ律疏也也。又受レ請
講ルコト二台宗三大部一ヲ四徧。習学受律ノ人、日比テレ肩ヲ難レ容レ膝ヲ也。
勝満法皇崩御ノ後、亦　孝謙帝深ク恭敬ス。故ニ及テ二先皇ノ崩スルニ一、勅レ師
作シム二仏事一云。宝亀九年示寂。閲世僧臘未レ祥。所レ著ス梵網経註
六巻・沙弥経鈔五巻・戒壇式等也。得法ノ門弟、聖一・恵山・行
讃等甚タ多シ。貴賤預ル二其戒法一者、指モ不レ勝レ計也。師嘗テ至二讃州多
度ノ郡一、宿ス二或ル一家一ニ。其ノ夜聞ク下隣屋ニ有二嬰児一誦スル二仏頂呪一声上ヲ。而家人
初メ不レ悟レ之、謂テ為二啼声一ト。師恠ム之。欲レ知二其ノ所由一ヲ、信宿シテ不レ去。至レ夜ニ
聞クコト二呪声一如シ二前夜一ノ。天明入二其家一。指シテ謂テ二其親一ニ曰、此ノ児非ス二凡人一。善ク
熟ク視レ之ヲ、長テ当シ三弘二伝大法一ヲ矣。後チ果シテ然リ。即チ空海弘法大師是也也。
豈ニ不レ異乎。且吾祖於二海中一、為二龍神ノ失フ二如来之設利羅一ヲ。師誓テ二
龍宮一ニ曰、令シテ舎利ヲ再ヒ還サ一、則応下於二日国一建二創仏舎一ヲ救上二抜群生一ヲ矣。
是故ニ入二此邦一、於テ二和ノ吉野郡一、建二戒院一名ク二仏国寺一ト。及テ二大師滅定一ニ、
為ニ綴テ二七言六句ノ詩一慟レ之ヲ。其詩ニ曰ク、大師慈育契二円空一ニ、遠邁伝
レ灯ヲ照ス二海東一ヲ。度スル物ヲ寸籌盈テ二石室一ニ、散二流シテ仏戒ヲ紹ク二遺蹤一ヲ。化畢テ分テレ身
帰ル二浄国一ニ。娑婆ニハ誰カ復タ為ン二験龍一ト。至レ今ニ吾カ祖寂滅ノ日、於テ二祖ノ影前一ニ、末
葉ノ衆侶、為ニ歌二曲ス之ヲ一矣。
賛曰、賢ナル哉進公、随テ二于吾カ祖一ニ続キ二於法灯一ヲ、倶ニ至二此ノ方一ニ大ニ輝ス二戒光一ヲ。

③04オ　③03ウ

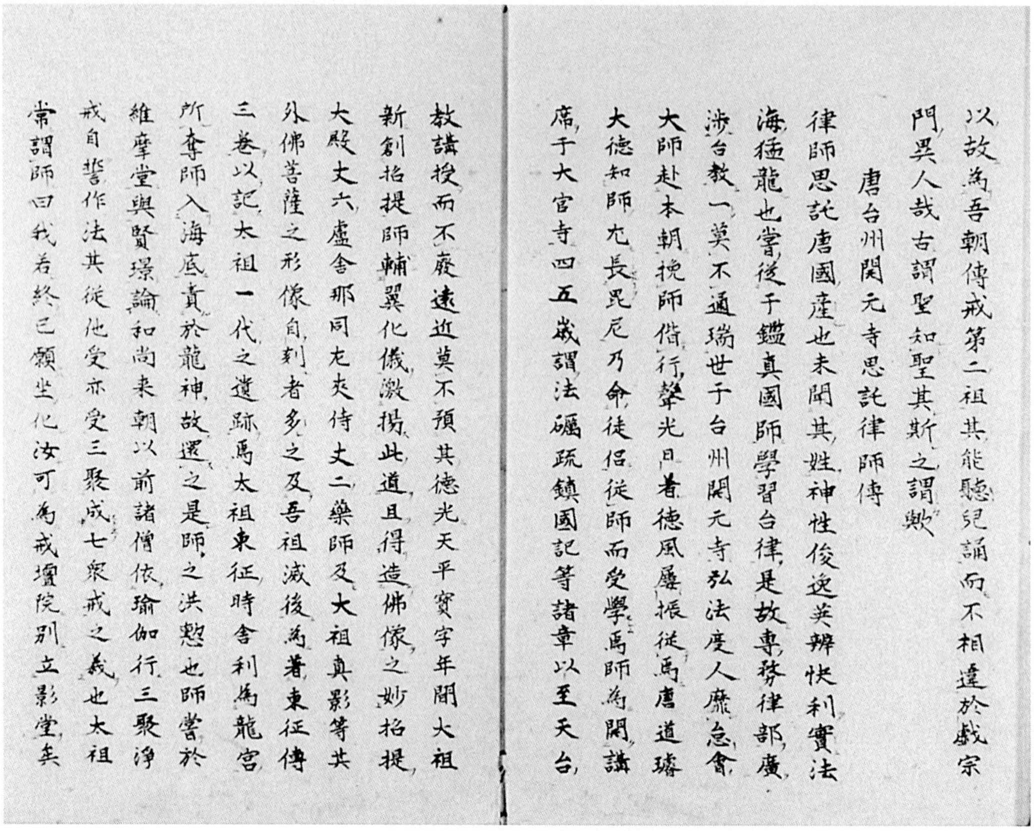
以故為吾朝傳戒第二祖其能聽兒誦而不相違於戲宗
門異人哉古謂聖知聖其斯之謂歟
唐台州開元寺思託律師傳
律師思託唐國產也未聞其姓神性俊逸英辨快利實法
海猛龍也嘗從于鑑真國師學習台律是故專務律部廣
涉台教一莫不通瑞世于台州開元寺弘法度人靡怠會
大師赴本朝挽師偕行聲光日著德風屢振從爲唐道璿
大德知師尤長毘尼乃命徒侶從師而受學焉師爲開講
席于大官寺四五歲謂法礪疏鎮國記等諸章以至天台
教講授而不廢遠近莫不預其德光天平寶字年間大祖
新創招提師輔翼化儀激揚此道且得造佛像之妙招提
大殿丈六盧舍那同左夾侍丈二藥師及大祖真影等其
外佛菩薩之形像自刻者多之及吾祖滅後為著東征傳
三卷以記太祖一代之遺跡焉太祖東征時舍利為龍宮
所奪師入海底責於龍神故還之是師之洪勲也師嘗於
維摩堂與賢璟論和尚來朝以前諸僧依瑜伽行三聚淨
戒自誓作法其從他受亦受三聚成七衆戒之義也太祖
常謂師曰我若終已願坐化汝可為戒壇院別立影堂矣

③05オ　　③04ウ

以ノ故ニ為リ二吾朝伝戒第二ノ祖一。其ノ能聴二児《キ、》誦一、而モ不二相違一。於戯宗
門ノ異人哉。古ニ謂、聖知レルト聖。其レ斯レ之ノ謂歟《イ、カ》。

## 唐台州開元寺思託律師伝

律師思託、唐国ノ産也也。未レ聞二其ノ姓一ヲ。神性俊逸、英弁快利ニシテ実ニ法
海ノ猛龍也也。嘗テ従二于鑑真国師一ニ学二習台律一ヲ。是故ニ専ラ務二律部一ヲ、広ク
渉二ル台教一ニ。一トシテ莫レ不レ通。瑞二世于台州開元寺一ニ、弘法度人靡レシ怠コト。会く
大師赴二本朝一ニ、挽レ師偕レニス行ヲ。声光日ニ着シ、徳風屢く振。従レテ焉ニ唐道璿
大徳、知三師ノ尤モ長二セルコトヲ毘尼一。乃命二シテ徒侶一ニ、従レ師而受学セシム焉。師為ニ開二ク講
席ヲ于大官寺一ニ四五歳。謂ク、法礪疏・鎮国記等諸章、以至天台ノ
教、講授シテ而不レ廃。遠近莫レ不レ預二其ノ徳光一ニ。天平宝字年間、大祖
新ニ創二招提一。師輔二翼化儀一ヲ、激二揚ス此ノ道一ヲ。且ツ得下リ造二ルノ仏像一ヲ之妙上。招提ノ
大殿丈六ノ盧舎那、同左夾侍丈二ノ薬師及ヒ大祖真影等、其
外仏菩薩之形像、自ラ刻ル者多シ之。及二テ吾祖滅後一ニ、為ニ著二シテ東征伝
三巻一ヲ、以テ記二ス太祖一代ノ之遺跡一ヲ焉。太祖東征ノ時、舎利為二龍宮ノ
所一レル奪。師入二リ海底一ニ責二ム於龍神一ヲ。故ニ還レス之。是レ師カ之洪勲也。師嘗テ於
維摩堂一ニ、与二賢璟一ト論下ス和尚来朝以前、諸僧依二テ瑜伽行一ニ三聚浄
戒自誓ノ作法、其従他受、亦受二三聚一成中スト云ノ七衆戒一之義上ヲ也。太祖
常ニ謂レ師ニ曰、我若シ終ラハ已。願クハ坐シテ化ン。汝チ可三シ為ニ戒壇院ニ別ニ立二影堂一ヲ矣。

③05オ　　③04ウ

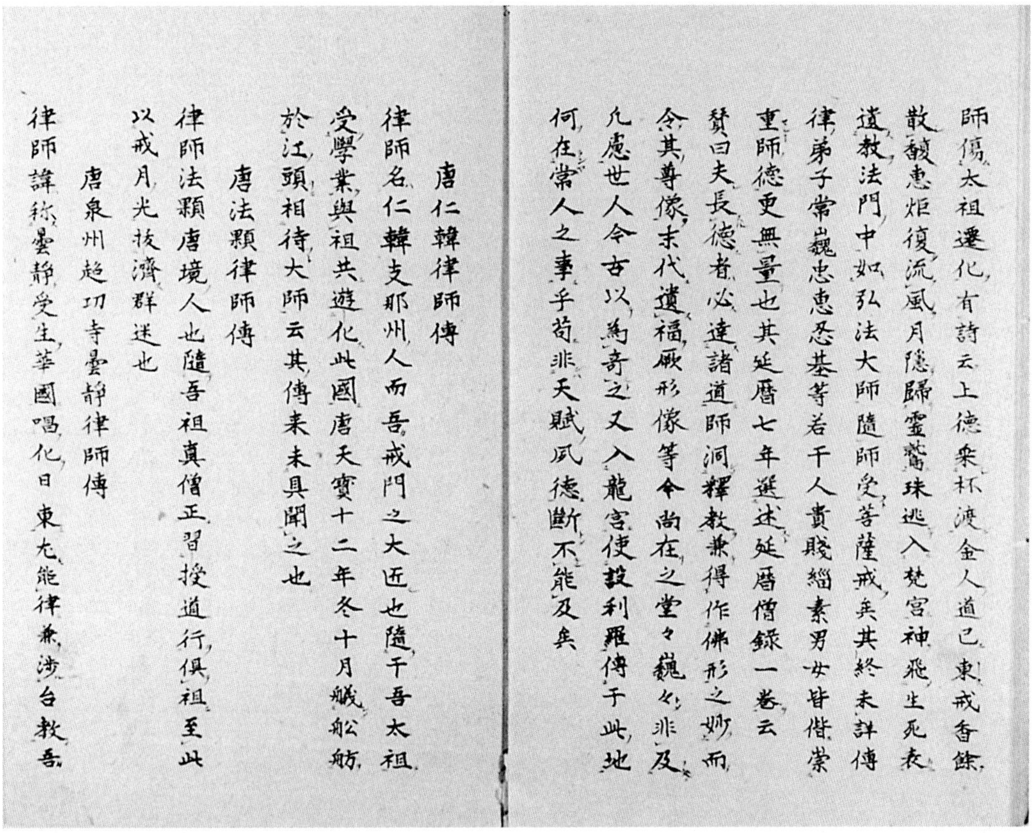
師傷太祖遷化有詩云上徳乗杯渡金人道已東戒香餘
散馥恵炬復流風月隠歸靈鷲珠逃入梵宮神飛生死表
遺教法門中如弘法大師随師受菩薩戒矣其終未詳傳
律弟子常巍忠恵忍基等若干人貴賤緇素男女皆偕崇
重師徳更無量也其延暦七年選述延暦僧録一巻云
賛曰夫長徳者必達諸道師洞釋教兼得作佛形之妙而
令其尊像末代遺福厥形像等今尚在之堂々巍々非及
凡慮世人今古以為奇之又入龍宮使設利羅傳于此地
何在常人之事乎苟非天賦夙徳斷不能及矣

唐仁韓律師傳
律師名仁韓支那州人而吾戒門之大匠也随于吾太祖
受學業與祖共遊化此國唐天寳十二年冬十月艤船舫
於江頭相待大師云其傳来未具聞之也
唐法顆律師傳
律師法顆唐境人也随吾祖真僧正習授道行倶祖至此
以戒月光抜濟群迷也
唐泉州超功寺曇静律師傳
律師諱称曇静受生華國唱化日東尤能律兼渉台教吾

③06オ　③05ウ

師傷二ム太祖遷化一ヲ。有レ詩云ク、上徳乗二シ杯渡一ニ、金人ノ道已ニ東ス。戒香余テ散レシ馥、恵炬復タ流レフ風ヲ。月隠テ帰二リ霊鷲一ニ、珠逃レテ入二ル梵宮一ニ。神ヲ飛二シテ生死表一カニ。遺二ス教ヲ法門ノ中一。如二キ弘法大師一、随レ師受二クト菩薩戒一ヲ矣。其終未レ詳。伝律ノ弟子、常巍・忠恵・忍基等若干人。貴賤緇素男女、皆偕ニ崇二重セシコト師ノ徳一更無レ量リ也。其延暦七年、選二述スト延暦僧録一巻一ヲ云。

賛曰、夫レ長レスル徳ニ者ハ、必ス達二ス諸道一ニ。師洞二ンシテ釈教一ヲ、兼テ得下作二仏形一之妙上ヲ。而シテ令二シテ其ノ尊像ヲ一末代ニ遺レス福ヲ。厥形像等、今尚在リ之。堂々巍々トシテ非レ及フ処ニ二凡慮一。世人今古、以テ為レ奇レ也ト之。又入二龍宮一ニ、使二設利羅一伝二于此ノ地一。何ソ在二ランヤ常人之事一ニ乎。苟ニ非二ンハ天賦ノ夙徳一ニ。断トシテ不レルレ也能レ及矣。

**唐仁韓律師伝**

律師、名ハ仁韓、支那州ノ人。而吾カ戒門之大匠也也。随二テ于吾太祖一ニ受二ク学業一ヲ。与レ祖共ニ遊二化ス此国一ニ。唐天宝十二年冬十月、艤二シシテ船舫一ヲ、於二江ノ頭一リニ相二待ツト大師一云。其ノ伝来未二具聞レ之也。

**唐法顆律師伝**

律師法顆、唐境ノ人也。随二テ吾祖真僧正一ニ習二授道行一ヲ。倶レテ祖ニ至レ此。以二戒月ノ光一抜二済ス群迷一也。

**唐泉州超功寺曇静律師伝**

律師、諱ハ称二ス曇静一ト。受二生ヲ華国一ニ、唱二フ化ヲ日東一ニ。尤モ能レ律ニ、兼テ渉二ル台教一ニ。吾カ

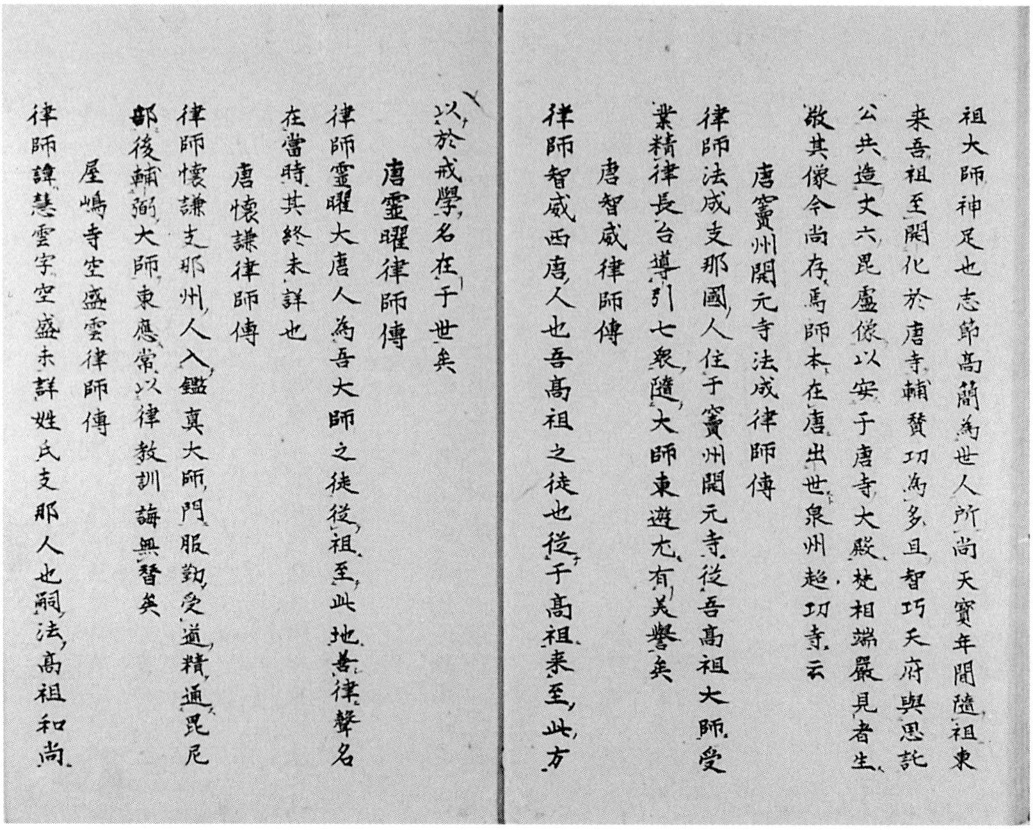
祖大師神足也志節高簡為世人所尚天寶年間随祖東
来吾祖至開化於唐寺輔贊功為多且智巧天府與思託
公共造丈六毘盧像以安于唐寺大殿梵相端嚴見者生
敬其像今尚存焉師本在唐出世泉州超功寺云
唐寳州開元寺法成律師傳
律師法成支那國人住于寳州開元寺從吾高祖大師受
業精律長台導引七衆随大師東遊尤有美譽矣
唐智威律師傳
律師智威西唐人也吾高祖之徒也從于高祖来至此方
以於戒學名在于世矣
唐霊曜律師傳
律師霊曜大唐人為吾大師之徒從祖至此地善律聲名
在當時其終未詳也
唐懐謙律師傳
律師懐謙支那州人入鑑真大師門服勤受道精通毘尼
部後輔弼大師東應常以律教訓誨無替矣
屋嶋寺空盛雲律師傳
律師諱慧雲字空盛未詳姓氏支那人也嗣法高祖和尚

③07オ　③06ウ

祖大師ノ神足也。志節高簡、為二世人一所ルレ尚。天宝年間、随レテ祖ニ東来。吾カ祖至レ開二化於唐寺一ヲ、輔賛功為レ多ト。且ツ智巧天府。与二思託公一共ニ造リ二丈六ノ毘盧像一ヲ、以安スニ于唐寺ノ大殿一ニ。梵相端厳、見者生スレ敬。其像今尚存ス焉。師本ト在レ唐ニ、出世スト二泉州超功寺一ニ云。

**唐寳州開元寺法成律師伝**

律師法成、支那国ノ人。住二于寳州開元寺一ニ、従二吾高祖大師一ニ受レ業。精レ律長レ台、導二引七衆一ヲ。随テ二大師東遊一、尤モ有リ二美誉一矣。

**唐智威律師伝**

律師智威、西唐ノ人也。吾高祖之徒也。従テ二于高祖一ニ来リ二至シテ此ノ方一、



以テ二於戒学一ヲ名在リ二于世一矣。

**唐霊曜律師伝**

律師霊曜、大唐人。為二吾大師ノ之徒一。従レテ祖ニ至テ二此地一ニ善シレ律ニ。声名在二当時一ニ。其終未レ詳也。

**唐懐謙律師伝**

律師懐謙、支那州ノ人。入テ二鑑真大師ノ門一ニ、服勤シテ受レ道ヲ。精ク通ス二毘尼部一ニ。後輔シテ二弼大師一ヲ東応ス。常ニ以二律教一訓誨無レ替矣。

**屋嶋寺空盛雲律師伝**

律師、諱ハ慧雲、字ハ空盛、未レ詳二姓氏一。支那人也。嗣ク二法ヲ高祖和尚一ニ。

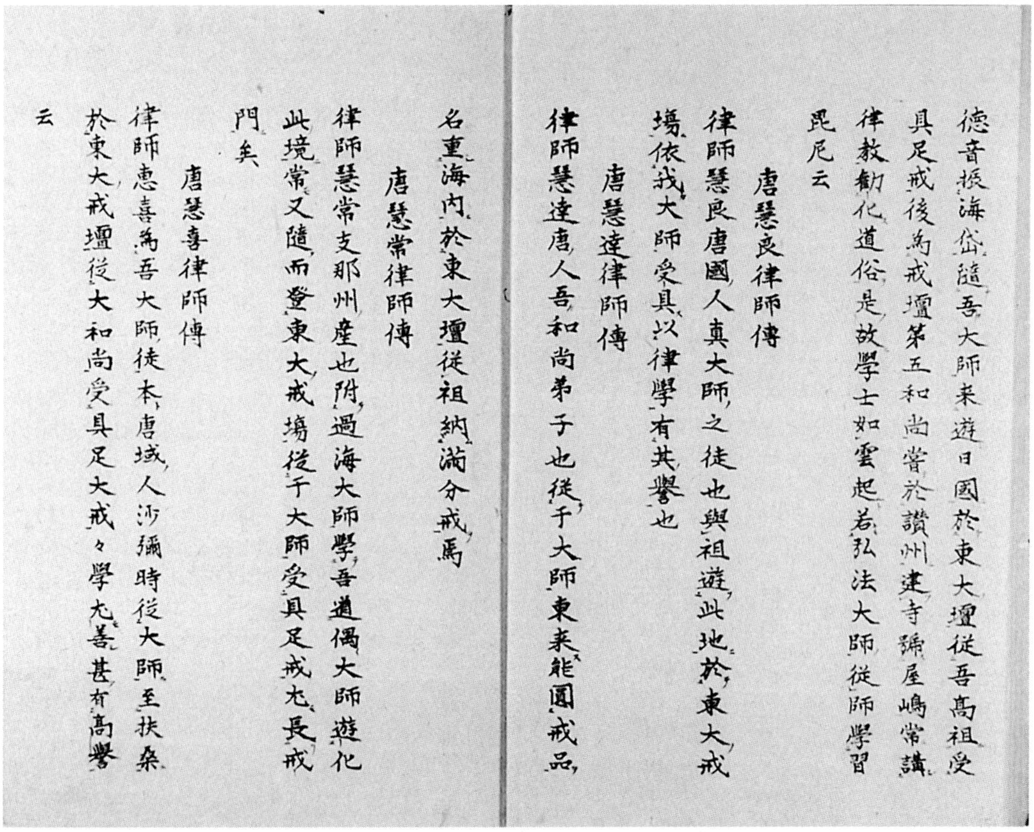

徳音振海岱随吾大師来遊日國於東大壇従吾高祖受
具足戒後為戒壇第五和尚嘗於讃州建寺號屋嶋常講
律教勧化道俗是故學士如雲起若弘法大師従師學習
毘尼云
唐慧良律師傳
律師慧良唐國人真大師之徒也與祖遊此地於東大戒
場依我大師受具以律學有其譽也
唐慧達律師傳
律師慧達唐人吾和尚弟子也従于大師東来能圓戒品
名重海内於東大壇従祖納満分戒焉
唐慧常律師傳
律師慧常支那州産也附過海大師學吾道偶大師遊化
此境常又随而登東大戒場従于大師受具足戒尤長戒
門矣
唐慧喜律師傳
律師恵喜為吾大師徒本唐域人沙彌時従大師至扶桑
於東大戒壇従大和尚受具足大戒々學尤善甚有高譽
云

③08オ　③07ウ

徳音振二海岱一ニ。随二テ吾カ大師一来二遊シ日国一ニ。於二テ東大ノ壇一、従二吾高祖一ニ受二具足戒一。後為二戒壇第五和尚一。嘗テ於二讃州一ニ建レツ寺。号二ス屋嶋一。常ニ講二シ律教一勧二化ス道俗一ヲ。是ノ故ニ学士如レ雲起ルト。若二キモ弘法大師一ノ従レ師学二習毘尼一云。

### 唐慧良律師伝

律師慧良、唐国ノ人。真大師ノ之徒也。与レ祖遊二フ此地一ニ。於二テ東大ノ戒場一ニ、依二我カ大師一受具ス。以二律学一有二其ノ誉一也。

### 唐慧達律師伝

律師慧達、唐ノ人。吾カ和尚弟子也。従二テ于大師一東来ス。能円二戒品一ヲ、名重二シ海内一ニ。於二東大壇一、従レ祖納二ム満分戒一ヲ焉。

### 唐慧常律師伝

律師慧常、支那州ノ産也。附二テ過海大師一学二テ吾道一、偶く大師遊二化此ノ境一ニ、常モ又随フ。而登二東大ノ戒場一、従二于大師一受二具足戒一。尤モ長二セリ戒門一ニ矣。

### 唐慧喜律師伝

律師恵喜、為二吾大師ノ徒一。本ト唐域ノ人。沙弥時、従二大師一ニ至二扶桑一ニ。於二東大ノ戒壇一、従二大和尚一受二具足大戒一。々学尤モ善シ。甚タ有二高誉一云。

③08オ　③07ウ

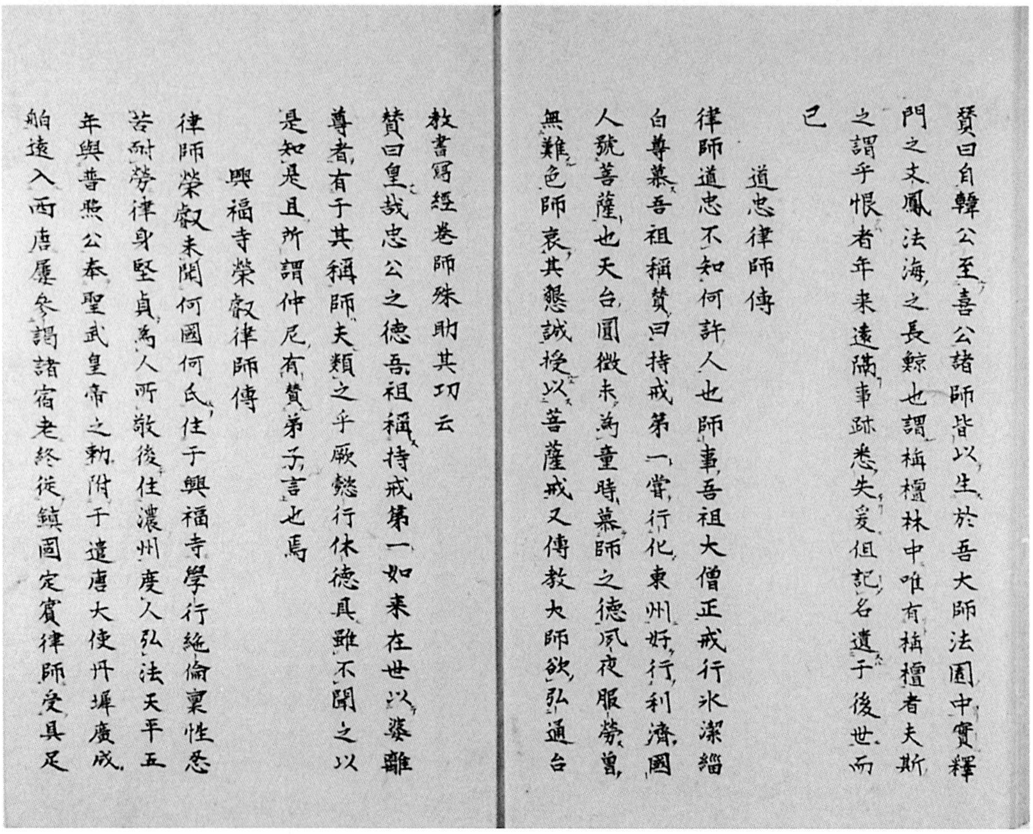
賛曰自韓公至喜公諸師皆以生於吾大師法園中實釋
門之文鳳法海之長鯨也謂梅檀林中唯有梅檀者夫斯
之謂乎恨者年来遠隔事跡悉失爰但記名遺于後世而
已
道忠律師傳
律師道忠不知何許人也師事吾祖大僧正戒行氷潔緇
白尊慕吾祖稱賛曰持戒第一嘗行化東州好行利濟國
人號菩薩也天台圓徹未為童時慕師之徳夙夜服勞曽
無難色師哀其懇誠授以菩薩戒又傳教大師欲弘通台
教書冩經巻師殊助其功云
賛曰皇哉忠公之徳吾祖稱持戒第一如来在世以婆離
尊者有于其稱師夫類之乎厥懿行休徳具雖不聞之以
是知是且所謂仲尼有賛弟子言也焉
興福寺榮叡律師傳
律師榮叡未聞何國何氏住于興福寺學行絶倫稟性忍
苦耐勞律身堅貞為人所敬後住濃州度人弘法天平五
年與普照公奉聖武皇帝之勅附于遣唐大使丹墀廣成
舶遠入西唐屢參謁諸宿老終從鎮國定賓律師受具足

③08ウ　③09オ

賛曰、自㆓韓公㆒至㆓ルノ喜公㆒諸師、皆以テ生㆓ス於吾大師法園ノ中㆒ヨリ。実ニ釈門之文鳳、法海ノ之長鯨也。謂ル梅檀林中ニ唯有リト㆓梅檀㆒者、夫斯ノ之謂乎。恨クハ者、年来遠隔リ、事跡悉ク失テリ。爰ニ但記シテレ名、遺㆓スル于後世㆒ニ而已。

## 道忠律師伝

律師道忠、不レ知㆓何許ノ人㆒也。師㆓事フ吾祖大僧正㆒。戒行氷潔、緇白尊慕ス。吾祖称賛シテ曰㆓持戒第一㆒ト。嘗テ行㆓化シテ東州㆒ニ、好テ行㆓フ利済㆒ヲ。国人号㆓菩薩㆒ト也。天台ノ円徹未タ為レ童時キ、慕㆓テ師之徳㆒夙夜服労ス。曽テ無㆓難メル色㆒。師哀㆓テ其懇誠㆒、授ルニ以㆓テス菩薩戒㆒。又伝教大師。欲シテレ弘㆓通台教書写経巻。師殊助其功云。

賛曰、皇ナル哉忠公之徳。吾カ祖称㆓ス持戒第一㆒ト。如来在世、以テ㆓婆離尊者㆒ヲ有㆓于其ノ称㆒。師ハ夫レ類レ之乎。厥懿行休徳、具ニ雖レ不レ聞之、以レ是知レ是。且ッ所謂仲尼ノ有リ㆘賛ル㆓弟子㆒ヲ言㆖也焉。

## 興福寺栄叡律師伝

律師栄叡、未レ聞㆓何国何氏㆒云ヲ。住㆓于興福寺㆒ニ学行絶倫、稟性忍レ苦耐レ労ニ。律身堅貞ニシテ為レ人所レ敬。後チ住㆓濃州㆒度レ人弘レ法。天平五年、与㆓普照公㆒奉テ㆓聖武皇帝之勅㆒ヲ、附シテ㆓于遣唐大使丹墀広成カ舶㆒遠入ル㆓西唐㆒ニ。屢参㆓謁諸宿老㆒ニ、終従テ㆓鎮国定賓律師㆒ニ受ク㆓具足

③08ウ　③09オ

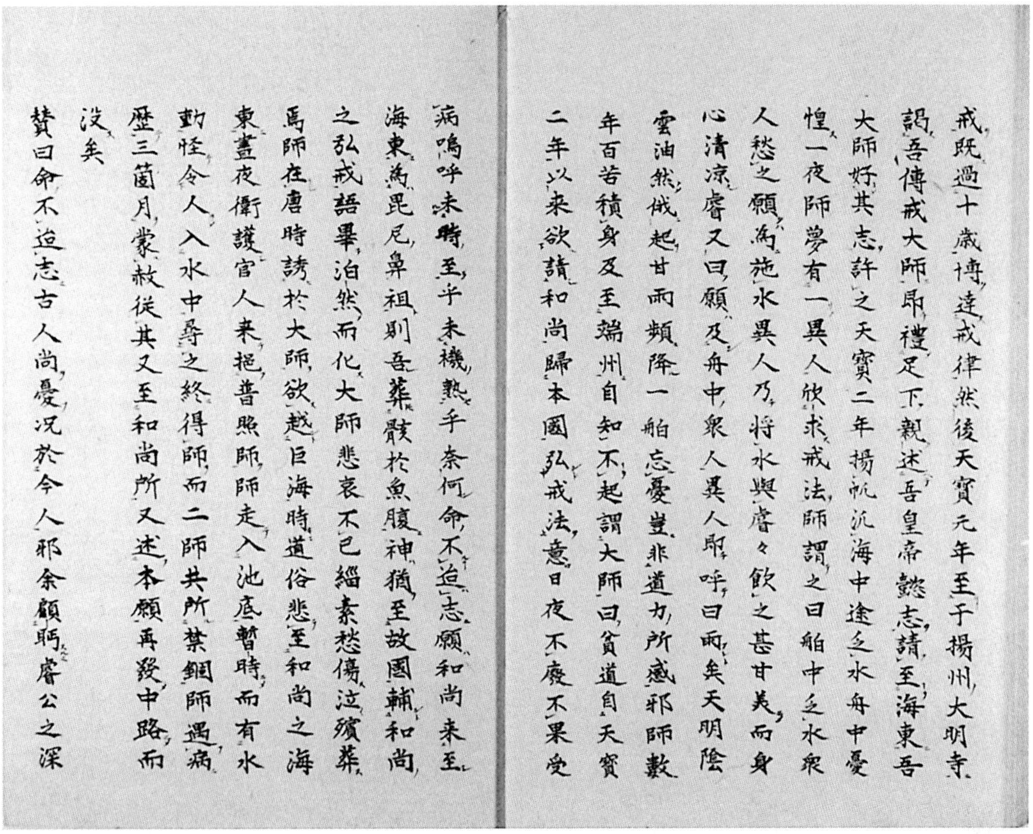

③10オ　③09ウ

戒一ヲ。既ニ過二十歳一、博ク達二ス戒律一。然後天宝元年、至二リ于揚州ノ大明寺一ニ、
謁二ス吾伝戒大師一ニ。即チ礼二シテ足下一ヲ、親ク述二ヘテ吾皇帝懿志一ヲ、請レフ至二コトヲ海東一ニ。吾
大師好二ミシテ其志一ヲ許レ之。天宝二年、揚レ帆汎レ海。中途乏レ水、舟中憂
惶ス。一夜師夢有二一リノ異人一。欣二求ス戒法一ヲ。師謂テ之曰、船中乏レ水、衆
人愁レ之。願クハ為ニ施レ水。異人乃チ将レ水与レ睿。々飲レ之。甚甘美ニシテ而身
心清涼也。睿又曰ク、願ハ及二ン舟中ノ衆人一。異人即チ呼テ曰、雨フレト矣。天明陰
雲、油然トシテ俄ニ起リ、甘雨頻ニ降ル。一船忘レル憂。豈ニ非二道力ノ所感一邪。師数
年百苦積レ身。及至二端州一ニ、自知レ不レコトヲ起。謂二大師一曰ク、貧道自二天宝
二年一以来、欲下ル請二シ和尚一帰二本国一弘中ント戒法上ヲ。意ロ日夜不レ廃、不レ果受
レ病。嗚呼未二ルカ時ノ至一ラ乎、未二ル機ノ熟一セ乎。奈何ン命ノ不レルコト逭レハ志ニ。願ハ和尚来二至シ
海東一ニ、為二ハ毘尼ノ鼻祖一ト、則吾レ葬二トモ骸於魚腹一ニ、神ハ猶ヲ至二故国一輔二ント和尚ノ
之弘戒一。語畢テ泊然シテ而化ス。大師悲哀不レ已。緇素愁傷ス。泣ク殯葬ス
焉。師在レリシ唐時、誘二ヒ於大師一ヲ欲レス越二ント巨海一。時キニ道俗、悲レテ至二和尚之海
東一ニ昼夜衛護シ、官人来テ把二フ普照師一ヲ。師走テ入二池底一。暫時ニシテ而有二水
動一。怪テ令下人ヲシテ入二水中一尋上之、終ニ得レ師ヲ。而二師共所二ル禁錮一。師遇レフ病ニ。
歴二テ三箇月一ヲ蒙レル赦。従レ其又至二和尚所一、又述二フ本願一。再発シテ中路ニシテ而
没ス矣。
賛曰、命ノ不レ逭レ志ニ、古人尚ヲ憂フ。況於二今人一邪。余顧二眄スルニ睿公之深

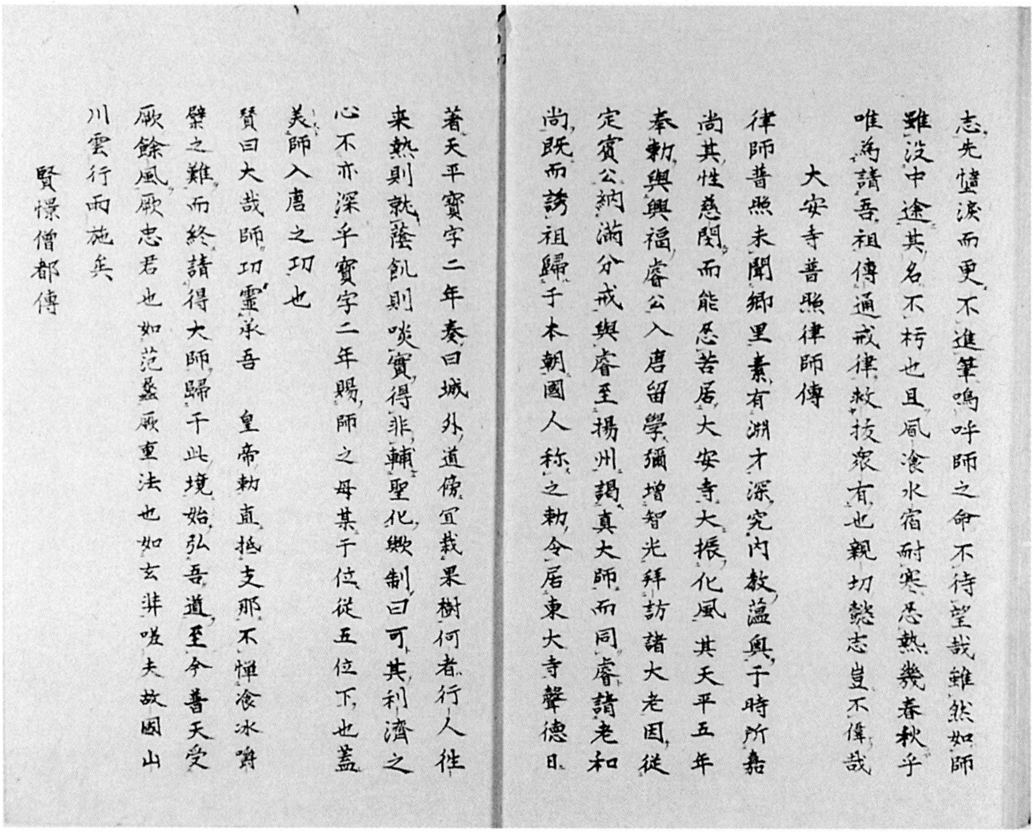

志先墮涙而更不進筆嗚呼師之命不待望哉雖然如師
雖没中途其名不朽也且風飡水宿耐寒忍熱幾春秋乎
唯為請吾祖傳通戒律救抜衆有也親切懿志豈不偉哉
大安寺普照律師傳
律師普照未聞郷里素有淵才深究内教藴奥于時所嘉
尚其性慈閔而能忍苦居大安寺大振化風其天平五年
奉勅與興福睿公入唐留學彌增智光拜訪諸大老因從
定賓公納満分戒與睿至揚州謁真大師而同睿請老和
尚既而誘祖歸于本朝國人称之勅令居東大寺聲德日
著天平寳字二年奏曰城外道傍宜栽果樹何者行人往
来熱則就蔭飢則啖實得非輔聖化歟制曰可其利濟之
心不亦深乎寳字二年賜師之母某于位從五位下也蓋
美師入唐之功也
賛曰大哉師功靈承吾　皇帝勅直抵支那不憚飡冰嚼
檗之難而終請得大師歸于此境始弘吾道至今普天受
厥餘風厥忠君也如范蠡厥重法也如玄奘嗟夫故國山
川雲行雨施矣
賢憬僧都傳

③11オ　③10ウ

志一ヲ、先堕涙。而更ニ不レ進レ筆ニ。嗚呼師之命ノ不レ待レ望哉。雖レ然如ハレ師
雖レ没ニ中途一ニ、其ノ名ハ不レ朽也。且ッ風飡水宿、耐レ寒ニ忍レ熱ニ幾春秋ソヤ乎。
唯為下請ニ吾ヵ祖一伝ニ通戒律一ヲ救中抜衆有上ヲ也。親切ノ懿志、豈ニ不レ偉ナラ哉。

## 大安寺普照律師伝

律師普照、未レ聞ニ郷里一。素ト有ニ淵才一、深ク究ニ内教ノ蘊奥一ヲ、于時所ニ嘉
尚一。其ノ性慈閔ニシテ而能忍レ苦。居ニシテ大安寺一ニ大ニ振ニフ化風一。其天平五年、
奉レ勅ヲ与ニ興福ノ睿公一入唐留学ス。弥増ニ智光一、拝ニ訪諸大老一。因テ従ニ
定賓公一ニ納ニ満分戒一。与レ睿至ニ揚州一ニ謁ニス真大師一ニ。而同レク睿ト請ニ老和
尚一ヲ。既ニ而誘レ祖帰ルニ于本朝一ニ。国人称レス之。勅シテ令レ居ニ東大寺一。声徳日ニ
著ル。天平宝字二年、奏シテ曰、城外ノ道傍ニ宜栽ニ果樹一。何者ハ行人往
来、熱則就レキ蔭、飢則啖レ実ヲ。得レ非レコトヲ輔ニルニ聖化一ヲ歟。制シテ曰、可ト。其ノ利済之
心、不ニ亦深一乎。宝字二年、賜ニフ師之母某ニ于位ヒ従五位下一ヲ也。蓋シ
美ニスト師入唐之功一也。
賛曰、大哉師ヵ功、霊ニ承吾　皇帝ノ勅一、直ニ抵ニ支那一ニ、不レ憚ニ飡氷嚼
檗之難一ヲ、而終ニ請ニ得大師一ヲ。帰ニ于此ノ境一ニ、始テ弘ニ吾ヵ道一ヲ。至レ今普天受ニ
厥ノ余風一ヲ。厥忠君也如ニ范蠡一、厥重法也如ニ玄奘一。嗟夫故国山
川、雲行雨施矣。

## 賢憬僧都伝

└ ③11オ　└ ③10ウ

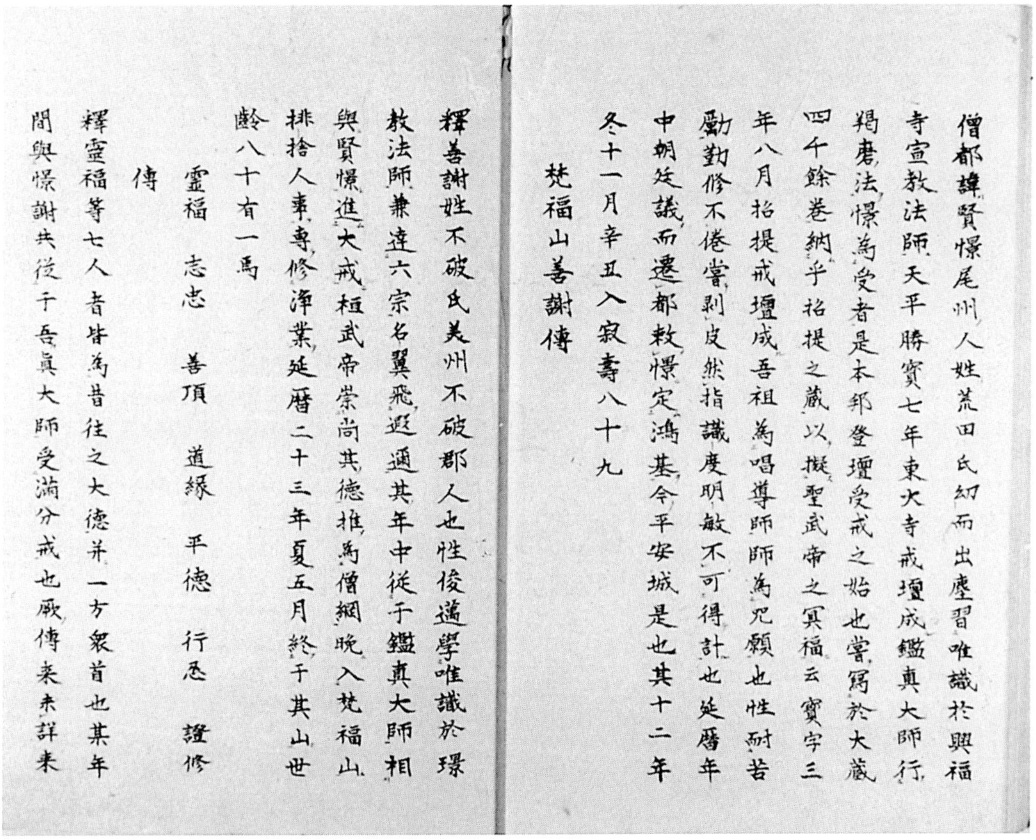
僧都諱賢憬尾州人姓荒田氏幼而出塵習唯識於興福
寺宣教法師天平勝寳七年東大寺戒壇成鑑真大師行
羯磨法憬為受者是本邦登壇受戒之始也嘗寫於大蔵
四千餘巻納乎招提之蔵以擬聖武帝之冥福云寳字三
年八月招提戒壇成吾祖為唱導師師為咒願也性耐苦
勵勤修不倦嘗剥皮然指識度明敏不可得計也延暦年
中朝廷議而遷都勅憬定鴻基今平安城是也其十二年
冬十一月辛丑入寂壽八十九
梵福山善謝傳
釋善謝姓不破氏美州不破郡人也性俊邁學唯識於璟
教法師兼達六宗名翼飛遐邇其年中從于鑑真大師相
與賢憬進大戒桓武帝崇尚其徳推為僧綱晩入梵福山
排捨人事専修浄業延暦二十三年夏五月終于其山世
齡八十有一焉
傳
霊福　志忠　善頂　道縁　平徳　行忍　證修
釋霊福等七人者皆為昔往之大徳并一方衆首也某年
間與憬謝共從于吾眞大師受満分戒也厥傳来未詳来

③12オ　③11ウ

僧都、諱ハ賢憬。尾州ノ人、姓ハ荒田氏。幼而出塵、習二唯識於興福寺宣教法師一ニ。天平勝宝七年、東大寺戒壇成ル。鑑真大師行フ二羯磨ノ法一ヲ。憬為二受者一。是本邦登壇受戒之始也。嘗テ写二於大蔵四千余巻一、納ム二乎招提之蔵一。以テ擬ス二聖武帝之冥福一ニ云。宝字三年八月、招提戒壇成ル。吾祖為二唱導師一、師為二呪願一也。性耐二苦励一、勤修不レ倦。嘗テ剥レ皮然レ指。識度明敏、不レ可二得テ計一ル也。延暦年中、朝廷議シテ而遷レ都。勅シテレ憬ニ定ム二鴻基一ヲ。今ノ平安城是也。其十二年冬十一月辛丑入寂。寿八十九。

## 梵福山善謝伝

釈善謝、姓不破氏、美州不破郡人也。性俊邁、学二唯識於璟教法師一ニ。兼達二六宗一、名翼飛フ二遐邇一。其ノ年中、従二于鑑真大師一相二与ニ賢憬一ト進ム二大戒一ニ。桓武帝崇二尚其ノ徳一、推シテ為二僧綱一。晩ニ入二梵福山一ニ排二捨人事一ヲ、専ラ修二浄業一ヲ。延暦二十三年夏五月、終フ二于其山一ニ。世齢八十有一焉。

## 霊福・志忠・善頂・道縁・平徳・行忍・証修
## 伝

釈霊福等七人者、皆為二昔往之大徳一、并ニ一方衆首也。某年間、与二憬謝一共従二于吾カ真大師一受二満分戒一也。厥ノ伝来未レ詳。来

③12オ　③11ウ

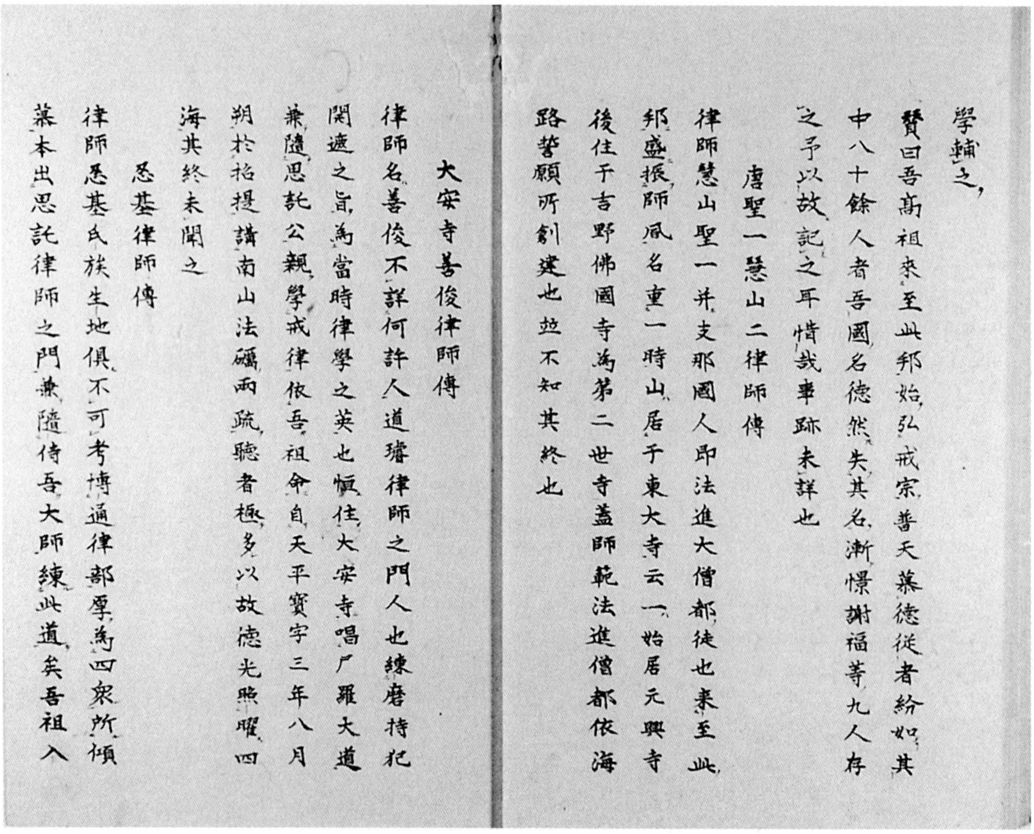
學輔之
賛曰吾高祖来至此邦始弘戒宗普天慕徳従者紛如其
中八十餘人者吾國名徳然失其名漸憬謝福等九人存
之予以故記之耳惜哉事跡未詳也
唐聖一慧山二律師傳
律師慧山聖一并支那國人即法進大僧都徒也来至此
邦盛振師風名重一時山居于東大寺云一始居元興寺
後住于吉野佛國寺為第二世寺蓋師範法進僧都依海
路誓願所創建也並不知其終也
大安寺善俊律師傳
律師名善俊不詳何許人道璿律師之門人也練磨持犯
開遮之旨為當時律學之英也恒住大安寺唱尸羅大道
兼随思託公親學戒律依吾祖命自天平寳字三年八月
朔於招提講南山法礪兩疏聴者極多以故徳光照曜四
海其終未聞之
忍基律師傳
律師忍基氏族生地倶不可考博通律部厚為四衆所傾
慕本出思託律師之門兼随侍吾大師練此道矣吾祖入

③13オ　③12ウ

学輔レ之ヲ。
賛曰、吾高祖来二至此邦一、始テ弘二戒宗一ヲ。普天慕レ徳従者紛如タリ。其
中八十余人者吾国ノ名徳。然トモ失フ二其名一ヲ。漸ク憬・謝・福等ノ九人存
レ之。予以故ニ記レノミ之耳。惜哉事跡未レ詳也。

**唐聖一・慧山二律師伝**

律師慧山・聖一、并ニ支那国人。即法進大僧都ノ徒也。来二至此ノ
邦一ニ盛二振フ師風一。名重二一時一。山ハ居二于東大寺一云。一ハ始居元興寺、
後住于吉野仏国寺為第二世。寺蓋師範法進僧都、依海
路誓願所創建也。並不知其終也。

**大安寺善俊律師伝**

律師、名ハ善俊、不レ詳二何許人一。道璿律師之門人也。練二磨持犯
開遮之旨一ヲ、為二当時律学之英一也。恒ニ住シテ二大安寺一ニ唱二尸羅大道一。
兼テ随テ二思託公一親ク学二戒律一。依二吾カ祖命一ニ、自リ二天平宝字三年八月
朔一、於二招提一講二南山・法礪ノ両疏一ヲ。聴者極テ多シ。以故徳光照二曜ス四
海一。其終未レ聞之。

**忍基律師伝**

律師忍基、氏族生地、倶ニ不レ可レ考。博二通律部一。厚ク為二四衆一所ル二傾
慕一。本出二思託律師之門一、兼テ随二侍吾カ大師一練ル二此道一ヲ矣。吾祖入

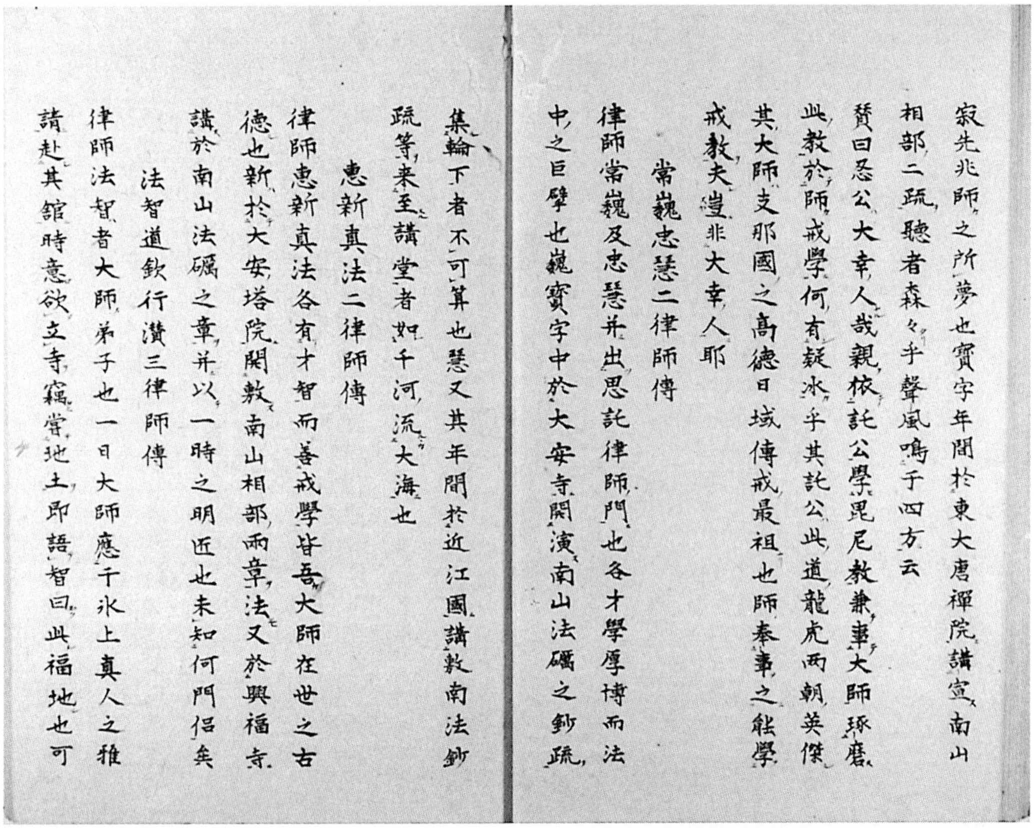
寂先兆師之所夢也實字年間於東大唐禪院講宣南山
相部二疏聴者森々乎聲風鳴于四方云
賛曰忍公大幸人哉親依託公學毘尼教兼事大師琢磨
此教於師戒學何有疑氷乎其託公此道龍虎両朝英傑
其大師支那國之高徳日域傳戒最祖也師奉事之能學
戒教夫豈非大幸人耶
常巍忠慧二律師傳
律師常巍及忠慧并出思託律師門也各才學厚博而法
中之巨擘也巍實字中於大安寺開演南山法礪之鈔疏
集輪下者不可算也慧又其年間於近江國講敷南法鈔
疏等来至講堂者如千河流大海也
恵新真法二律師傳
律師恵新真法各有才智而善戒學皆吾大師在世之古
徳也新於大安塔院開敷南山相部両章法又於興福寺
講於南山法礪之章并以一時之明匠也未知何門侶矣
法智道欽行濳三律師傳
律師法智者大師弟子也一日大師應于氷上真人之雅
請赴其館時意欲立寺竊嘗地土即語智曰此福地也可

③14オ　③13ウ

③13ウ

寂先兆、師ヵ之所レ夢也。宝字年間、於二東大唐禅院一講二宣ス南山・相部ノ二疏一ヲ。聴者森々タリ乎。声風鳴二于四方一ニ云。

賛曰、忍公ハ大幸ノ人ナル哉。親ク依テ二託公一学ヒ二毘尼教一。兼テ事テ二大師一琢二磨ス此ノ教一。於テ二師ヵ戒学一ニ何ノ有ン二疑氷一ヵ乎。其託公ハ此ノ道ノ龍虎、両朝ノ英傑也。其ノ大師ハ支那国ノ之高徳、日域伝戒ノ最祖ナリ也。師奉シテ二事之一ニ能学フ二戒教一ヲ。夫レ豈ニ非《スヤ》二大幸ノ人一ニ耶。

## 常巍・忠慧二律師伝

律師常巍、及忠慧、并ニ出ツ二思託律師ノ門一ニ也。各才学厚博、而法中ノ之巨擘也。巍宝字中、於二大安寺一ニ開二演ス南山・法礪之鈔疏一ヲ。

③14オ

集ル二輪下一者、不レ可レ算也。慧又其年間、於二近江国一ニ講二敷南法鈔疏等一ヲ。来二至スル講堂一者如三千河ノ流ル、ヵ二大海一ニ也。

## 恵新・真法二律師伝

律師恵新・真法、各有リ二才智一。而善二戒学一。皆吾ヵ大師在世之古徳也也。新ハ於テ二大安ノ塔院一ニ開二敷ス南山・相部ノ両章一ヲ。法モ又於二興福寺一ニ講ス二於南山・法礪之章一ヲ。并ニ以テ一時之明匠也。未レ知二何門侶一矣。

## 法智・道欽・行濳三律師伝

律師法智ハ者、大師ノ弟子也。一日大師応二于氷上真人之雅請一ニ赴二其館一ニ時。意ロ欲シテレ立レ寺ヲ、竊カニ嘗テ二地土一ヲ。即語テレ智曰玉ク、此レ福地也也。可

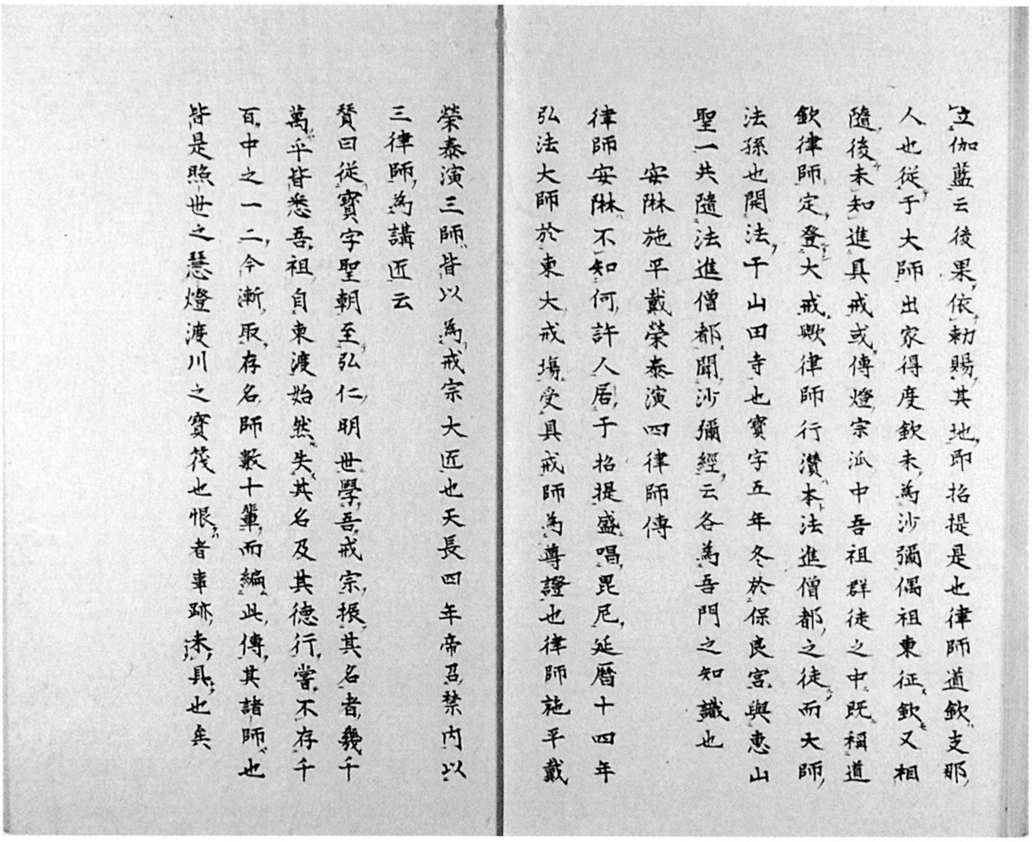
立伽藍云後果依勅賜其地即招提是也律師道欽支那人也從于大師出家得度欽未為沙彌偶祖東征欽又相隨後未知進具戒或傳燈宗派中吾祖群徒之中既稱道欽律師定登大戒歟律師行潰本法進僧都之徒而大師法孫也開法于山田寺也寶字五年冬於保良宮與恵山聖一共隨法進僧都聞沙彌經云各為吾門之知識也

安琳施平戴榮泰演四律師傳

律師安琳不知何許人居于招提盛唱毘尼延暦十四年弘法大師於東大戒壇受具戒師為尊證也律師施平戴榮泰演三師皆以為戒宗大匠也天長四年帝召禁内以三律師為講匠云

賛曰從寶字聖朝至弘仁明世學吾戒宗振其名者幾千萬乎皆悉吾祖自東渡始然失其名及其德行嘗不存千百中之一二令漸取存名師數十輩而編此傳其諸師也皆是照世之慧燈渡川之寶筏也恨者事跡未具也矣

③15オ　③14ウ

レ立二伽藍一云。後果シテ依レ勅賜フ二其地ヲ一。即招提是也。律師道欽ハ支那ノ人也。従テ二于大師一出家得度。欽未タ為二沙弥一、偶祖東征ス。欽モ又相随フ。後チ未レ知レ進二具戒一。或カ伝灯ノ宗派ノ中、吾祖群徒之中ニ、既ニ称二道欽律師一ト。定テ登ルラン二大戒ニ一歟。律師行潰ハ本ト法進僧都ノ之徒ニシテ而大師ノ法孫也。開二法ヲ于山田寺一也。宝字五年冬、於二保良宮ニ一、与二恵山・聖一一、共随二法進僧都ニ一聞ク二沙弥経ヲ一云。各為二吾門之知識一也。

## 安琳・施平・戴栄・泰演四律師伝

律師安琳ハ、不レ知二何ノ許人一。居シテ二于招提一盛ニ唱フ二毘尼ヲ一。延暦十四年、弘法大師於二東大ノ戒場ニ一受二具戒一。師為二尊証一也。律師施平・戴

③14ウ

栄・泰演三師ハ、皆以為リ二戒宗大匠一也。天長四年、帝召シテ二禁内ニ一、以二三律師ヲ一為二講匠一云。

賛曰、従リ二宝字聖朝一至テ二弘仁ノ明世ニ一、学テ二吾カ戒宗ヲ一振フ二其名ヲ一者ノ幾千万ソヤ乎。皆悉吾カ祖ノ自二東渡一始。然トモ失ス二其名及其徳行ヲ一。嘗テ不レ存二千百カ中之一二一ヲ。今漸ク取テ二存名ノ師数十輩ヲ一而編ム二此ノ伝ヲ一。其諸師ヤ也、皆是照世之慧灯、渡川之宝筏也。恨クハ者、事跡ノ未タレ具ナラ也矣。

③15オ

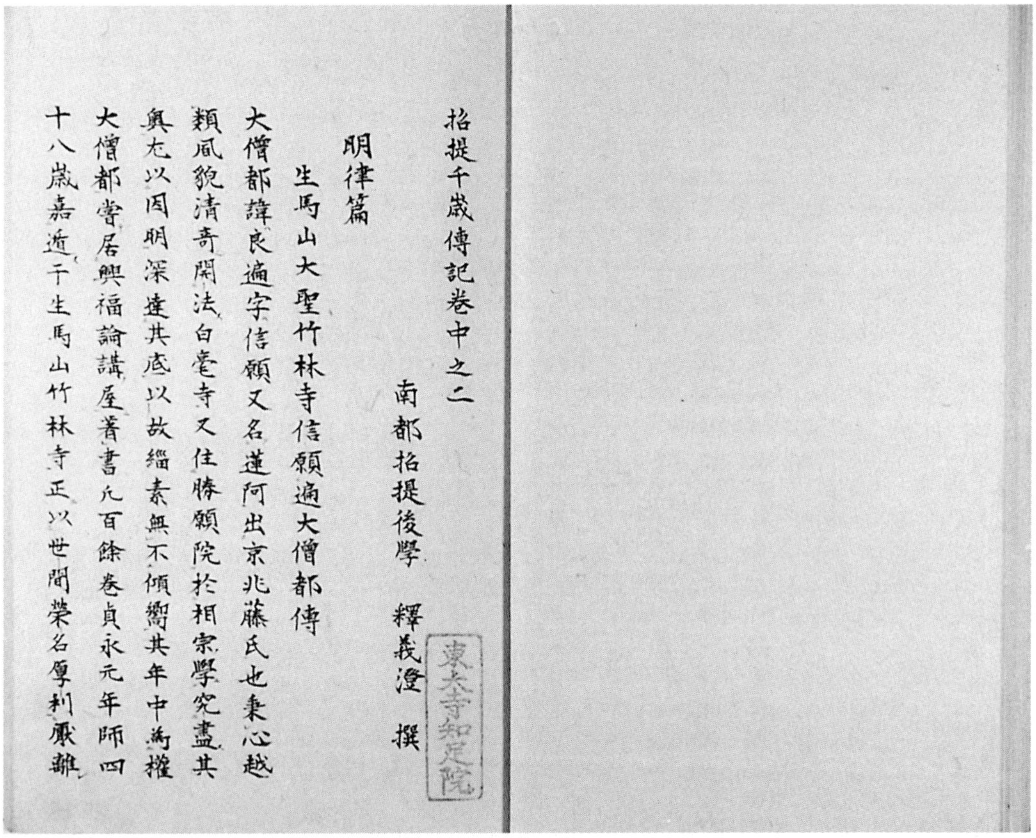

③16オ　③15ウ

# 招提千歳伝記巻中之二



南都招提後学　釈義澄　撰

## 明律篇

### 生馬山大聖竹林寺信願遍大僧都伝

大僧都、諱ハ良遍、字ハ信願、又名ク二蓮阿一。出二京兆藤氏一也。秉レ心越レ類、風貌清奇也。開二法ス白毫寺一。又住二勝願院一。於二相宗ノ学ニ究二尽ス其奥一。尤以二因明一深達二其底一。以故緇素無レ不二傾嚮一。其年中、為二権大僧都一。嘗テ居二興福論講ノ屋一ニ、著レ書凡百余巻。貞永元年、師四十八歳、嘉二遁ス于生馬山竹林寺一。正ニ以二世間栄名厚利一厭離シ、

③16オ　③15ウ

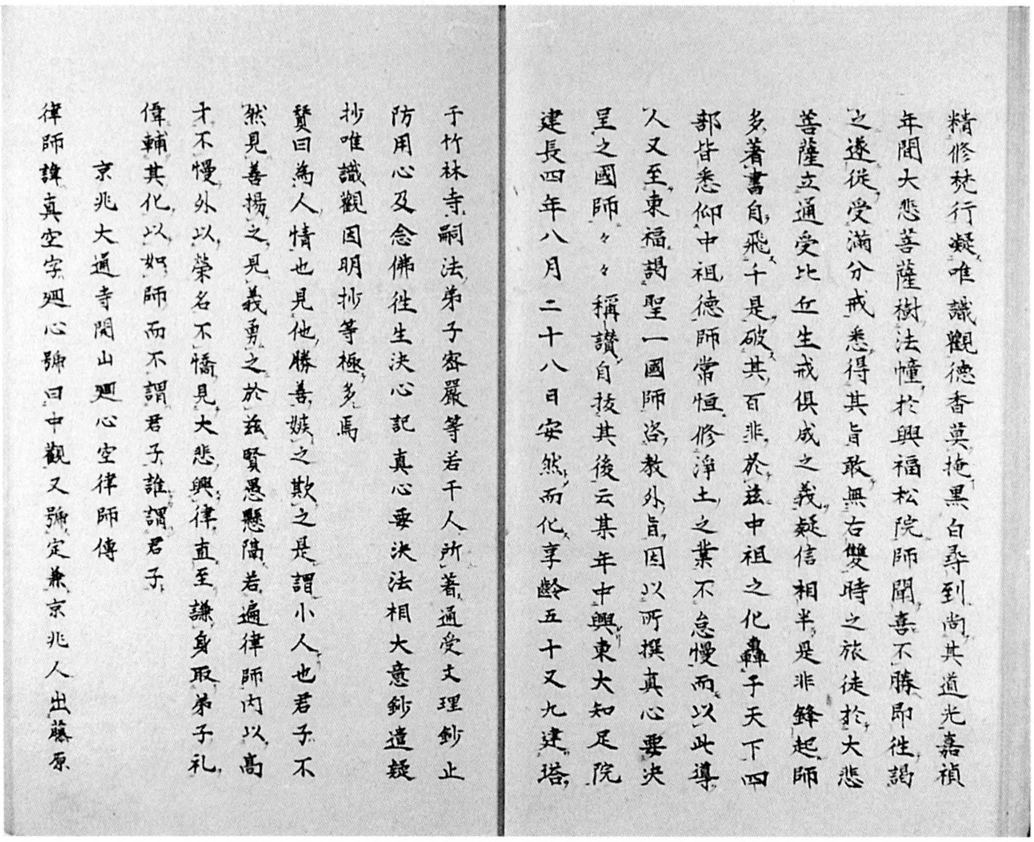
精修梵行凝唯識觀德香莫掩黒白尋到尚其道光嘉禎
年間大悲菩薩樹法幢於興福松院師聞喜不勝即往謁
之遂從受滿分戒悉得其旨敢無右雙時之旅徒於大悲
菩薩立通受比丘生戒倶成之義疑信相半是非鋒起師
多著書自飛千是破其百非於茲中祖之化轟于天下四
部皆悉仰中祖德師常恒修淨土之業不怠慢而以此導
人又至東福謁聖一國師咨教外旨因以所撰真心要決
呈之國師々々稱讃自抜其後云某年中興東大知足院
建長四年八月二十八日安然而化享齢五十又九建塔

于竹林寺嗣法弟子密嚴等若干人所著通受文理鈔止
防用心及念佛往生決心記真心要決法相大意鈔遺疑
抄唯識觀因明抄等極多焉
贊曰爲人情也見他勝善嫉之欺之是謂小人也君子不
然見善揚之見義勇之於茲賢愚懸隔若遍律師内以高
才不慢外以榮名不憍見大悲興律直至謙身取弟子禮
偉輔其化以如師而不謂君子誰謂君子
京兆大通寺開山廻心空律師傳
律師諱真空字廻心號曰中觀又號定兼京兆人出藤原

③17オ　③16ウ

精二修梵行一。凝ス唯識観一。徳香莫レク掩コト、黒白尋到ル。尚フ其道光一。嘉禎
年間、大悲菩薩樹ツ法幢ヲ於興福松院一ニ。師聞テ喜ヒ不レ勝ヘ、即往テ謁二
レ之ニ。遂ニ従テ受二満分戒一、悉ク得二其旨一。敢テ無二右双一。時之旅徒、於テ三大悲
菩薩立二通受比丘生戒倶成之義一ヲ、疑信相半ニシテ是非鋒起ル。師
多ク著レ書、自ラ飛ス千是一ヲ、破ス其ノ百非一ヲ。於テレ茲ニ中祖之化轟二于天下一、四
部皆悉仰二中祖ノ徳一。師常恒ニ修二浄土ノ之業一不二怠慢一、而モ以レ此導ク
レ人。又至テ二東福一謁二聖一国師一、咨フ教外ノ旨一ヲ。因以二所撰真心要決一、
呈二之国師一ニ。々々称讃シテ自抜二其後一云、某年、中ニ興タリ東大知足院一。
建長四年八月二十八日、安然トシテ而化ス。享齢五十又九。建ツ塔ヲ

③16ウ

于竹林寺一ニ。嗣法ノ弟子、密厳等若干人。所レ著ス通受文理鈔・止
防用心及念仏往生決心記・真心要決・法相大意鈔・遺疑
抄・唯識観・因明抄等、極テ多シ焉。
賛曰、為二人ノ情一也、見二他ノ勝善一ヲ、嫉レミ之欺レク之。是レ謂ル小人ナリ也。君子ハ不
レ然。見ハ善揚レケ之ヲ、見レ義勇レム之ニ。於レ茲ニ賢愚懸隔ス。若キ遍律師一、内以テ二高
才ヲ不レ慢ラ、外以テ二栄名一不レ憍ラ。見テ二大悲ノ興スヲ律直ニ至リ、謙シテレ身取リ二弟子ノ礼一ヲ、
偉二輔ク其ノ化一ヲ。以テレ如レキヲ師ノ而不レ謂ハ二君子一ト、誰レヲカ謂ハン二君子一ト。

**京兆大通寺開山廻心空律師伝**

律師、諱ハ真空、字ハ廻心、号曰二中観一、又号ス二定兼一ト。京兆人、出二藤原

③17オ

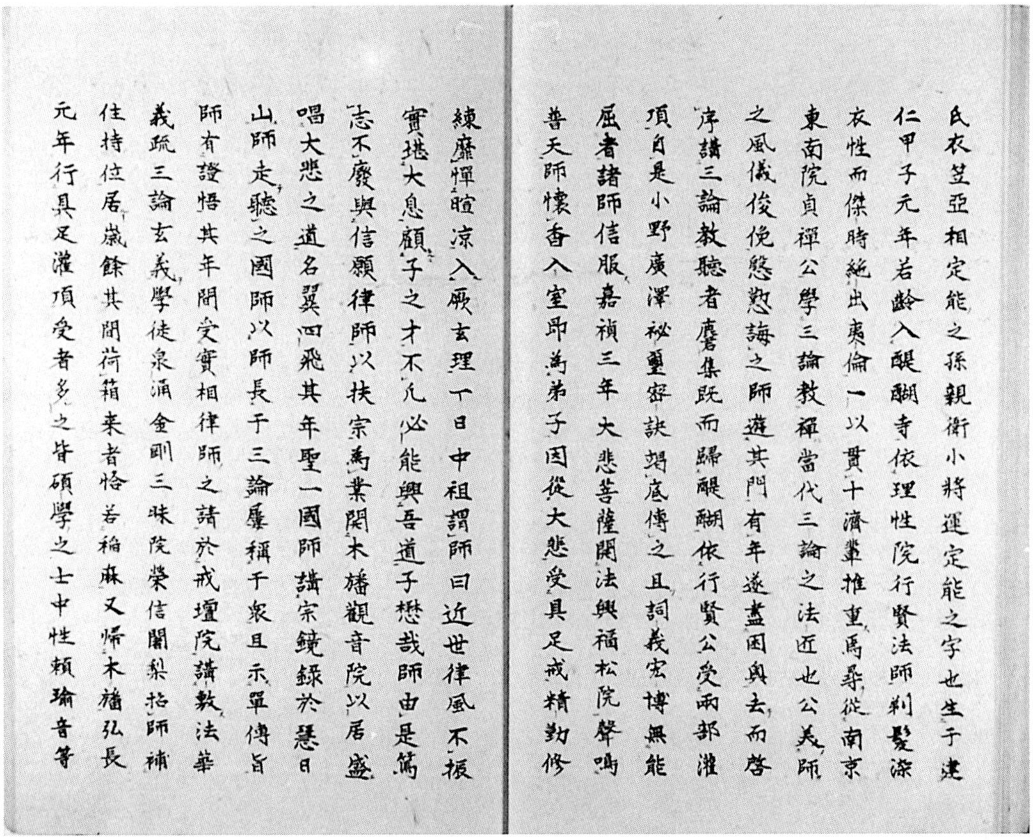
氏衣笠亞相定能之孫親衛小將運定能之字也生于建
仁甲子元年若齡入醍醐寺依理性院行賢法師剃髮染
衣性而傑時絶出夷倫一以貫十濟輩推重焉尋從南京
東南院貞禪公學三論教禪當代三論之法匠也公美師
之風儀俊俛慇懃誨之師遊其門有年遂盡困奥去而啓
序講三論教聽者麕集既而歸醍醐依行賢公受兩部灌
頂自是小野廣澤秘璽密訣竭底傳之且詞義宏博無能
屈者諸師信服嘉禎三年大悲菩薩開法興福松院聲鳴
普天師懷香入室即爲弟子因從大悲受具足戒精勤修
練靡憚暄涼入厥玄理一日中祖謂師曰近世律風不振
實堪大息顧子之才不凡必能興吾道子懋哉師由是篤
志不廢與信願律師以扶宗爲業開木播観音院以居盛
唱大悲之道名翼四飛其年聖一國師講宗鏡録於慧日
山師走聽之國師以師長于三論屢稱于衆且示單傳旨
師有證悟其年間受實相律師之請於戒壇院講敷法華
義疏三論玄義學徒泉涌金剛三昧院榮信闍梨招師補
住持位居歳餘其間荷箱来者恰若稲麻又帰木播弘長
元年行具足灌頂受者多之皆碩學之士中性頼瑜音等

③18オ　③17ウ

氏、衣笠亜相定能ノ之孫、親衛小将運定能之字也。生二于建
仁甲子元年。若齢入二醍醐寺一、依二理性院行賢法師一剃髪染
衣。性而傑時、絶二出夷倫一。一以貫レ十、済輩推重ス焉。尋テ従二南京
東南院貞禅公一学二三論教一。禅ハ当代三論之法匠也。公美二シテ師カ
之風儀俊俛一、慇懃誨レ之。師遊二其門一有レ年、遂尽二困奥一。去テ而啓
レ序講二三論教一、聴者麕集。既而帰二醍醐一、依二行賢公一受二両部灌
頂一。自レ是小野・広沢秘璽密訣、竭レ底伝レ之。且ツ詞義宏博、無二能
屈者一、諸師信服ス。嘉禎三年、大悲菩薩開二法興福松院一、声鳴二
普天一。師懐レ香入室、即為二弟子一。因従二大悲一受二具足戒一。精勤修

練靡レ憚二暄涼一、入ル二厥玄理一。一日中祖謂レ師曰、近世律風不レ振、
実堪二大息一。顧ミルニ子之才一不レ凡、必能興二吾道一。子懋哉、師由レ是篤
レ志不レ廃、与二信願律師一以二扶宗一為レ業。開二木播観音院一以居。盛二
唱二大悲之道一、名翼四飛。其年。聖一国師講二宗鏡録於慧日
山一ニ。師走テ聴レ之。国師以三師長二于三論一屢称二于衆一、且示二ス単伝旨一。
師有二証悟一。其年間、受二実相律師ノ之請一、於二戒壇院一講二敷ス法華
義疏・三論玄義一ヲ。学徒泉涌。金剛三昧院栄信闍梨招レ師補二
住持位一。居ルコト歳余、其間荷レ箱来者、恰若二稲麻一。又帰二木播一。弘長
元年、行二具足灌頂一。受者多シ之。皆碩学ノ之士、中性頼瑜音等

③18オ　③17ウ

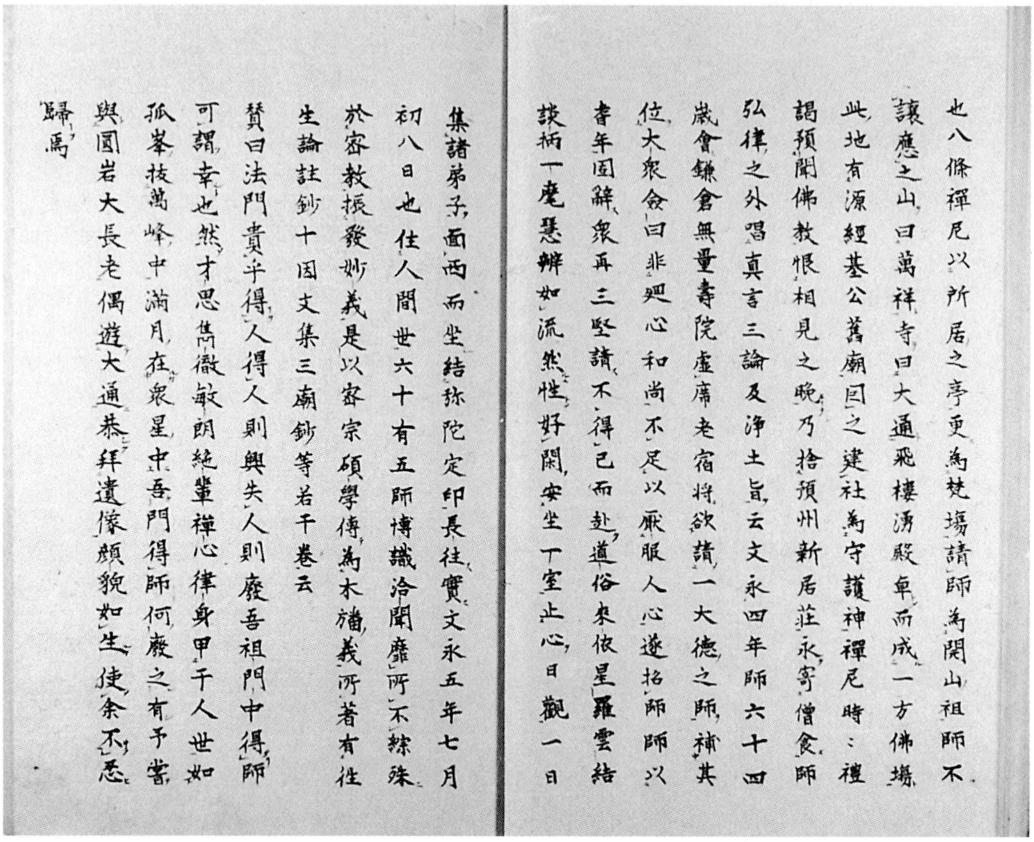

③19オ　③18ウ

也。八条禅尼以二所居ノ之亭一更ニ為二梵場一、請レ師為二開山ノ祖一。師不
レ譲応レ之。山ヲ曰二万祥一ト、寺ヲ曰二大通一ト。飛楼湧殿、卓トシテ而成ル二一方仏場一ト。
此ノ地有二源経基公旧廟一。因レ之建レ社為二守護神一。禅尼時々礼
謁、預二聞仏教一。恨二相見之晩一キコトヲ、乃捨二預州新居荘一、永ク寄二僧食一ニ。師
弘律ノ之外、唱二真言・三論及浄土旨一ヲ云。文永四年、師六十四
歳、会く鎌倉無量寿院虚レ席。老宿将ニ欲下請シテ二一大徳ノ之師一ヲ補中其
位上ヲ。大衆僉曰、非二廻心和尚一不レ足三以厭二服人心一。遂招レ師。師以二
耆年一固辞ス。衆再三堅請ス。不レ得レ已而赴ク。道俗来依、星羅雲結。
談柄一麾、慧弁如レ流。然ルニ性トシテ好レ閑ヲ安二坐一室一、止二心ヲ日観一。一日
集二諸弟子一ヲ、面レ西而坐シ、結二弥陀定印一長往ス。実ニ文永五年七月
初八日也。住二人間世一六十有五。師博識洽聞、靡レ所レ不レ綜。殊ニ
於二密教一振二発妙義一。是以密宗碩学、伝テ為二木播ノ義一。所レ著有二往
生論註鈔・十因文集・三廟鈔等若干巻一云。
賛曰、法門貴二乎得レコトヲ人。得レ人則興、失レ人則廃。吾祖門中得レタリ師。
可レ謂ツ幸也ト也。然シテ才思雋徹、敏朗絶輩、禅心律身、甲二于人世一。如下
孤峯ノ抜二万峰ノ中一満月ノ在ルカ中衆星ノ中上ニ。吾カ門得レ師、何ノ廃之レ有ン。予嘗テ
与二円岩大長老一ト偶遊テ二大通一ニ、恭シク拝二遺像一。顔貌如レ生ルカ、使シテレ余不レサラ忍ヒム
レ帰コトヲ焉。

③19オ　③18ウ

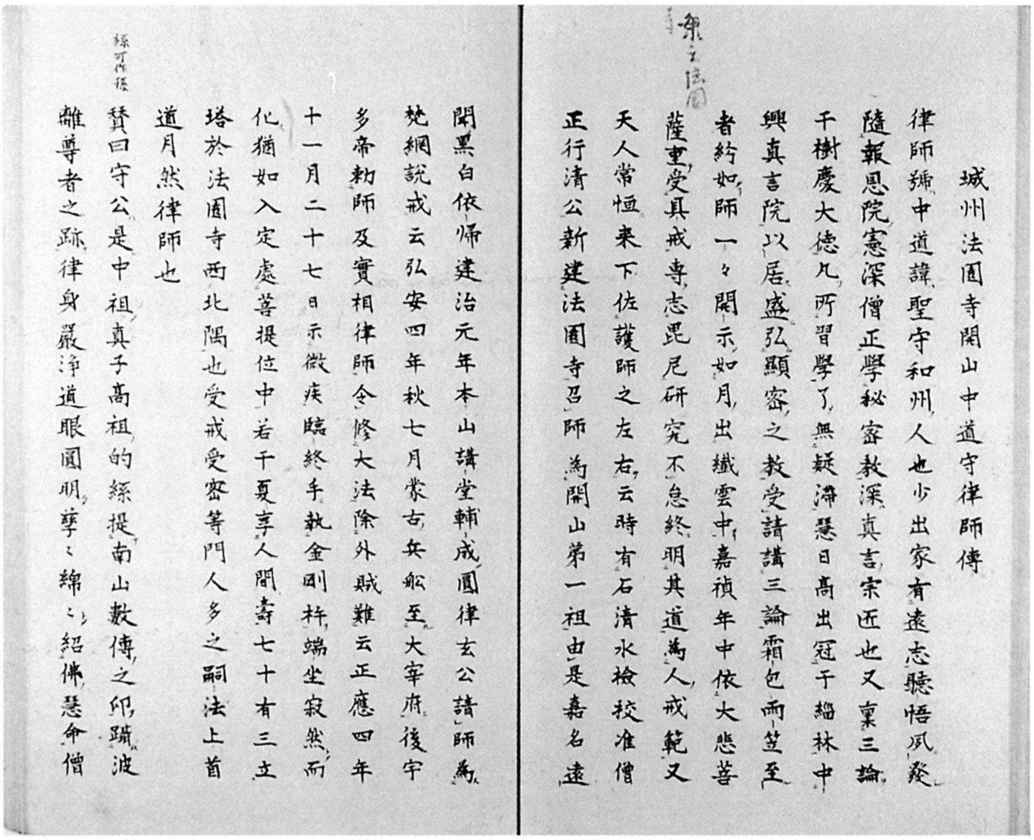
衆云法園
城州法圓寺開山中道守律師傳
律師號中道諱聖守和州人也少出家有遠志聽悟夙發
隨報恩院憲深僧正學秘密教深眞言宗匠也又稟三論
于樹慶大德凡所習學了無疑滯慧日高出冠于緇林中
興眞言院以居盛弘顯密之教受請講三論霜包雨笠至
者紛如師一々開示如月出纖雲中嘉禎年中依大悲菩
薩重受具戒專志毘尼研究不怠終明其道爲人戒範又
天人常恒來下佐護師之左右云時有石清水檢校准僧
正行清公新建法圓寺召師爲開山第一祖由是嘉名遠
聞黑白依歸建治元年本山講堂輔成圓律玄公請師爲
梵網說戒云弘安四年秋七月蒙古兵船至大宰府後宇
多帝勅師及實相律師令修大法除外賊難云正應四年
十一月二十七日示微疾臨終手執金剛杵端坐寂然而
化猶如入定處菩提位中若干夏享人間壽七十有三立
塔於法圓寺西北隅也受戒受密等門人多之嗣法上首
道月然律師也
綵可作孫
贊曰守公是中祖眞子高祖的綵提南山數傳之印躡波
離尊者之跡律身嚴淨道眼圓明孳々綿々紹佛慧命僧

③20オ　③19ウ

## 城州法園寺開山中道守律師伝

律師、号ハ中道、諱ハ聖守、和州ノ人也。少出家。有二遠志一。聴悟夙ニ発シ、随二報恩院ノ憲深僧正一学二秘密教一。深ハ真言ノ宗匠也。又稟二三論ヲ于樹慶大徳一。凡ソ所二習学一了シテ無二疑滞一。慧日高出。冠二于緇林一。中二興真言院一以居ス。盛ニ弘ム二顕密ノ之教一。受レ請講二三論一。霜包雨笠、至ル者紛如タリ。師一々開示シテ如三月ノ出二繊雲中一ヨリ。嘉禎年中、依二大悲菩薩重テ受二具戒一。専ラ志二毘尼一研究不レ怠。終ニ明二其道一為二人ノ戒範一。又天人常恒ニ来下、佐二護師之左右一ヲ云。時有二石清水検校准僧正行清公一。新建二法園寺一、召レ師為二開山第一祖一。由レ是嘉名遠聞、黒白依帰。建治元年、本山講堂輔成。円律玄公請レ師為ス二梵網説戒一云。弘安四年秋七月、蒙古ノ兵船至ル二大宰府一ニ。後宇多帝勅二師及実相律師一、令レ修二大法一除二外賊難一云。正応四年十一月二十七日、示二微疾一。臨終手ニ執二金剛杵一ヲ、端坐寂然トシテ而化ス。猶如入定。処二菩提位中一若干夏、享二人間寿一七十有三。立二塔於法園寺西北隅一也。受戒受密等門人多之。嗣法上首道月然律師也。

賛曰、守公ハ是レ中祖ノ真子、高祖ノ的綵。提ケ二南山数伝ノ之印一ヲ、躡ム二波離尊者之跡一ヲ。律身厳浄、道眼円明ニシテ、孳々綿々トシテ紹二仏ノ慧命一。僧

☆衆云、法園寺。

★綵可作孫

③20オ　③19ウ

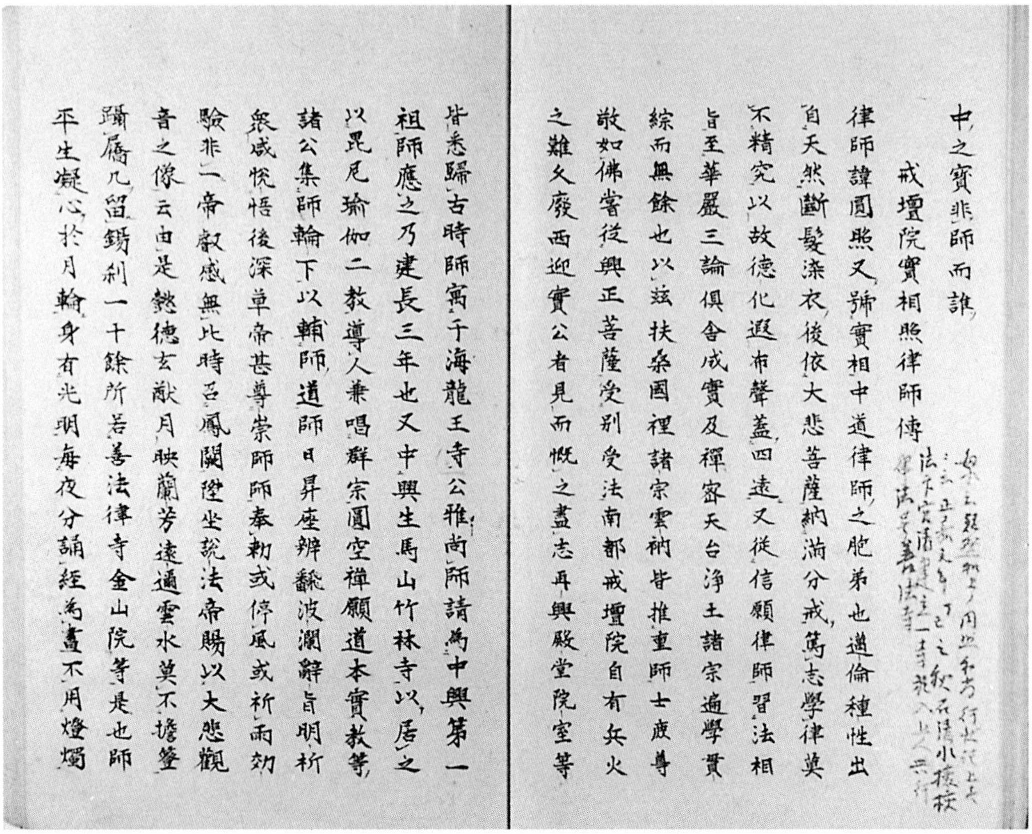
中之寶非師而誰
戒壇院實相照律師傳
律師諱圓照又號實相中道律師之胞弟也邁倫種性出
自天然斷髮涤衣後依大悲菩薩納滿分戒篤志學律莫
不精究以故德化遐布聲蓋四遠又從信願律師習法相
旨至華嚴三論俱舍成實及禪密天台淨土諸宗遍學貫
綜而無餘也以玆扶桑國裡諸宗雲衲皆推重師士庶尊
敬如佛嘗從興正菩薩受別受法南都戒壇院自有兵火
之難久廢西迎實公者見而慨之盡志再興殿堂院室等
皆悉歸古時師寓于海龍王寺公雅尚師請爲中興第一
祖師應之乃建長三年也又中興生馬山竹林寺以居之
以毘尼瑜伽二教導人兼唱群宗圓空禪願道本實教等
諸公集師輪下以輔師道師日昇座辨繇波瀾辭旨明析
衆咸悅悟後深草帝甚尊崇師師奉勅或停風或祈雨効
驗非一帝叡感無比時召鳳闕陞坐說法帝賜以大悲觀
音之像云由是懿德玄猷月映蘭芳遠邇雲水莫不擔簦
躡屩凡留錫刹一十餘所若善法律寺金山院等是也師
平生凝心於月輪身有光明每夜分誦經爲晝不用燈燭

③20ウ

③21オ

☆栞云、疑然和上ノ円照和尚行状記上巻ニ云、正嘉元年丁巳之秋、石清水検校法印宮清建立一寺施入。上人興行律法。号善法寺。

中ノ之宝、非レシテ師而誰ソ。

## 戒壇院実相照律師伝

律師、諱円照、又タ号二実相一。中道律師ノ之胞弟也。邁倫種性、出レ自二天然一。断髪染衣ノ後、依二大悲菩薩一納二満分戒一ヲ。篤レ志学レ律、莫レ不二精究一。以故徳化遐布、声蓋フ二四遠一ニ。又従二信願律師一習二法相旨一。至二華厳・三論・倶舎・成実及禅・密・天台・浄土、諸宗遍学。貫綜而無余也。以レ茲扶桑国裡、諸宗雲衲、皆推二重師一、士庶尊敬如レ仏。嘗従二興正菩薩一受二別受法一。南都戒壇院自有兵火之難久廃。西迎実公者見而慨レ之。尽レ志再興殿堂院室等、皆悉帰レ古。時師寓二于海龍王寺一。公雅ヨリ尚レ師、請為二中興第一祖一。師応レ之。乃建長三年也。又中二興生馬山竹林寺一以テ居レ之。以二毘尼・瑜伽二教一導レ人、兼唱二群宗一。円空・禅願・道本・実教等ノ諸公集二師輪下一、以輔二師ノ道一。師日昇座。弁繇波瀾、辞旨明析、衆咸悦悟。後深草帝甚尊二崇師師一、奉レ勅、或停レ風、或祈レ雨。効験非レ一ニ。帝叡感無レ比。時召二鳳闕一陞坐説法。帝賜以二大悲観音之像一云。由レ是懿徳玄猷、月映蘭芳、遠邇雲水、莫レ不二担簦躡レ屩。凡ソ留レ錫ル刹一十余所、若二善法律寺・金山院等一是也。師平生凝二心ヲ於月輪一ニ、身有二光明一。毎二夜分誦一レ経、為レ昼不レ用二灯燭一。

③21オ

③20ウ

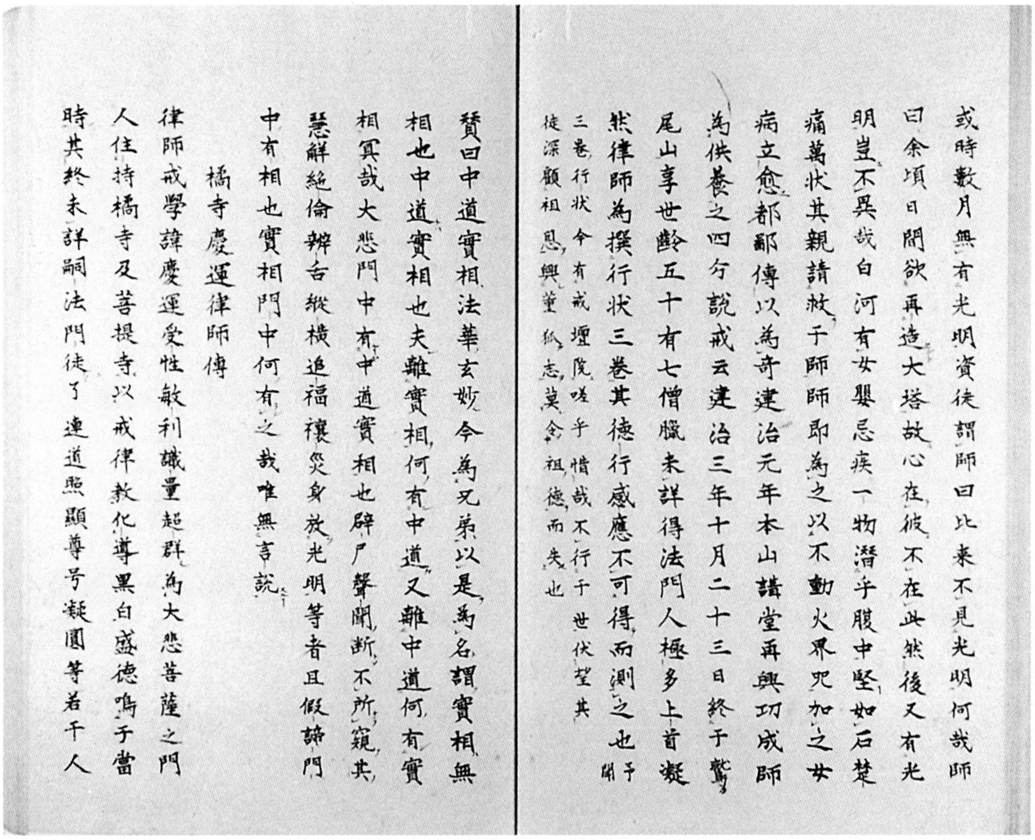

③22オ　③21ウ

或時数月無レ有二光明一。資徒謂レ師曰、比来不レ見二光明一何哉。師曰、余頃日間、欲三再二造セント大塔一。故ニ心在テレ彼ニ不レ在レ此。然後又有二光明一。豈ニ不レ異哉。白河有レ女。嬰忌疾。一物潜二乎腹中一。堅コト如レ石。楚痛万状。其親請二救ヲ于師一。師即為レ之以二不動火界呪一。加レ之女病立愈ニ。都鄙伝以為レ奇。建治元年、本山講堂再興功成。師為二供養一之四分説戒云。建治三年十月二十三日、終二于鷲尾山一。享世齢五十有七、僧臘未レ詳。得法門人極多。上首凝然律師、為撰二行状三巻一。其徳行感応。不レ可二得テ而測一レ之也。予聞、三巻ノ行状、今有二戒壇院一ニ。嗟乎惜哉。不ル行二于世一セ。伏望其徒深顧二祖恩一ヲ、興シ二董狐カ志一ヲ。莫レ下令中シテ祖ノ徳一ヲ而失上セ也。

③21ウ

賛曰、中道実相ハ法華ノ玄妙也。今為二兄弟一ト。以レ是ヲ為レ名ト。謂ク実相ハ無相也、中道トハ実相也。夫レ離二実相一ヲ。何ノ有ン二中道一カ。又離二中道一、何ノ有ン二実相一。冥哉、大悲門中有ルコトヤ二中道・実相一也。辟尸声聞ノ断トシテ不レ所ナラレ窺フ。其ノ慧解絶倫、弁舌縦横、追福禳災、身放ツ二光明一等者、且仮諦門中ノ有相也。実相門中、何ノ有ランレ之哉。唯無二言説一スルコト。

## 橘寺慶運律師伝

律師戒学、諱慶運。受性敏利、識量超群也。為二大悲菩薩之門人一。住二持橘寺及菩提寺一ニ。以二戒律教一化二導黒白一、盛徳鳴二于当時一。其終未レ詳。嗣法門徒、了連・道照・顕尊・号凝円等若干人。

③22オ

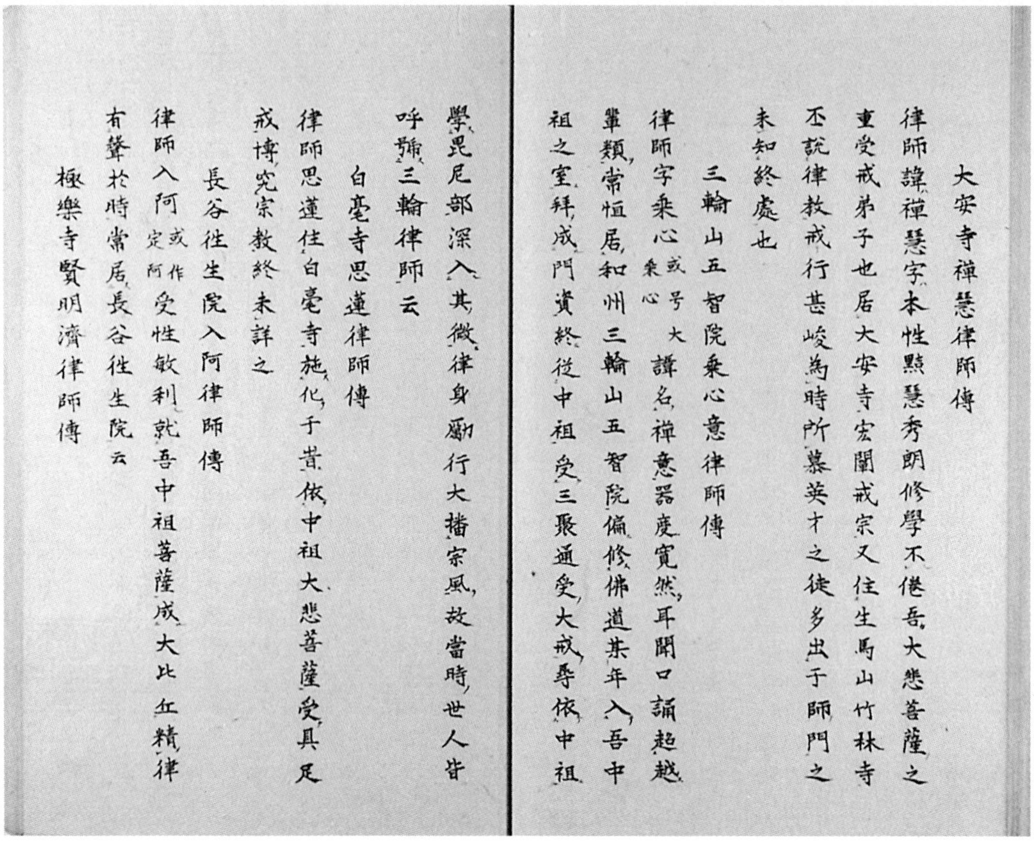
大安寺禪慧律師傳
律師諱禪慧字本性黠慧秀朗修學不倦吾大悲菩薩之
重受戒弟子也居大安寺宏闡戒宗又住生馬山竹林寺
丕説律教戒行甚峻為時所慕英才之徒多出于師門之
未知終處也
三輪山五智院乘心意律師傳
律師字乘心或号大乘心諱名禪意器度寛然耳聞口誦超越
輩類常恒居和州三輪山五智院偏修佛道某年入吾中
祖之室拜成門資終從中祖受三聚通受大戒尋依中祖
學毘尼部深入其微律身勵行大播宗風故當時世人皆
呼號三輪律師云
白毫寺思蓮律師傳
律師思蓮住白毫寺施化于當依中祖大悲菩薩受具足
戒博究宗教終未詳之
長谷往生院入阿律師傳
律師入阿或作定阿受性敏利就吾中祖菩薩成大比丘精律
有聲於時常居長谷往生院云
極樂寺賢明濟律師傳

③23オ　③22ウ

**大安寺禅慧律師伝**

律師、諱ハ禅慧、字ハ本性。黠慧秀朗、修学不也レ倦。吾カ大悲菩薩ノ之重受戒弟子也。居二大安寺一宏闡戒宗一。又住二生馬山竹林寺一丕説二律教一。戒行甚峻、為レ時所レ慕。英才之徒、多出二于師ノ門一之。未レ知二終処一也。

**三輪山五智院乗心意律師伝**

律師、字乗心、或号大乗心。諱名ク二禅意一。器度寛然ニシテ耳聞口誦、超二越ス輩類一ヲ。常恒居二シテ和州三輪山五智院一偏ニ修二ス仏道一。某年、入二テ吾中祖之室一ニ拝シテ成ル二門資一。終ニ従二中祖一受ク二三聚通受ノ大戒一ヲ。尋依二テ中祖一学ス二毘尼部一。深入ル二其ノ微一ニ。律身励行、大播二宗風一ヲ。故当時ノ世人。皆呼号ス二三輪律師一云。

**白毫寺思蓮律師伝**

律師思蓮、住二白毫寺一。施スレ化ヲ于時ニ。依二テ中祖大悲菩薩一受ク具足戒一。博ク究二宗教一。終未レ詳之。

**長谷往生院入阿律師伝**

律師入阿、或作定阿。受性敏利也。就二吾中祖菩薩一成ル二大比丘一。精シテレ律有二声於時一。常居ス二長谷往生院一云。

**極楽寺賢明済律師伝**

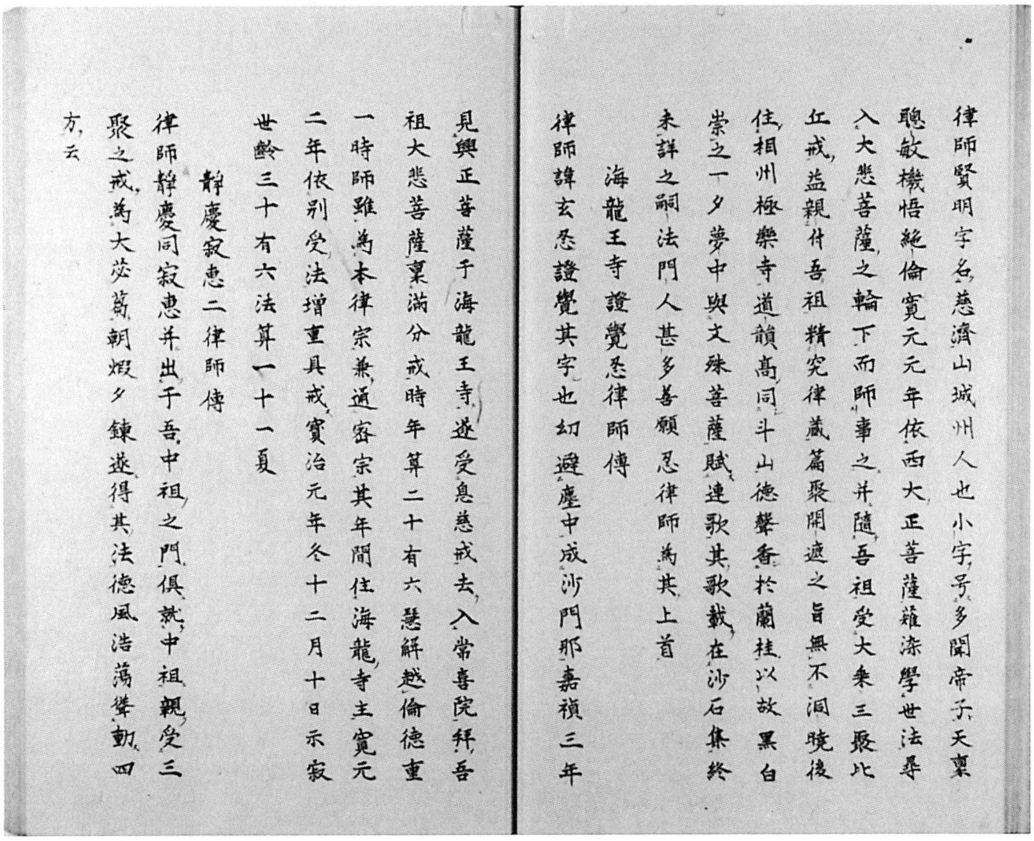

③24オ　③23ウ

律師賢明、字名ク二慈済一。山城州人也。小字ヲ号ス二多聞帝子ト一。天稟聡敏、機悟絶倫。寛元元年、依二西大ノ正菩薩一薙染、学二世法一。尋入二大悲菩薩ノ之輪下一而師二事之一ニ。并ニ随テ二吾祖一受二大乗三聚比丘戒ヲ一。益親二付吾カ祖一、精二究律蔵一。篇聚開遮之旨、無レ不二洞暁一。後住シテ二相州極楽寺一、道韻高シテ同シ二斗山一。徳声香シ二於蘭桂一、以故黒白崇レ之。一夕夢中与二文殊菩薩一賦ス二連歌一。其ノ歌載テ在二沙石集一。終未レ詳之。嗣法門人甚多。善願忍律師為二其ノ上首一。

## 海龍王寺証覚忍律師伝

律師、諱玄忍、証覚其字也也。幼避二塵中一成二沙門那一。嘉禎三年、見二興正菩薩于海龍王寺一ニ遂受二息慈戒一。去テ入二常喜院一。拝シテ二吾祖大悲菩薩一稟二満分戒一。時年算二十有六。慧解越レ倫、徳重一時。師雖レ為二本律宗一、兼テ通二密宗一。其年間、住二海龍ノ寺主一。寛元二年、依二別受ノ法一増重具戒ス。宝治元年冬十二月十日示寂。世齢三十有六、法算一十一夏。

## 静慶・寂恵二律師伝

律師静慶、同寂恵、并ニ出ツ二于吾カ中祖ノ之門一ニ。倶ニ就テ二中祖一ニ、親ク受二三聚之戒ヲ一為二大苾芻ト一。朝煆夕錬、遂ニ得二其ノ法一。徳風浩蕩、聳二動ス四方ヲ一云。

③24オ　③23ウ

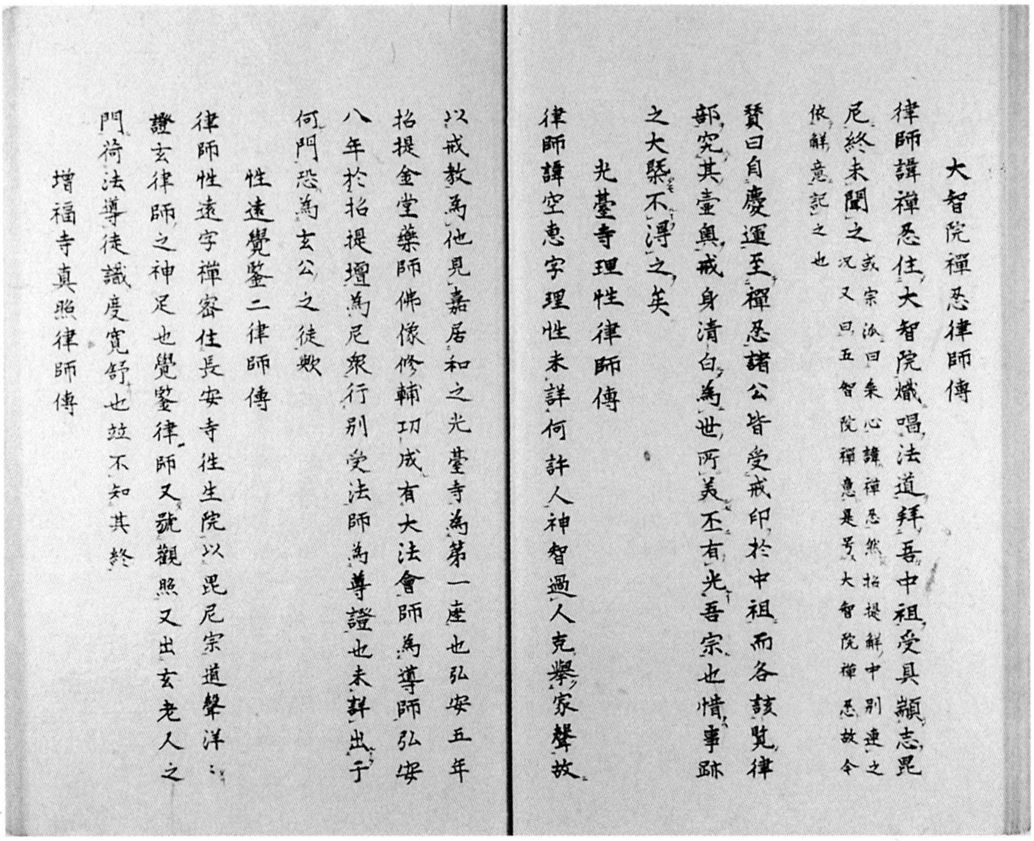

③25オ　③24ウ

## 大智院禅忍律師伝

律師、諱禅忍、住二シテ大智院一熾ニ唱二フ法道一ヲ。拝二シテ吾カ中祖一ヲ受具。顓二ニシテ志ヲ毘尼一ニ、終未レ聞レ之。或宗派ニ曰二乗心一、諱ハ禅忍一。然レトモ招提解ノ中、別連レ之。況又曰二フ五智院禅意一ト。是号二ス大智院禅忍一ト。故今依二テ解ノ意一ニ記レ之也。

賛曰、自二慶運一至二テ禅忍一、諸公皆受二戒印ヲ於中祖一ニ。而各該二覧シテ律部一ヲ、究二ハメ其ノ壺奥一ヲ。戒身清白ニシテ為レニ世ノ所レ美ンセ。丕ニ有レリ光二ルコト吾宗一ニ也。惜クハ事跡之大概タモ不レルコトヲ得レ之ヲ矣。

## 光台寺理性律師伝

律師、諱空恵、字理性、未レ詳二何許人一。神智過レ人、克ク挙二ク家声一。故ニ

③24ウ

以二戒教一、為レ他見レ嘉。居二和之光台寺一為二第一座一也。弘安五年、招提金堂薬師仏像修輔功成ル。有二大法会一。師為二導師一。弘安八年、於二招提壇一、為二尼衆一行二別受法一。師為二尊証一也。未レ詳レ出二ルコトヲ于何レノ門一。恐ハ為二玄公ノ之徒一歟。

## 性遠・覚鑑二律師伝

律師性遠、字禅密、住二長安寺往生院一。以二毘尼宗一道声洋々タリ。証玄律師ノ之神足也。覚鑑律師、又タ号二観照一、又出二玄老人之門一ニ。荷レ法導レ徒、識度寛舒ナリ也。並不レ知二其終一。

## 増福寺真照律師伝

③25オ

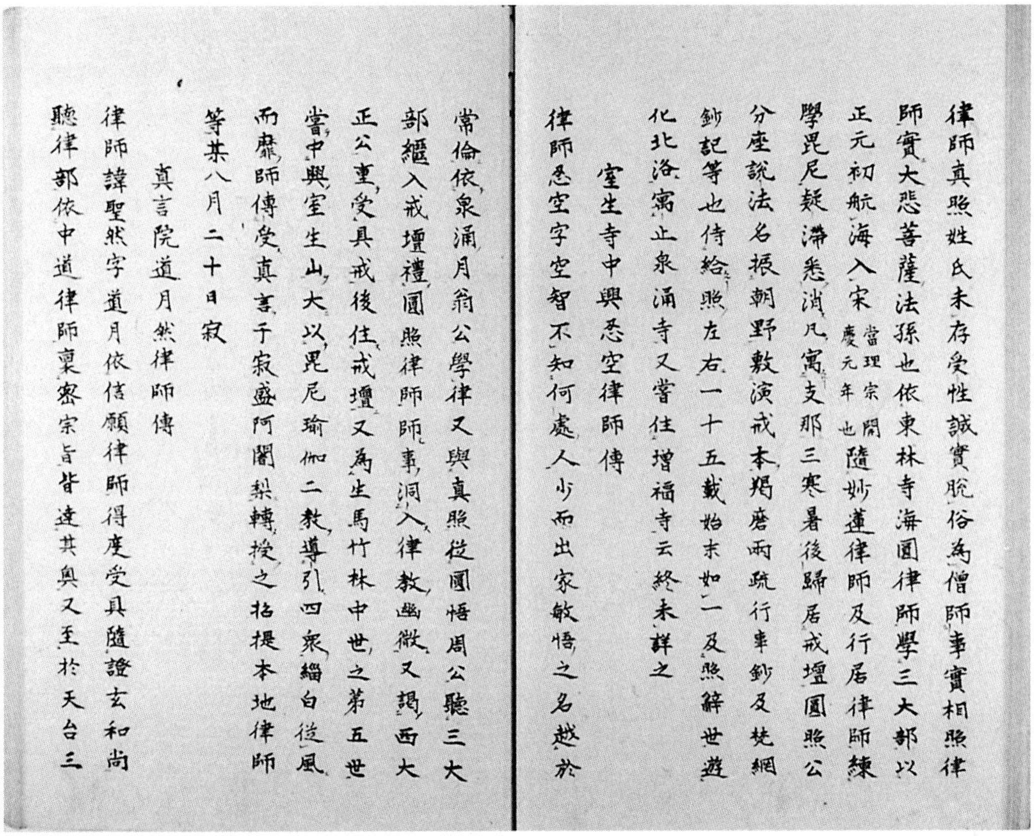
律師真照姓氏未存受性誠實脱俗為僧師事實相照律
師實大悲菩薩法孫也依東林寺海圓律師學三大部以
正元初航海入宋（當理宗開慶元年也）随妙蓮律師及行居律師練
學毘尼疑滞悉消凡寓支那三寒暑後歸居戒壇圓照公
分座説法名振朝野數演戒本羯磨兩疏行事鈔及梵網
鈔記等也侍給照左右一十五載始末如一及照辭世遊
化北洛寓止泉涌寺又嘗住増福寺云終未詳之
室生寺中興忍空律師傳
律師忍空字空智不知何處人少而出家敏悟之名越於
常倫依泉涌月翁公學律又與真照從圓悟周公聽三大
部繼入戒壇禮圓照律師師事洞入律教幽微又謁西大
正公重受具戒後住戒壇又為生馬竹林中世之第五世
嘗中興室生山大以毘尼瑜伽二教導引四衆緇白從風
而靡師傳受真言于寂盛阿闍梨轉授之招提本地律師
等某八月二十日寂
真言院道月然律師傳
律師諱聖然字道月依信願律師得度受具随證玄和尚
聽律部依中道律師稟密宗旨皆達其奥又至於天台三

③26オ　③25ウ

律師真照、姓氏未レ存。受性誠実。脱レ俗為レ僧、師二事実相照律師一。実ニ大悲菩薩ノ法孫也。依二東林寺海円律師一学二三大部一。以二正元初一、航レ海入レ宋。当理宗開慶元年也。随二妙蓮律師及行居律師一。練二学毘尼一、疑滞悉ク消ス。凡ソ寓スルコト二支那一三寒暑。後帰居二戒壇一。円照公分座説法、名振二朝野一。敷二演戒本ヲ、羯磨両疏・行事鈔及梵網鈔記等也。侍二給スルコト照ノ左右ニ一十五載、始末如レ一。及二照辞世一遊二化北洛一ニ、寓二止泉涌寺一。又嘗住二増福寺一云。終未レ詳之。

## 室生寺中興忍空律師伝

律師忍空、字空智、不レ知二何処ノ人一。少而出家。敏悟ノ之名、越二於常倫一ニ。依テ二泉涌ノ月翁公一学レ律。又与二真照一、従二円悟周公一聴二三大部一。継入戒壇、礼シテ二円照律師一師シ事フ。洞二入ス律教ノ幽微一ニ。又謁シテ二西大正公一重テ受二具戒一。後住ス二戒壇一ニ。又為二生馬竹林中世ノ之第五世一。嘗テ中二興シテ室生山一ヲ、大ニ以テ二毘尼・瑜伽二教ヲ一導二引ス四衆ヲ一。緇白従レ風ニ而靡ク。師伝二受ス真言ヲ于寂盛阿闍梨一ニ。転シテ授ク二之招提本地律師等一。某八月二十日寂。

## 真言院道月然律師伝

律師、諱聖然、字道月、依二信願律師一得度受具。随二証玄和尚一聴二律部一。依二中道律師一稟二密宗旨一、皆達二其奥一。又至二於天台三

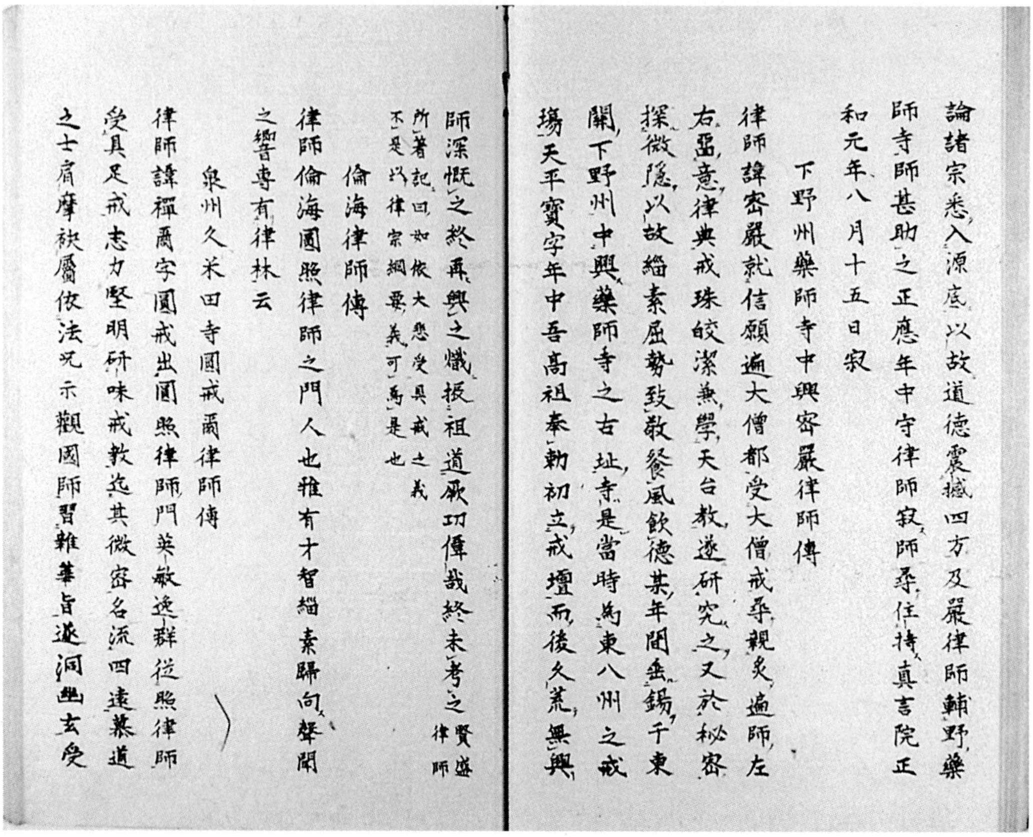
論諸宗悉入源底以故道德震撼四方及嚴律師輔野藥
師寺師甚助之正應年中守律師寂師尋住持真言院正
和元年八月十五日寂
下野州藥師寺中興密嚴律師傳
律師諱密嚴就信願遍大僧都受大僧戒尋親炙遍師左
右留意律典戒珠皎潔兼學天台教遂研究之又於秘密
探微隱以故緇素屈勢致敬餐風飲德某年間垂錫于東
關下野州中興藥師寺之古址寺是當時爲東八州之戒
場天平寳字年中吾高祖奉勅初立戒壇而後久荒無興
師深慨之終再興之熾振祖道厥功偉哉終末考之 賢盛律師
所著記曰如依大悲受具戒之義不是以律宗綱要義可爲是也
倫海律師傳
律師倫海圓照律師之門人也雅有才智緇素歸向聲聞
之響專有律林云
泉州久米田寺圓戒爾律師傳
律師諱禪爾字圓戒出圓照律師門英敏逸群從照律師
受具足戒志力堅明研味戒教迄其微密名流四遠慕道
之士肩摩袂屬依法兄示觀國師習雜華旨遂洞幽玄受

③27オ　③26ウ

論諸宗一、悉ク入二源底一ニ。以故ニ道徳震二撼四方一ニ。及厳律師輔二野ノ薬
師寺一、師甚助レ之。正応年中、守律師寂ス。師尋テ住二持ス真言院一。正
和元年八月十五日寂。

## 下野州薬師寺中興密厳律師伝

律師、諱密厳、就二信願遍大僧都一受二大僧ノ戒一。尋テ親二炙シテ遍師ノ左
右ニ一、留メ二意ヲ律典一、戒珠皎潔。兼テ学テ二天台教ヲ一、遂ニ研二究ス之一ヲ。又於二秘密一ニ
探ル二微隠一ヲ。以故緇素屈勢致レ敬、餐レ風飲レ徳。某ノ年間、垂ル二錫ヲ于東
関ノ下野州一。中二興ス薬師寺之古址一ヲ。寺ハ是レ当時為二東八州之戒
場一。天平宝字年中、吾高祖奉レ勅初立テ二戒壇一、而シテ後久荒テ無レ興コト。
師深慨レ之、終再ヒ興レ之。熾ニ振二祖道一、厥功偉哉。終未レ考レ之。賢盛律師
所レ著記ニ曰ク、如依大悲受具戒之義、不レ是。以テ二律宗綱要ノ義ヲ一可レ為レ是也。

## 倫海律師伝

律師倫海、円照律師之門人也。雅有才智、緇素帰向ス。声聞
之響、専有リ二律林一云。

## 泉州久米田寺円戒爾律師伝

律師、諱禅爾、字円戒、出二円照律師ノ門一。英敏逸群、従二照律師一
受二具足戒一。志力堅明、研二味戒教一。迄二其微密一、名流二四遠一。慕道
之士、肩摩袂属。依二法兄示観国師一習二雑華旨一、遂洞二幽玄一。受

⌊③27オ　⌊③26ウ

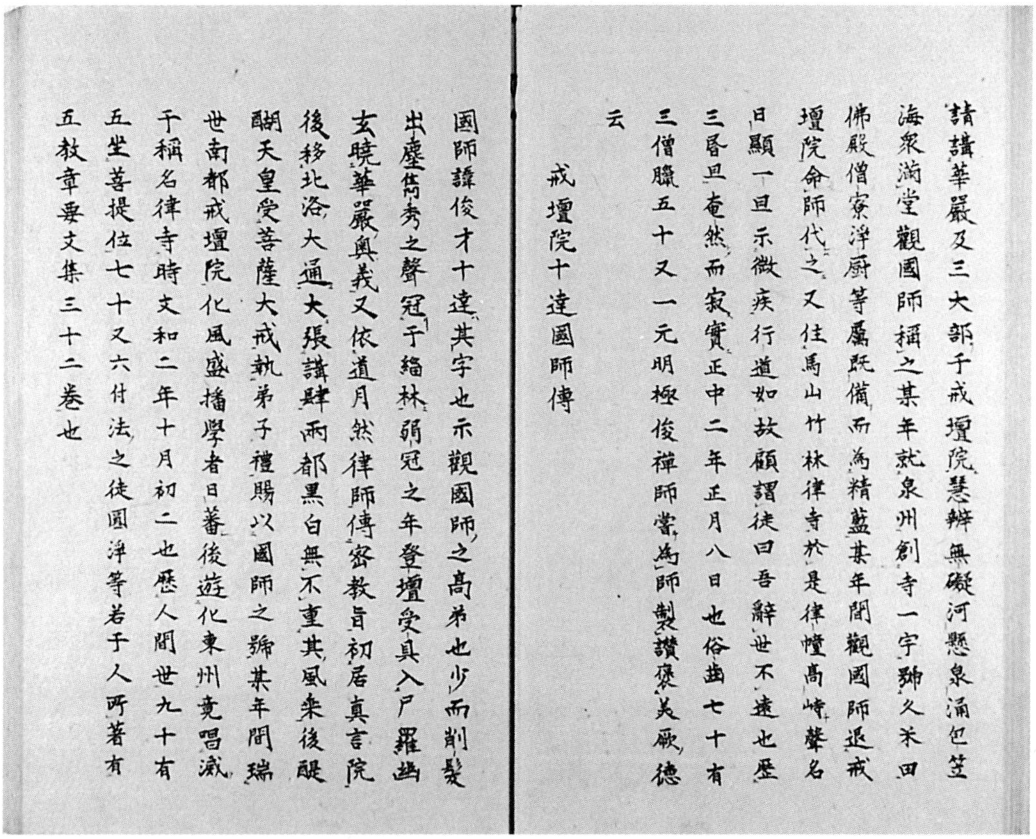

③28オ　③27ウ

レ請講二華厳及三大部ヲ于戒壇院一二。慧弁無礙、河懸泉涌、包笠海衆満レ堂。観国師称レ之。某年、就二泉州一創二寺一宇一。号二久米田一。仏殿・僧寮・浄厨等厲既備リ、而為二精藍一。某年間、観国師退二戒壇院一、命レ師代レシム之二。又住二馬山竹林律寺一。於レ是律幢高峙チ、声名日顕。一旦示二微疾一、行道如レ故。顧謂レ徒曰、吾辞レ世不レ遠也。歴二三昏旦一、奄然トシテ而寂ス。実ニ正中二年正月八日也。俗歯七十有三、僧臘五十又一。元明極俊禅師、嘗テ為レ師製レ讃、褒二美厥ノ徳云。

## 戒壇院十達国師伝

国師、諱俊才、十達ハ其字也。示観国師ノ之高弟也。少而削髪出塵。雋秀之声冠リ二于緇林一二。弱冠之年登壇受具。入二尸羅幽玄一、暁二華厳ノ奥義一。又依二道月然律師一伝二密教旨一。初二居真言院一、後移二北洛ノ大通一二。大ニ張二講肆一、両都黒白無レ不レ重二其ノ風乗一。後醍醐天皇受二菩薩大戒一、執二弟子礼一。賜以二国師之号一。某年間、瑞二世南都戒壇院一。化風盛播、学者日蕃シ。後遊二化東州一、竟唱二滅ヲ于称名律寺一。時文和二年十月初二也。歴二人間世一九十有五、坐二菩提位一七十又六。付法ノ之徒、円浄等若干人。所レ著有二五教章要文集三十二巻一也。

③28オ　③27ウ

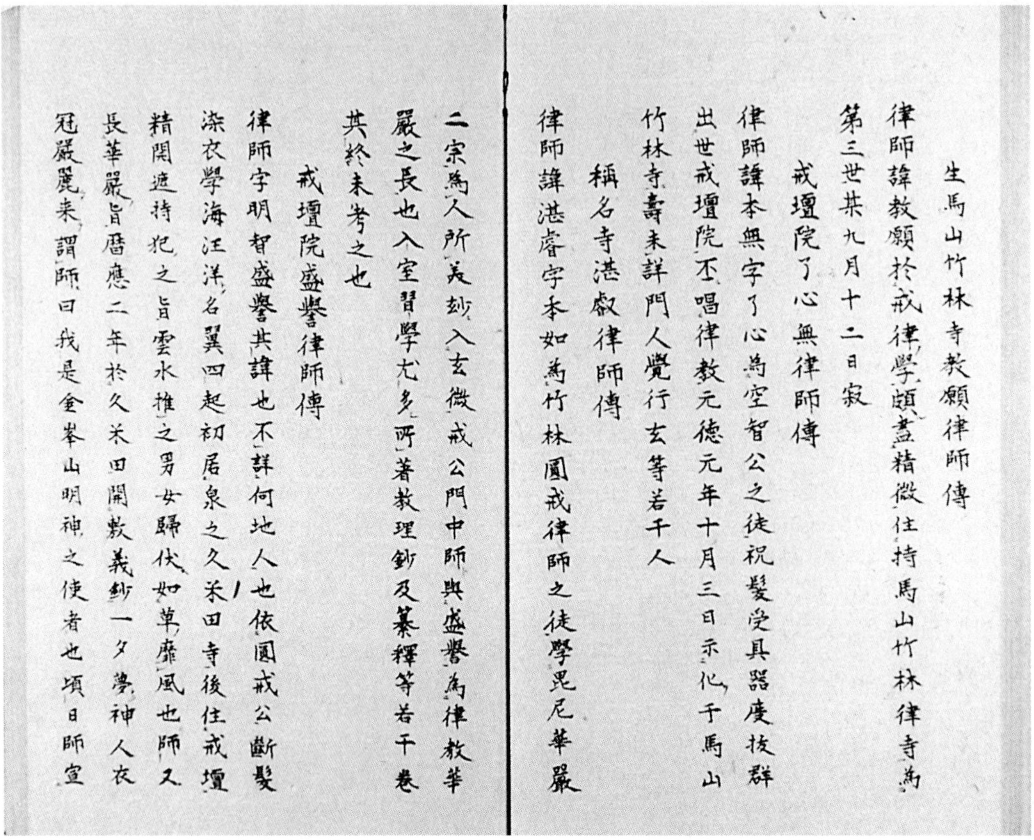
生馬山竹林寺教願律師傳
律師諱教願於戒律學頗盡精微住持馬山竹林律寺為
第三世某九月十二日寂
戒壇院了心無律師傳
律師諱本無字了心為空智公之徒祝髮受具器度拔群
出世戒壇院丕唱律教元德元年十月三日示化于馬山
竹林寺壽未詳門人覺行玄等若干人
稱名寺湛叡律師傳
律師諱湛睿字本如為竹林圓戒律師之徒學毘尼華嚴
二宗為人所美妙入玄微戒公門中師與盛譽為律教華
嚴之長也入室習學尤多所著教理鈔及纂釋等若干卷
其終未考之也
戒壇院盛譽律師傳
律師字明智盛譽其諱也不詳何地人也依圓戒公斷髮
染衣學海汪洋名翼四起初居泉之久米田寺後住戒壇
精閑遮持犯之旨雲水推之男女歸伏如草靡風也師又
長華嚴旨曆應二年於久米田開敷義鈔一夕夢神人衣
冠嚴麗來謂師曰我是金峯山明神之使者也頃日師宣

③29オ　③28ウ

### 生馬山竹林寺教願律師伝

律師、諱教願、於二戒律ノ学一ニ頗ル尽二精微一。住二持馬山竹林律寺一為二第三世一。某九月十二日寂。

### 戒壇院了心無律師伝

律師、諱本無、字了心。為二空智公之徒一。祝髪受具、器度抜群。出二世戒壇院一丕ニ唱二律教一。元徳元年十月三日、示二化ヲ于馬山竹林寺一ニ。寿未レ詳。門人覚行玄等若干人。

### 称名寺湛叡律師伝

律師、諱湛睿、字本如、為二竹林円戒律師之徒一。学二毘尼・華厳

⌊③28ウ

二宗一、為レ人所レ美。妙ニ入二玄微一。戒公門中、師ト与二盛誉一為二律教・華厳之長一也。入室習学尤多シ。所レ著教理鈔及纂釈等若干巻。其終未考之也。

### 戒壇院盛誉律師伝

律師、字明智、盛誉其諱也。不レ詳二何地人一也。依二円戒公一断髪染衣。学海汪洋トシテ名翼四起。初居二泉之久米田寺一、後住二戒壇一。精二開遮持犯ノ之旨一。雲水推レ之、男女帰伏ス。如二草ノ靡一レ風也。師又長二華厳ノ旨一。暦応二年、於二久米田一開二敷義鈔一。一夕夢ラク、神人衣冠厳麗ニシテ来テ謂レ師ニ曰、我是金峯山明神ノ之使者也。頃日、師宣二

⌊③29オ

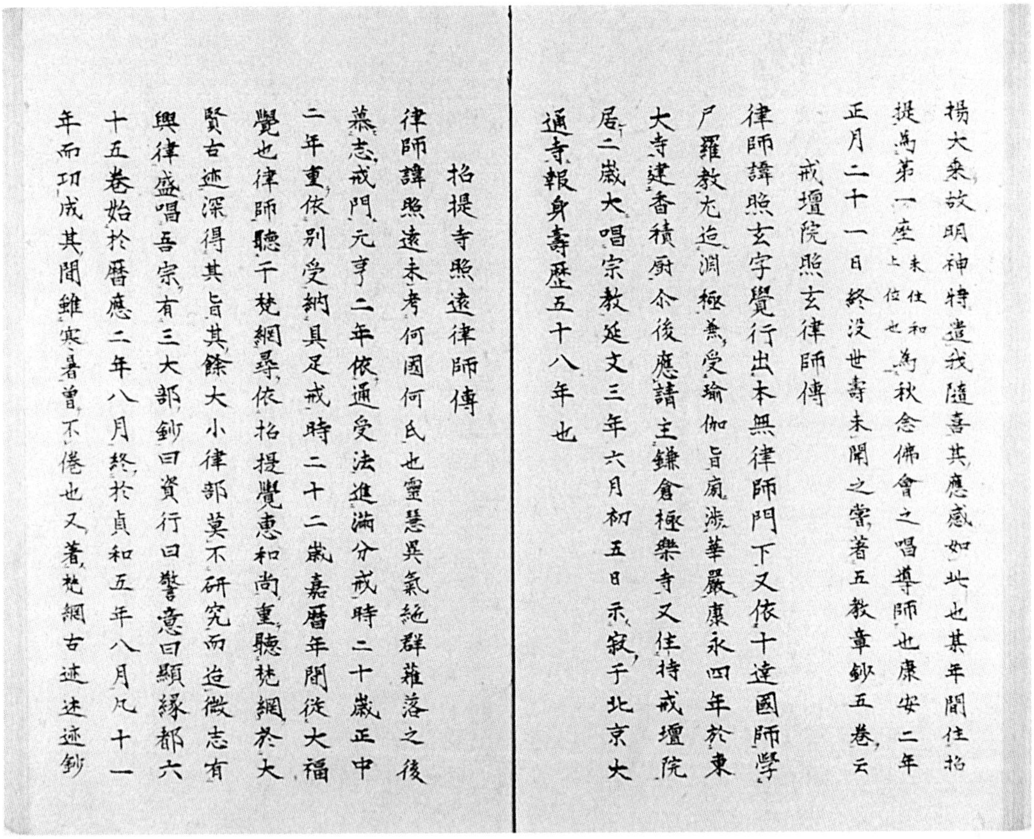

③30オ ③29ウ

揚大乗ヲ一故、明神特ニ遣ニレ我随喜一。其ノ応感如レ此也。某年間、住ニ招提一為ニ第一座一。未住和上位也。為ニ秋念仏会之唱導師一也。康安二年正月二十一日終没。世寿未レ聞之。嘗テ著ニ五教章鈔五巻一ヲ云。

## 戒壇院照玄律師伝

律師、諱照玄、字覚行、出ニ本無律師門下一。又依ニ十達国師一学ニ尸羅教一、尤迨ニル淵極一。兼テ受ニ瑜伽旨一、旁ニ渉ニル華厳一ニ。康永四年、於ニ東大寺一建ニ香積厨一。尓後応レ請主ニ鎌倉極楽寺一。又住ニ持戒壇院一。居ルコト二歳、大ニ唱ニ宗教一。延文三年六月初五日、示ニス寂ヲ于北京大通寺一ニ。報身寿歴五十八年也。

## 招提寺照遠律師伝

律師、諱照遠、未レ考ニ何国何氏一也。霊慧異気絶群。薙落之後、慕ニヒ志ヲ戒門一ニ、元亨二年、依ニテ通受法一進ニ満分戒一。時二十歳。正中二年、重テ依ニ別受一納ニ具足戒一。時二十二歳。嘉暦年間、従ニ大福覚也律師一聴ニ于梵網一。尋テ依ニ招提覚恵和尚一ニ重テ聴ニ梵網一ヲ。於ニ大賢古迹一、深ク得ニ其旨一。其ノ余大小律部、莫レ不ニ研究一。而迨レ微。志有ニ興律一、盛ニ唱ニ吾宗一ヲ。有ニ三大部ノ鈔一。曰資行・曰警意・曰顕縁、都六十五巻。始ニ於暦応二年八月一、終フニ於貞和五年八月一。凡十一年而功成。其ノ間、雖ニ寒暑一曽テ不レ倦也。又タ著ニス梵網古迹述迹鈔

③30オ ③29ウ

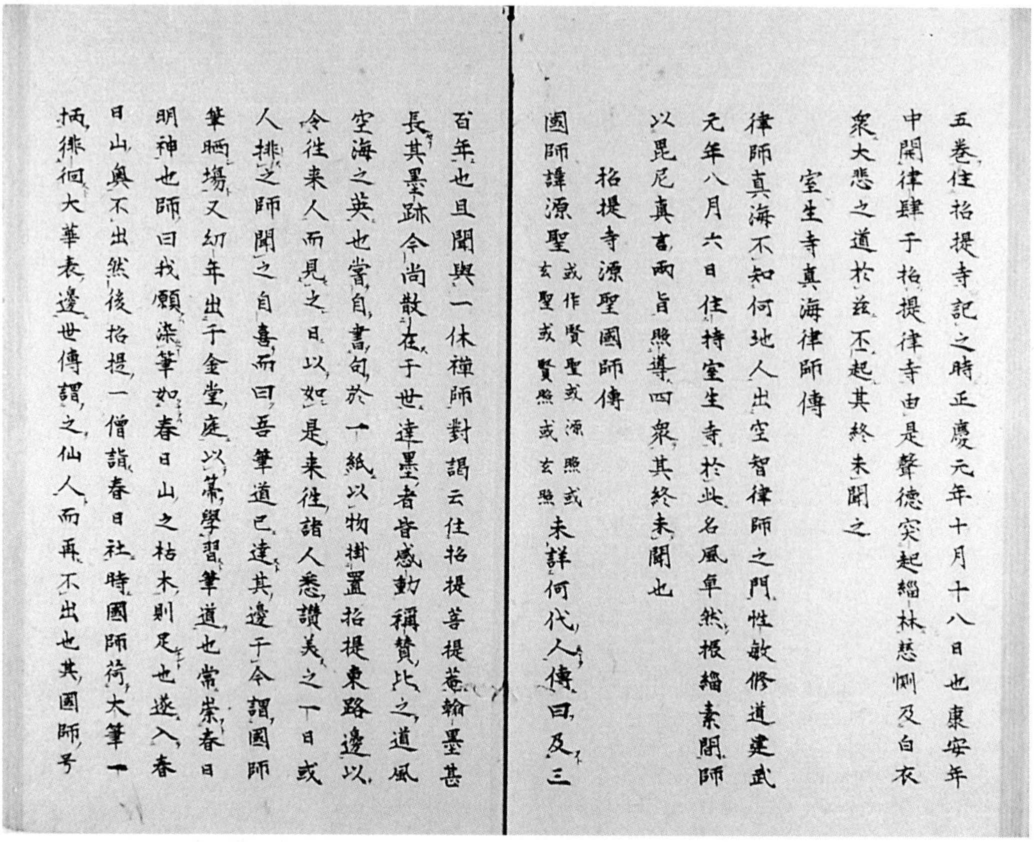
五巻住招提寺記之時正慶元年十月十八日也康安年
中開律肆于招提律寺由是聲徳突起緇林慈惻及白衣
衆大悲之道於茲不起其終未聞之
室生寺真海律師傳
律師真海不知何地人出空智律師之門性敏修道建武
元年八月六日住持室生寺於此名風卓然振緇素間師
以毘尼真言兩旨照導四衆其終未聞也
招提寺源聖國師傳
國師諱源聖 或作賢聖或源照或玄聖或賢照或玄照 未詳何代人傳曰及三
百年也且聞與一休禅師對謁云住招提菩提菴翰墨甚
長其墨跡今尚散在于世達墨者皆感動稱賛比之道風
空海之英也嘗自書句於一紙以物掛置招提東路邊以
令往来人而見之日以如是来往諸人悉讃美之一日或
人排之師聞之自喜而曰吾筆道已達其邊于今謂國師
筆晒場又幼年出于金堂庭以箒學習筆道也常崇春日
明神也師曰我願染筆如春日山之枯木則足也遂入春
日山奥不出然後招提一僧詣春日社時國師荷大筆一
柄徘徊大華表邊世傳謂之仙人而再不出也其國師号

③31オ　③30ウ

五巻一ヲ。住二招提寺一記レ之。時ニ正慶元年十月十八日也。康安年中、開二律肆于招提律寺一。由レ是声徳突二起緇林一ニ。慈惻及二白衣衆一ニ、大悲之道於レ茲ニ丕ニ起ル。其終未レ聞之。

**室生寺真海律師伝**

律師真海、不レ知二何地人一。出二空智律師之門一ニ。性敏修道。建武元年八月六日、住二持室生寺一ニ。於レ此ニ名風卓然トシテ振緇素間一ニ。師以二毘尼・真言ノ両旨一照二導ス四衆一ヲ。其終未レタ聞也。

**招提寺源聖国師伝**

国師、諱源聖、或作賢聖、或源照、或玄聖、或賢照、或玄照。未レ詳二何代ノ人一云コトヲ。伝ニ曰フ、及二フト三百年一ニ也。且聞与二一休禅師一対謁云。住二招提菩提菴一ニ、翰墨甚長セリ。其墨跡、今尚散二在ス于世一ニ。達墨ノ者、皆感動称賛シテ比二スト之ヲ道風・空海之英一ニ也。嘗テ自ラ書二シテ句ヲ於一紙一ニ、以レ物掛二置招提東路辺一。以テ令下二往来人一而見上セレ之レ。日ニ以テ如レシ是ノ。来往ノ諸人悉ク讃美ス之。一日或人排レス之。師聞レ之、自喜テ而曰ク、吾筆道已ニ達スト。其ノ辺于レ今謂フ二国師筆晒シ場一ト。又幼年出二于金堂ノ庭一ニ、以テレ箒ヲ学二習スト筆道一ヲ也。常ニ崇フト二春日明神一也。師ノ曰、我願クハ染ムルコトレ筆、如二クナラハ春日山ノ之枯木一ノ、則足ンナントト也。遂ニ入テ二春日山ノ奥一ニ不レ出。然後招提ノ一僧詣ス春日社一ニ。時ニ国師荷テ二大筆一柄一ヲ、徘二徊スト大華表ノ辺一ニ。世伝謂フ二之ヲ仙人一ト。而再ヒ不レ出也。其ノ国師ノ号

③31オ　③30ウ

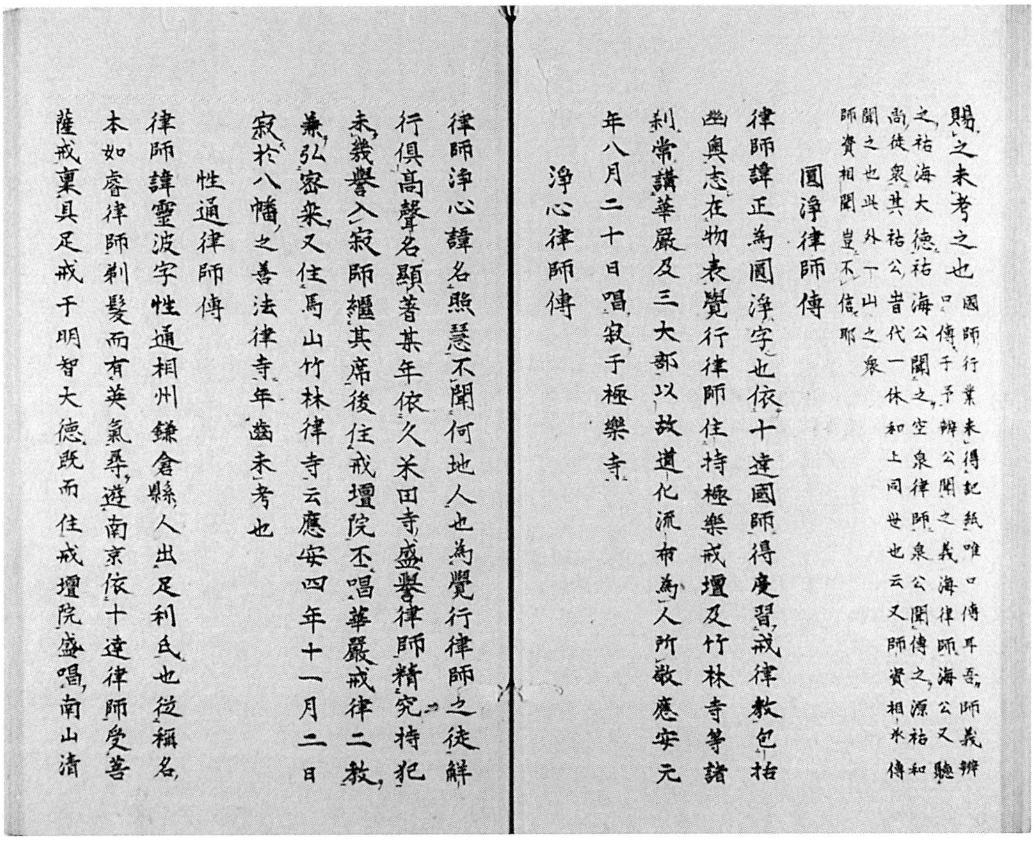

③32オ　③31ウ

賜フレ之。未レ考之也。国師ノ行業、未レ得二記紙一。唯口伝耳。吾カ師義弁口二伝ス于予一。弁公聞二之義海律師ニ一、海公又聴二之ヲ祐海大徳ニ一。祐海公聞二之ヲ空泉律師ニ一、泉公聞二伝之ヲ源祐和尚ノ徒衆ニ一。其祐公ノ時代、一休和上同世也云。又師資相承伝聞之也。此外一山之衆師資相聞、豈ニ不レン信セ耶。

### 円浄律師伝

律師、諱正為、円浄ハ字也也。依テ二十達国師ニ一得度、習フ二戒律教一。包二括幽奥一。志シ在二物表一。覚行律師住二持極楽・戒壇及竹林寺等諸刹ニ一、常ニ講二華厳及三大部一。以故道化流布、為レ人所レ敬。応安元年八月二十日、唱フ二寂ヲ于極楽寺ニ一。

### 浄心律師伝

律師浄心、諱名二照慧一、不レ聞二何地人一也。為二覚行律師之徒一。解行倶高、声名顕著。某年、依二久米田寺ノ盛誉律師一精二究持犯一。未タレ幾、誉入レ寂。師継二其席一。後住二戒壇院一、丕ニ唱二華厳・戒律二教ヲ一、兼テ弘二密乗ヲ一。又住二馬山竹林律寺一云。応安四年十一月二日、寂ス二於八幡ノ之善法律寺ニ一。年歯未レ考也。

### 性通律師伝

律師、諱霊波、字性通、相州鎌倉県ノ人。出二足利氏ニ一也。従二称名ノ本如睿律師一剃髪、而有二英気一。尋テ遊二南京一、依二十達律師一受二菩薩戒一、稟二具足戒于明智大徳ニ一。既而住二戒壇院一、盛唱フ二南山清

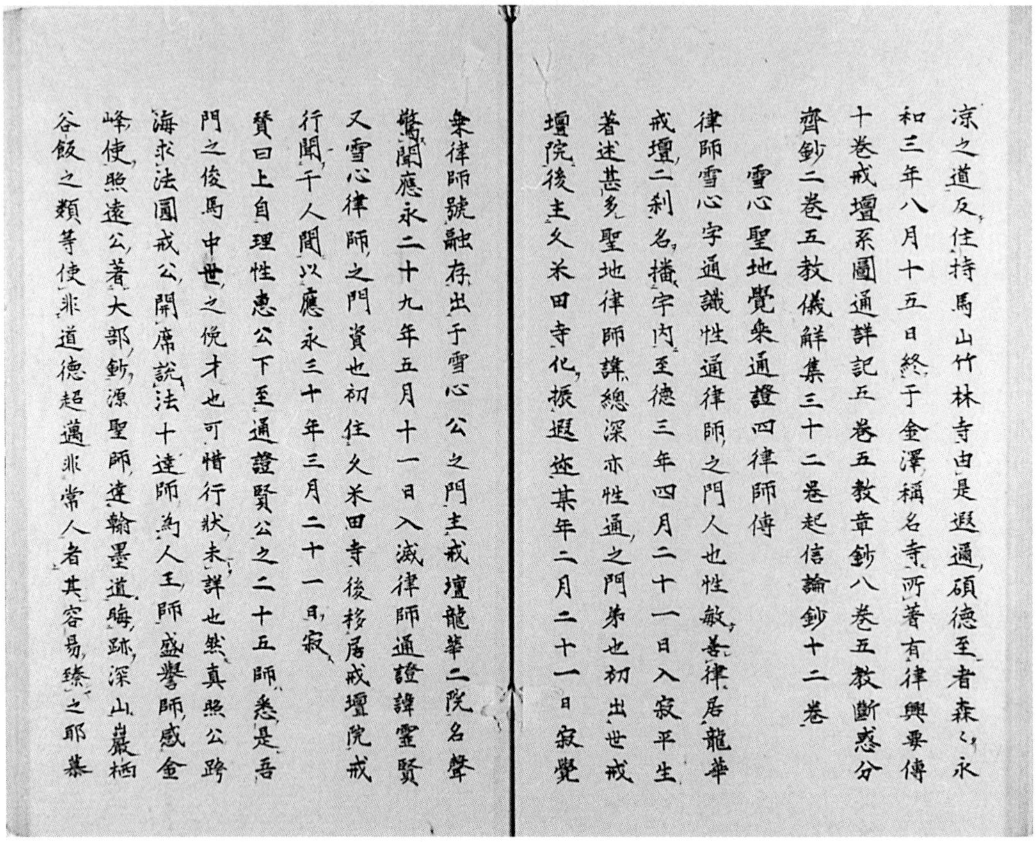
涼之道反住持馬山竹林寺由是遐邇碩徳至者森〻永
和三年八月十五日終于金澤稱名寺所著有律興要傳
十巻戒壇系圖通詳記五巻五教章鈔八巻五教斷惑分
齊鈔二巻五教儀觧集三十二巻起信論鈔十二巻
雪心聖地覺乘通證四律師傳
律師雪心字通識性通律師之門人也性敏善律居龍華
戒壇二刹名播宇内至徳三年四月二十一日入寂平生
著述甚多聖地律師諱總深亦性通之門弟也初出世戒
壇院後主久米田寺化振遐迩某年二月二十一日寂覺
乘律師號融存出于雪心公之門主戒壇龍華二院名聲
驚聞應永二十九年五月十一日入滅律師通證諱靈賢
又雪心律師之門資也初住久米田寺後移居戒壇院戒
行聞于人間以應永三十年三月二十一日寂
賛曰上自理性恵公下至通證賢公之二十五師悉是吾
門之俊馬中世之俛才也可惜行狀未詳也然真照公跨
海求法圓戒公開席説法十達師爲人王師盛譽師感金
峰使照遠公著大部鈔源聖師達翰墨道晦跡深山巖栖
谷飯之類等使非道徳超邁非常人者其容易臻之耶慕

③33オ　③32ウ

涼之道一。反テ住二持馬山竹林寺一。由レ是遐邇ノ碩徳、至ル者森々タリ。永和三年八月十五日、終二フ于金沢ノ称名寺一ニ。所レ著有二律興要伝十巻・戒壇系図通詳記五巻・五教章鈔八巻・五教断惑分斉鈔二巻・五教儀解集三十二巻・起信論鈔十二巻一。

## 雪心・聖地・覚乗・通証四律師伝

律師雪心、字通識、性通律師ノ之門人也。性敏ニシテ善レシ律ニ。居二龍華・戒壇ノ二刹一、名ヲ播二ス宇内一ニ。至徳三年四月二十一日入寂。平生著述甚多シ。聖地律師、諱ハ総深。亦性通ノ之門弟也。初出二世戒壇院一ニ。後主二久米田寺一、化ヲ振二遐迩一。某年二月二十一日寂。覚乗律師、号二融存一ト。出二于雪心公之門一。主二戒壇・龍華二院一、名声驚レス聞。応永二十九年五月十一日入滅。律師通証、諱霊賢。又雪心律師ノ之門資也。初住二久米田寺一、後移二居戒壇院一。戒行聞二フ于人間一ニ。以二応永三十年三月二十一日一ヲ寂ス。

賛曰、上自二理性恵公一、下至二通証賢公一之二十五師ハ、悉ク是レ吾門之俊馬、中世ノ之俛才也也。可レ惜行状ノ未レルコトヲ詳也。然トモ真照公ノ跨レ海求レ法、円戒公ノ開レ席説レキ法、十達師ノ為二人王ノ師一、盛誉師ノ感二金峰ノ使一ヲ、照遠公ノ著二シ大部ノ鈔一ヲ、源聖師ノ達二翰墨道一ニ、晦二シテ跡ヲ深山一ニ巌栖谷飯之類等、使レ非下道徳超邁非二常人一者上、其レ容易ク臻レンヤ之耶。慕

⌊③33オ　⌊③32ウ

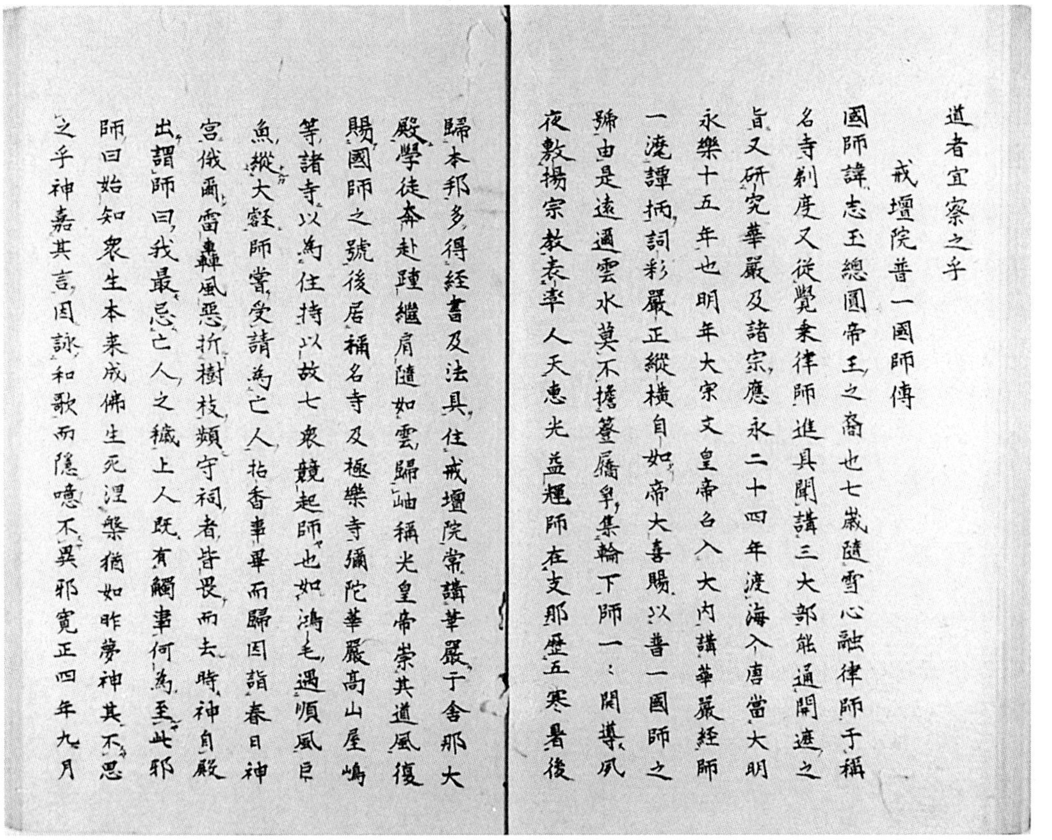

③34オ　③33ウ

道者、宜察之乎。

## 戒壇院普一国師伝

国師、諱ハ志玉、総円帝王ノ之裔也。七歳、随二雪心融律師一于二称
名寺一剃度。又従二覚乗律師一進具。聞レ講二三大部一、能通二開遮ノ之
旨一ニ。又研二究華厳及諸宗一ヲ。応永二十四年、渡レ海入唐。当二大明
永楽十五年一也。明年、大宗文皇帝召二入大内一講二華厳経一。師
一瀧二譚柄一ヲ。詞彩厳正、縦横自如タリ。帝大喜、賜ニ以二普一国師之
号一。由レ是遠邇雲水莫レ不レ担二簦屩一、争テ集二輪下一。師一々開導ス。夙
夜敷二揚宗教一、表二率人天一、恵光益輝。師在二支那一歴二五寒暑一。後
帰二本邦一、多ク得二経書及法具一ヲ。住二戒壇院一、常ニ講二華厳ヲ于舎那大
殿一ニ。学徒奔赴、踵継肩随、如二雲ノ帰レ岫。称光皇帝崇二其道風一、復
賜フ二国師之号一。後居二称名寺及極楽寺一、弥陀・華厳・高山・屋嶋
等ノ諸寺ニ、以為二住持一。以故七衆競起。師ヤ也、如下シ鴻毛ノ遇二順風一巨
魚ノ縦ナルカ上二大壑一ニ。師嘗テ受レ請、為二亡人一ノ拈香。事畢而帰。因詣二春日神
宮一ニ、俄爾トシテ雷轟風悪ク、折ルコト二樹枝一ヲ頻也。守祠ノ者ノ皆畏テ而去ル。時キ神自レ殿
出テ謂レ師曰ク、我最モ忌ム二亡人ノ之穢一。上人既ニ有二触事一。何為ソ至レルヤ此邪。
師ノ曰、始知衆生本来成仏、生死涅槃、猶如昨夢、神其レ不レスヤ思
レ之乎。神嘉二其言一ヲ。因ニ詠シテ二和歌一而隠ル。噫アヽ不レスヤ異邪。寛正四年九月

⌞③34オ　⌞③33ウ

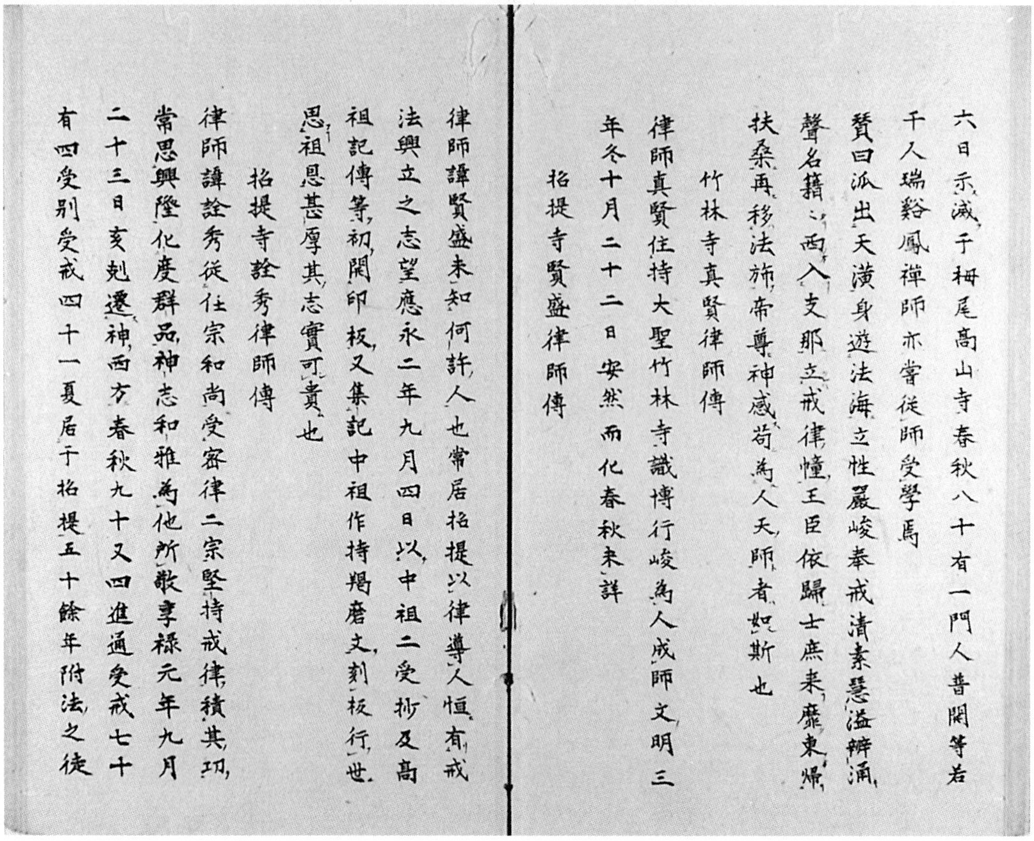

③35オ　③34ウ

六日、示ス二滅ヲ于栂尾高山寺一。春秋八十有一。門人普開等若
干人。瑞谿鳳禅師、亦嘗従レ師受レ学焉。
賛曰、派二出天潢一、身遊二法海ニ一。立性厳峻、奉戒清素。慧溢弁涌キ、
声名籍々タリ。西ノ方入リ二支那ニ一、立ツレハ二戒律ノ幢ヲ一、王臣依帰シ、士庶来リ靡ク。東ノ方帰リ二
扶桑ニ一。再ヒ移ハ二法旆ヲ一、帝尊ヒ神感ス。苟ニ為ル二人天ノ師ト一者ハ如也レ斯也。

## 竹林寺真賢律師伝

律師真賢、住二持大聖竹林寺一。識博行峻、為レ人成レ師。文明三
年冬十月二十二日、安然而化。春秋未レ詳。

## 招提寺賢盛律師伝

律師、諱賢盛、未レ知二何許ノ人一也。常居招提以レ律導レ人。恒ニ有リ二戒
法興立之志望一。応永二年九月四日、以テ二中祖一受抄及高
祖記伝等ヲ一、初テ開二印板ヲ一。又集二記中祖作持羯磨文ヲ一、刻レ板行フレ世ニ。
思フコト二祖恩一甚厚。其ノ志実可レシ貴ム也。

## 招提寺詮秀律師伝

律師、諱詮秀、従二任宗和尚一受二密・律二宗一。堅二持戒律ヲ一積二其ノ功ヲ一。
常思二興隆一化二度群品ヲ一。神志和雅為レ他所レ敬。享禄元年九月
二十三日亥剋、遷ス二神ヲ西方ニ一。春秋九十又四、進通受戒七十
有四、受別受戒四十一夏。居二于招提一五十余年、附法ノ之徒

③35オ　③34ウ

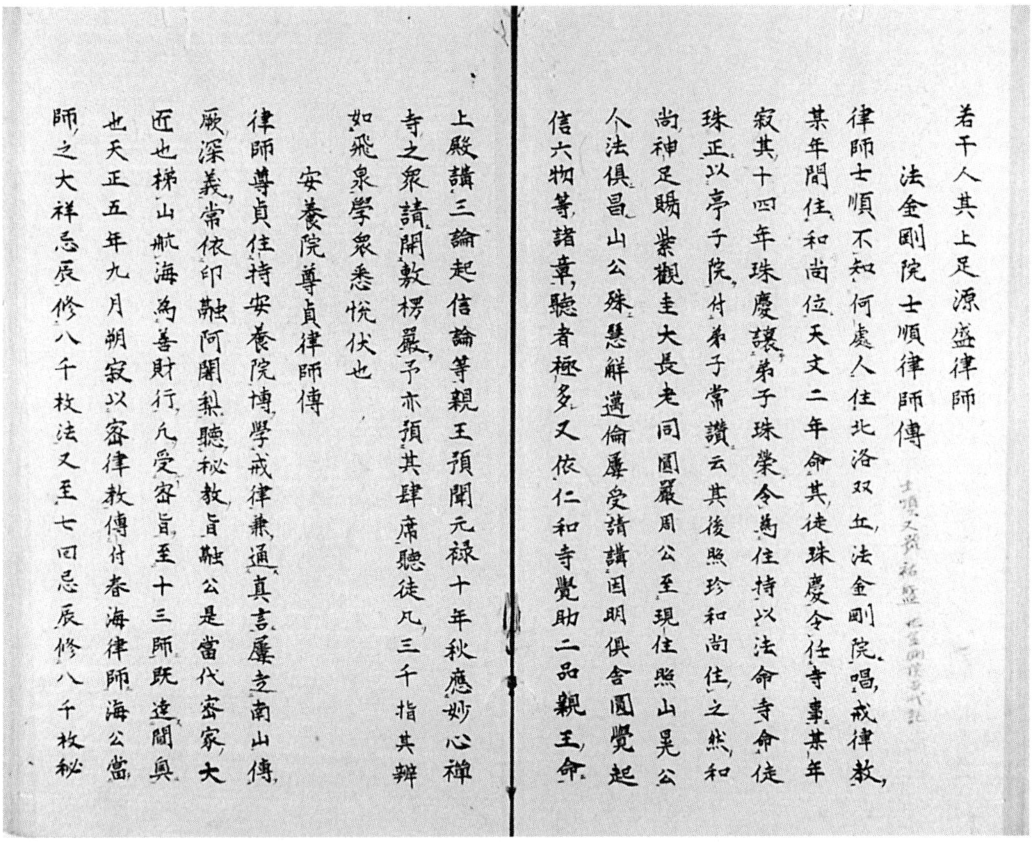
若千人其上足源盛律師
法金剛院士順律師傳
律師士順不知何處人住北洛双丘法金剛院唱戒律教
某年間住和尚位天文二年命其徒珠慶令任寺事某年
寂其十四年珠慶讓弟子珠榮令為住持以法命寺命徒
珠正以亭子院付弟子常讃云其後照珍和尚住之然和
尚神足賜紫觀圭大長老同圓嚴周公至現住照山晃公
人法倶昌山公殊慧解邁倫屢受請講因明倶舎圓覺起
信六物等諸章聽者極多又依仁和寺覺助二品親王命
士順又號祐盛 法金剛院世代記
上殿講三論起信論等親王預聞元祿十年秋應妙心禪
寺之衆請開敷楞嚴予亦預其肆席聽徒凡三千指其辯
如飛泉學衆悉悦伏也
安養院尊貞律師傳
律師尊貞住持安養院博學戒律兼通真言屢走南山傳
厥深義常依印融阿闍梨聽秘教旨融公是當代密家大
匠也梯山航海為善財行凡受密旨至十三師既達閫奥
也天正五年九月朔寂以密律教傳付春海律師海公當
師之大祥忌辰修八千枚法又至七回忌辰修八千枚秘

③36オ　③35ウ

若干人。其上足源盛律師。

## 法金剛院士順律師伝

☆士順、又号祐盛。法金剛院世代記。

律師士順、不レ知二何処人一。住二北洛双丘ノ法金剛院一ニ唱フ二戒律教一ヲ。某年間、住ス二和尚位一ニ。天文二年、命二其ノ徒珠慶一令レ任二寺事一ニ。某年寂。其ノ十四年、珠慶譲テ二弟子珠栄一ニ令レ為二住持一、以二法命寺一命二徒珠正一ニ、以二亭子院一ヲ付二弟子常讃一ニ云。其後照珍和尚住シテレ之、然シテ和尚ノ神足賜紫観圭大長老・同円厳周公、至二現住照山晃公一、人法倶ニ昌也。山公殊ニ慧解邁倫。屢受レ請、講二因明・倶舎・円覚・起信・六物等ノ諸章一ヲ。聴者極多シ。又依二仁和寺覚助二品親王ノ命一ニ、上殿講二三論・起信論等一。親王預聞。元禄十年秋、応二妙心禅寺ノ之衆請一ニ開二敷楞厳一ヲ。予亦預二其肆席一。聴徒凡ソ三千指。其弁如二飛泉一。学衆悉悦伏也。

## 安養院尊貞律師伝

律師尊貞、住二持安養院一。博ク学二戒律一、兼テ通ス二真言一ニ。屢走二南山一、伝フ二厥ノ深義一ヲ。常依二印融阿闍梨一ニ聴ク二秘教ノ旨一。融公是当代密家ノ大匠也。梯レ山航レ海、為二善財行一ヲ。凡ソ受ルコト二密旨一ヲ至二十三師一ニ。既達ス二閫奥一ニ也。天正五年九月朔寂。以二密律教一伝二付春海律師一ニ。海公当テ二師ノ之大祥忌辰一修二八千枚法一。又至二七回忌辰一修二八千枚秘

⌞③36オ　⌞③35ウ

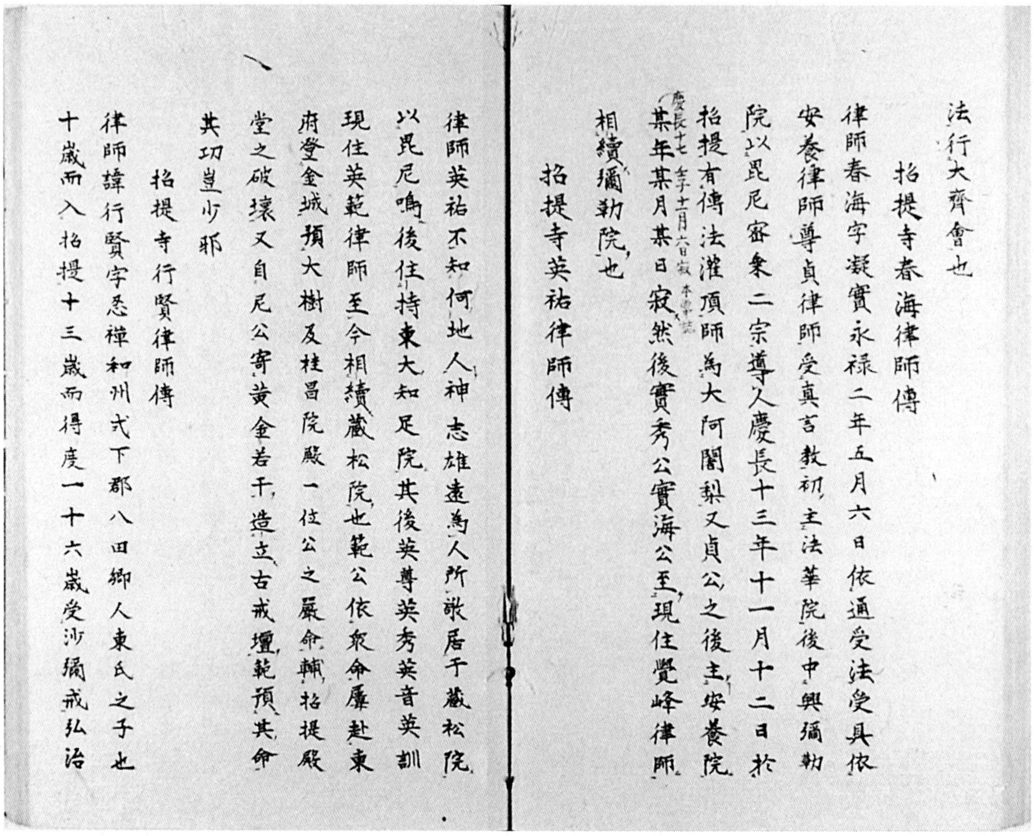
法行大齊會也
招提寺春海律師傳
律師春海字凝實永禄二年五月六日依通受法受具依
安養律師尊貞律師受真言教初主法華院後中興彌勒
院以毘尼密乗二宗導人慶長十三年十一月十二日於
招提有傳法灌頂師為大阿闍梨又貞公之後主安養院
慶長十七年壬子十一月六日寂 本常誌
某年某月某日寂然後實秀公實海公至現住覺峰律師
相續彌勒院也
招提寺英祐律師傳
律師英祐不知何地人神志雄遠為人所敬居于蔵松院
以毘尼鳴後住持東大知足院其後英尊英秀英音英訓
現住英範律師至今相續蔵松院也範公依衆命屢赴東
府登金城預大樹及桂昌院殿一位公之嚴命輔招提殿
堂之破壊又自尼公寄黄金若干造立古戒壇範預其命
其功豈少邪
招提寺行賢律師傳
律師諱行賢字忍禅和州式下郡八田郷人東氏之子也
十歳而入招提十三歳而得度一十六歳受沙彌戒弘治

③36ウ

③37オ

法一、行二大斉会一也。

**招提寺春海律師伝**

律師春海、字凝実。永禄二年五月六日、依二通受法一受具。依二安養律師尊貞律師一受二真言教一。初メ主二法華院一、後中二興弥勒院一。以二毘尼・密乗二宗一導レ人。慶長十三年十一月十二日、於二招提一有二伝法灌頂一。師為二大阿闍梨一。又貞公ノ之後、主二タリ安養院一ニ。☆慶長十七、壬子十一月六日寂。本常誌。某年某月某日寂ス。然後、実秀公・実海公、至二テ現住覚峰律師一ニ、相二続ス弥勒院一ヲ也。

**招提寺英祐律師伝**

律師英祐、不レ知二何ノ地人一コトヲ。神志雄遠、為レ人所レ敬。居二于蔵松院一ニ以二毘尼一鳴ル。後住二持東大ノ知足院一ニ。其後英尊・英秀・英音・英訓・現住英範律師、至レ今相二続ス蔵松院一ヲ也。範公依二衆命一、屢赴二東府一登二金城一。預二大樹及桂昌院殿一位公之厳命一ニ、輔二フ招提殿堂之破壊一。又自二尼公一寄二黄金若干一ヲ、造二立ス古戒壇一ヲ。範預二ル其ノ命一。其功豈少邪。

**招提寺行賢律師伝**

律師、諱行賢、字忍禅、和州式下郡八田郷人。東氏之子也。十歳而入二招提一、十三歳而得度、一十六歳受二沙弥戒一。弘治

⌞
③37オ

⌞
③36ウ

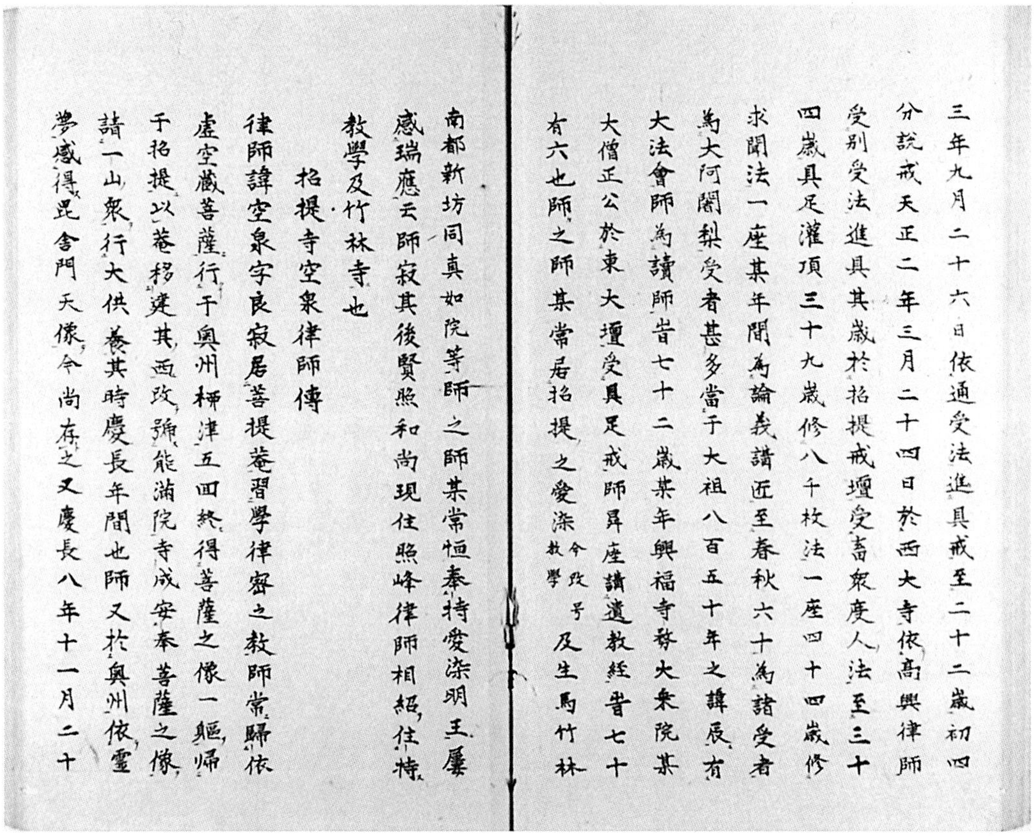

③38オ　③37ウ

三年九月二十六日、依二通受法一進二具戒一。至二二十二歳一、初四
分説戒。天正二年三月二十四日、於二西大寺一、依テ二高興律師一
受二別受法一進具。其歳、於二招提戒壇一受二畜衆度人ノ法一。至二三十
四歳一、具足灌頂。三十九歳、修二八千枚法一一座。四十四歳、修二
求聞法一一座。某年間、為二論議講匠一。至二春秋六十一、為二諸受者一
為二大阿闍梨一。受者甚多。当二于大祖八百五十年之諱辰一ニ有二
大法会一。師為二読師一。時七十二歳。某年、興福寺務大乗院某
大僧正公、於二東大壇一受二具足戒一。師昇座講二遺教経一。時七十
有六也。師カ之師某、常居二招提ノ之愛染今改号教学。及生馬竹林・
南都新坊・同真如院等一。師之師某、常恒奉二持愛染明王一ニ、屢
感二瑞応一云。師寂。其後賢照和尚・現住照峰律師、相紹テ住二持ス
教学及竹林寺一ニ也。

## 招提寺空泉律師伝

律師、諱空泉、字良寂、居二菩提菴一習二学律密之教一。師常ニ帰二依
虚空蔵菩薩一ニ、行クコト二于奥州柳津一五回。終ニ得二菩薩之像一軀一ヲ、帰二
于招提一ニ。以レ菴移二建其ノ西一ニ、改テ号ス二能満院一。寺成、安二奉菩薩之像一ヲ、
請二一山ノ衆一ヲ行二大供養一。其時慶長年間也。師又於二奥州一、依テ二霊
夢一感二得ス毘舎門天像一ヲ。今尚存レト之。又慶長八年十一月二十

⌞③38オ　⌞③37ウ

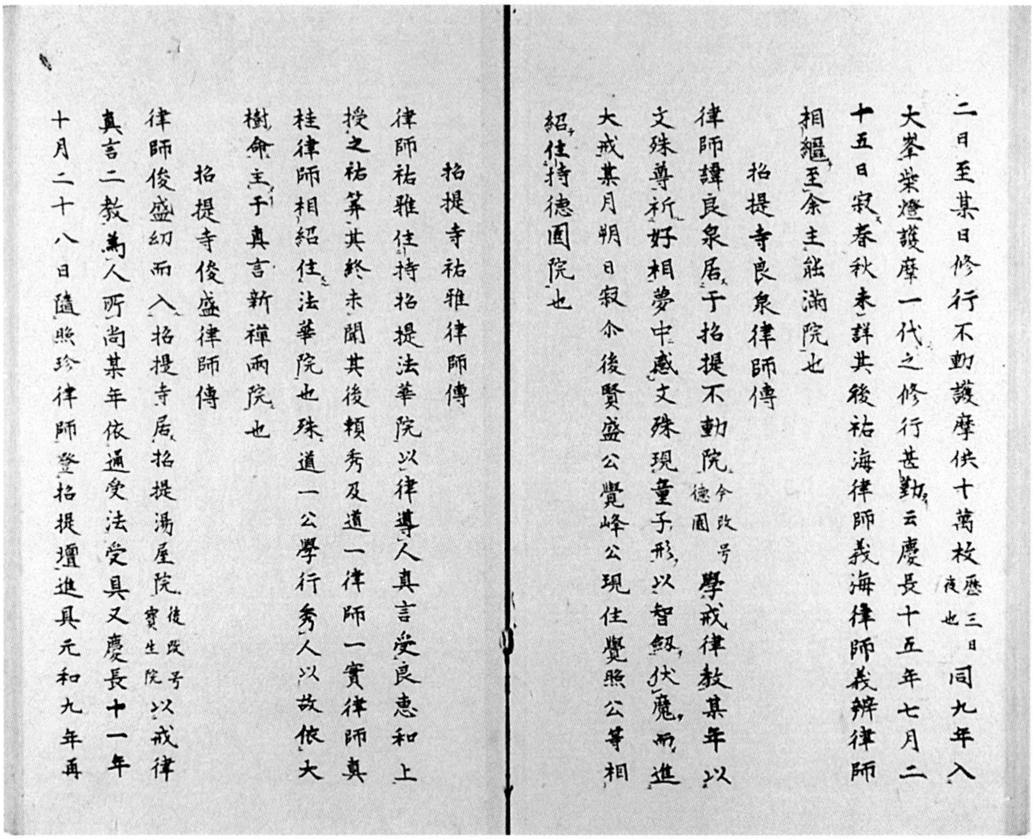

③39オ　③38ウ

二日至某日、修行不動護摩供十万枚。歴三日夜也。同九年、入二大峯一柴灯護摩、一代之修行甚勤タリト云。慶長十五年七月二十五日寂ス。春秋未レ詳。其後祐海律師・義海律師・義弁律師、相継テ至レ余。主二能満院一也。

**招提寺良泉律師伝**

律師、諱良泉、居二スト于招提不動院一ニ。今改号徳園。学二戒律教一。某年、以二文殊尊一祈ル二好相一。夢中ニ感乙文殊現二童子ノ形一ヲ以二智剣一ヲ伏乙レ魔ヲ。而シテ進二大戒一。某月朔日寂。尓後賢盛公・覚峰公・現住覚照公等、相紹テ住二持徳園院一也。

③38ウ

**招提寺祐雅律師伝**

律師祐雅、住二持招提法華院一。以レ律導レ人。真言受二良恵和上一、授二之祐算一。其終未レ聞。其後頼秀及道一律師・一実律師・真桂律師、相紹住二スル法華院一也。殊ニ道一公、学行秀レ人。以故依二大樹ノ命一ニ主二タリ于真言・新禅両院一ニ也。

**招提寺俊盛律師伝**

律師俊盛、幼而入二ル招提寺一。居二ス招提湯屋院一ニ。後改号宝生院。以二戒律・真言二教一為レ人所レ尚。某年、依二通受法一受具。又慶長十一年十月二十八日、随二照珍律師一登二招提壇一進具。元和九年再

③39オ

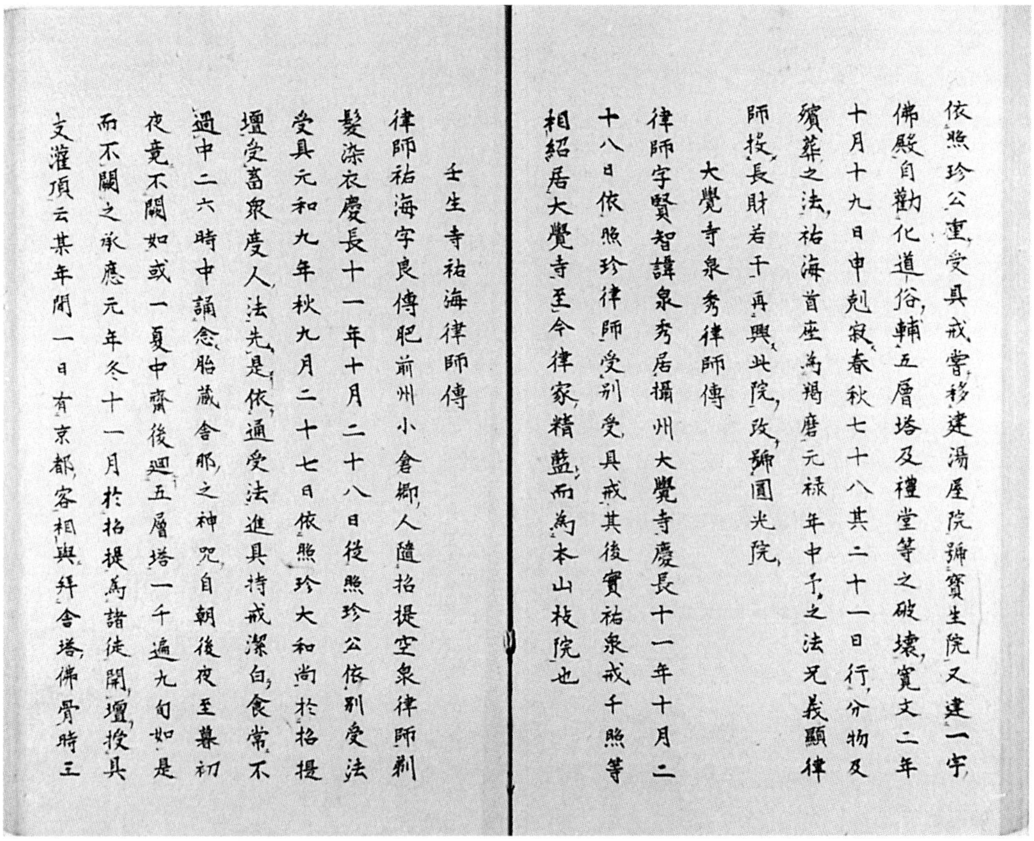
依照珍公重受具戒嘗移建湯屋院號寳生院又建一宇
佛殿自勸化道俗輔五層塔及禮堂等之破壊寛文二年
十月十九日申剋寂春秋七十八其二十一日行分物及
殯葬之法祐海首座為羯磨元禄年中予之法兄義顯律
師投長財若干再興此院改號圓光院

大覺寺泉秀律師傳

律師字賢智諱泉秀居攝州大覺寺慶長十一年十月二
十八日依照珍律師受別受具戒其後實祐泉戒千照等
相紹居大覺寺至今律家精藍而為本山枝院也

壬生寺祐海律師傳

律師祐海字良傳肥前州小倉郷人隨招提空泉律師剃
髪染衣慶長十一年十月二十八日從照珍公依別受法
受具元和九年秋九月二十七日依照珍大和尚於招提
壇受畜衆度人法先是依通受法進具持戒潔白食常不
過中二六時中誦念胎藏舎那之神呪自朝後夜至暮初
夜竟不闕如或一夏中齋後廻五層塔一千遍九旬如是
而不闕之承應元年冬十一月於招提為諸徒開壇授具
支灌頂云某年間一日有京都客相與拜舎塔佛骨時三

③40オ ③39ウ

依二照珍公一重テ受具戒。嘗テ移二建湯屋院一、号二宝生院一。又建二一宇ノ仏殿一。自勧二化道俗一ヲ、輔二五層塔及礼堂等之破壊一ヲ。寛文二年十月十九日申剋寂ス。春秋七十八。其二十一日、行フ二分物及殯葬ノ之法一ヲ。祐海首座為二羯磨一。元禄年中、予カ之法兄義顕律師、投シテ二長財若干一再二興ス此院一ヲ。改テ号二円光院一ト。

## 大覚寺泉秀律師伝

律師、字賢智、諱泉秀、居二摂州大覚寺一。慶長十一年十月二十八日、依二照珍律師一受二別受ノ具戒一。其後実祐・泉戒・千照等、相紹居二大覚寺一。至レ今律家ノ精藍トシテ而為二本山枝院一也。

## 壬生寺祐海律師伝

律師祐海、字良伝、肥前州小倉郷ノ人。随二招提空泉律師一剃髪染衣。慶長十一年十月二十八日、従二照珍公一依二別受法一受具。元和九年秋九月二十七日、依二照珍大和尚一、於二招提壇一受二畜衆度人ノ法一。先レ是キヨリ、依テ二通受法一進具。持戒潔白ニシテ食常ニ不レ過レ中。二六時中、誦二念ス胎蔵舎那ノ之神呪一ヲ。自朝後夜至暮初夜。竟ニ不二闕如一。或一夏中、斎後廻ルコト二五層塔一一千遍。九旬如レ是、而不レ闕レ之。承応元年冬十一月、於二招提一、為二諸徒一開テレ壇ヲ授二具支灌頂一云。某年間、一日有二京都ノ客一。相与ニ拝二舎塔ノ仏骨一。時三

⌊③40オ　⌊③39ウ

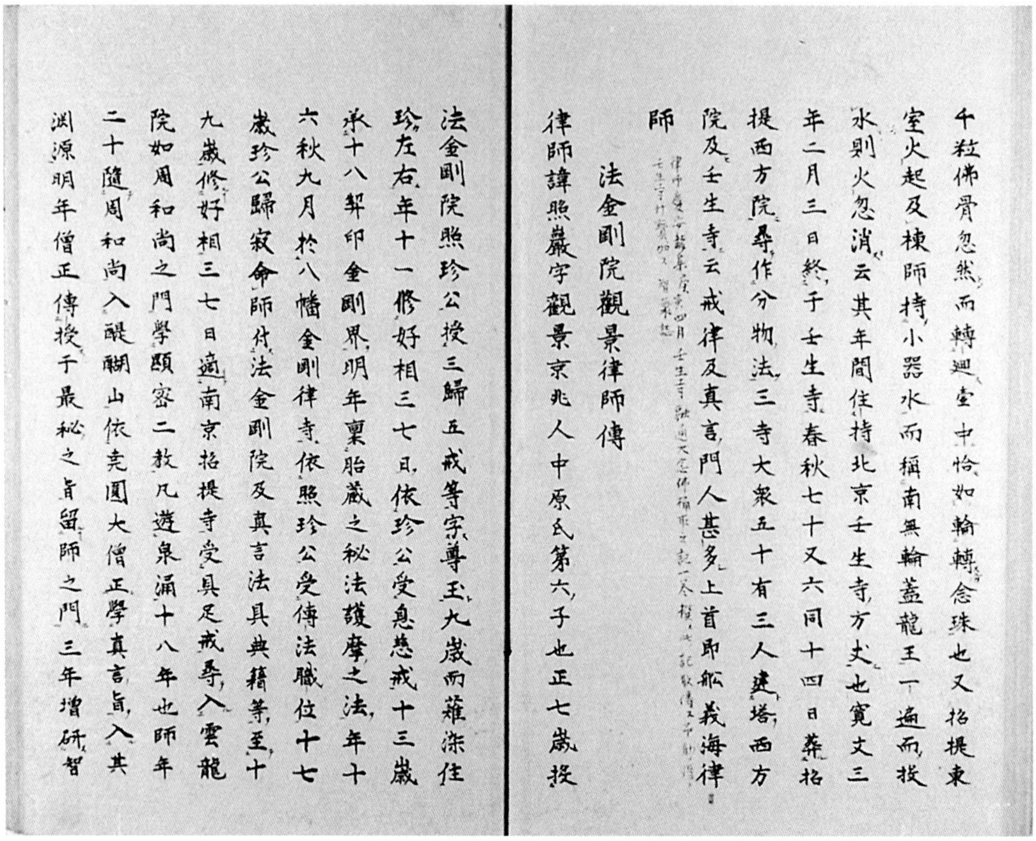

③41オ　③40ウ

千粒仏骨、忽然トシテ而転二廻ス壺中ニ一。恰モ如三輪二転スルカ念珠一也。又招提東
室。火起及レ棟。師持シテ二小器水一、而称二南無輪蓋龍王一一遍、而シテ投
レ水。則火忽消ス云。其年間、住二持北京壬生寺ノ方丈ニ一也。寛文三
年二月三日、終フ二于壬生寺ニ一。春秋七十又六。同十四日、葬ル二招
提西方院ニ一。尋テ作二分物ノ法ヲ一。三寺大衆五十有三人。建ト二塔ヲ西方
院及ヒ壬生寺ニ一云。戒律及真言ノ門人甚多シ。上首即船義海律
師。☆律師、慶安龍集庚寅四月、壬生寺融通大念仏桶取之記一巻撰ス。此ノ記散伝ス。予勧メ得テ壬生寺什宝ニ加ス。智粲誌。

## 法金剛院観景律師伝

律師、諱照巌、字観景、京兆人、中原氏第六ノ子也。正七歳、投二

③40ウ

法金剛院照珍公一。授二三帰五戒等一、字ス二尊玉一ト。九歳而薙染、住二
珍カ左右ニ一。年十一、修二好相三七日一ヲ、依二珍公一、受二息慈戒一。十三歳、
承二十八契印金剛界一ヲ。明年、稟二胎蔵之秘法護摩ノ之法一ヲ。年十
六秋九月、於二八幡金剛律寺ニ一、依二照珍公一受二伝法職位一。十七
歳、珍公帰寂。命レ師付ス二法金剛院及真言法具典籍等一ヲ。至テ二十
九歳一修ルコト二好相一三七日。適イテ二南京招提寺一受二具足戒一。尋テ入ル二雲龍
院如周和尚之門一。学二顕密二教一。凡遊二泉涌一十八年也。師年
二十、随テ二周和尚一入二醍醐山一。依二堯円大僧正ニ一学二真言ノ旨一ヲ、入ル二其
淵源一。明年。僧正伝二授ス于最秘ノ之旨一。留ルコト二師之門ニ一三年、増研ス二智

③41オ

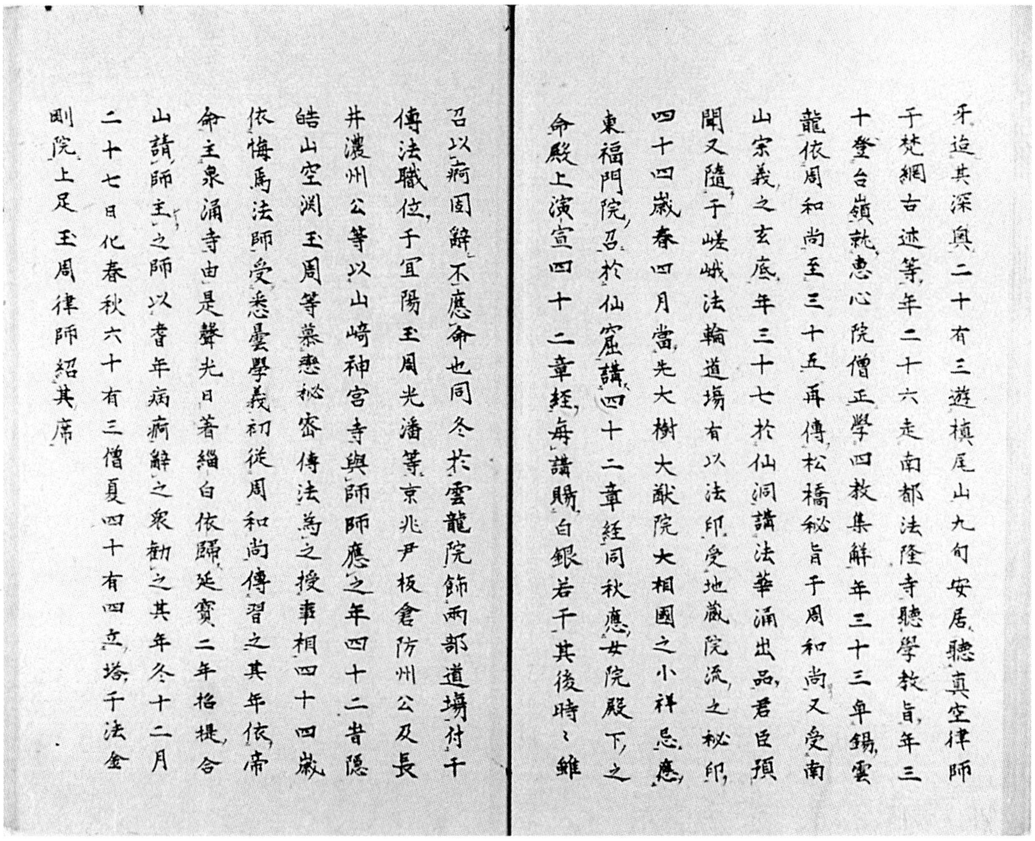

③42オ　③41ウ

牙ヲ一。迨ル二其深奥ニ一。二十有三、遊二槙尾山一九旬安居ス。聴二真空律師
于梵網古迹等ヲ一。年二十六、走二南都法隆寺一聴二学教旨ヲ一。年三
十、登二台嶺一、就テ二恵心院僧正ニ一学二四教集解一。年三十三、卓二錫ヲ雲
龍一、依二周和尚一。至二三十五一、再伝フ二松橋秘旨于周和尚ヨリ一。又受二南
山宗義ノ之玄底ヲ一。年三十七、於二仙洞一講二法華涌出品ヲ一。君臣預
聞。又随テ二于嵯峨法輪道場有以法印ニ一受二地蔵院流ノ之秘印ヲ一。
四十四歳春四月、当テ二先大樹大猷院大相国之小祥忌ニ一、応シテ二
東福門院ノ召ニ一、於二仙窟一講ス二四十二章経一。同秋、応シテ二女院殿下ノ之
命一、殿上演宣四十二章経ヲ一。毎レ講賜フ二白銀若干一。其後時々雖

③41ウ

レ召以レ痾固辞シ、不レ応レ命也。同冬、於二雲龍院一飾二両部道場一、付二于
伝法職位ヲ于宜陽・玉周・光潘等ニ一。京兆尹板倉防州公及長
井濃州公等、以二山崎神宮寺一与レ師。師応レ之。年四十二、時隠、
皓山・空淵・玉周等、慕二恋秘密伝法一。為レ之授二事相一。四十四歳、
依二悔焉法師一受ク二悉曇学義一。初従二周和尚一伝二習之一。其年、依テ二帝
命一主二泉涌寺一。由レ是声光日著、緇白依帰ス。延宝二年、招提ノ合
山請シテレ師主ンコトヲレ之。師以二耆年病痾一辞レ之。衆勧レ之。其年冬十二月
二十七日化。春秋六十有三、僧夏四十有四。立ツ二塔ヲ于法金
剛院ニ一。上足玉周律師紹二其ノ席一。

③42オ

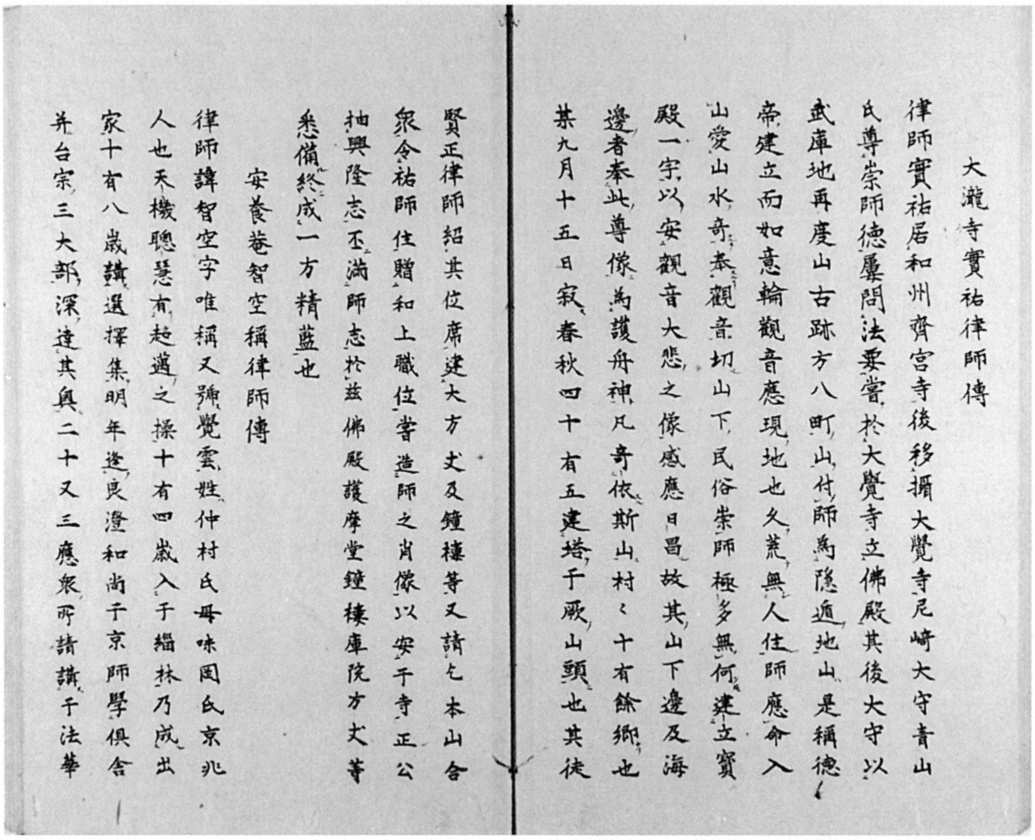

大瀧寺實祐律師傳
律師實祐居和州齊宮寺後移攝大覺寺尼崎大守青山
氏尊崇師德屢問法要嘗於大覺寺立佛殿其後大守以
武庫地再度山古跡方八町山付師爲隱遁地山是稱德
帝建立而如意輪觀音應現地也久荒無人住師應命入
山愛山水奇奉觀音切山下民俗崇師極多無何建立寶
殿一宇以安觀音大悲之像感應日昌故其山下邊及海
邊者奉此尊像爲護舟神凡奇依斯山村々十有餘鄕也
某九月十五日寂春秋四十有五建塔于厥山頭也其徒
賢正律師紹其位席建大方丈及鐘樓等又請乞本山合
衆令祐師住贈和上職位嘗造師之肖像以安于寺正公
抽興隆志丕滿師志於茲佛殿護摩堂鐘樓庫院方丈等
悉備終成一方精藍也
安養菴智空稱律師傳
律師諱智空字唯稱又號覺雲姓仲村氏母味岡氏京兆
人也天機聰慧有超邁之操十有四歲入于緇林乃成出
家十有八歲講選擇集明年逢良澄和尚于京師學俱舍
并台宗三大部深達其奧二十又三應衆所請講于法華

③43オ　③42ウ

## 大瀧寺実祐律師伝

律師実祐、居二和州斉宮寺一、後移二摂大覚寺一。尼崎大守青山氏尊二崇師徳一、屢問二法要一。嘗テ於二大覚寺一立二仏殿一。其後大守以二武庫地再度山古跡方八町ノ山ヲ付シテレ師、為二隠遁ノ地一。山ハ是称徳帝ノ建立、而如意輪観音応現ノ地也。久ク荒テ無二シ人住一ル。師応レ命入レ山。愛二山水ノ奇一ナルヲ、奉二スルコト観音一ニ切也。山下ノ民俗、崇レ師極多。無レシテ何クトモ建二立宝殿一宇一ヲ、以テ安二観音大悲ノ之像一。感応日昌也。故其ノ山下辺及海辺ノ者奉二此ノ尊像一ニ、為二護舟神一ト。凡奇二依スル斯山一ニ村々十有余郷ナリ也。某九月十五日寂ス。春秋四十有五。建二塔ヲ于厥ノ山頭一ニ也。其徒



賢正律師紹二其位席一、建二大方丈及鐘楼等一。又請二乞本山合衆一。令二祐師住一贈二和上職位一。嘗造二師之肖像一以安二于寺一。正公抽二興隆志一丕ニ満二師志一。於レ茲仏殿・護摩堂・鐘楼・庫院・方丈等悉備ル。終ニ成二一方精藍一也。

## 安養菴智空称律師伝

律師、諱智空、字唯称、又号ス二覚雲一ト。姓ハ仲村氏、母味岡氏。京兆人也。天機聡慧、有リ二超邁ノ之操一。十有四歳、入二于緇林一乃成ル二出家一。十有八歳、講ス二選択集一ヲ。明年、逢フ二良澄和尚于京師一。学二倶舎并ニ台宗ノ三大部一ヲ、深ク達二其奥一ニ。二十又三、応二衆ノ所請一講ス二于法華

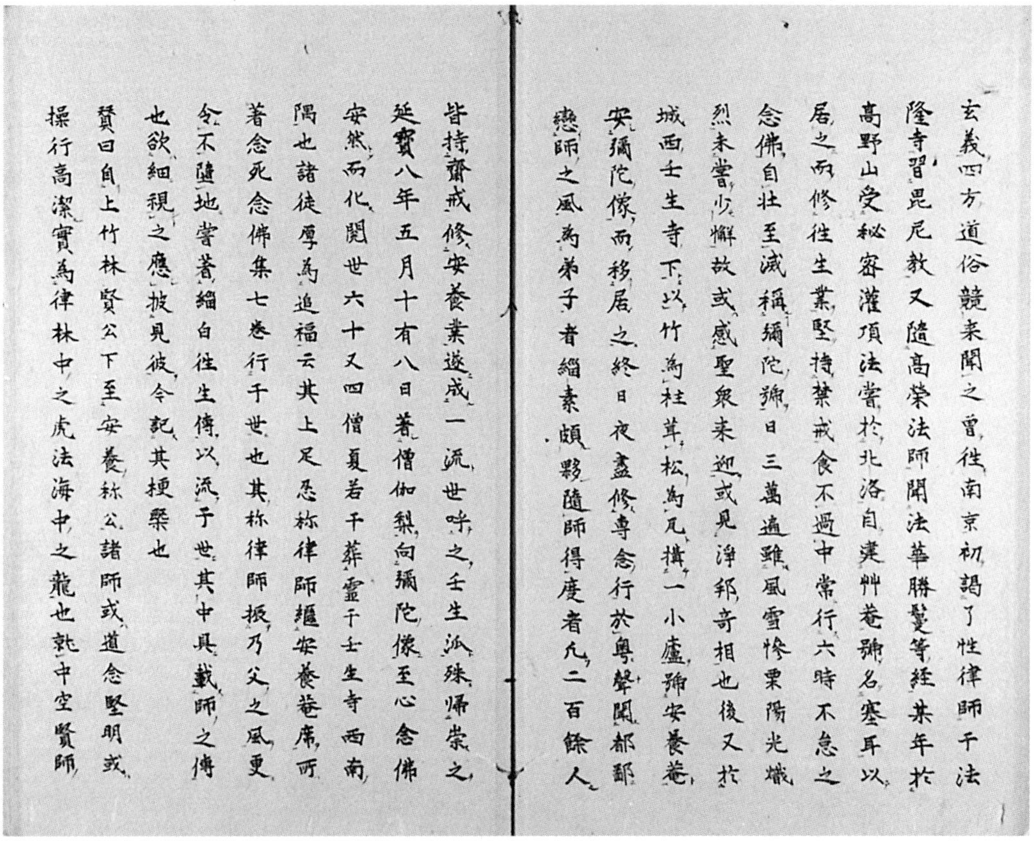
玄義四方道俗競来聞之曽往南京初謁了性律師于法
隆寺習毘尼教又随高栄法師聞法華勝鬘等経某年於
高野山受秘密灌頂法嘗於北洛自建艸菴號名塞耳以
居之而修往生業堅持禁戒食不過中常行六時不怠之
念佛自壮至滅稱彌陀號日三萬遍雖風雪惨栗陽光熾
烈未嘗少懈故或感聖衆来迎或見浄邦奇相也後又於
城西壬生寺下以竹為柱葺松為瓦搆一小盧號安養菴
安彌陀像而移居之終日夜盡修專念行於粤聲聞都鄙
戀師之風為弟子者緇素頗夥随師得度者凡二百餘人

皆持齋戒修安養業遂成一流世呼之壬生派殊帰崇之
延寶八年五月十有八日著僧伽梨向彌陀像至心念佛
安然而化閲世六十又四僧夏若干葬靈于壬生寺西南
隅也諸徒厚為追福云其上足忍稱律師繼安養菴席所
著念死念佛集七巻行于世也其稱律師振乃父之風更
令不墮地嘗著緇白往生傳以流于世其中具載師之傳
也欲細視之應披見彼今記其梗槩也
賛曰自上竹林賢公下至安養稱公諸師或道念堅明或
操行高潔實為律林中之虎法海中之龍也就中空賢師

③44オ　③43ウ

玄義一ヲ。四方ノ道俗競来聞レ之。曽テ往キ南京一、初テ謁二了性律師一、于法隆寺一習二毘尼教一。又随二高栄法師一聞二法華・勝鬘等ノ経一。某年、於二高野山一受二秘密灌頂法一。嘗テ於テ二北洛一自ラ建二草菴一。号シテ名ク二塞耳一。以テ居レ之ニ、而シテ修二往生業一ヲ。堅ク持シテ二禁戒一、食不レ過レ中、常ニ行二六時不怠之念仏一ヲ。自レ壮至レ滅、称ルコト二弥陀ノ号一ヲ、日三万遍。雖トモ二風雪惨栗、陽光熾烈一、未ニ嘗テ少モ懈一故、或ハ感二聖衆来迎一ヲ、或見二浄邦ノ奇相一也。後又於二城西ノ壬生寺ノ下一ト二、以テレ竹為レ柱、葺レ松ヲ為レ瓦ト、搆テ二一小廬一ヲ号二安養菴一ト、安シ二弥陀ノ像一ヲ、而シテ移リ二居シテ之ニ一、終日夜尽修ス二専念ノ行一ヲ。於レ粤ニ声ナ聞ユ二都鄙ニ一。恋イ二師ノ之風一ヲ、為二弟子一者緇素頗ル夥シ。随レ師得レ度者凡ソ二百余人也。

皆持シテ二斎戒一修ス二安養業一ヲ。遂ニ成ル二一流一ト。世呼テ二之ヲ壬生派一ト、殊ニ帰ニ崇ス之ヲ。延宝八年五月十有八日、著シ僧伽梨一ヲ、向二弥陀ノ像一ニ至心念仏、安然トシテ而化ス。閲世六十又四、僧夏若干。葬二霊于壬生寺西南ノ隅一也。諸徒厚為ニ二追福一云。其上足忍称律師、継二安養菴席一ヲ。所ハレ著念死念仏集七巻、行二于世一ニ也。其ノ称律師振テ二乃父ノ之風一ヲ、更ニ令ム不レ堕レ地ニ。嘗著シテ二緇白往生伝一ヲ、以テ流フ二于世一ニ。其中具ニ載ス二師ノ之伝一也。欲ハ二細ニ視ント一レ之、応シ披二見彼一ヲ。今記ス二其梗概一也。

賛曰、自リ二上竹林賢公一、下至二安養ノ称公一ニ、諸師或ハ道念堅明、或ハ操行高潔也。実為二律林中ノ之虎、法海中ノ之龍一也。就レ中空賢師ノ

③44オ　③43ウ

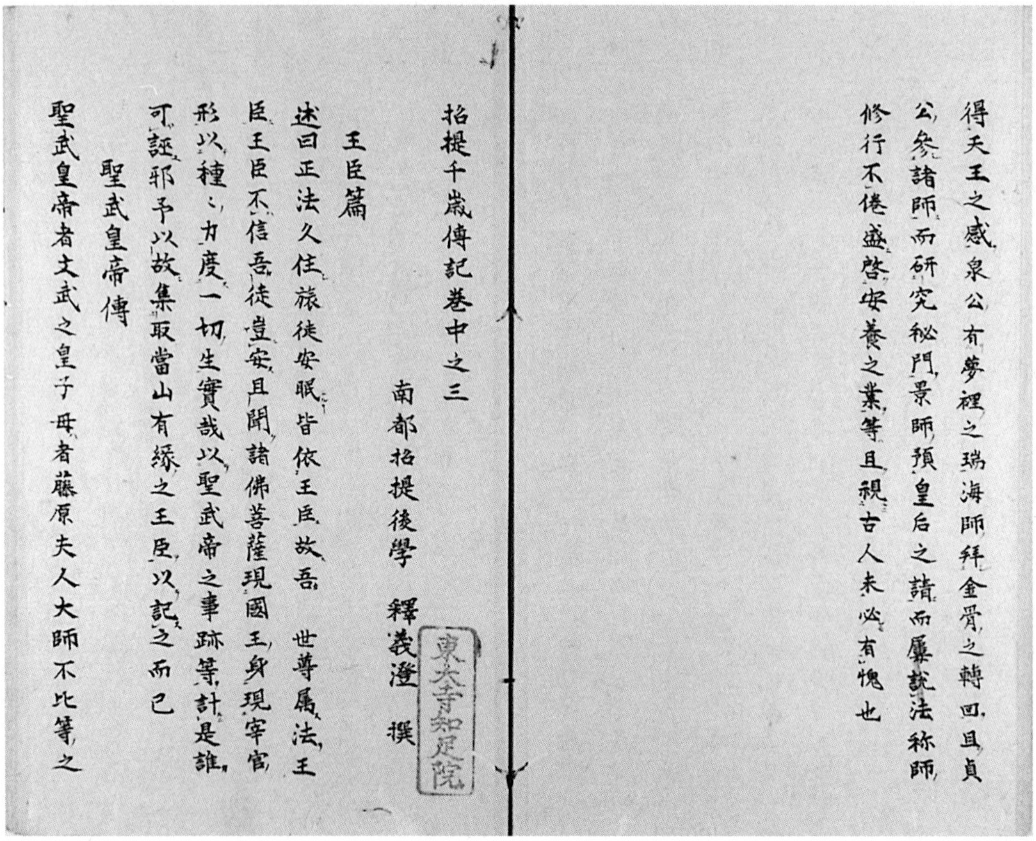

得天王之感泉公有夢裡之瑞海師拜金骨之轉回且貞
公參諸師而研究秘門景師預皇后之請而屢説法称師
修行不倦盛啓安養之業等且視古人未必有愧也

招提千歳傳記巻中之三
南都招提後學　釋義澄　撰

王臣篇
述曰正法久住旅徒安眠皆依王臣故吾　世尊屬法王
臣王臣不信吾徒豈安且聞諸佛菩薩現國王身現宰官
形以種々力度一切生實哉以聖武帝之事跡等計是誰
可誣邪予以故集取當山有緣之王臣以記之而已
聖武皇帝傳
聖武皇帝者文武之皇子母者藤原夫人大師不比等之

③45オ　③44ウ

得二天王之感一ヲ、泉公ノ有リ二夢裡ノ之瑞一、海師ノ拝シ二金骨ノ之転回一ヲ、且ッ貞
公ノ参シ二諸師一ニ、而研二究秘門一ヲ、景師ノ預二皇后之請一ニ、而屢説レ法、称師ノ
修行不レ倦、盛ニ啓ク二安養之業一ヲ等ハ、且ク視ルニ二古人一、未二必シモ有一レ愧也。

## 招提千歳伝記巻中之三



**南都招提後学　釈義澄　撰**

### 王臣篇

述曰、正法久住シ、旅徒安眠ナルコト、皆依二王臣一ニ。故ニ吾カ　世尊属スレ法ヲ王
臣一ニ。王臣不ハレ信、吾カ徒豈ニ安スレヤ。且聞ク、諸仏菩薩現二国王ノ身一、現二宰官ノ
形一、以テ二種々ノ力一度スレ二一切ノ生一。実哉以テ二聖武帝之事跡等一ヲ計ルニレ是、誰カ
可ヤレ誣ユ邪。予以故ニ集二取当山有縁ノ之王臣一ヲ、以テ記スレ之而已。

### 聖武皇帝伝

聖武皇帝者、文武之皇子、母ハ者藤原夫人、大師不比等ノ之

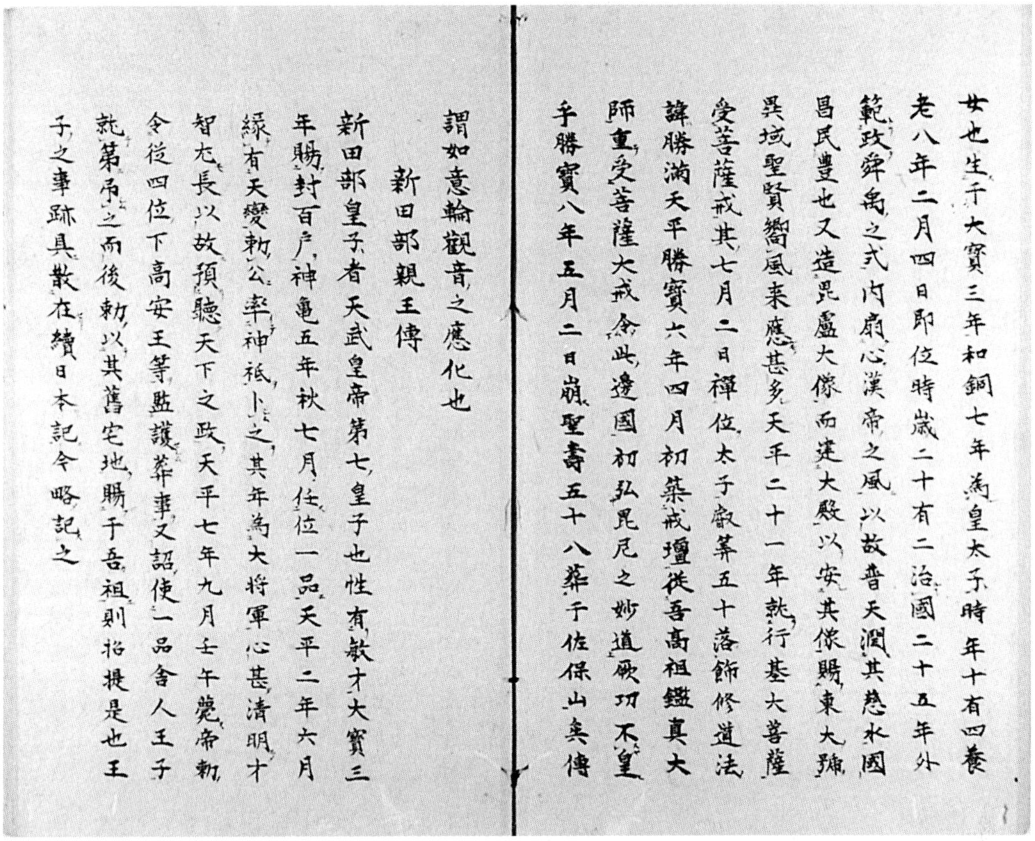

③45ウ　③46オ

女也。生ス二于大宝三年一。和銅七年、為ル二皇太子一ト。時年十有四。養
老八年二月四日即位。時歳二十有二。治ルコトレ国二十五年。外
範トリ二政ヲ舜禹ノ之式一、内扇ク二心ヲ漢帝ノ之風一ニ。以故普天潤ヒ二其慈水一、国
昌民豊也。又造二毘盧大像一、而建二大殿一。以テ安シ二其像一、賜フ二東大ノ号一ヲ。
異域聖賢、嚮レ風来応ルモノ甚多シ。天平二十一年、就テ二行基大菩薩一
受二菩薩戒一。其ノ七月二日、禅二位ヲ太子一。叡算五十。落レ飾修道、法ノ
諱ハ勝満。天平勝宝六年四月、初築二戒壇一。従二吾高祖鑑真大
師一重テ受二菩薩大戒一。令シテム下此ノ辺国一初弘中毘尼之妙道上。厥功不スヤレ皇ヒ
乎。勝宝八年五月二日崩ス。聖寿五十八。葬二于佐保山一矣。伝

③45ウ

謂、如意輪観音ノ之応化也。

## 新田部親王伝

新田部皇子ハ者、天武皇帝第七ノ皇子也。性有リ二敏才一。大宝三
年、賜フ二封百戸一ヲ。神亀五年秋七月、任ス二位一品一ニ。天平二年六月、
縁テレ有二天変一、勅シテレ公ニ率イテ二神祇ヲ一卜シムレ之ヲ。其年、為二大将軍一。心甚タ清明ニシテ才
智尤モ長。以故ニ預リ二聴ク天下之政一ヲ。天平七年九月壬午薨ス。帝勅シテ
令二従四位ノ下高安王等ヲ一監二護セシム葬事一ヲ。又詔シテ使二一品舎人王子一
就テレ第ニ弔シムレ之。而後勅シテ以テ二其旧宅地ヲ一賜フ二于吾カ祖一ニ。則招提是也。王
子ノ之事跡、具ニ散二在セリ続日本記一ニ。今略シテ記スレ之。

③46オ

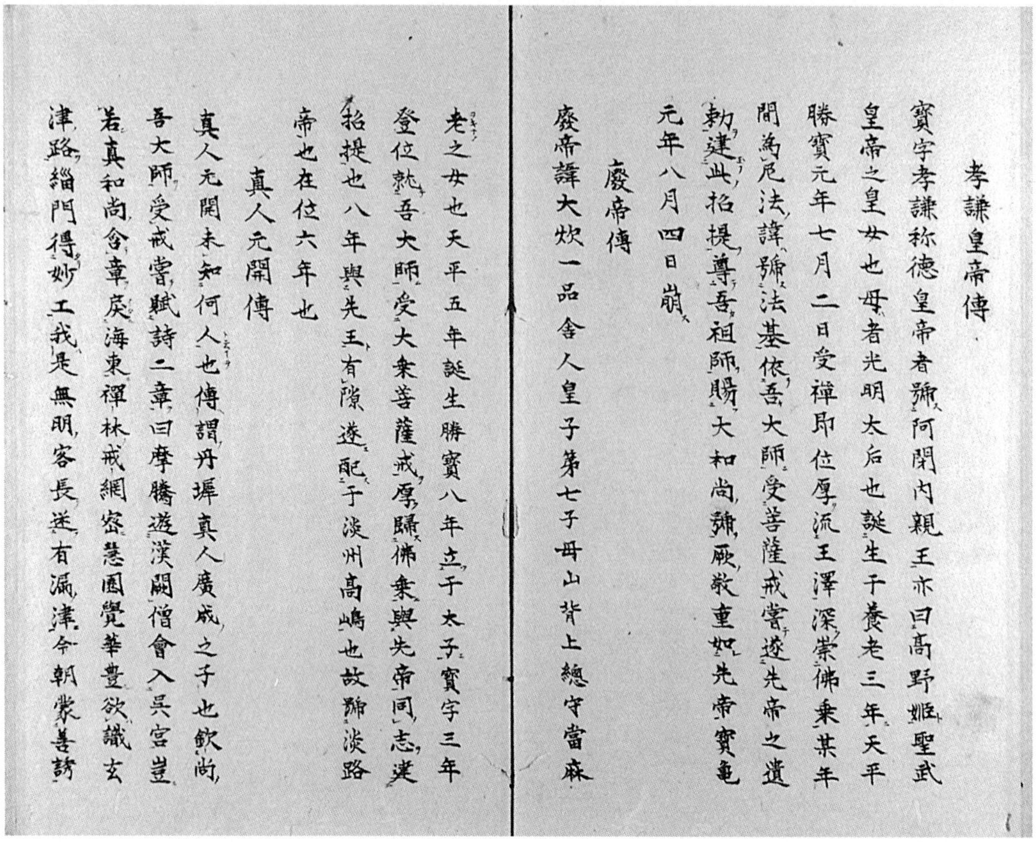

孝謙皇帝傳
寶字孝謙称徳皇帝者號阿閉内親王亦曰高野姫聖武
皇帝之皇女也母者光明太后也誕生于養老三年天平
勝寶元年七月二日受禅即位厚流王澤深崇佛乘某年
間為尼法諱號法基依吾大師受菩薩戒嘗遂先帝之遺
勅建此招提尊吾祖師賜大和尚號厥敬重如先帝寶亀
元年八月四日崩
廢帝傳
廢帝諱大炊一品舎人皇子第七子母山背上総守當麻
老之女也天平五年誕生勝寶八年立于太子寶字三年
登位就吾大師受大乘菩薩戒厚歸佛乘與先帝同志建
招提也八年與先王有隙遂配于淡州高嶋也故號淡路
帝也在位六年也
真人元開傳
真人元開未知何人也傳謂丹墀真人廣成之子也欽尚
吾大師受戒嘗賦詩二章曰摩騰遊漢闕僧會入呉宮豈
若真和尚含章戻海東禅林戒網密慧園覺華豊欲識玄
津路緇門得妙工我是無明客長迷有漏津今朝蒙善誘

③47オ　③46ウ

## 孝謙皇帝伝

宝字、孝謙称徳皇帝者、号ス二阿閉内親王一。亦曰二高野姫一ト。聖武皇帝之皇女也。母ハ者光明太后也。誕二生于養老三年一ニ。天平勝宝元年七月二日、受禅即位。厚ク流二王沢一、深ク崇二仏乗一。某年間、為レ尼。法ノ諱ハ号ス二法基一。依テ二吾カ大師ニ一受二菩薩戒一。嘗テ遂二先帝之遺勅一ヲ、建玉フ二此ノ招提一ヲ。尊テ二吾カ祖師一ヲ、賜フ二大和尚ノ号一ヲ。厥ノ敬重如シ二先帝一。宝亀元年八月四日崩ス。

## 廃帝伝

廃帝、諱大炊、一品舎人皇子第七子。母山背上総守当麻老《ヲキナノ》之女也。天平五年誕生。勝宝八年、立ツ二于太子一ニ。宝字三年、登位。就テ二吾大師ニ一受二大乗菩薩戒一ヲ、厚ク帰ス二仏乗一ニ。与二先帝一同シテレ志ヲ建二招提一也。八年、与二先王一ト有レ隙。遂ニ配ス二于淡州高嶋一也。故号ス二淡路帝一也。在位六年也。

## 真人元開伝

真人元開、未レ知二何人一トイフコトヲ也。伝ヘ謂フ、丹墀真人広成ノ之子也。欽二尚シテ吾大師一ヲ受レ戒。嘗テ賦ス二詩二章一ヲ曰、摩騰遊ブ二漢闕一、僧会入ル二呉宮一、豈ニレ若シンレ真和尚ノ、含テレ章ヲ戻《イタル》二海東一ニ。禅林ノ戒網密ニ、慧園覚華豊也。欲ハレ識ント玄津ノ路ヲ、緇門得タリ二妙工一。我ハ是無明ノ客、長ク迷フ二有漏ノ津一ニ。今朝蒙二善誘一、

└③47オ　└③46ウ

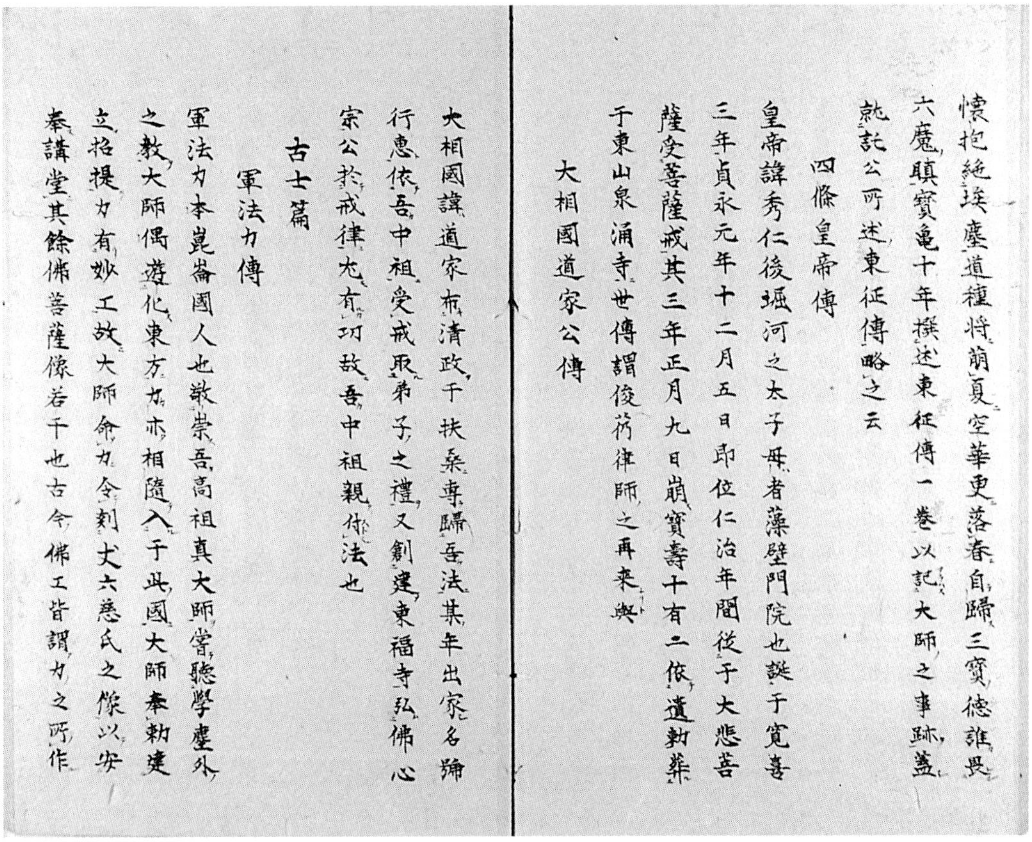
懐抱絶埃塵道種将萌夏空華更落春自歸三寶德誰畏
六魔瞋寶亀十年撰述東征傳一巻以記大師之事跡蓋
就託公所述東征傳略之云
四條皇帝傳
皇帝諱秀仁後堀河之太子母者藻壁門院也誕于寛喜
三年貞永元年十二月五日即位仁治年間從于大悲菩
薩受菩薩戒其三年正月九日崩寶壽十有二依遺勅葬
于東山泉涌寺世傳謂俊芿律師之再來與
大相國道家公傳
大相國諱道家布清政于扶桑專歸吾法某年出家名號
行恵依吾中祖受戒取弟子之禮又創建東福寺弘佛心
宗公於戒律尤有功故吾中祖親付法也
古士篇
軍法力傳
軍法力本崑崙國人也敬崇吾高祖真大師嘗聽學塵外
之教大師偶遊化東方力亦相隨入于此國大師奉勅建
立招提力有妙工故大師命力令刻丈六慈氏之像以安
奉講堂其餘佛菩薩像若干也古今佛工皆謂力之所作

③48オ　③47ウ

懐抱絶二埃塵一。道種将ニ萌レ夏ニ、空華更ニ落レ春ニ。自ラ帰ス二三宝ノ徳。誰カ畏レン二六魔ノ瞋一。宝亀十年、撰二述東征伝一巻一、以記《アラハス》二大師ノ之事跡一ヲ。蓋シ就二託公所述ノ東征伝一略レ之云。

## 四条皇帝伝

皇帝、諱秀仁、後堀河之太子、母ハ者藻壁門院也。誕二于寛喜三年一。貞永元年十二月五日即位。仁治年間、従二于大悲菩薩一受二菩薩戒一。其三年正月九日崩ス。宝寿十有二。依テ二遺勅一葬ル二于東山泉涌寺一ニ。世伝謂、俊芿律師ノ之再来ナリト与。

## 大相国道家公伝

大相国、諱ハ道家。布キ二清政ヲ于扶桑一ニ、専ラ帰二吾カ法一ニ。某ノ年出家シ、名号行恵一ト。依テ二吾カ中祖一ニ受レ戒、取ル二弟子ノ之礼一ヲ。又創二建シテ東福寺一、弘ム二仏心宗一。公於テ二戒律一ニ尤モ有ルカレ功故ニ、吾カ中祖親ク付ストレ也法也。

# 古士篇

## 軍法力伝

軍法力、本崑崙国人也。敬二崇ス吾カ高祖真大師一ヲ。嘗テ聴二学塵外ノ之教一ヲ。大師偶遊二化ス東方一ニ。力カ亦タ相随テ入ル二于此ノ国一ニ。大師奉レ勅建二立ス招提一ヲ。力有リ二妙工一故ニ、大師命シテレ力ニ令テレ刻二丈六慈氏之像一、以テ安二奉ス講堂一ニ。其余仏菩薩像若干也。古今ノ仏工皆謂ク、力ノ之所ノレ作ル

└ ③48オ　└ ③47ウ

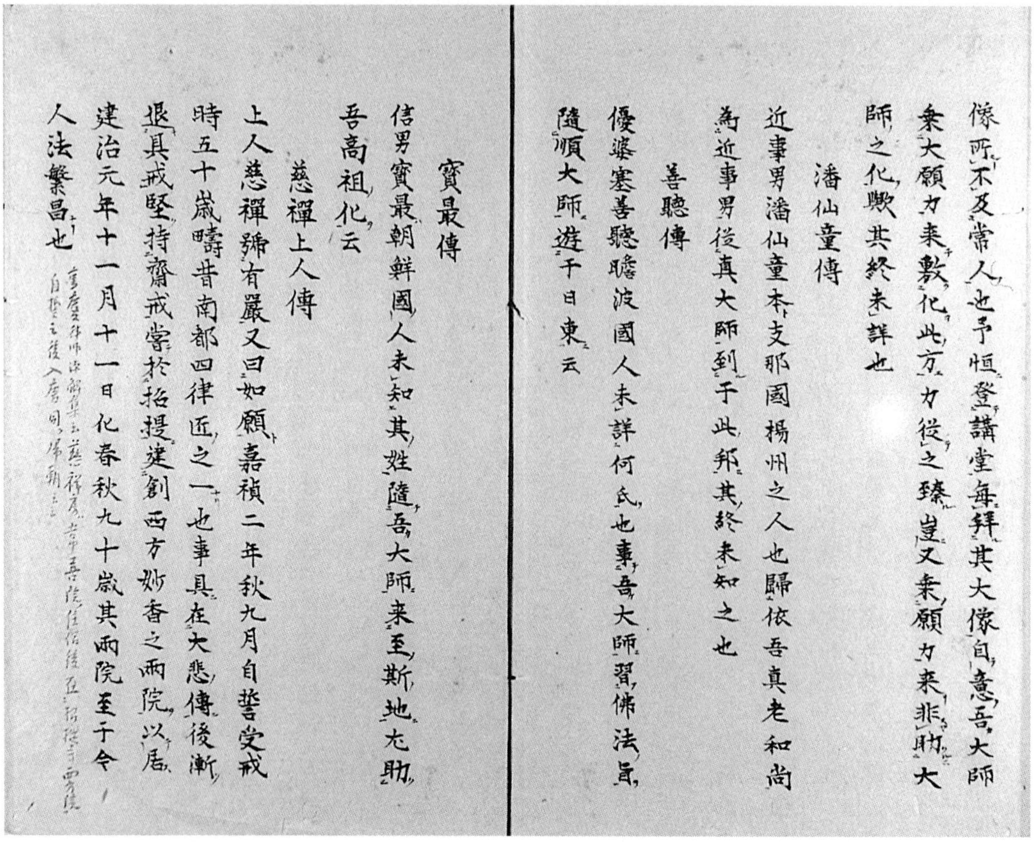
像所不及常人也予恒登講堂毎拜其大像自意吾大師
乘大願力來數化此方力從之臻豈又乘願力來非助大
師之化歟其終未詳也
潘仙童傳
近事男潘仙童本支那國楊州之人也歸依吾真老和尚
為近事男從真大師到于此邦其終未知之也
善聽傳
優婆塞善聽瞻波國人未詳何氏也事吾大師習佛法旨
隨順大師遊于日東云
寶最傳
信男寶最朝鮮國人未知其姓隨吾大師來至斯地尤助
吾高祖化云
慈禪上人傳
上人慈禪號有嚴又曰如願嘉禎二年秋九月自誓受戒
時五十歳疇昔南都四律匠之一也事具在大悲傳後漸
退具戒堅持齋戒嘗於招提建創西方妙香之兩院以居
建治元年十一月十一日化春秋九十歳其兩院至于今
人法繁昌也

③49オ　③48ウ

像、所也ト不レ及二常人ノ一也。予恒ニ登テ二講堂一毎ニレ拝ル二其大像一、自ラ意ク、吾カ大師
乗二大願力一来テ、敷ク二化ヲ此ノ方ニ一。力従テレ之臻ル。豈ニ又乗シテ二願力一来リ、非レスヤ助クルニ二大
師ノ之化ヲ一歟。其終未レ詳也。

**潘仙童伝**

近事男潘仙童、本ト支那国楊州之人也。帰二依吾真老和尚一
為二近事男一。従二真大師一到ル二于此ノ邦ニ一。其ノ終未レ知之也。

**善聴伝**

優婆塞善聴、瞻波国人。未レ詳二何氏ヲ一也。事テ二吾カ大師ニ一習フ二仏法ノ旨ヲ一。
随二順大師ニ一遊二于日東ニ一云。

**宝最伝**

信男宝最ハ、朝鮮国ノ人。未レ知二其ノ姓ヲ一。随テ二吾カ大師ニ一来二至シテ斯ノ地ニ一、尤助ク二
吾高祖ノ化ヲ一云。

**慈禅上人伝**

上人慈禅、号二有厳一、又曰二如願一ト。嘉禎二年秋九月、自誓受戒。
時五十歳。疇昔南都四律匠ノ之一ナリ也。事具ニ在二大悲ノ伝ニ一。後漸ク
退キ二具戒ヲ一、堅ク持二斎戒ヲ一。嘗テ於二招提ニ一、建二創西方・妙香之両院ヲ一以テ居ス。
建治元年十一月十一日化。春秋九十歳。其両院。至于今
人法繁昌ナリ也。☆重慶律師源解集云、慈禅房ハ常喜院ノ住侶。後在二招提寺西方院一。自誓之後、入唐。同ク帰朝云。

③49オ　③48ウ

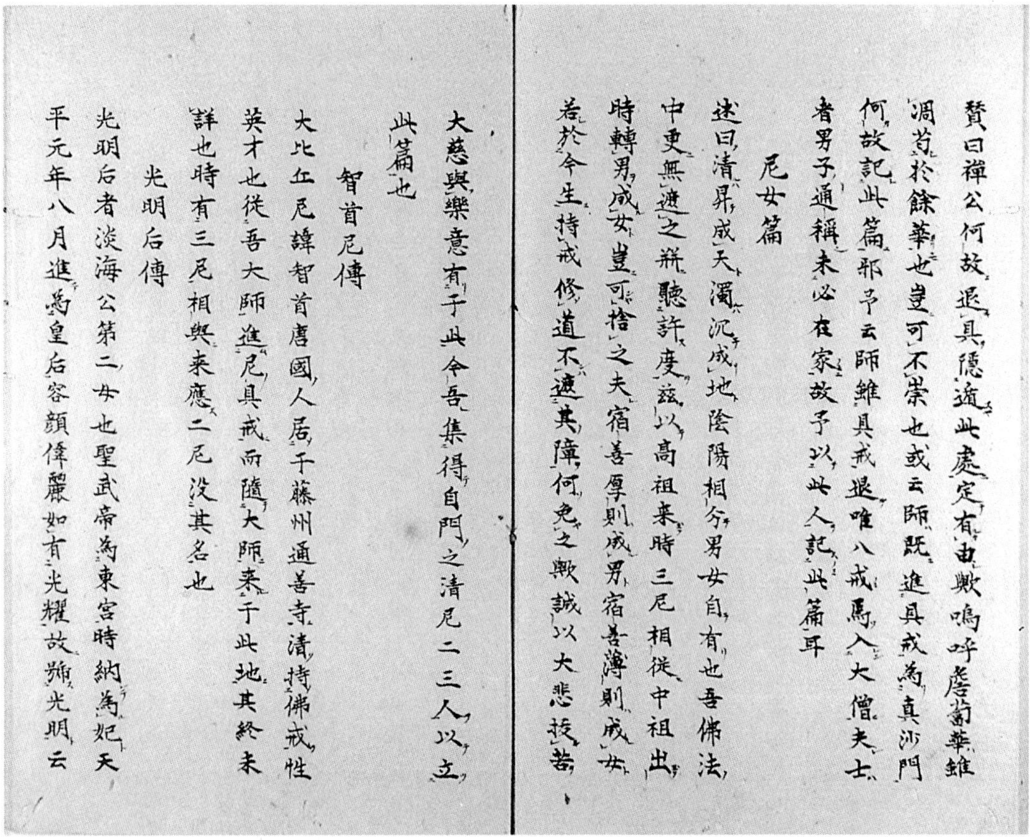

③50オ　③49ウ

贊曰、禅公何故ニ退レキ具ヲ、隠二遁スヤ此処一ニ。定テ有レルカ由シ歟。嗚呼詹蔔華ハ雖レ凋、苟二シ於余華一ヨリモ也。豈ニ可レ不レ崇也。或云、師ハ既ニ進二具戒一、為二リ真沙門一。何カ故記二シ此篇一ニ邪。予云、師雖二具戒一、退テ唯八戒ノミ。焉ゾ入二レン大僧一ニ。夫レ士ハ者、男子ノ通称也。未二必在家一ノミニ。故予以二テ此人一ヲ記二スノミ此篇一耳。

## 尼女篇

述曰ク、清ルハ昇テ成レ天ト、濁ルハ沈テ成レリ地ト。陰陽相分テ、男女自ラ有リ也。吾仏法ノ中、更ニ無レ遮レ之、并ニ聴二許ス度一ヲ。茲ヲ以テ高祖来玉フ時、三尼相従ヒ、中祖出玉フ時、転レ男ヲ成レル女ト。豈ニ可レンヤ捨レ之。夫レ宿善厚則ハ成レル男ト。宿善薄則ハ成レル女ト。若シ於二今生一ニ、持レ戒修レシテ道、不レンハ遮二其ノ障一ヲ、何ソ免レヤ之歟。誠以大悲抜レキ苦ヲ、大慈与レフ楽。意有二リ于此一。今吾レ集二得テ自門ノ之清尼二三人一ヲ、以テ立二ツ此篇一也。

## 智首尼伝

大比丘尼、諱智首。唐国ノ人。居二シテ于藤州通善寺一ニ、清ク持二シテ仏戒一ヲ、性英才也。従二吾大師一進二ム尼ノ具戒一ニ。而随二テ大師一ニ来二ル于此地一ニ。其終未レ詳也。時有二三尼一。相与ニ来応ス。二尼没二其名一也。

## 光明后伝

光明后者、淡海公第二ノ女也。聖武帝為二東宮一時、納レテ為レル妃ト。天平元年八月、進テ為二皇后一。容顔偉麗、如レ有二光耀一。故ニ号二ス光明一ト云。

⌞
③50オ　⌞
③49ウ

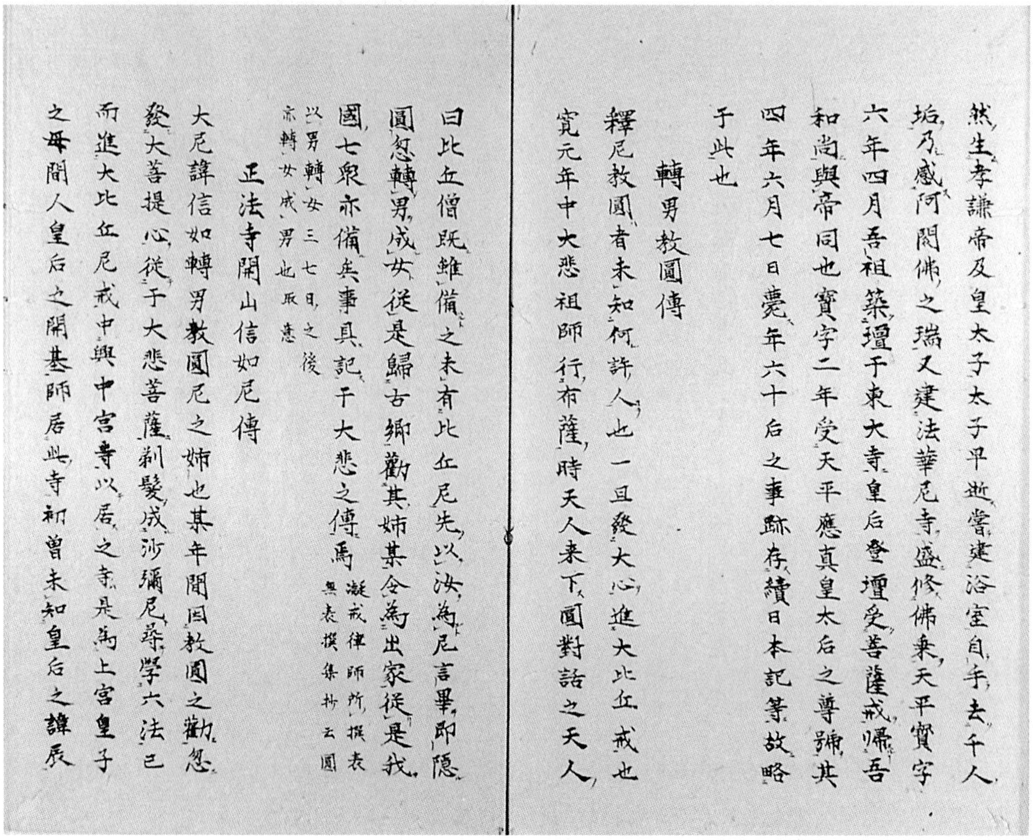
然生孝謙帝及皇太子太子早逝嘗建浴室自手去千人
垢乃感阿閦佛之瑞又建法華尼寺盛修佛乗天平寳字
六年四月吾祖築壇于東大寺皇后登壇受菩薩戒帰吾
和尚與帝同也寳字二年受天平應真皇太后之尊號其
四年六月七日薨年六十后之事跡存續日本紀等故略
于此也
轉男教圓傳
釋尼教圓者未知何許人也一旦發大心進大比丘戒也
寛元年中大悲祖師行布薩時天人来下圓對話之天人
曰比丘僧既雖備之未有比丘尼先以汝為尼言畢即隠
圓忽轉男成女従是帰古郷勧其姉某令為出家従是我
國七衆亦備矣事具記于大悲之傳焉 凝戒律師所撰表無表撰集抄云圓以男轉女三七日之後亦轉女成男也取意
正法寺開山信如尼傳
大尼諱信如轉男教圓尼之姉也某年間因教圓之勧忽
發大菩提心従于大悲菩薩剃髪成沙彌尼尋学六法已
而進大比丘尼戒中興中宮寺以居之寺是為上宮皇子
之母間人皇后之開基師居此寺初曽未知皇后之諱辰

③51オ　③50ウ

然シテ生ム二孝謙帝及皇太子一。太子早逝ス。嘗テ建二浴室一、自ラ手ラ去ク二千人ノ垢ヲ一。乃シ感ス二阿閦仏ノ之瑞一。又建二法華尼寺ヲ一、盛ニ修ス二仏乗ヲ一。天平宝字六年四月、吾祖築ク二壇于東大寺ニ一。皇后登壇受ク二菩薩戒ヲ一。帰スルコト二吾和尚ニ一与レ帝同也。宝字二年、受ク二天平応真皇太后之尊号ヲ一。其四年六月七日薨ス。年六十。后之事跡、存ス二続日本紀等ニ一。故ニ略ニ于此ニ一也。

## 転男教円伝

釈尼教円ハ者、未レ知二何レ許ノ人コトヲ一也。一旦発二大心ヲ一進二大比丘戒一也。寛元年中、大悲祖師行フ二布薩ヲ一時、天人来下ス。円対話之。天人ノ曰、比丘僧既ニ雖レ備ハルト之、未レ有二比丘尼一。先ツ以テレ汝ヲ為シトレ尼。言畢テ即隠ル。円忽転シテレ男ヲ成ルレ女ト。従レ是帰二古郷一、勧二其ノ姉某一令レ為二出家一。従リレ是我カ国ノ七衆亦備ル矣。事具ニ記ス二于大悲之伝ニ一焉。凝戒律師所レ撰ノ表無表撰集抄云、円以レ男転レ女。三七日ノ之後、亦転レ女成レ男也。取意。

## 正法寺開山信如尼伝

大尼、諱信如、転男教円尼之姉也。某年間、因二教円之勧一ニ、忽ニ発シ二大菩提心ヲ一、従テ二于大悲菩薩ニ一、剃髪シテ成ル二沙弥尼ト一。尋テ学二六法一。已而進二大比丘尼戒一。中二興中宮寺一以テ居ス之。寺ハ是為二上宮皇子之母間人皇后之開基一。師居二此ノ寺一、初曽未レ知二皇后之諱辰一。

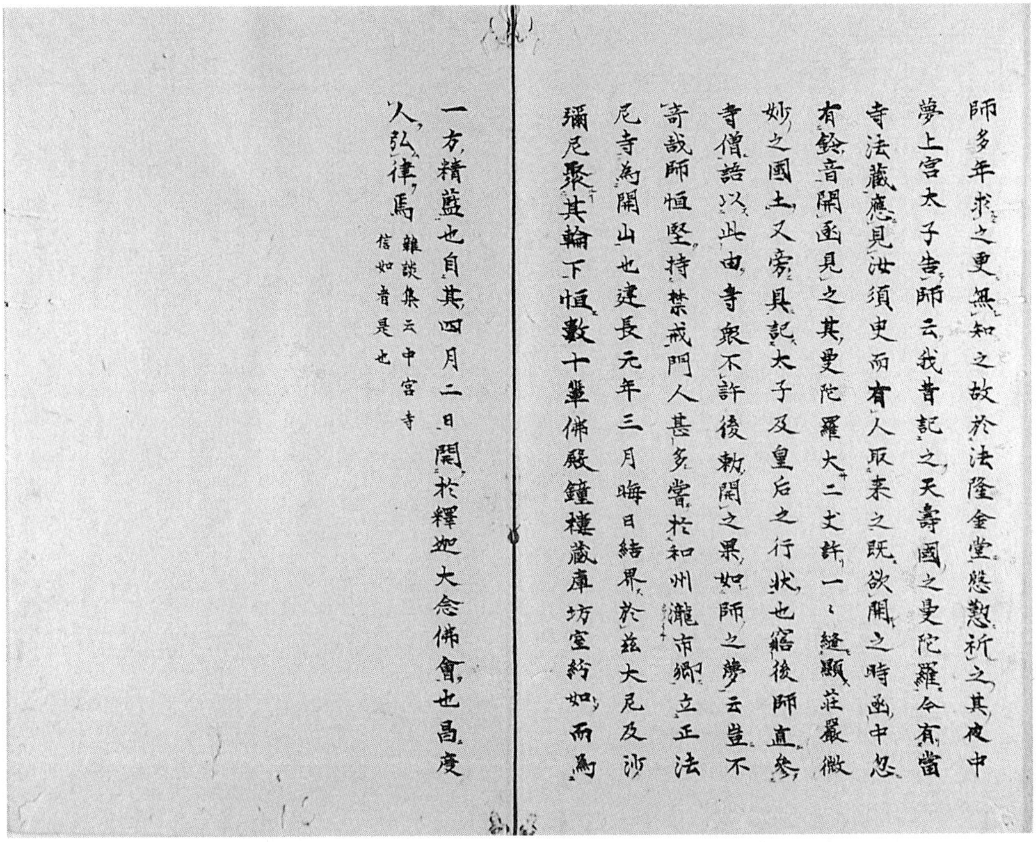

③52オ　③51ウ

師多年求ルニレ之、更ニ無シレ知之。故於二法隆金堂ニ一慇懃ニ祈ルレ之ヲ。其ノ夜中
夢。上宮太子告テレ師云ク、我昔記二之ヲ天寿国ノ之曼陀羅ニ一。今有リ二当
寺法蔵一。応ニレ見レ汝。須臾而有レ人取二来之一。既ニ欲レ開ント之時、函ノ中忽ニ
有二鈴ノ音一。開レ函見レ之。其ノ曼陀羅大サ一丈許リ、一々縫ヒ二顕ス荘厳微
妙ノ之国土ヲ一。又旁ラニ具ニ記ス二太子及皇后之行状ヲ一也。寤後、師直ニ参シテ二
寺僧ニ一、語以ス二此由ヲ一。寺衆不レ許。後勅シテ開レ之。果シテ如シ二師ノ之夢一云。豈ニ不
レ奇哉。師恒堅ク持二禁戒一。門人甚多シ。嘗テ於二和州瀧市《タツノイチ》郷ニ一、立二正法
尼寺一為二開山一也。建長元年三月晦日結界ス。於レ茲大尼及沙
弥尼、聚ルコト二其輪下一恒ニ数十輩。仏殿・鐘楼・蔵庫・坊室、紛如トシテ而為二
一方ノ精藍一也。自二其ノ四月二日一、開ク二於釈迦大念仏会ヲ一也。昌ニ度
レ人ヲ弘ムレ律ヲ焉。雑談集云、中宮寺信如者是也。

③52オ　③51ウ

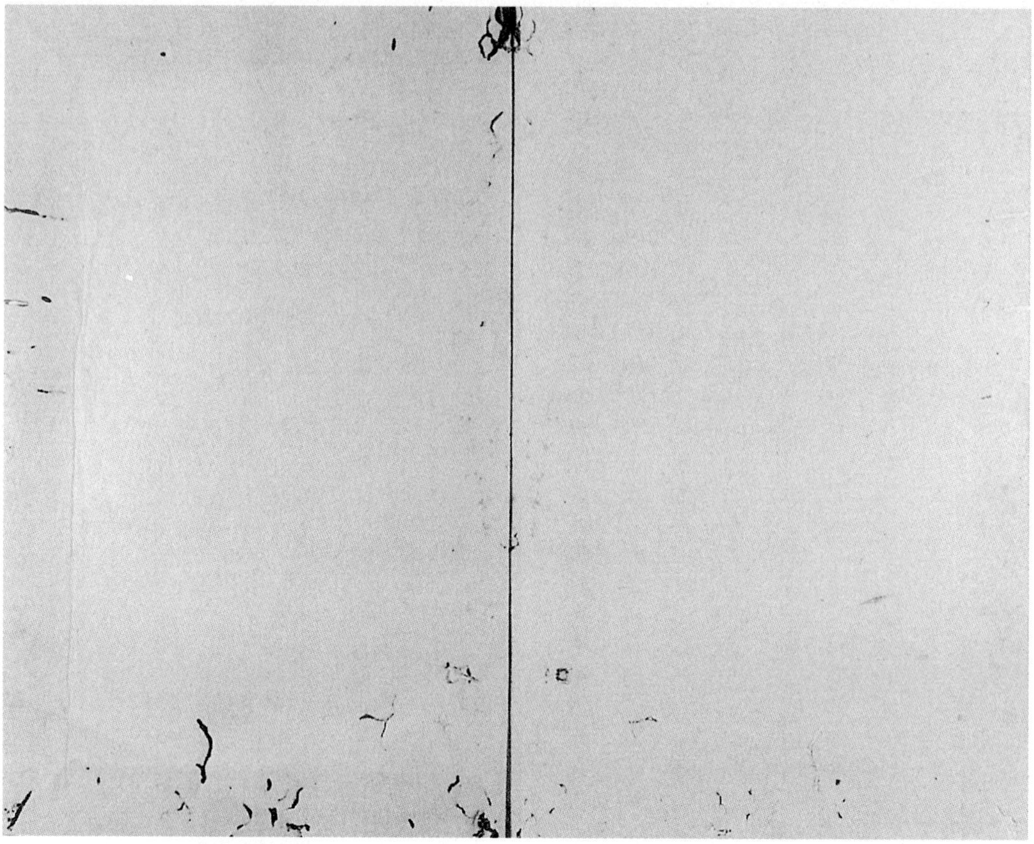

③裏表紙見返　　③52ウ

③裏表紙見返　　③52ウ

③裏表紙

③裏表紙

律宗戒学院蔵

# 能満院義澄撰『招提千歳伝記』

（妙音院元鏡書写本）第四冊

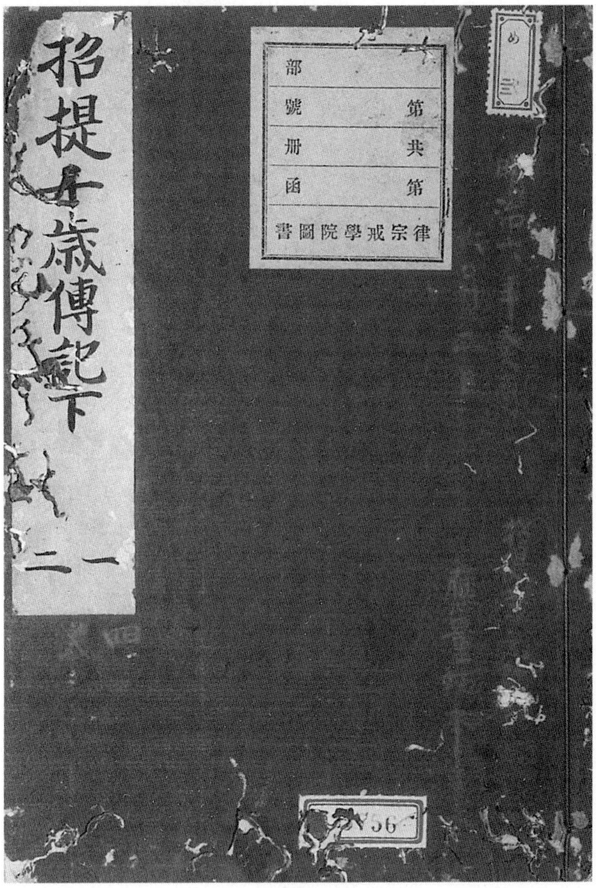


④表表紙

め
弐

明治六年癸酉
六月二日

招提寺元弥勒院
応量坊本常求

| | |
|---|---|
| 部 | |
| 号 | 第 |
| 冊 | 共 |
| 函 | 第 |
| 書図院学戒宗律 | |

5756

招提千歳伝記下

一
二

四
~~五~~

④表表紙

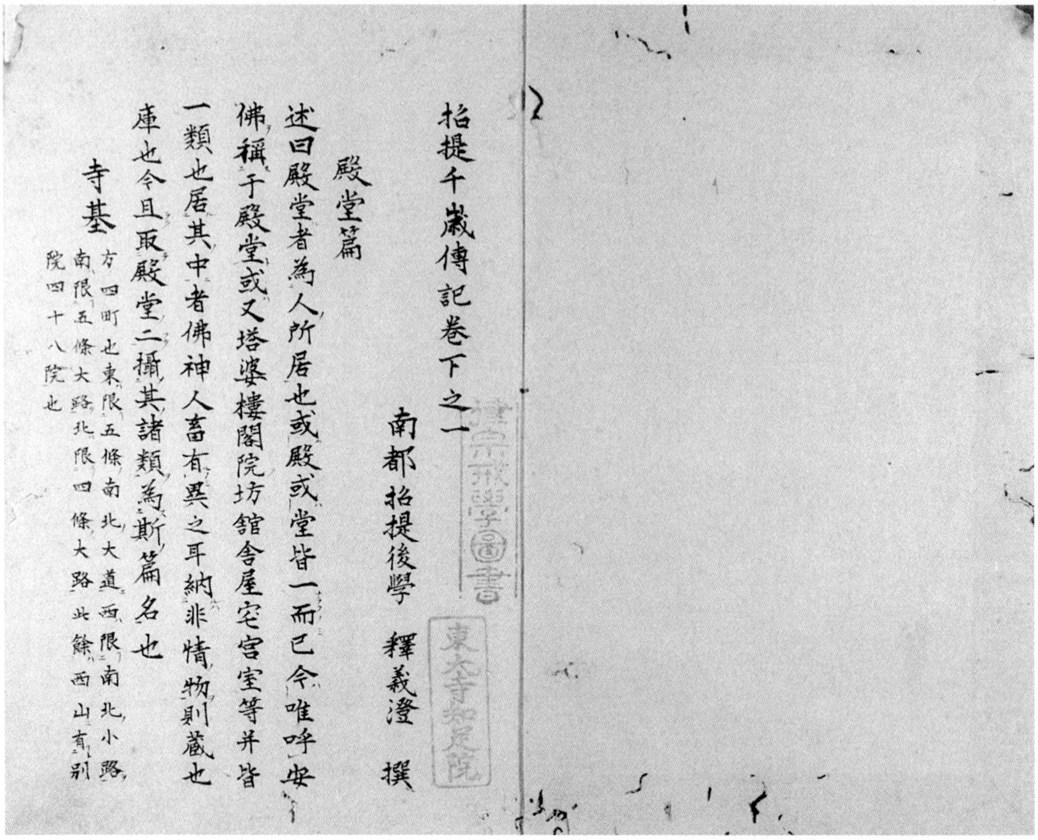

④01オ　　④表表紙見返

# 招提千歳伝記巻下之一



南都招提後学　釈義澄　撰

## 殿堂篇

述曰、殿堂ハ者、為二人ノ所居一也。或ハ殿、或ハ堂、皆一而已《ナラクノミ》。今ハ唯呼レ安レ仏ヲ称二スル于殿堂一ト。或ハ又塔婆・楼閣・院坊・館舎・屋宅・宮室等、并皆一類也。居ルニ其ノ中ニ者、仏神人畜有ルノミレ異之耳。納ルハ二非情ノ物一ヲ、則蔵也、庫也。今且ラク取テ二殿堂ノ二ツヲ一、摂シテ二其ノ諸類一ヲ為ス二斯ノ篇名一也。

**寺基**　方四町也。東ハ限リ二五条ノ南北ノ大道一ニ、西ハ限リ二南北ノ小路一ヲ、南ハ限リ二五条大路一ヲ、北ハ限リ二四条ノ大路一、此余ハ西山ニ有リ二別院四十八院一也。

④01オ　　④表表紙見返

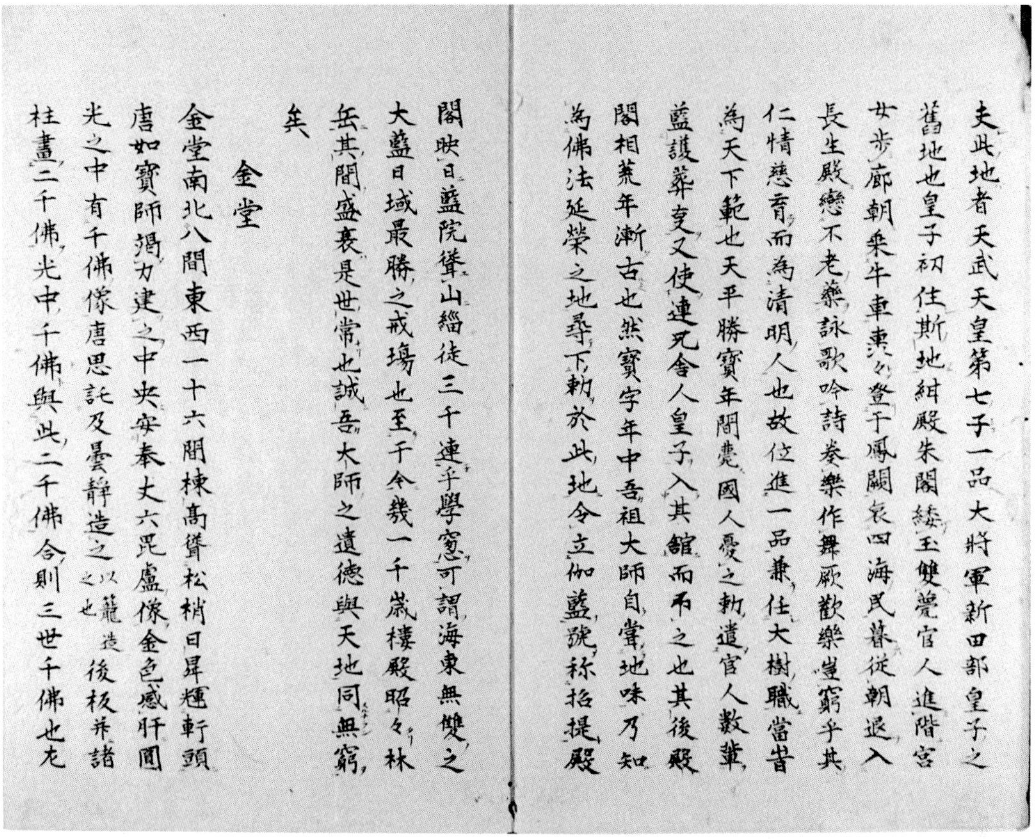

④02オ　④01ウ

夫レ此ノ地ハ者、天武天皇第七ノ子《ミコ》一品大将軍新田部皇子ノ之
旧地也。皇子初住二シ斯ノ地一ニ、紺殿朱閣、綾レバメ玉双レヘ甍、官人進レミ階ニ、宮
女歩レミ廊、朝ニ乗二牛車一、轟々トシテ登二リ于鳳闕一哀二四海ノ民一、暮ニハ従レ朝退テ、入二
長生殿一ニ恋二不老ノ薬一ヲ。詠レ歌吟レ詩、奏レ楽作レ舞。厥歓楽豈《ヤ》レ窮乎。其ノ
仁情慈育ニシテ而為二清明ノ人一也。故位進二一品一、兼テ任二シ大樹ノ職一ニ、当時
為二天下範一也。天平勝宝年間薨ス。国人憂レ之。勅シテ遣二シテ官人数輩一ヲ
藍二護葬事一ヲ。又使下シテ連兄舎人皇子一ヲ入中ラ其館上ニ而弔レ之也。其後殿
閣相荒、年漸ク古ル、也也。然宝字年中、吾カ祖大師自ラ嘗二メテ地味一。乃知ル
レ為二仏法延栄之地一。尋テ下二シテ勅ヲ於此ノ地一ニ令レ立二伽藍一ヲ。号シテ称二招提一ト。殿
閣映レ日ニ、藍院聳レユ山ニ。緇徒三千連二子乎学窓一ヲ、可レ謂ッ海東無双ノ之
大藍。日域最勝ノ之戒場也。至二テ于今一ニ幾一千歳、楼殿昭二々タリ林
岳一ニ。其ノ間ノ盛衰ハ、是世ノ常ナリ也。誠ニ吾カ大師ノ之遺徳、与二天地一同二スルナラン無窮一ヲ
矣。

## 金堂

金堂。南北八間、東西一十六間。棟高聳二松梢、日昇輝二軒頭一ニ。
唐如宝師竭レシテ力建レッ之ヲ。中央ニ安二奉丈六毘盧ノ像一ヲ。金色感レ肝ニ。円
光之中有二千仏ノ像一、唐思託及曇静造レ之。以籠造之也。後板并ニ諸
柱画二ク二千仏一ヲ。光中ノ千仏ト与二此ノ二千仏一、合シテ則三世千仏也。左

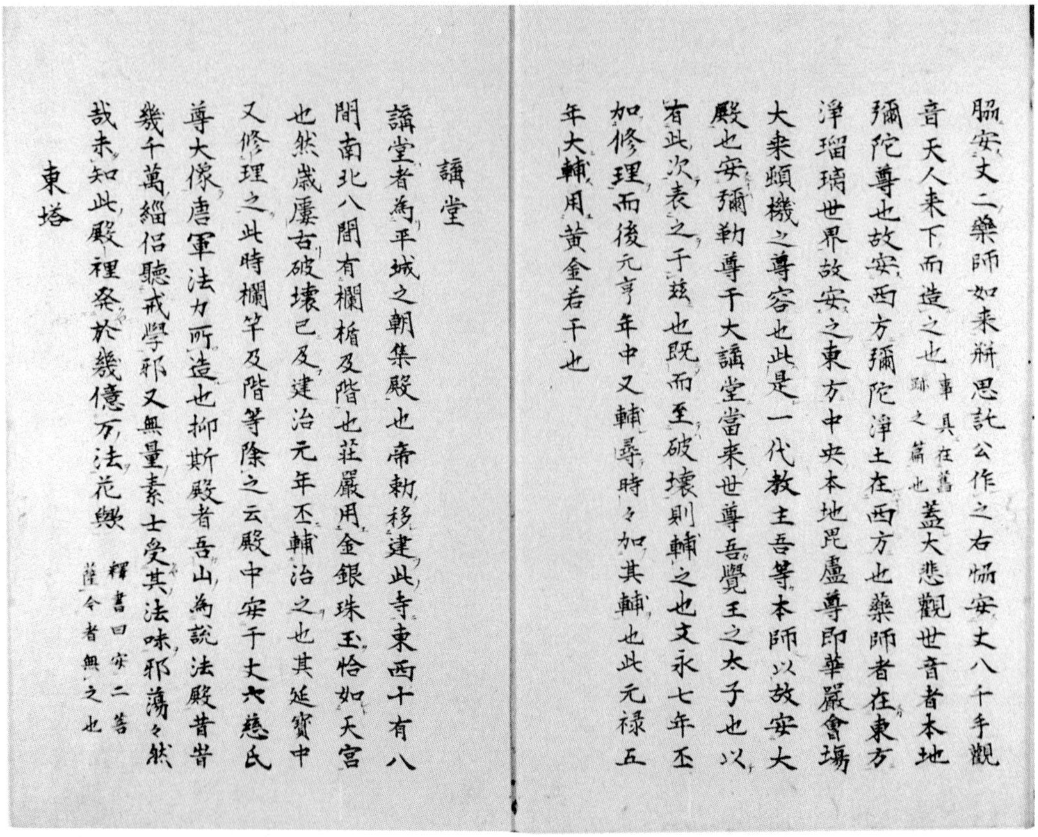
脇安丈二藥師如来幷思託公作之右脇安丈八千手觀音天人来下而造之也事具在舊跡之篇也蓋大悲觀世音者本地彌陀尊也故安西方彌陀淨土在西方也藥師者在東方淨瑠璃世界故安之東方中央本地毘盧尊即華嚴會場大乘頓機之尊容也此是一代教主吾等本師以故安大殿也安彌勒尊于大講堂當來世尊吾覺王之太子也以有此次表之于茲也既而至破壞則輔之也文永七年丕加修理而後元亨年中又輔尋時々加其輔也此元禄五年大輔用黄金若干也

講堂

講堂者為平城之朝集殿也帝勅移建此寺東西十有八間南北八間有欄楯及階也莊嚴用金銀珠玉恰如天宮也然歲屢古破壞已及建治元年丕輔治之也其延寶中又修理之此時欄竿及階等除之云殿中安丈六慈氏尊大像唐軍法力所造也抑斯殿者吾山為說法殿昔時幾千萬緇侶聽戒學邪又無量素士受其法味邪蕩々然哉未知此殿裡發於幾億万法花歟釋書曰安二菩薩今者無之也

東塔

④03オ　④02ウ

協ニ安ス丈二ノ薬師如来一。并ニ思託公作レル之。右協安ニス丈八千手観音一。天人来下シテ而造レル之也。事具ニ在ニ旧跡之篇一也。蓋シ大悲観世音者、本地弥陀尊也。故安ニス西方一ニ。弥陀浄土在ニレハナリ西方一ニ也。薬師者、在ニスカ東方一ニ浄瑠璃世界一故、安ニス之ヲ東方一ニ。中央ノ本地毘盧尊、即華厳会場大乗頓機之尊容也。此ハ是レ一代教主、吾等カ本師也。以故安ニ大殿一也。安ニスルコトハ弥勒尊于大講堂一ニ、当来ノ世尊、吾カ覚王之太子也。以テレ有ニ此ノ次一テ、表ニ之ヲ于一レ茲ニ也。既ニシテ而至ニテハ破壊一、則輔レ之也。文永七年丕加ニフ修理一ヲ。而後元亨年中又輔シ、尋テ時々加ニフ其輔一ヲ也。此元禄五年大ニ輔。用ニ黄金若干一也。

**講堂**

講堂ノ者、為ニリ平城之朝集殿一也。帝勅シテ移シ建ニッ此ノ寺一ニ。東西十有八間、南北八間、有ニ欄楯及階一也。荘厳用ニユ金銀珠玉一ヲ。恰如ニシト天宮一也。然歳屢古リ、破壊已ニ及フ。建治元年丕ニ輔ニ治之一ヲ也。其延宝中又修ニ理之一ヲ。此時欄竿及階等除レ之云。殿中安ニ于丈六慈氏尊大像一ヲ。唐軍法力所レロ造ル也。抑斯殿者、吾カ山ノ為ニ説法殿一。昔時幾千万ノ緇侶聴ニ戒学一邪、又無量ノ素士受ニクヤ其ノ法味一ヲ邪、蕩々然哉。未レタ知此ノ殿裡発ニクヤ於幾億万ノ法一花歟。釈書曰、安ニ二菩薩一。今者無レ之也。

**東塔**

④03オ

④02ウ

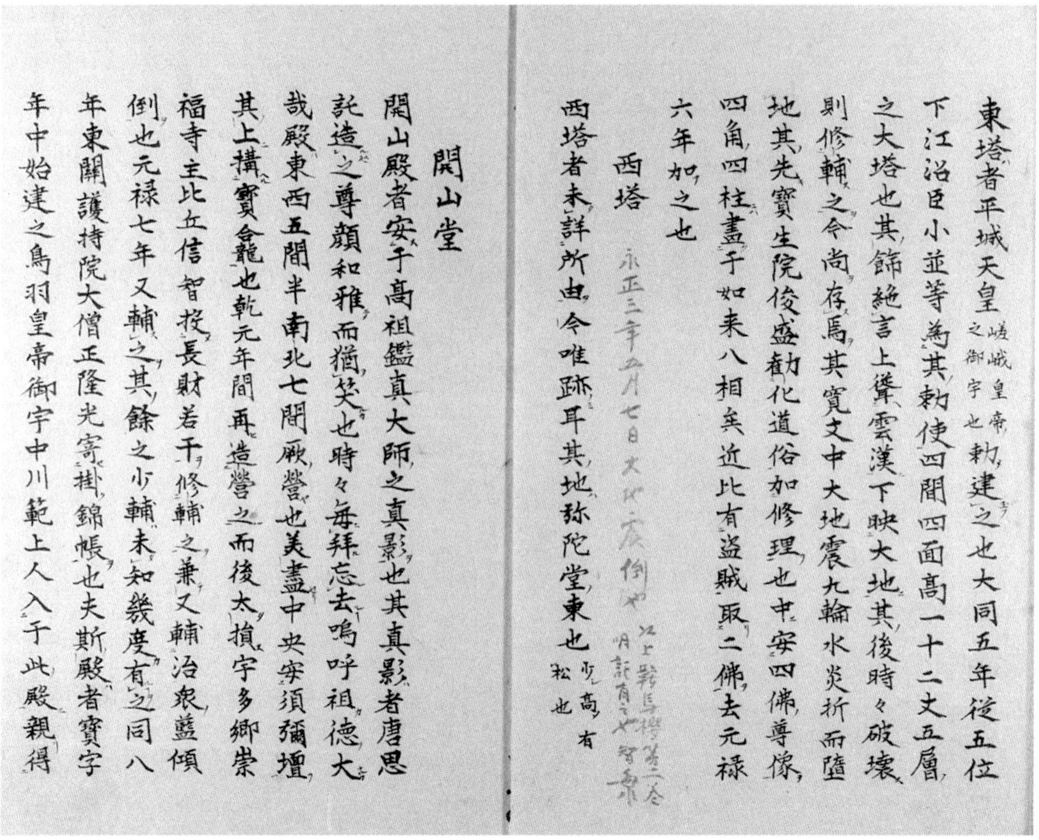

④04オ　④03ウ

東塔ハ者、平城天皇嵯峨皇帝ノ之御宇也。勅シテ建レ玉フ之也。大同五年、従五位
下江沼臣小並等、為ニ其ノ勅使一。四間四面、高一十二丈、五層ノ
之大塔也。其ノ飾絶レ言。上聳ニ雲漢一ニ、下映ニ大地一ニ。其ノ後、時々破壊ス。
則修ニ輔ス之一ヲ。今尚ヲ存レス焉ヲ。其寛文中大地震、九輪水炎折而堕
レ地。其ノ先キ、宝生院俊盛勧ニ化道俗一加ニ修理一ヲ也。中ニ安ニ四仏ノ尊像一ヲ。
四角ノ四柱ニハ画ニク于如来八相一矣。近比有ニ盗賊一、取ニリ二仏一ヲ去。元禄
六年加フ之也。

## 西塔

☆永正三年五月七日大地震、倒也。以上鞍馬桜第二巻明記有之也。智桀

西塔者、未レタ詳ニ所由一ヲ。今唯跡ノミ耳。其ノ地ハ弥陀堂ノ東也。少シ高シテ有レ松也。

## 開山堂

開山殿者、安ニス于高祖鑑真大師ノ之真影一ヲ也。其真影ハ者、唐思
託造レル処之。尊顔和雅ニシテ而猶レヲ笑ルカ也。時々毎レニ拝ル忘レル去ルコト。嗚呼祖カ徳ノ大ナルカ
哉。殿ハ東西五間半、南北七間、厥ノ営ヤ也美尽セリ。中央安ニ須弥壇一ヲ、
其ノ上ニ構ニヘル宝龕一也。乾元年間、再ヒ造ニ営之一。而後太タ損ス。宇多郷崇
福寺主比丘信智、投ニシテ長財若干一ヲ修ニ輔之一ヲ。兼テ又輔ニ治衆ノ藍傾
倒一ヲ也。元禄七年、又輔レス之ヲ。其ノ余之少輔ハ未レタ知幾度カ有レルコトヲ之。同八
年、東関護持院大僧正隆光寄ニセ掛ク錦帳一ヲ也。夫斯ノ殿ハ者、宝字
年中始建之。鳥羽皇帝御宇、中川範上人入ニ于此ノ殿一ニ、親リ得ニ

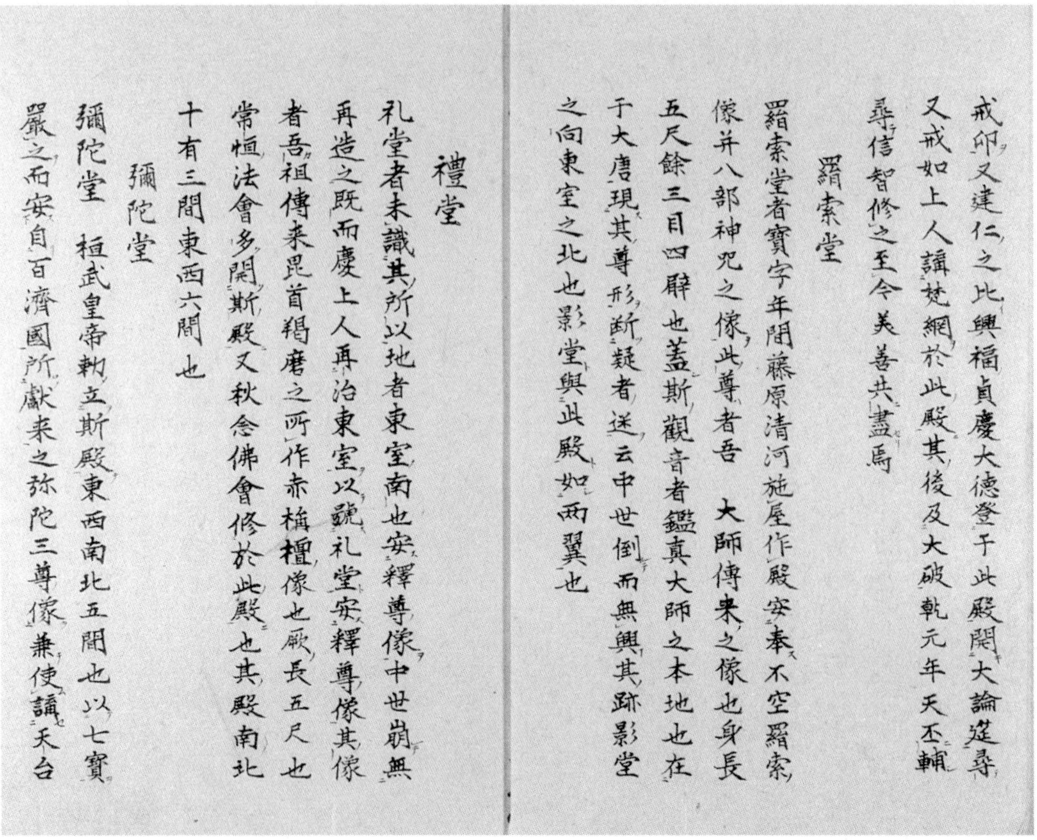
戒印又建仁之比興福貞慶大徳登于此殿開大論莚尋
又戒如上人講梵網於此殿其後及大破乾元年天丕輔
尋信智修之至今美善共盡焉
羂索堂
羂索堂者寳字年間藤原清河施屋作殿安奉不空羂索
像并八部神呪之像此尊者吾　大師傳来之像也身長
五尺餘三目四臂也蓋斯観音者鑑真大師之本地也在
于大唐現其尊形斷疑者迷云中世倒而無興其跡影堂
之向東室之北也影堂與此殿如両翼也

禮堂
礼堂者未識其所以地者東室南也安釋尊像中世崩無
再造之既而慶上人再治東室以號礼堂安釋尊像其像
者吾祖傳来毘首羯磨之所作赤栴檀像也厥長五尺也
常恒法會多開斯殿又秋念佛會修於此殿也其殿南北
十有三間東西六間也
彌陀堂
彌陀堂　桓武皇帝勅立斯殿東西南北五間也以七寳
嚴之而安自百濟國所献来之弥陀三尊像兼使講天台

④05オ　④04ウ

戒印一ヲ。又建仁ノ之比ヲイ、興福ノ貞慶大徳登二于此殿一、開二キ大論筵一。尋テ
又戒如上人講二梵網ヲ於此ノ殿一ニ。其ノ後及二大破一。乾元年天丕ニ輔シ、
尋テ信智修レ之。至レ今美善共ニ尽セリ焉。

**羂索堂**

羂索堂者、宝字年間、藤原清河施レ屋作レ殿、安二奉ス不空羂索ノ
像并八部神呪之像一ヲ。此ノ尊ハ者、吾　大師伝来ノ之像也。身長
五尺余、三目四臂也。蓋シ斯ノ観音者、鑑真大師之本地也。在二
于大唐一現二ス其ノ尊形一ヲ、断二ツ疑者ノ迷一ヲ云。中世倒レテ而無レ興コト。其ノ跡、影堂
之向、東室之北也。影堂ト与二此殿一ト如二シ両翼一也。

**礼堂**

礼堂者、未レ識二其ノ所以一。地者東室ノ南也。安二ス釈尊ノ像一ヲ。中世崩レテ無二
再造之一。既而慶上人再二治東室一ヲ、以テ号二ス礼堂一ト。安二ス釈尊ノ像一。其ノ像
者、吾カ祖伝来、毘首羯磨之所レ作赤栴檀ノ像也。厥ノ長五尺也。
常恒ノ法会、多ク開二ク斯ノ殿一ニ。又秋念仏会修二於此ノ殿一ニ也。其ノ殿南北
十有三間、東西六間也。

**弥陀堂**

弥陀堂。　桓武皇帝勅シテ立二ツ斯殿一ヲ。東西南北五間也。以二テ七宝一ヲ
厳レ之ヲ。而安下ス自二リ百済国一所二ロノ献来一之弥陀三尊ノ像上ヲ。兼テ使レム講二セ天台

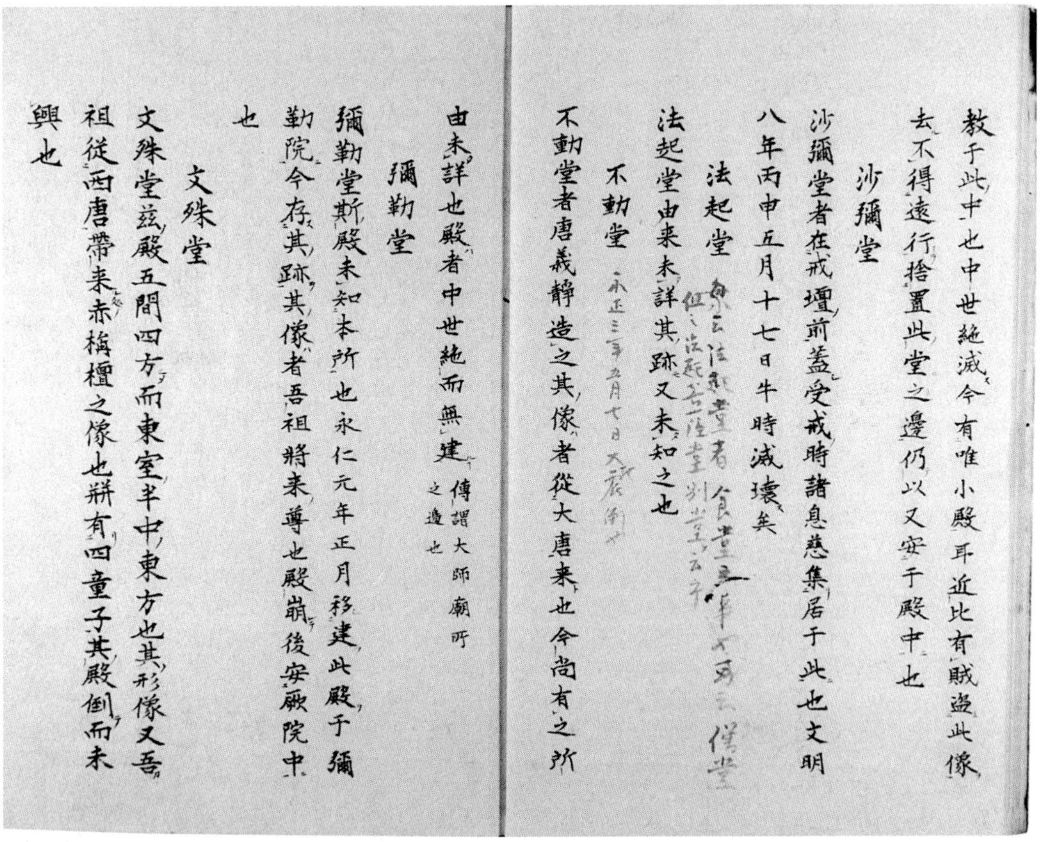

④06オ　④05ウ

教于此《ノ》中一也。中世絶滅《ス》。今有二唯小殿一耳。近比有レ賊。盗《ミ》二此像《ヲ》一去《ル》。不レ得二遠行《コトヲ》一、捨二置此《ノ》堂之辺一。仍《テ》以又安二于殿中《ニ》一也。

**沙弥堂**

沙弥堂者、在二戒壇《ノ》前一。蓋《シ》受戒《ノ》時、諸息慈集《リ》二居于此《ニ》一也。文明八年丙甲五月十七日牛時滅壊《ス》矣。

**法起堂**　☆棠云、法起堂者、食堂之事也。或云僧堂。但《シ》法起菩薩堂、別堂《ヲ》云乎。

法起堂。由来未《タ》レ詳。其《ノ》跡《モ》又未《タ》レ知之也。

**不動堂**　☆永正三年五月七日大地震、倒也。

不動堂者、唐義静造レ之。其《ノ》像《ハ》者、従二大唐一来《ト》也。今尚有レ之。所由未《タ》レ詳也。殿《ハ》者、中世絶而無レ建《ルコト》。伝謂、大師廟所之辺也。

**弥勒堂**

弥勒堂。斯《ノ》殿未レ知二本所一也。永仁元年正月、移《シ》二建《ッ》此殿《ヲ》于弥勒院《ニ》一。今存《ス》二其《ノ》跡《ヲ》一。其《ノ》像《ハ》者、吾祖将来《ノ》尊也。殿崩《レテ》後、安二厥院中《ニ》一也。

**文殊堂**

文殊堂。茲《ノ》殿、五間四方《ニシテ》而東室《ノ》半中《ノ》東方也。其《ノ》形像又吾《カ》祖従二西唐一帯来《ル処ノ》赤栴檀之像也。并有《リ》二四童子一。其《ノ》殿倒《テ》而未レ興也。

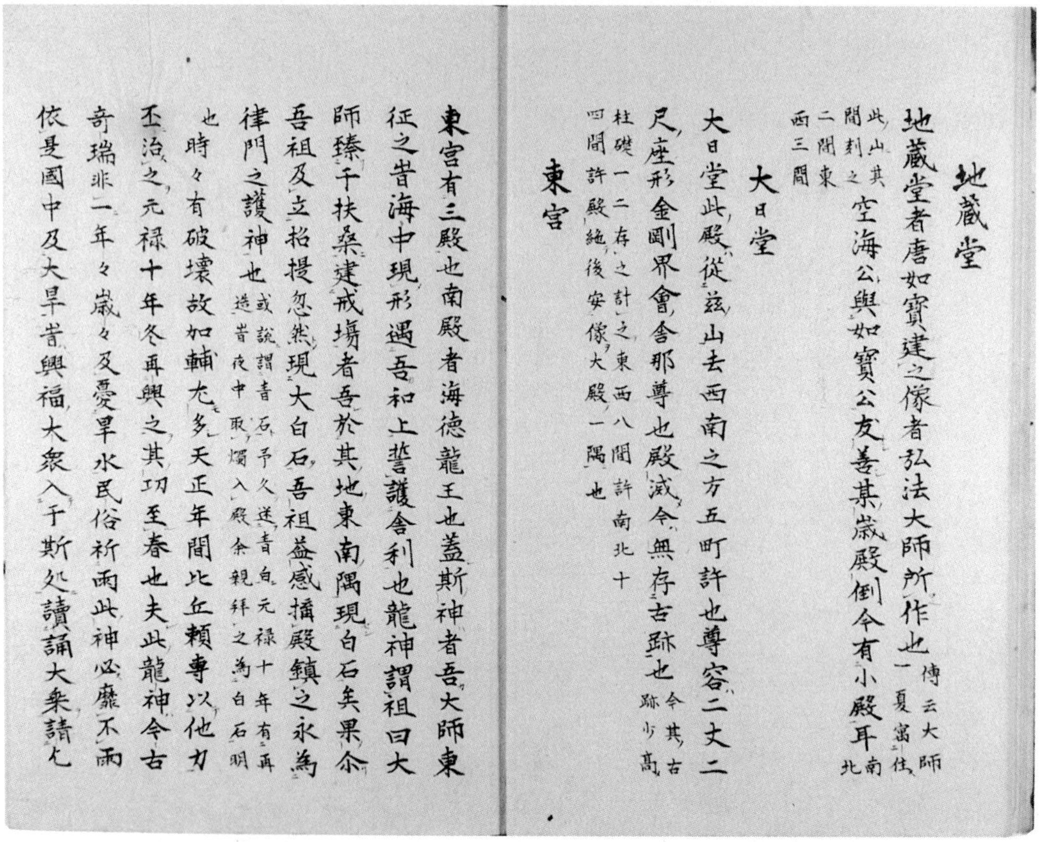

④07オ ④06ウ

## 地蔵堂

地蔵堂者、唐如宝建レ之。像者、弘法大師所レ作也。伝云、大師一夏寓ニ住ス此ノ山一ニ。其空海公ト与ニ如宝公一友トシ善シ。某ノ歳殿倒。今有ニ小殿一耳。南北二間、東西三間。

## 大日堂

大日堂。此ノ殿ハ、従ニ茲ノ山一去西南之方五町許也。尊容ハ一丈二尺ノ座形、金剛界会ノ舎那尊也。殿滅シテ今ハ無。存ニ古跡一也。今其ノ古跡少高シテ、柱礎一二存レ之。計レ之ヲ東西八間許、南北十四間許。殿絶テ後、安ニ像ヲ大殿ノ一隅一ニ也。

## 東宮

東宮。有ニ三殿一也。南殿者、海徳龍王也。蓋シ斯ノ神ハ者、吾カ大師東征之時、海中現レシテ形、遇ニ吾カ和上一、誓レ護ニ舎利一也。龍神謂レ祖曰、大師臻ニリ于扶桑一ニ、建ニ戒場一者、吾レ於ニ其ノ地ノ東南ノ隅一現ニゼン白石一矣。果シテ尓リ、吾祖及レ立ニ招提、忽然トシテ現ニ大白石一ヲ。吾祖益感、搆レ殿鎮レ之、永為ニ律門之護神一也。或説ニ謂ニ青石一ト。予久ク迷フ青白一ニ。元禄十年有ニ再造一時、夜中取レテ燭入レ殿、余親拝レ之。為ニ白石一明也。

時々有破壊、故加輔尤多シ。天正年間、比丘頼専以テ他力一丕ニ治レス之ヲ。元禄十年冬再ニ興之一ヲ。其ノ功至レル春也。夫レ此ノ龍神ハ、今古奇瑞非レ一ニ。年々歳々及レ憂ニ旱水一、民俗祈ニ雨此ノ神、必ス靡レ不レ雨。依レ是国中及ニ大旱一時ハ、興福ノ大衆入ニテ于斯処一ニ読ニ誦大乗一ヲ、請ニ乞

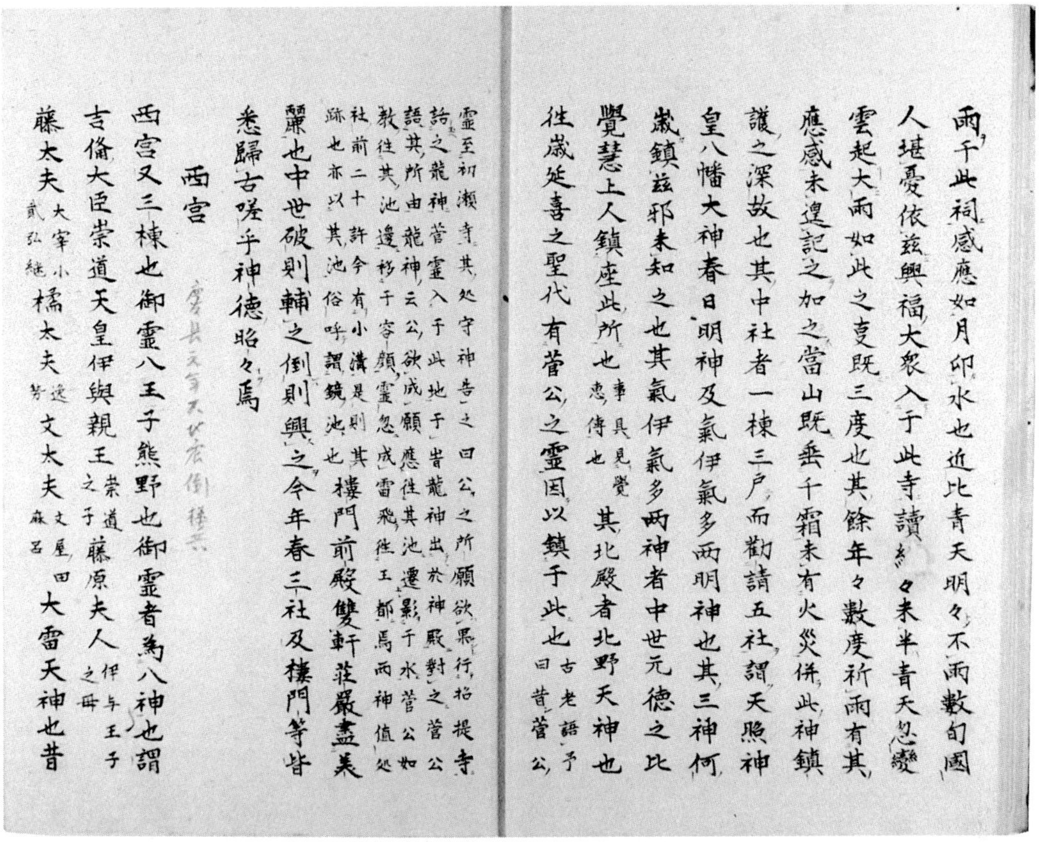

④08オ　④07ウ

雨ヲ于此祠一ニ、感応如二月印一カレ水也。近比青天明々トシテ不レ雨数旬、国
人堪レ憂。依レ茲レニ興福ノ大衆入二リ于此寺一ニ読経。々未レ半ハ、青天忽変、
雲起リ大ニ雨。如レ此之事、既ニ三度也。其ノ余、年々数度祈レ雨。有二其ノ
応感一、未レ遑レ記レ之ヲ。加之ス当山既ニ垂二千霜一、未レ有二火災一。併ラ此ノ神鎮
護ノ之深故也。其ノ中社者、一棟三戸ニシテ而勧二請五社一ヲ。謂ク、天照神
皇・八幡大神・春日明神及気伊・気多両明神也。其ノ三神何ノ
歳カ鎮レ茲邪、未レ知之也。其気伊・気多両神者、中世元徳之比、
覚慧上人鎮二座此ノ所一ニ也。事具ニ見二リ覚恵ノ伝一也。其ノ北殿者、北野天神也。
往歳延喜之聖代、有二菅公ノ之霊一。因テ以鎮二于此一ニ也。古老語レ予曰、昔シ菅公ノ

霊至二初瀬寺一ニ。其ノ処守神告レ之曰、公カ之所願欲レハ果サント。行テ二招提寺一ニ
話リ玉ヘ二之龍神一ニ。菅霊入二于此地一。于レ時龍神出テ二、於神殿一ニ対レ之ニ。菅公
語ル二其ノ所由一。龍神ノ云、公ノ欲レ成レ願応下往二其池一ニ遷上レ影ヲ二于水一ニ。菅公如
レ教ノ往二其ノ池辺一ニ、移二于容顔一ヲ。霊忽ニ成レ雷、飛テ往二王都一ニ焉。両神値処、
社ノ前二十許、今有リ二小溝一。是則其
跡也。亦以二其ノ池一。俗呼テ謂フ二鏡ノ池一ト也。楼門前殿双レ軒、荘厳尽二美
麗一也。中世破、則輔レ之。倒レハ則興レス之ヲ。今年春、三社及楼門等、皆
悉帰レ古。嗟乎神徳ノ昭々コトヲ焉。

## 西宮

☆慶長元年大地震、倒楼共。

西宮。又三棟也。御霊・八王子・熊野也。御霊者、為二八神一也。謂、
吉備ノ大臣・崇道天皇・伊与親王 崇道之子・藤原夫人 伊与王子之母・
藤太夫 大宰小弐弘継・橘太夫 逸勢・文太夫 文屋ノ田麻呂・大雷天神也。昔

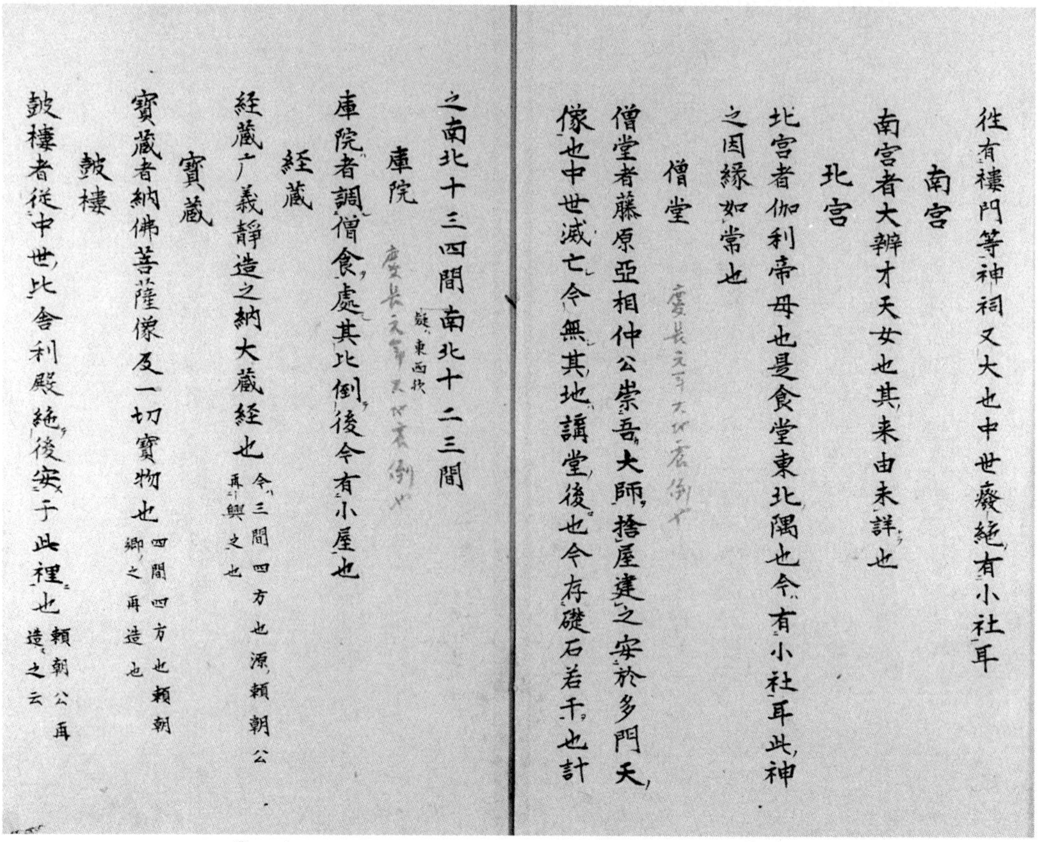

④09オ　④08ウ

往有二楼門等一、神祠又大也。中世廃絶シテ有二小社一耳。

**南宮**

南宮者、大弁才天女也。其ノ来由未レ詳ナラ也。

**北宮**

北宮者、伽利帝母也。是食堂東北ノ隅也。今ハ有二小社一耳。此ノ神之因縁如レ常也。

**僧堂**　☆慶長元年大地震、倒也。

僧堂者、藤原亜相仲公、崇二吾カ大師一ヲ、捨レ屋建レ之、安二於多門天ノ像一也。中世滅亡シ今無シ。其ノ地ハ講堂ノ後ロ也。今存二礎石若干一ヲ也。計之南北十三四間、南北十二三間。★疑ハ東西歟

**庫院**　☆慶長元年大地震、倒也。

庫院ハ者、調ル僧食ヲ処也。其比倒テ後、今有二小屋一也。

**経蔵**

経蔵。唐義静造之、納大蔵経也。今ハ三間四方也。源ノ頼朝公再二興之一也。

**宝蔵**

宝蔵者、納仏菩薩像及一切宝物也。四間四方也。頼朝卿ノ之再造也。

**鼓楼**

鼓楼者、従二中世ノ比一、舎利殿絶テ後、安二ス于此裡一ニ也。頼朝公再造ス之云。

④09オ　④08ウ

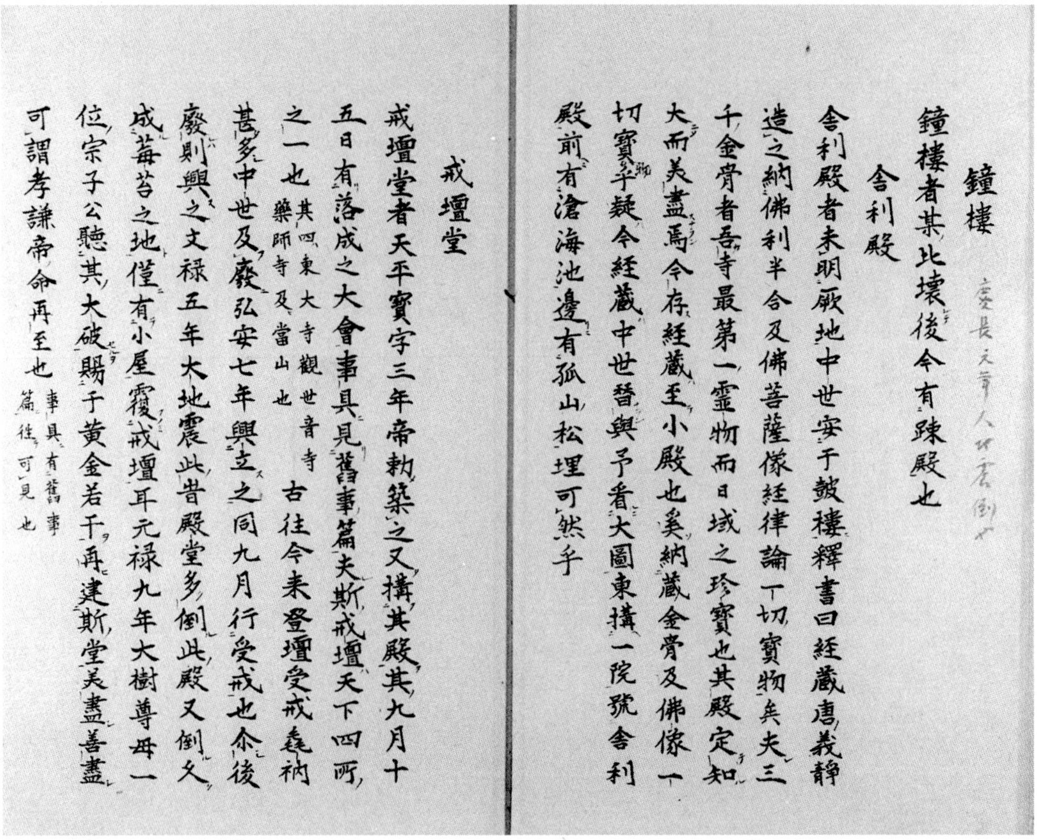

④10オ　④09ウ

## 鐘楼　☆慶長元年大地震、倒也。

鐘楼者、某ノ比壊レテ後、今有二疎殿一也。

### 舎利殿

舎利殿者、未レ明二厥地一。中世安二于鼓楼一ニ。釈書曰、経蔵、唐ノ義静造レ之、納二仏利半合及仏菩薩像・経律論・一切ノ宝物一矣。夫レ三千ノ金骨者、吾カ寺最第一ノ霊物而日域之珍宝也。其殿、定テ知ル、大ニシテ而美尽スナラン焉。今存ス経蔵ハ至テ小殿也。奚ソ納二蔵金骨及仏像一切宝〇（物）乎。疑ハ今経蔵ハ中世替ナラン与。予看ルニ二大図一、東構ヘ二一院一号二舎利殿一。前ヘニ有二滄海池一、辺リニ有二孤山ノ松一。埋可レ然乎。

### 戒壇堂

戒壇堂者、天平宝字三年、帝勅シテ築レ之。又タ搆フ二其殿一ヲ。其ノ九月十五日、有リ二落成之大会一。事具ニ見リ二旧事ノ篇一。夫レ斯ノ戒壇ハ、天下四所ノ之一也。其四ハ、東大寺・観世音寺・薬師寺及ヒ当山也。古往今来、登壇受戒毳納甚タ多シ。中世及フレ廃ニ。弘安七年興二立ス之一。同九月行二受戒一也。尓シ後、廃レハ則興ス之。文禄五年大地震。此ノ時殿堂多ク倒ル。此ノ殿又倒ル。久ク成ル二莓苔之地一ト。僅ニ有テ二小屋一覆フノミ二戒壇一耳。元禄九年、大樹尊母一位ノ宗子公聴二其ノ大破一セルヲ、賜二于黄金若干一ヲ、再ヒ建二斯ノ堂一。美尽シ善尽シ、可レ謂孝謙帝ノ命再至也。事具ニ有二旧事篇一ニ。往テ可レ見也。

④10オ　④09ウ

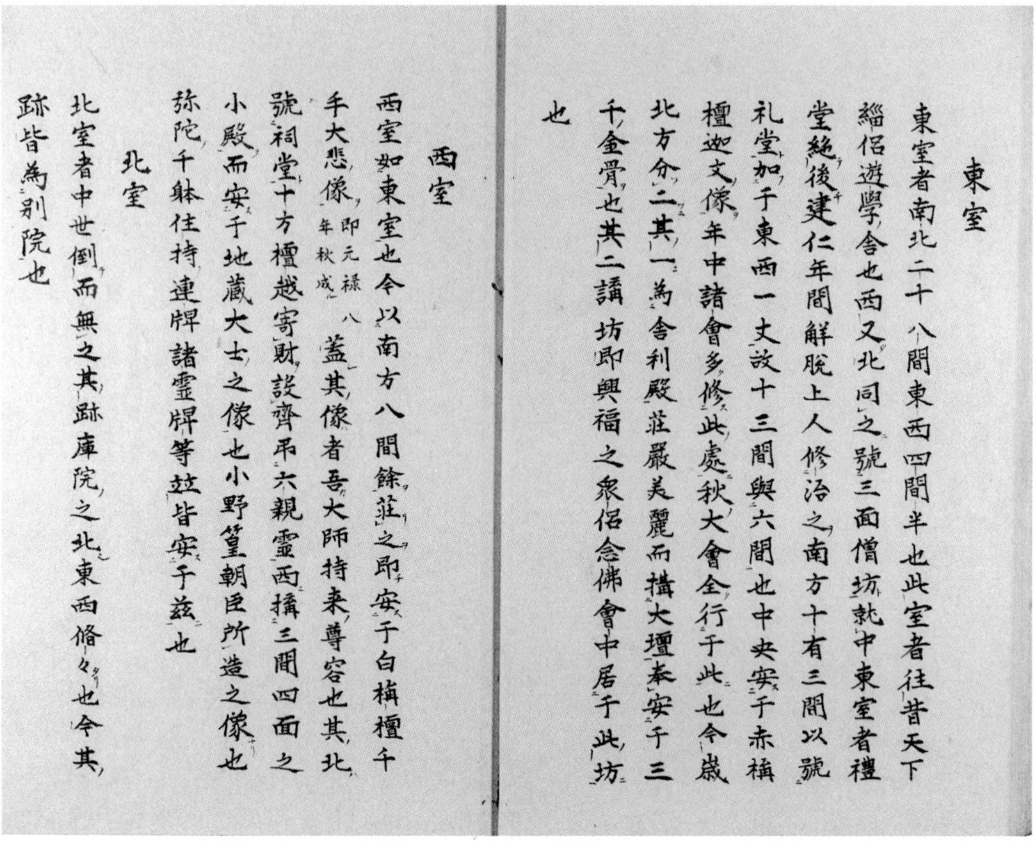

④11オ　④10ウ

**東室**

東室者、南北二十八間、東西四間半也。此室者、往昔天下
緇侶遊学ノ舎也。西又タ北同レ之ニ。号二三面僧坊一ト。就レ中東室者、礼
堂絶テ後チ、建仁年間解脱上人修二治之ヲ。南方十有三間、以号二
礼堂一ト。加二フ于東西一丈一。故十三間与二六間一也。中央安二ス于赤栴
檀迦文ノ像一ヲ。年中諸会多ク修二ス此ノ処一ニ。秋ノ大会全ク行二于此一ニ也。今歳
北方分レ二ツニ。其ノ一ニ為二舎利殿一、荘厳美麗而構二大壇一、奉レ安二于三
千ノ金骨一ヲ也。其二講坊、即興福之衆侶、念仏会中居二于此ノ坊一ニ
也。

**西室**

西室。如二東室一也。今以二南方八間余一ヲ荘レリ之ヲ、即チ安二ス于白栴檀千
手大悲ノ像一ヲ。即元禄八年秋成ル。 蓋シ其ノ像ハ者、吾カ大師持来ノ尊容也。其ノ北ハ
号二祠堂一ト。十方壇越寄レ財ヲ、設レ斉弔二六親霊一。西ニ構二三間四面之
小殿一ヲ、而安二ス于地蔵大士ノ之像一也。小野篁朝臣所レ造之像ナリ也。
弥陀ノ千体・住持ノ連牌・諸霊牌等、並皆安二ス于茲一ニ也。

**北室**

北室者、中世倒テ而無レ之。其ノ跡庫院ノ之北也。東西脩々タリ也。今其ノ
跡皆為二別院一也。

④11オ　④10ウ

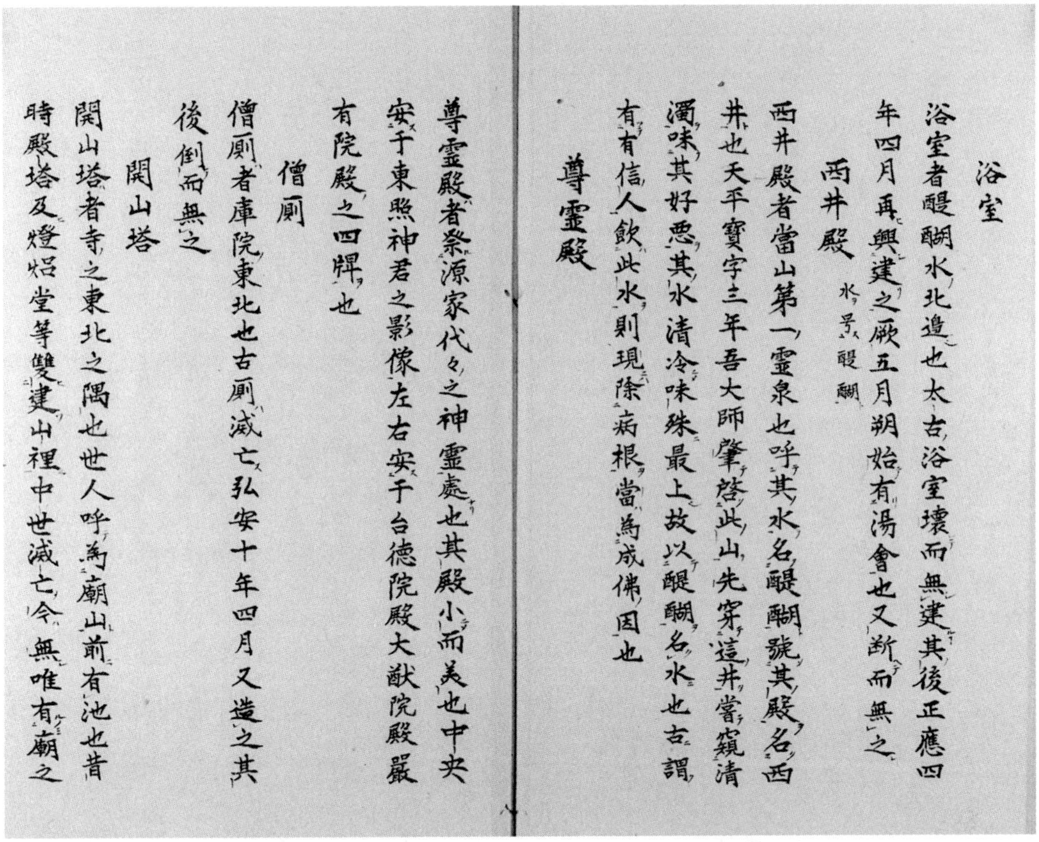
浴室
浴室者醍醐水北邉也太古浴室壊而無建其後正應四
年四月再興建之厥五月朔始有湯會也又斷而無之
西井殿 水号醍醐
西井殿者當山第一霊泉也呼其水名醍醐號其殿名西
井也天平寶字三年吾大師肇啓此山先穿這井嘗窺清
濁味其好悪其水清冷味殊最上故以醍醐名水也古謂
有有信人飲此水則現除病根當爲成佛因也
尊霊殿
尊霊殿者祭源家代々之神霊處也其殿小而美也中央
安于東照神君之影像左右安于台徳院殿大猷院殿嚴
有院殿之四牌也
僧厠
僧厠者庫院東北也古厠滅亡弘安十年四月又造之其
後倒而無之
開山塔
開山塔者寺之東北之隅也世人呼爲廟山前有池也昔
時殿塔及燈焔堂等雙建山裡中世滅亡今無唯有廟之

④12オ　④11ウ

**浴室**

浴室者、醍醐水ノ北辺也也。太古ノ浴室壊レテ而無シレ建ルコト。其ノ後正応四年四月、再ヒ興二シ建リ之一。厥五月朔、始テ有二リ湯会一也。又断ヘテ而無レ之レ。

**西井殿**

水ヲ号ス二醍醐一ト。

西井殿者、当山第一ノ霊泉也。呼二テ其ノ水一ヲ名二ク醍醐一ト。号二シテ其ノ殿一ヲ名二ク西井一ト也。天平宝字三年、吾大師肇テ啓二ク此ノ山一ヲ。先穿二テ這ノ井一ヲ、嘗テ窺二清濁一ヲ、味二フ其好悪一ヲ。其ノ水清冷ニシテ、味殊ニ最上也。故以二テ醍醐一ヲ名レク水ニ也。古ニ謂ク。有二ツテ有信ノ人一飲ハ二此水一ヲ、則現ニハ除二病根一ヲ、当ハ為二成仏ノ因一也。

**尊霊殿**

尊霊殿ハ者、祭ル二源家代々ノ之神霊一処ナリ也。其殿小ニシテ而美也。中央安二ス于東照神君之影像一、左右安二ス于台徳院殿・大猷院殿・厳有院殿ノ之四牌一ヲ也。

**僧厠**

僧厠ハ者、庫院ノ東北也。古厠ハ滅亡ス。弘安十年四月、又造レ之ル。其後倒テ而無レ之。

**開山塔**

開山塔ハ者、寺ノ之東北之隅也。世人呼テ為二廟山一ト。前ニ有レ池也。昔時殿塔及ヒ灯焔堂等、双ヒ建ツ二山裡一ニ。中世滅亡シテ今ハ無シ。唯有ルノミ二廟之

④12オ　④11ウ

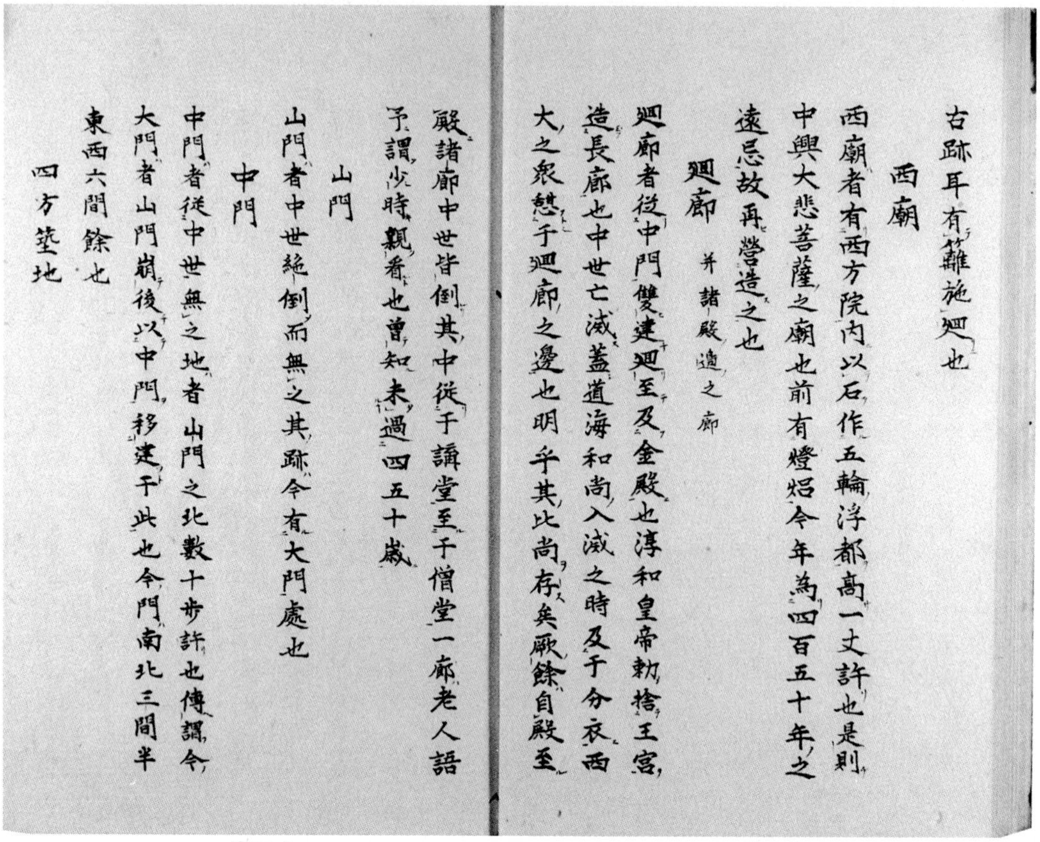
古跡耳有籬施廻也
西廟
西廟者有西方院内以石作五輪浮都高一丈許也是則
中興大悲菩薩之廟也前有燈焰今年為四百五十年之
遠忌故再営造之也
廻廊　并諸殿邉之廊
廻廊者従中門雙建廻至及金殿也淳和皇帝勅捨王宮
造長廊也中世亡滅蓋道海和尚入滅之時及于分衣西
大之衆憩于廻廊之邊也明乎其比尚存矣厥餘自殿至
殿諸廊中世皆倒其中従于講堂至于僧堂一廊老人語
予謂少時親看也曽知未過四五十歳
山門
山門者中世絶倒而無之其跡今有大門處也
中門
中門者従中世無之地者山門之北數十歩許也傳謂今
大門者山門崩後以中門移建于此也今門南北三間半
東西六間餘也
四方築地

④13オ　④12ウ

古跡耳。有テレ籬施レ廻リニ也。

**西廟**

西廟ハ者、有リ二西方院一。内ニ以テレ石ヲ作ル二五輪ノ浮都ヲ一。高サ一丈許リ也。是則チ中興大悲菩薩ノ之廟也。前有二灯焔一。今年為リ二四百五十年ノ之遠忌一。故再ヒ営二造ス之一也。

**廻廊**　并諸殿ノ辺ノ之廊

廻廊者、従リ二中門一双ヒ建チ、廻リ至テ及フ二金殿ニ一也。淳和皇帝勅シテ捨テ二王宮ヲ一造玉フ二長廊ヲ一也。中世亡滅ス。蓋シ道海和尚ノ入滅之時及二于分衣ニ一。西大ノ之衆憩フトモ二于廻廊ノ之辺ニ一也。明乎其ノ比尚ヲ存ス矣。厥ノ余ハ自レ殿至ルレ殿ニ諸廊、中世皆倒レリ。其ノ中従リ二于講堂一至ル二于僧堂ニ一一廊ハ、老人語ルレ予ニ謂ク、少シ時キ親ク看ルト也。曽テ知ルコト未タレ過二四五十歳ニ一。

**山門**

山門ハ者、中世絶倒シテ而無シレ之。其ノ跡ハ今有ル二大門一処也。

**中門**

中門ハ者、従二中世一無レ之。地ハ者。山門之北数十歩許リ也。伝ヘ謂フ、今ノ大門ハ者、山門崩テ後チ、以テ二中門ヲ一移二建ツト于此一也。今ノ門ハ南北三間半、東西六間余也。

**四方築地**

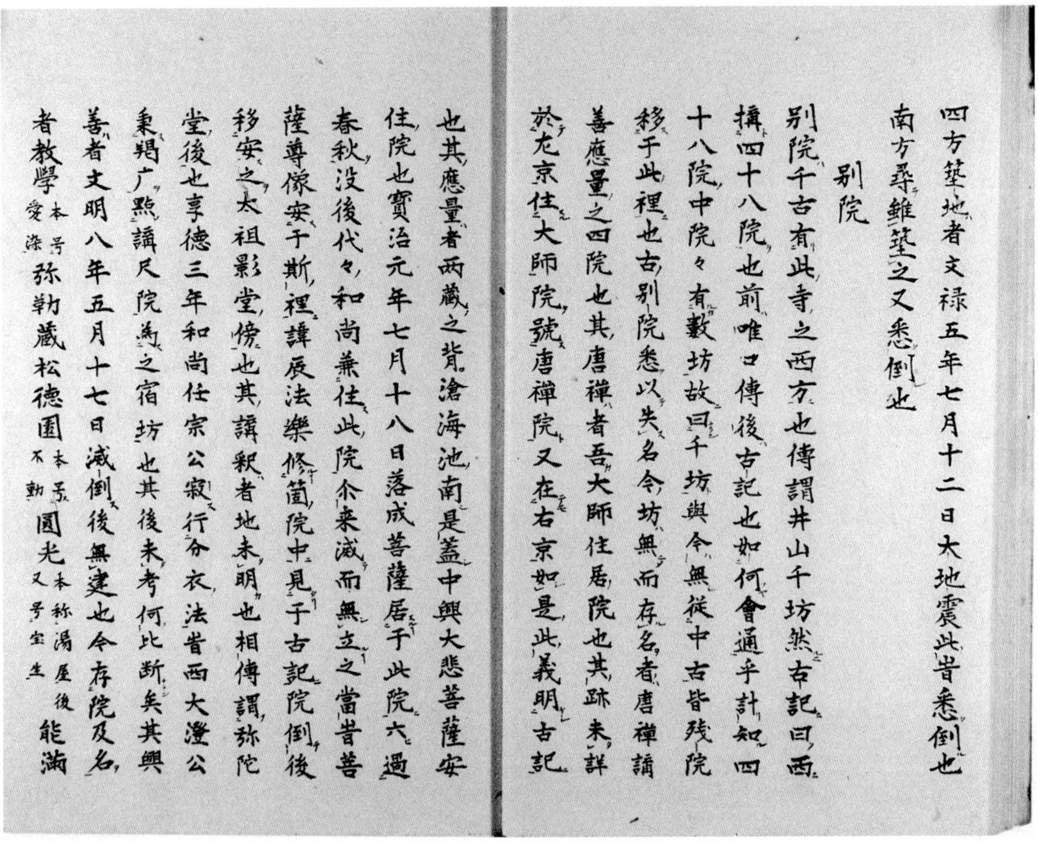

④14オ　④13ウ

四方埊地ハ者、文禄五年七月十二日大地震、此ノ時悉ク倒ル也。

南方尋テ雖レ埊レ之、又悉ク倒ル也。

## 別院

別院ハ、千古有二リ此ノ寺ノ之西方一ニ也。伝謂、井山千坊。然ルニ古記ニ曰ク、西ニ構二ト四十八院一ヲ也。前ハ唯口伝、後ハ古記也。如二何ソヤ会通一乎。計リ知ル、四十八院ノ中、院々有二ルカ数坊一故ニ曰二ナラン千坊一ト与。今ハ無シ。従二中古一、皆残院移二ス于此ノ裡一ニ也。古ノ別院悉ク以テ失レス名。今ノ坊ハ無ニシテ而存レル名ヲ者ノハ、唐禅・講・善・応量ノ之四院也。其ノ唐禅ハ者、吾カ大師住居ノ院也。其ノ跡未レタ詳。於テ二左京一住スル二大師一院ヲ号ス二唐禅院一ト。又在テモ二右京一如シレ是ノ。此ノ義明ケシ二古記一ニ

└
④13ウ

也。其ノ応量ハ者、両蔵ノ之背ロ、滄海池ノ南也。是蓋シ中興大悲菩薩安住ノ院也。宝治元年七月十八日落成。菩薩居スルコト二于此院一ニ六ヒ過二春秋一ヲ。没後、代々ノ和尚兼二住ス此ノ院一。尓来滅テ而無シレ立ルコト之。当時菩薩尊像安二ス于斯ノ裡一ニ。諱辰法楽修ルコト二箇ノ院中一ニ、見タリ二于古記一ニ。院倒テ後、移二ス安之ヲ太祖影堂ノ傍一ニ也。其ノ講釈ハ者、地未レタ明カ也。相伝謂フ二弥陀堂ノ後一也。享徳三年、和尚任宗公寂ス。行二分衣ノ法一時、西大澄公秉二ス羯磨一ヲ。点シテ二講尺院一為スニ之宿坊一也。其後未レタ考。何ノ比断ナラン矣。其興善ハ者、文明八年五月十七日滅倒ス。後無レ建也。今存二院及名一ヲ者、教学本号二愛染一。・弥勒・蔵松・徳園本号ス二不動一。・円光本称二湯屋一。又号二宝生一。後・能満

└
④14オ

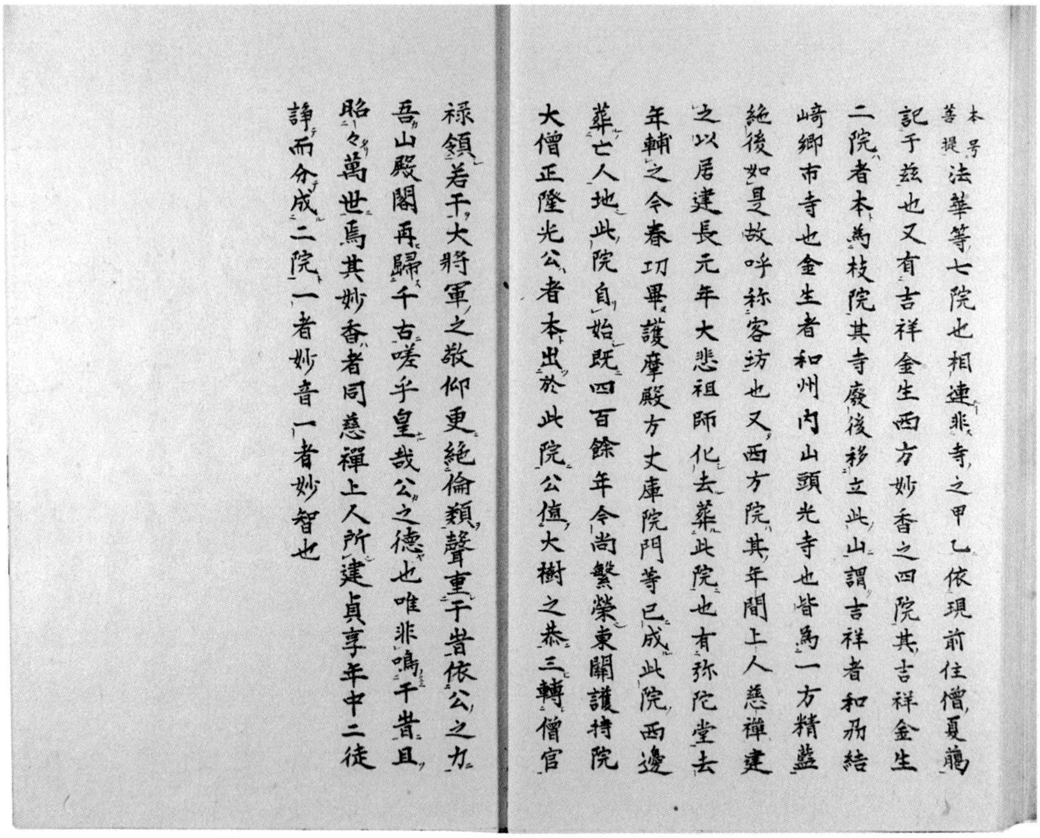

④15オ　④14ウ

本号二菩提一・法華等ノ七院也。相連ルコト非二ス寺ノ之甲乙一ニ。依二現前住僧ノ夏臈一、
記二于茲一也。又有二吉祥・金生・西方・妙香之四院一。其ノ吉祥・金生
二院ハ者、本ト為二枝院一。其寺廃後移二立此ノ山一ニ。謂ク、吉祥者、和州結
崎郷市寺也。金生者、和州内山頭光寺也。皆為二一方精藍一。
絶後如レ是故、呼称二客坊一也。又タ西方院ハ、其ノ年間、上人慈禅建
レ之以居。建長元年大悲祖師化シ去ル。葬二ル此院一ニ也。有二弥陀堂一。去
年輔レ之、今春功畢ヌ。護摩殿・方丈・庫院・門等已ニ成ル。此院ノ西辺
葬二ルノ亡人一地也。此ノ院自レリ始シ既ニ四百余年、今尚繁栄也。東関護持院
大僧正隆光公ハ者、本ト出二ツ於此院一ニ。公値二フ大樹之恭一ニ。三ヒ転二シ僧官一、
禄領二シ若干一ヲ、大将軍ノ之敬仰更ニ絶二倫類一ヲ、声重二シ于時一。依二公ノ之力一ニ、
吾カ山殿閣再ヒ帰二ス千古一ニ。嗟乎皇ナル哉、公カ之徳ヤ也。唯非レ鳴二ノミニ于時一ニ、且ツ
昭二々タリ万世一ニ焉。其妙香ハ者、同慈禅上人所レ也建。貞享年中、一徒
諍テ而分テ成二ル二院一ト。一者妙音、一者妙智也。

└
④15オ　└
④14ウ

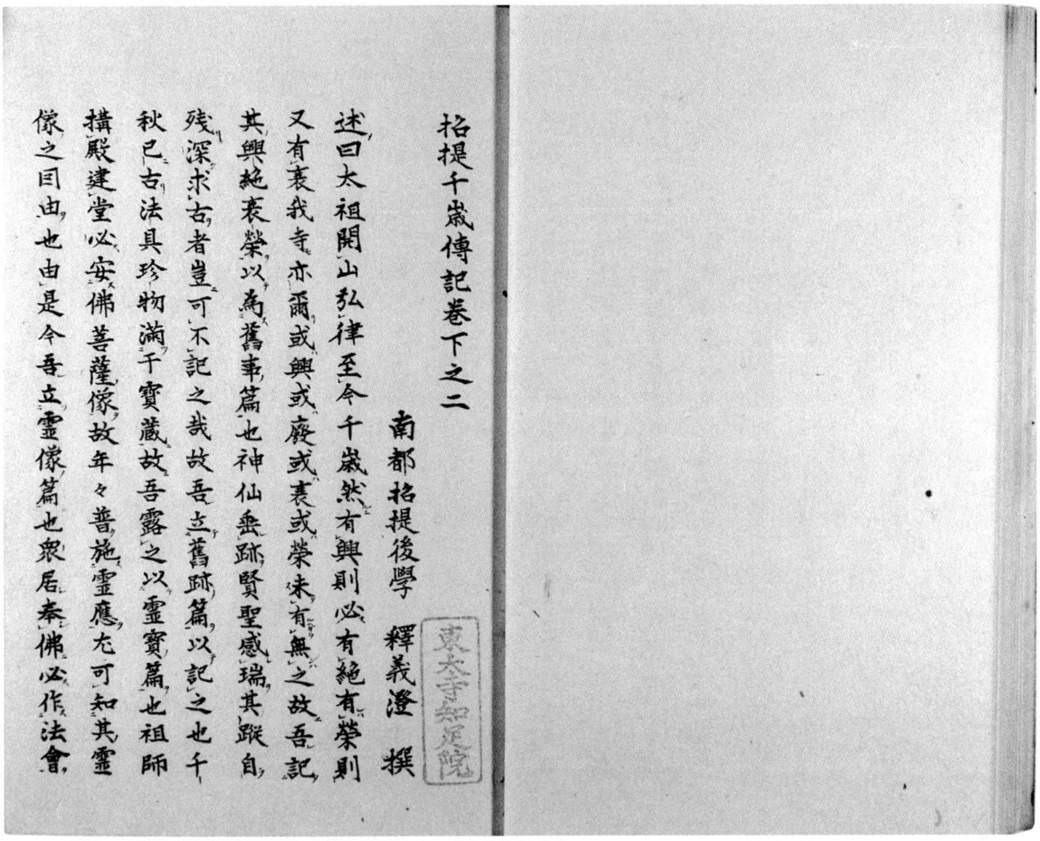


④16オ　④15ウ

# 招提千歳伝記巻下之二

東大寺知足院

南都招提後学　釈義澄　撰

述シテ曰、太祖開レ山弘レ律、至レ今千歳。然ルニ有レ興、則必ス有レ絶。有レハ栄、則
又有レ衰。我寺モ亦爾リ。或ハ興、或ハ廃。或ハ衰、或ハ栄。未レタス有レルヘカラ無レンハ之。故ニ吾レ記二シテ
其ノ興絶衰栄一ヲ、以テ為二ス旧事ノ篇一也。神仙垂レ跡ヲ、賢聖感レシ瑞ヲ、其ノ蹤自ラ
残リ、深ク求レ古ヲ者、豈ニ可レ不レ記之哉。故吾レ立二テ旧跡ノ篇一ヲ、以テ記レ之也。千
秋已ニ古リ、法具珍物満二ツ于宝蔵一ニ。故ニ吾露レ之、以二テ霊宝ノ篇一ヲ也。祖師
搆レ殿建レ堂、必ス安二ス仏菩薩ノ像一ヲ。故年々普ク施二ス霊応一ヲ。尤可レ知二其ノ霊
像ノ之因由一ヲ也。由レ是今吾レ立二ツ霊像ノ篇一也。衆居シ奉レシ仏ニ、必ス作二ス法会一ヲ。

」④16オ　」④15ウ

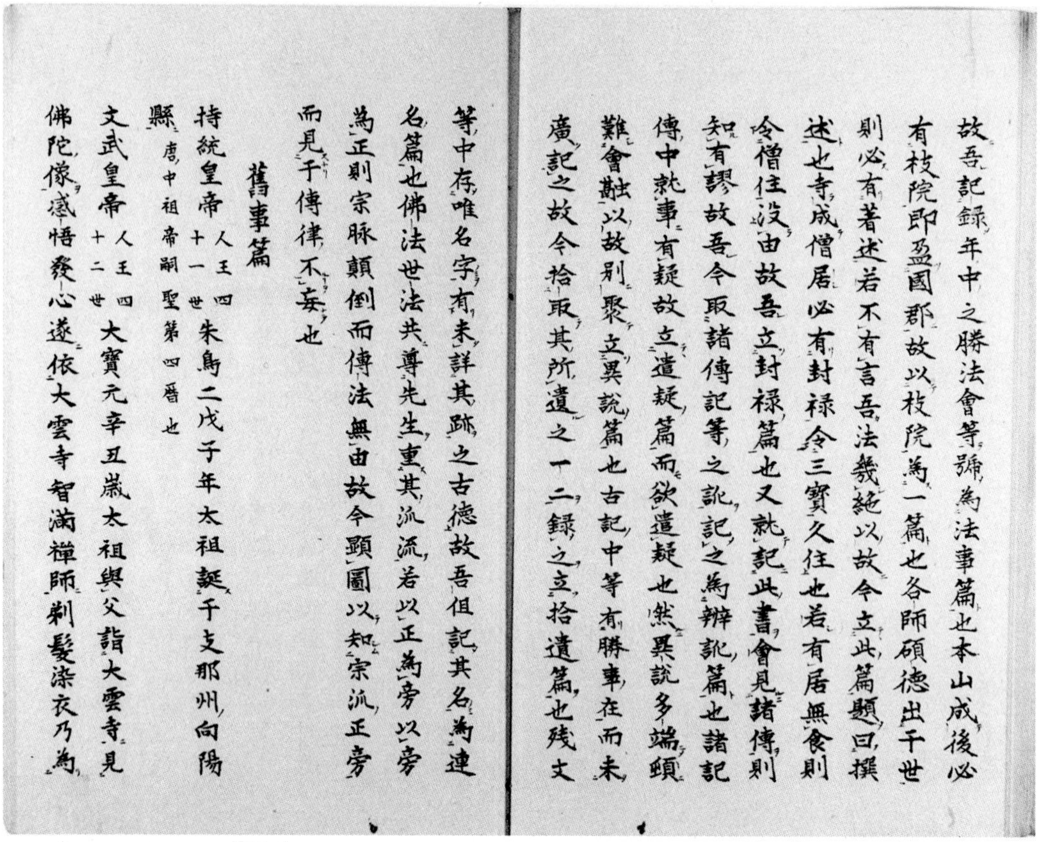

④17オ　　④16ウ

故ニ吾レ記二録シテ年中ノ之勝法会等一ヲ、号シテ為二法事篇一ト也。本山成テ後、必
有二枝院一。即盈二ツ国郡一ニ。故以二テ枝院一為二ス一篇一ト也。各師碩徳出二于世一、
則必ス有二リ著述一。若不レ有レ言、吾カ法幾レシ絶、以ノ故ニ今立二テ、此ノ篇一、題シテ曰二フ撰
述一ト也。寺ラ成テ僧居シ、必有二リ封禄一。令下二三宝一久住上也。若シ有レ居無レ食、則
令下二僧住一没上レラ由。故吾レ立二ツ封禄ノ篇一也。又就レテ記二ニ此ノ書一ヲ、会見二ルニ諸伝一ヲ、則
知レル有レ謬。故吾レ今取二諸伝記等ノ之訛一ヲ、記レシテ之為二弁訛ノ篇一ト也。諸記
伝ノ中就レ事ニ有レ疑。故立二テ、遺疑ノ篇一而モ欲レ遣レ疑也。然ルニ異説多端ニシテ、頓ニ
難二シ会融一。以ノ故別ニ聚テ立二ツ異説ノ篇一也。古記ノ中等有二リ勝事ノ在一。而未二タ
広ク記レ之。故今拾二取テ其ノ所レノ遺ル之一二一ヲ、録レシテ之ヲ立二ツ拾遺篇一ヲ也。残文
等ノ中存二シテ唯名字一ノミヲ、有下リ未レタ詳二其ノ跡一ヲ之古徳上。故吾但記二シテ其名一ノミ為二連
名ノ篇一也。仏法世法共ニ尊二先生一ヲ、重二ス其ノ派流一ヲ。若以レ正為レ旁、以レ旁
為レ正、則宗脈顚倒。而伝法無レ由。故今顕レ図、以テ知二シム宗派ノ正旁一。
而見二スナリ于伝律ノ不レルコトヲ妄ナラ也。

## 旧事篇

**持統皇帝** 人王四十一世 朱鳥二戊子年、太祖誕二ス于支那州ノ向陽
県一ニ。唐ノ中祖帝嗣聖第四暦也。
**文武皇帝** 人王四十二世 大宝元年辛丑歳、太祖与レ父詣二大雲寺一ニ、見二
仏陀ノ像一ヲ感悟発心。遂ニ依二大雲寺智満禅師一ニ剃髪染衣。乃為二リ

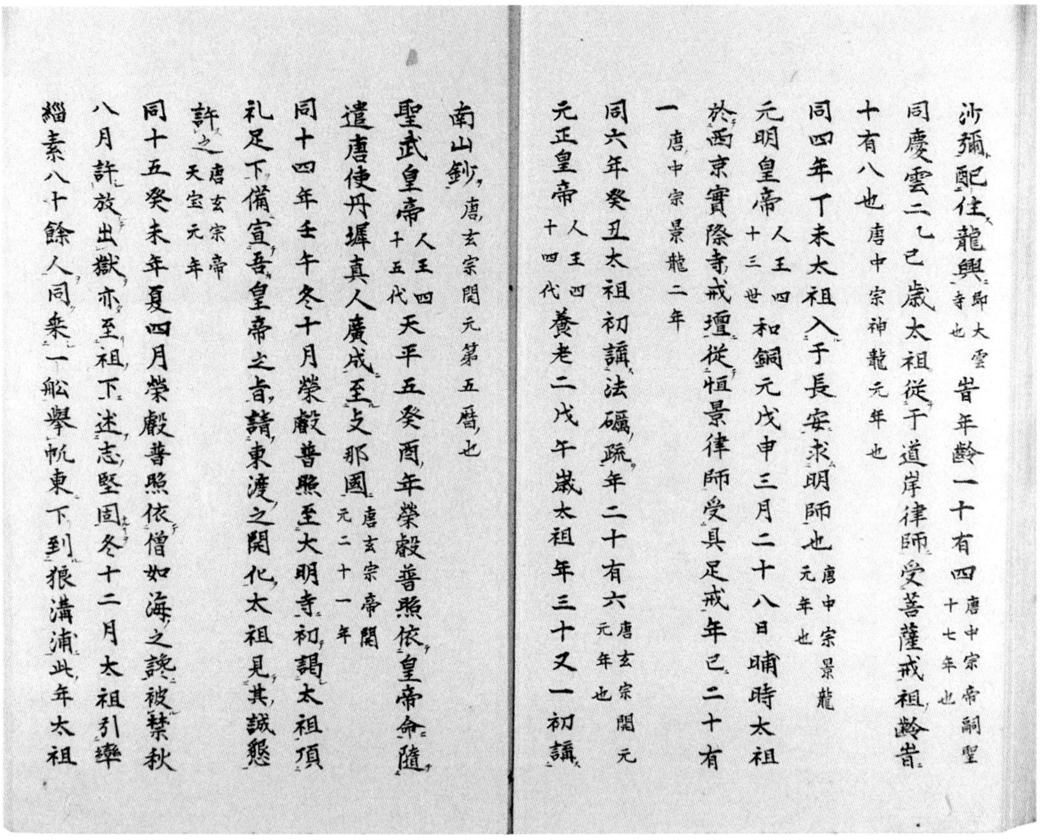

④18オ　④17ウ

沙弥一ト、配二住ス龍興一ニ。即大雲寺也。時年齢一十有四。唐中宗帝嗣聖十七年也。
同慶雲二乙巳歳、太祖従二テ于道岸律師一ニ受二菩薩戒一。祖ノ齢時ニ
十有八也。唐中宗神龍元年也。
同四年丁未、太祖入二ル于長安一ニ。求二ム明師一也。唐中宗景龍元年也。
**元明皇帝** 人王四十三世 和銅元戊申三月二十八日晡時、太祖
於二テ西京実際寺ノ戒壇一ニ、従二テ恒景律師一受二具足戒一。年已ニ二十有
一。唐ノ中宗景龍二年。
同六年癸丑、太祖初講二ス法礪ノ疏一ヲ。年二十有六。唐玄宗開元元年也。
**元正皇帝** 人王四十四代 養老二戊午歳、太祖年三十又一。初講二ス
南山鈔一ヲ。唐ノ玄宗開元第五暦ノ也。
**聖武皇帝** 人王四十五代 天平五癸酉ノ年、栄叡・普照依二テ皇帝命一ニ、随二テ
遣唐使丹墀真人広成一ニ至二ル支那国一ニ。唐玄宗帝開元二十一年。
同十四年壬午冬十月、栄叡・普照至二大明寺一ニ。初テ謁二シ太祖一、頂二
礼足下一ヲ。備ニ宣二テ吾カ皇帝之旨一ヲ、請二フ東渡ノ之開化一ヲ。太祖見二テ其ノ誠懇一
許レス之。唐玄宗帝天宝元年。
同十五癸未年夏四月、栄叡・普照依二テ僧如海ノ之譏一ニ被レル禁。秋
八月、許シ放レテ出レ獄ヲ。亦タ至二リ祖ノ下一ニ、述二フ志ノ堅固一ナルコトヲ。冬十二月、太祖引二率
緇素八十余人一ヲ。同ク乗二シ一船一、挙レ帆東ニ下リ到二ル狼溝浦一ニ。此ノ年、太祖

④18オ　④17ウ

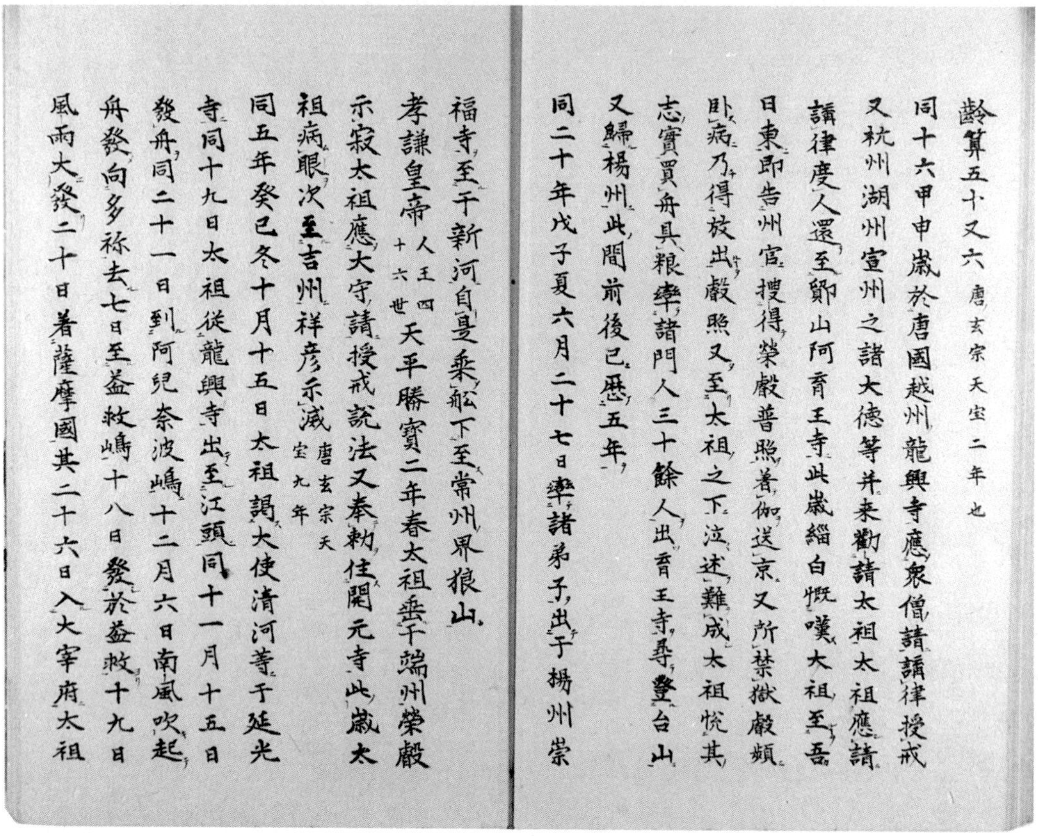

④19オ　④18ウ

齢算五十又六。唐ノ玄宗天宝二年也。
同十六甲申歳、於二唐国越州ノ龍興寺一、応シテ二衆僧ノ請一ニ講レ律授レ戒。
又杭州・湖州・宣州之諸大徳等、并ニ来勧二請太祖一。太祖応レシ請ニ
講レ律度レ人。還テ至ル二鄮山阿育王寺一ニ。此歳緇白慨三嘆ス大祖ノ至ルコトヲ二吾カ
日東一ニ。即告二州官一ニ、捜二得テ栄叡・普照一ヲ、着テレ伽ヲ送レ京ニ、又所レ禁レ獄。叡頻ニ
臥スレ病ニ。乃チ得二放出一ルコトヲ。叡・照又タ至リ二太祖ノ之下一ニ、泣ク述フレ難ヲ成レシ。太祖悦二其ノ
志ノ実一、買レ舟具ヘレ粮、率テ二諸門人ト三十余人ヲ一出ツ育王寺一ヲ。尋テ登ル二台山一ニ、
又帰ル二楊州一ニ。此ノ間前後已ニ歴フ二五年一ヲ。
同二十年戊子夏六月二十七日、率テ二諸弟子一ヲ出テ二于楊州崇
福寺一ヲ、至ル二于新河一ニ。自リレ是乗レシテ船下二至ス常州ノ界狼山一ニ。
**孝謙皇帝**人王四十六世 天平勝宝二年春、太祖垂ル二于端州一。栄叡
示レ寂。太祖応シテ二大守ノ請一ニ授戒説法。又奉テレ勅ヲ住ス二開元寺一。此ノ歳、太
祖病ムレ眼ヲ。次至ル二吉州一ニ。祥彦示レ滅。唐玄宗天宝九年。
同五年癸巳冬十月十五日、太祖謁ス二大使清河等ニ一于延光
寺一ニ。同十九日、太祖従二龍興寺一出テ、至ル二江頭一ニ。同十一月十五日、
発レ舟ヲ。同二十一日、到ル二阿児奈波嶋一ニ。十二月六日、南風吹キ起テ、
舟発シテ向二多祢一去ル。七日、至ル二益救嶋一。十八日、発シ二於益救一ヨリ、十九日、
風雨大ニ発リ、二十日、着二薩摩国一。其二十六日、入ル二大宰府一ニ。太祖

④19オ　④18ウ

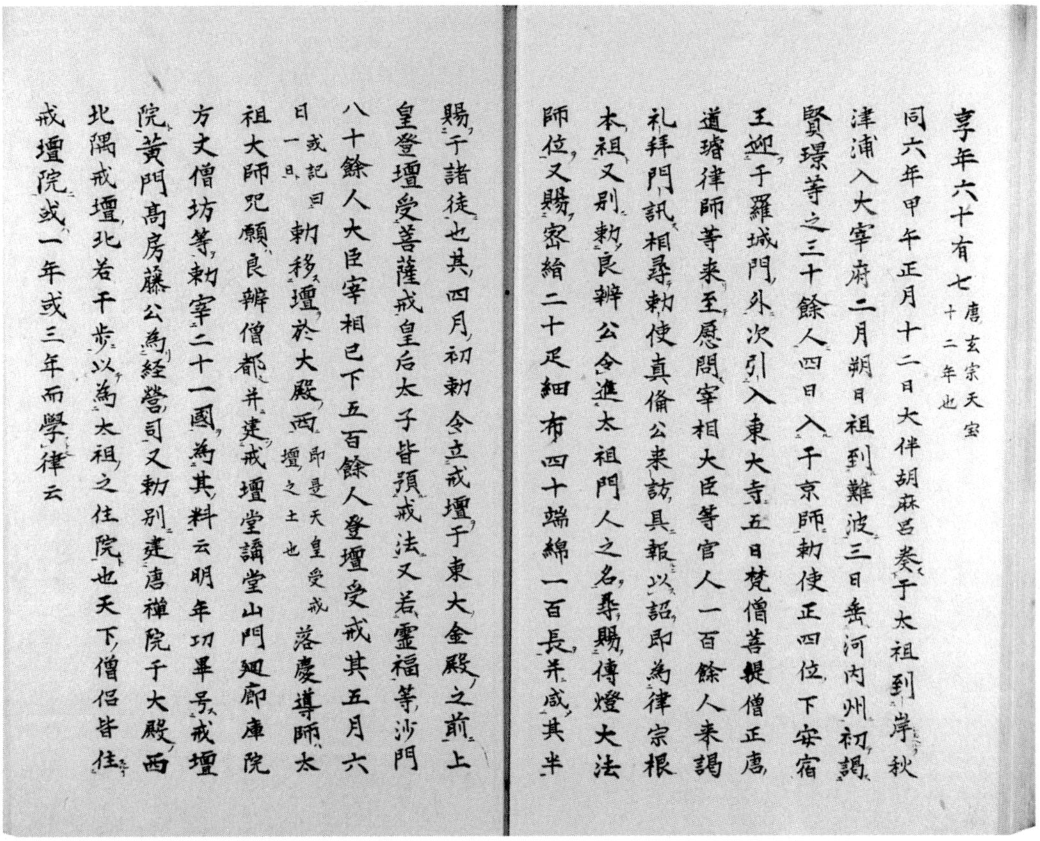

④20オ　　④19ウ

享年六十有七。唐ノ玄宗天宝十二年也。
同六年甲午正月十二日、大伴胡麻呂奏下ス于太祖到二岸シ玉ヘルヲ秋
津浦入大宰府。二月朔日、祖到ルニ難波一ニ。三日、垂ルニ河内州一ニ。初テ謁スニ
賢璟等之三十余人一ニ。四日、入ルニ于京師一ニ。勅使正四位ノ下安宿
王迎フニ于羅城門ノ外一ニ。次引ニ入東大寺一ニ。五日、梵僧菩提僧正・唐ノ
道璿律師等来リ至テ慰問ス。宰相・大臣等官人一百余人来謁、
礼拝門訊ス。相尋テ勅使真備公来訪フ。具ニ報ルニ以レス詔ヲ。即為ニ律宗根
本ノ祖一ト。又別ニ勅シテニ良弁公一、令レ進ニ太祖門人之名一ヲ。尋テ賜フニ伝灯大法
師位一ヲ。又賜フニ密絹二十疋・細布四十端・綿一百長一ヲ。并ニ咸シテニ其半一
賜フニ于諸徒一ニ也。其ノ四月ノ初、勅令レ立ニ戒壇ヲ于東大ノ金殿ノ之前一ニ。上
皇登壇受ニ菩薩戒一。皇后・太子皆預ルニ戒法一ニ。又若キニ霊福一等ノ沙門
八十余人・大臣・宰相已下五百余人登壇受戒。其五月六
日、或記曰ニ一日一ト。勅移スニ壇ヲ於大殿ノ西一ニ。即是天皇受戒壇ノ之土也。落慶導師ハ太
祖大師、呪願ハ良弁僧都也。并ニ建ツニ戒壇堂・講堂・山門・廻廊・庫院・
方丈・僧坊等一ヲ。勅宰ニ二十一国一ヲ、為ニ其ノ料一云。明年功畢、号スニ戒壇
院一ト。黄門高房藤公為リニ経営ノ司一。又勅別ニ建ニ唐禅院于大殿ノ西
北隅戒壇ノ北若干歩一ニ。以テ為ニ太祖ノ之住院一ト也。天下ノ僧侶皆住スルコトニ
戒壇院一ニ、或ハ一年、或三年、而学レフト也律云。

④20オ　　④19ウ

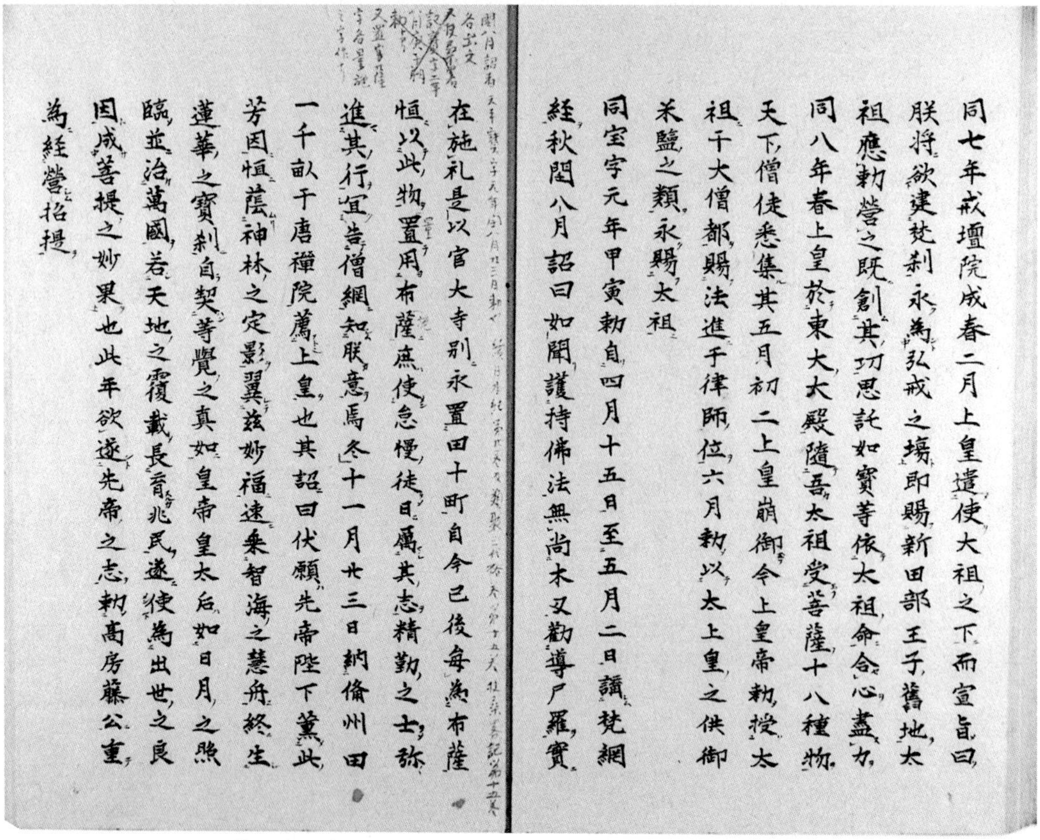

④21オ　④20ウ

同七年、戒壇院成。春二月、上皇遣二シテ使ヲ大祖ノ之下一ニ、而宣旨シテ曰ク、
朕将ニ欲下建二梵刹一永ク為中シト弘戒之場上ト、即賜二フ新田部王子ノ旧地一ヲ。太
祖応レ勅営レ之。既ニ創二ム其ノ功一。思託・如宝等、依二テ太祖ノ命一ニ、合レセ心ヲ尽レス力ヲ。
同八年春、上皇於二テ東大ノ大殿一、随二テ吾カ太祖受二玉フ菩薩ノ十八種物一ヲ。
天下ノ僧徒悉集ル。其五月初二、上皇崩御玉フ。今上皇帝勅シテ授二ク太
祖ニ于大僧都一ヲ。賜二フ法進ニ于律師ノ位一ヲ。六月、勅シテ以二テ太上皇ノ之供御
米・塩ノ之類一ヲ。永ク賜二フ太祖一ニ。
同宝字元年甲寅、勅自二リ四月十五日一至二五月二日一、講二シム梵網
経一ヲ。秋閏八月詔曰、如聞ク、護二持仏法一無レ尚二木叉一。勧二導尸羅一ヲ実ニ

④20ウ

在レ施レ礼。是以官大寺別ニ永置二田十町一。自今已後、毎(レ)為二布薩一、
恒ニ以二テ此ノ物一ヲ置(量)テ用二ヨ布薩(施)一ニ。庶ハ使三メン怠慢ノ徒ヲシテ日ニ厲二マシ其ノ志一ヲ。精勤ノ之士ヲシテ弥く
進二マ其ノ行一ヲ。宜三シク告二テ僧綱一ニ知二シム朕カ意一ヲ焉。冬十一月廿三日、納二備州田
一千畝于唐禅院一。薦二フト也上皇一ヲ也。其詔ニ曰、伏願ハ先帝陛下、薫二シテ此ノ
芳因一ニ。恒ニ蔭二ムリ神林ノ之定影一ヲ、翼二レテ茲妙福一ニ、速ニ乗二智海ノ之慧舟一ニ。終ニ生二シ
蓮華ノ之宝刹一ニ、自ラ契二ハン等覚ノ之真如一ニ。皇帝・皇太后ハ、如二日月ノ之照
臨シテ並ニ治二カ万国一ヲ。若二シ天地ノ之覆載シテ長二育スルカ兆民一ヲ。遂ニ使下メン為二出世ノ之良
因一ト成中サ菩提ノ之妙果上ヲ也。此年、欲レ遂二ント先帝ノ之志一ヲ、勅二シテ高房藤公一ニ、重テ
為ニ経二営シム招提一ヲ。

☆閏八月詔者、天平宝字元年閏八月廿三日勅也。続日本記第廿巻及類聚三代格巻第十五巻・扶桑略記第十五巻各出文。~~文扶桑略記宝字七年八月庚子朔~~勅トナリ。又置字・薩字、各量・施之字作ナリ。

④21オ

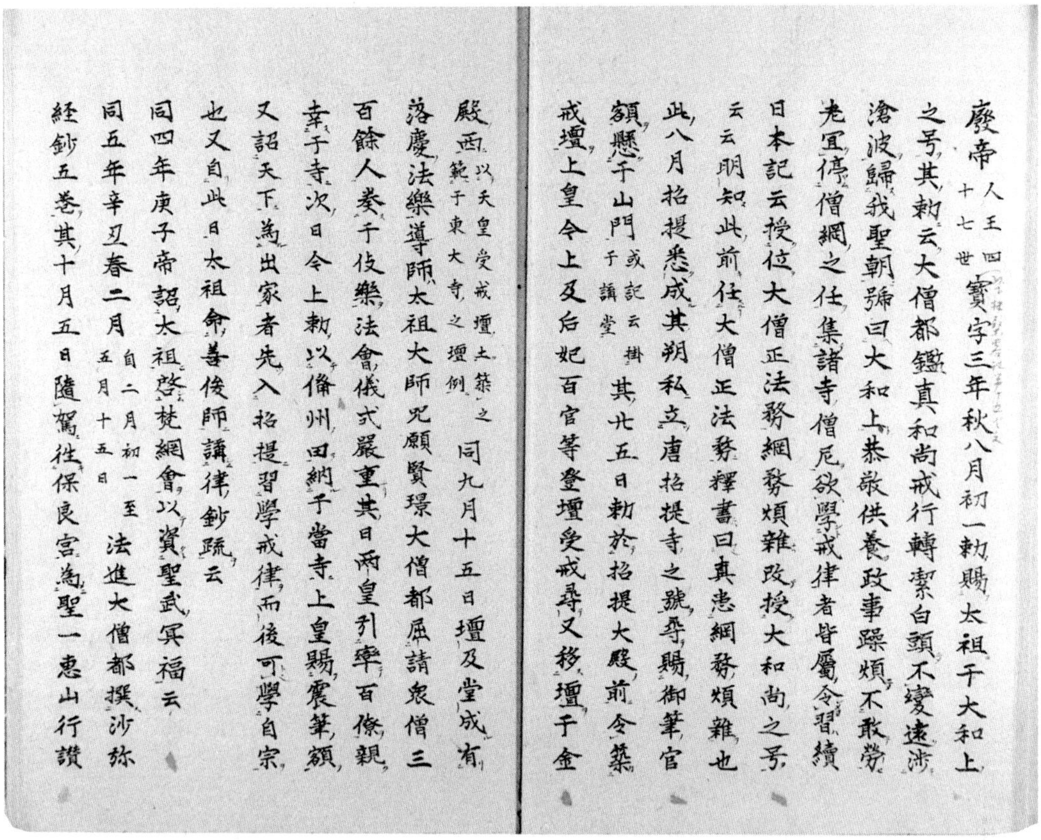

④22オ ④21ウ

廃帝（人王四十七世）☆以下扶桑略記第十五出文 宝字三年秋八月初一、勅シテ賜フ二太祖ニ于大和上ノ
之号ヲ一。其ノ勅ニ云ク、大僧都鑑真和尚、戒行転潔、白頭ニシテ不レ変。遠ク渉テ二
滄波ヲ一、帰ス二我聖朝ニ一。号曰ヘ二大和上ト一、恭敬供養ヨ。政事躁煩ニシテ不二敢テ労セ一
レ老、宜クレ停ヤム二僧綱ノ之任ヲ一。集テ二諸寺ノ僧尼ヲ一、欲ハレ学ント二戒律ヲ一者、皆属シテ令シメヨレ習ハ。続
日本記云、授ク二位ヲ大僧正法務一。綱務煩雑ナリ。改テ授ク二大和尚ノ之号ヲ一
云云。明知ヌ、此ノ前キ任スルコト二大僧正法務ニ一、釈書ニハ曰フ也三真恵ニ綱務ノ煩雑ヲ一也。
此ノ八月、招提悉ク成ル。其ノ朔、私ニ立ツ二唐招提寺ノ之号ヲ一。尋テ賜フ二御筆ノ官
額ヲ一、懸ク二于山門一。（或記云。掛二于講堂一。）其ノ廿五日、勅於テ二招提大殿ノ前ニ一令レ築カ二
戒壇ヲ一。上皇・今上及后妃・百官等登壇受戒。尋テ又移ス二壇ヲ于金

④21ウ

殿ノ西ニ一。（以テ二天皇受戒壇ノ土ヲ一築レ之。範ル二于東大寺ノ之壇例ニ一。）同九月十五日、壇及堂成ル。有リ二
落慶ノ法楽一。導師ハ太祖大師、呪願賢環大僧都、屈二請衆僧三
百余人一。奏ス二于伎楽ヲ一。法会ノ儀式厳重ナリ。其ノ日、両皇引二率テ百僚ヲ一、親ク
幸ス二于寺ニ一。次ノ日、今上勅シテ以テ二備州ノ田ヲ一納ル二于当寺ニ一。上皇賜フ二震筆ノ額ヲ一。
又詔二天下ニ一、為ル二出家一者、先ツ入二招提ニ一習二学戒律ヲ一、而後可トレ也学二自宗ヲ一
也。又自リ二此日一、太祖命シテ二善俊師ニ一講シム二律ノ鈔疏ヲ一云。
同四年庚子、帝詔シテ二太祖ニ一啓シム二梵網会ヲ一。以テ資クト二聖武ノ冥福ヲ一云。
同五年辛丑春二月、（自二月初一、至五月十五日。）法進大僧都撰ス二沙弥
経鈔五巻ヲ一。其ノ十月五日、随レ駕ニ往キ二保良宮ニ一、為メニ二聖一・恵山・行讃

④22オ

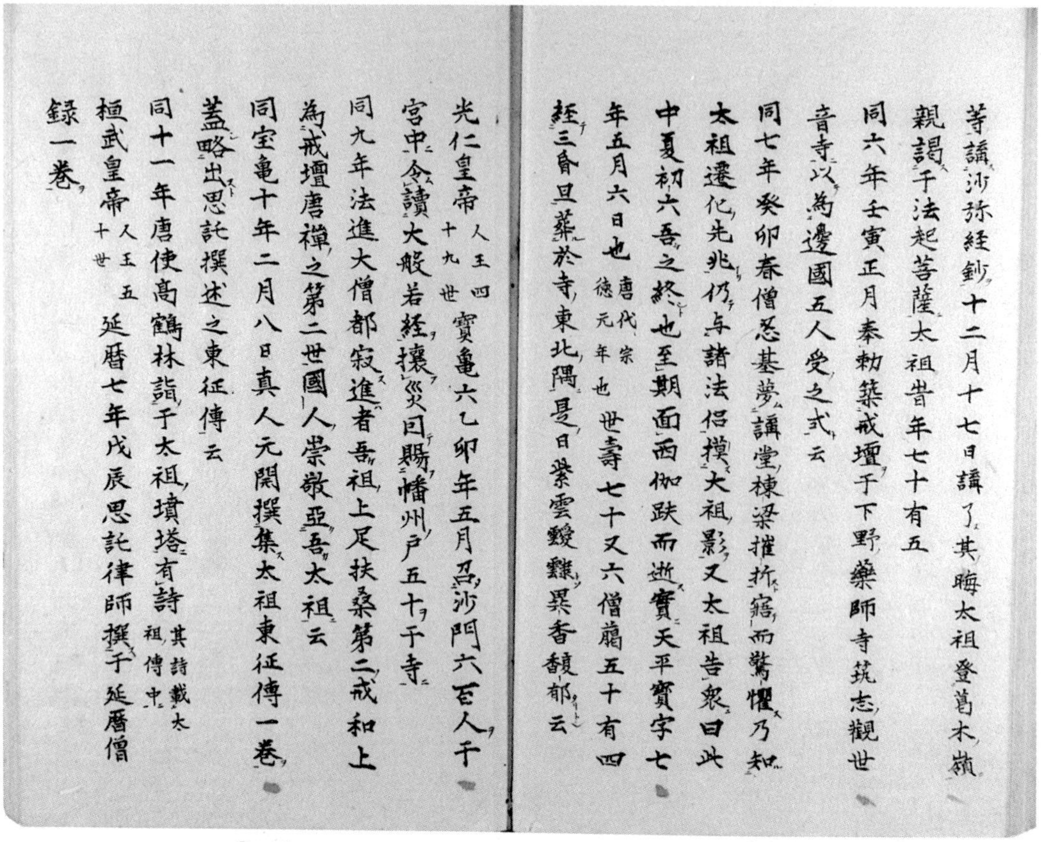
等講沙弥経鈔十二月十七日講了其晦太祖登葛木嶺
親謁于法起菩薩太祖昔年七十有五
同六年壬寅正月奉勅築戒壇于下野薬師寺筑志観世
音寺以為邊國五人受之式云
同七年癸卯春僧忍基夢講堂棟梁摧折寤而驚懼乃知
太祖遷化先兆仍与諸法侶摸大祖影又太祖告衆曰此
中夏初六吾之終也至期面西伽趺而逝實天平寶字七
年五月六日也 唐代宗徳元年也 世壽七十又六僧臈五十有四
経三昏旦葬於寺東北隅是日紫雲靉靆異香馥郁云

光仁皇帝 人王四十九世 寳亀六乙卯年五月召沙門六百人于
宮中令讀大般若経攘災因賜幡州戸五十于寺
同九年法進大僧都寂進者吾祖上足扶桑第二戒和上
為戒壇唐禅之第二世國人崇敬亞吾太祖云
同宝亀十年二月八日真人元開撰集太祖東征傳一巻
蓋略出思託撰述之東征傳云
同十一年唐使高鶴林詣于太祖墳塔有詩 其詩載太祖傳中
桓武皇帝 人王五十世 延暦七年戊辰思託律師撰于延暦僧
録一巻

④23オ　④22ウ

等ノ講ス二沙弥経鈔ヲ一。十二月十七日、講了ヌ。其ノ晦、太祖登二葛木ノ嶺ニ一、
親謁ス二于法起菩薩ニ一。太祖時年七十有五。
同六年壬寅正月、奉レ勅築二戒壇ヲ于下野ノ薬師寺・筑志ノ観世
音寺ニ一。以テ為二辺国五人受ノ之式ト一云。
同七年癸卯春、僧忍基夢ム二講堂ノ棟梁摧折スト一。寤テ而驚懼ス。乃知ル二
太祖遷化ノ先兆コトヲ一。仍テ与二諸法侶一摸ス二大祖ノ影ヲ一。又太祖告レ衆ニ曰、此
中夏初六、吾カ之終也ト也。至レ期面レ西伽趺而逝ス。実ニ天平宝字七
年五月六日也。唐代宗徳元年也。世寿七十又六、僧臈五十有四。
経テ二三昏旦ヲ一、葬ル二於寺ノ東北ノ隅ニ一。是ノ日、紫雲靉靆トシテ、異香馥郁タリト也云。

**光仁皇帝** 人王四十九世 宝亀六乙卯年五月、召シテ二沙門六百人ヲ于
宮中ニ一、令ムレ読二大般若経ヲ一。攘フレ災。因テ賜フ二幡州ノ戸五十ヲ于寺ニ一。
同九年、法進大僧都寂ス。進ハ者吾カ祖ノ上足、扶桑第二ノ戒和上、
為二戒壇・唐禅ノ之第二世一。国人ノ崇敬亜ク二吾カ太祖ニ一云。
同宝亀十年二月八日、真人元開撰二集ス太祖東征伝一巻ヲ一。
蓋シ略ニ出スト二思託撰述之東征伝一云。
同十一年、唐使高鶴林詣シテ二于太祖ノ墳塔ニ一有レ詩。其詩載二太祖ノ伝中ニ一。
**桓武皇帝** 人王五十世 延暦七年戊辰、思託律師撰ス二于延暦僧
録一巻ヲ一。

④23オ　④22ウ

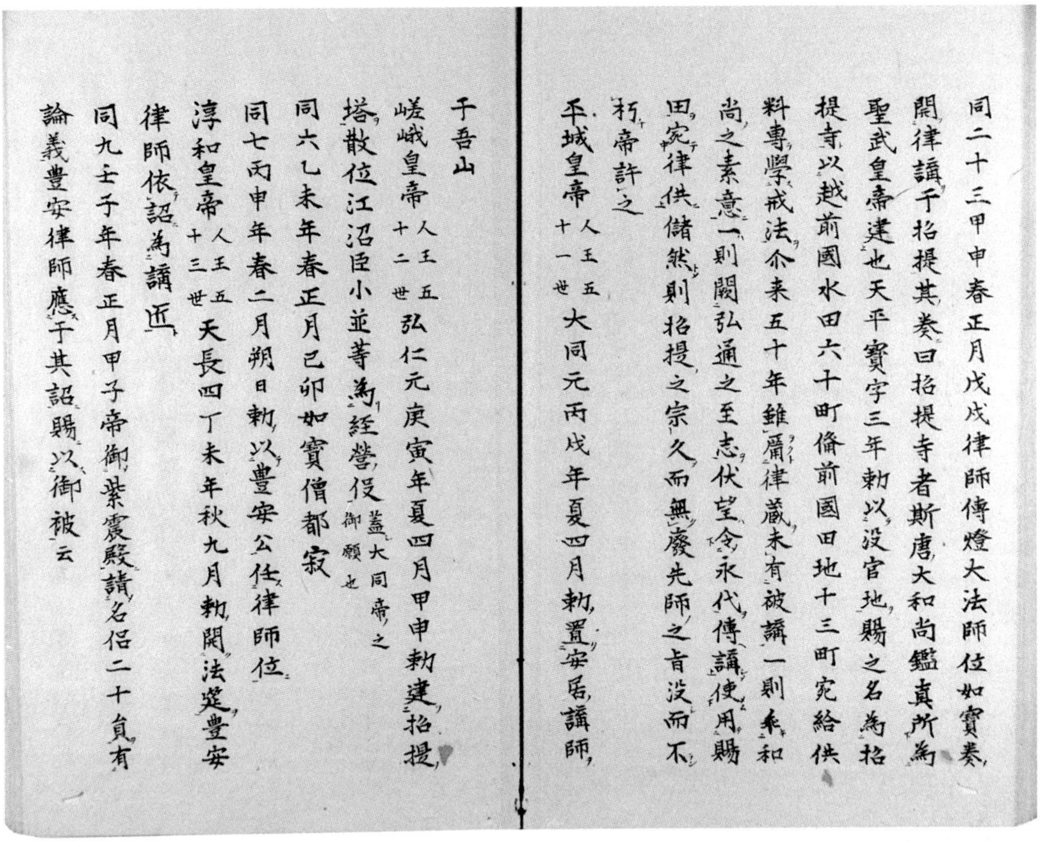

④24オ　④23ウ

同二十三甲申春正月戊戌、律師伝灯大法師位如宝、奏《シテ》開《ク》二律講《ヲ》于招提一。其《ノ》奏《ニ》曰、招提寺者、斯唐《ノ》大和尚鑑真所下為二聖武皇帝一建上也。天平宝字三年、勅以《テ》二没官地《ヲ》一賜之。名為二招提寺一《ト》。以二越前国水田六十町・備前国田地十三町宛給供料、専《ラ》学《ス》二戒法一《ヲ》。尓来五十年、雖レ厝《ヲクト》二律蔵《ヲ》未レ有二被講一。一則乖《キ》二和尚《ノ》之素意一《ニ》、一《ハ》則闕二弘通之至志一《ヲ》。伏望《ハ》令下《シテ》二永代《ヲ》一伝《ヘ》講上《シメ》、使下《メム》用《テ》二賜田《ヲ》一宛中《テ》律供上《ニ》。儲然《トシテ》則、招提《ノ》之宗久《シテ》而無レ《ク》廃、先師《ノ》之旨没《シ》而不《ラン》レ朽《チ》。帝許レ之。

**平城皇帝** 人王五十一世 大同元丙戌年夏四月、勅《シテ》置《ク》二安居《ノ》講師《ヲ》于吾山。

**嵯峨皇帝** 人王五十二世 弘仁元庚寅年夏四月甲申、勅建《ツ》二招提《ノ》塔一《ヲ》。散位江沼臣小並等為《リ》二経営《ノ》役一。蓋《シ》大同帝《ノ》之御願也。

同六乙未年春正月巳卯、如宝僧都寂。

同七丙申年春二月朔日、勅《シテ》以《テ》二豊安公一任《ス》二律師位一《ニ》。

**淳和皇帝** 人王五十三世 天長四丁未年秋九月、勅《シテ》開《ク》二法筵一《ヲ》。豊安律師依《テ》レ詔《ニ》為二講匠一《ト》。

同九壬子年春正月甲子、帝御《シテ》二紫震殿一《ニ》、請《シテ》二名侶二十員一《ヲ》有二論義一。豊安律師応《ス》二于其詔一《ニ》。賜《ニ》以《ス》二御被一云。

④24オ　④23ウ

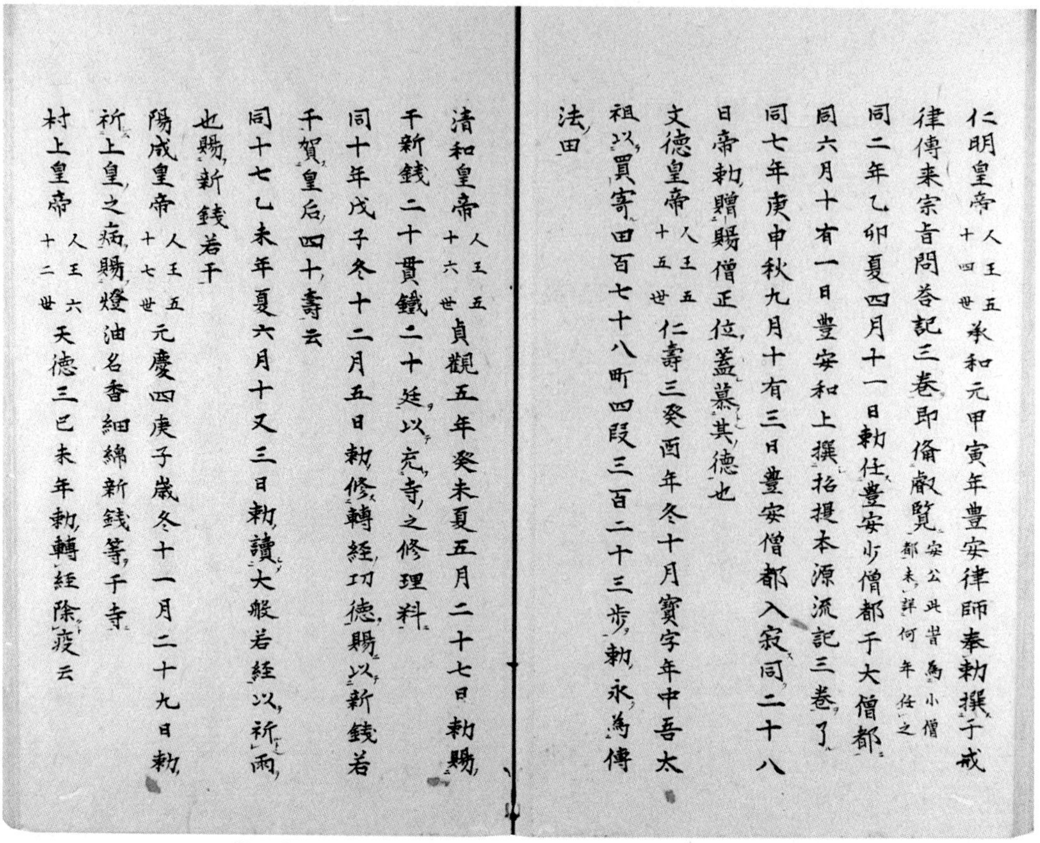

④25オ　　④24ウ

**仁明皇帝** 人王五十四世 承和元甲寅年、豊安律師奉レ勅撰ス二于戒律伝来宗旨問答記三巻一ヲ。即備二叡覧一ニ。安公此時為二小僧都一。未タレ詳二何年任一レ之。

同二年乙卯夏四月十一日、勅任ス二豊安少僧都于大僧都一ニ。

同六月十有一日、豊安和上撰シ二招提本源流記三巻一ヲ了ル。

同七年庚申秋九月十有三日、豊安僧都入寂ス。同ク二十八日、帝勅シテ贈二賜僧正位一ヲ。蓋シ慕フト也二其ノ徳一也。

**文徳皇帝** 人王五十五世 仁寿三癸酉年冬十月。宝字年中。吾太祖以テ二買寄ル田百七十八町四段三百二十三歩一ヲ。勅シテ永ク為二伝法ノ田一。

**清和皇帝** 人王五十六世 貞観五年癸未夏五月二十七日、勅賜フ二于新銭二十貫・鉄二十廷一ヲ。以テ充ツ二寺ノ之修理料一ニ。

同十年戊子冬十二月五日、勅シテ修ス二転経ノ功徳一ヲ。賜二以テ二新銭若干一。賀ス二皇后ノ四十ノ寿一云。

同十七乙未年夏六月十又三日、勅シテ読シメ二大般若経一、以テ祈ルト也レ雨ヲ也。賜フ二新銭若干一。

**陽成皇帝** 人王五十七世 元慶四庚子歳冬十一月二十九日、勅シテ祈シム二上皇ノ之病一ヲ。賜フ二灯油・名香・細綿・新銭等一ヲ于寺一ニ。

**村上皇帝** 人王六十二世 天徳三己未年、勅シテ転レ経除クト レ疫云。

④25オ　　④24ウ

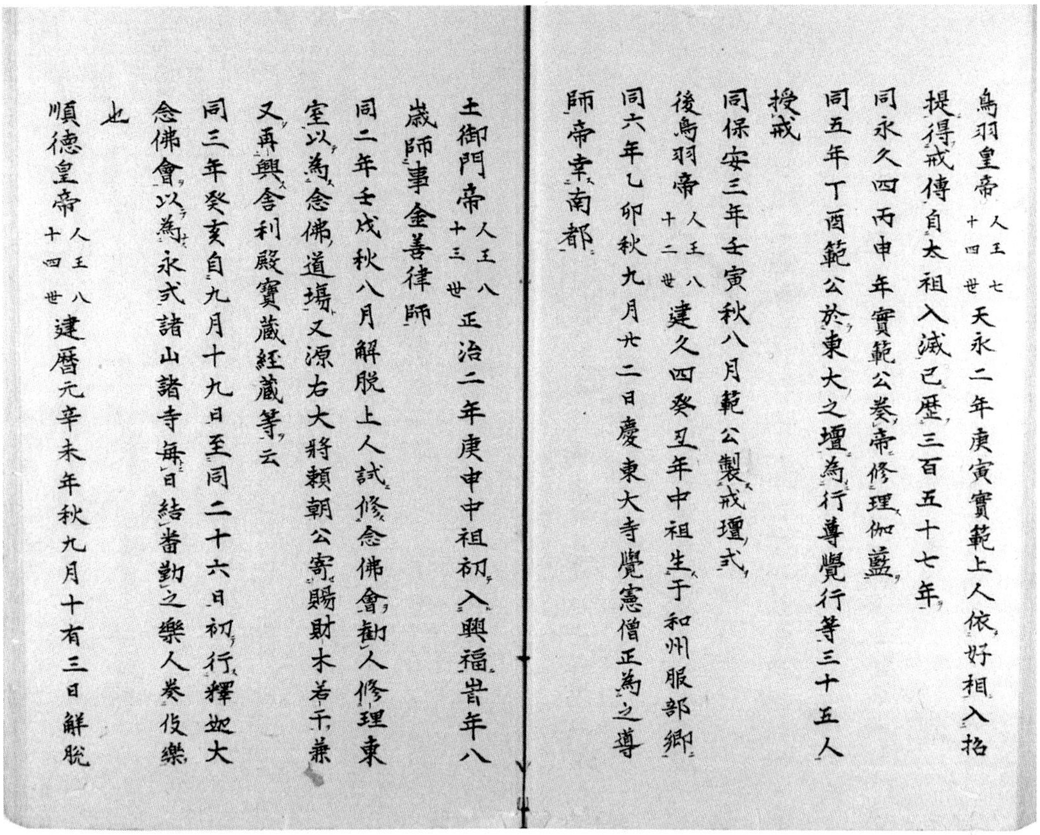

④26オ　④25ウ

**鳥羽皇帝** 人王七十四世 天永二年庚寅、実範上人依テ二好相一入二招提一ニ、得フ二戒伝一。自二太祖入滅一已ニ歴フ二三百五十七年一ヲ。
同永久四丙申年、実範公奏シテレ帝ニ修二理ス伽藍一ヲ。
同五年丁酉、範公於テ二東大ノ之壇一ニ、為メニ二行尊・覚行等一三十五人一授レ戒。
同保安三年壬寅秋八月、範公製ス二戒壇ノ式一ヲ。
**後鳥羽帝** 人王八十二世 建久四癸丑年、中祖生ス二于和州服部郷一ニ。
同六年乙卯秋九月廿二日、慶東大寺。覚憲僧正為二之導師一。帝幸ス二南都一ニ。

④25ウ

**土御門帝** 人王八十三世 正治二年庚申、中祖初テ入ル二興福一ニ。時年八歳。師二事金善律師一。
同二年壬戌秋八月、解脱上人試ニ修ス二念仏会一ヲ。勧レ人修二理東室一、以テ為ス二念仏ノ道場一ト。又源右大将頼朝公寄セ二賜財木若干一ヲ、兼又タ再二興ス舎利殿・宝蔵・経蔵等一ヲ云。
同三年癸亥自二九月十九日一至二同二十六日一、初テ行ス二釈迦大念仏会一ヲ。以テ為ナス二永式一。諸山諸寺毎トニレ日結レ番勤レ之。楽人奏二伎楽一ヲ也。
**順徳皇帝** 人王八十四世 建暦元辛未年秋九月十有三日、解脱

④26オ

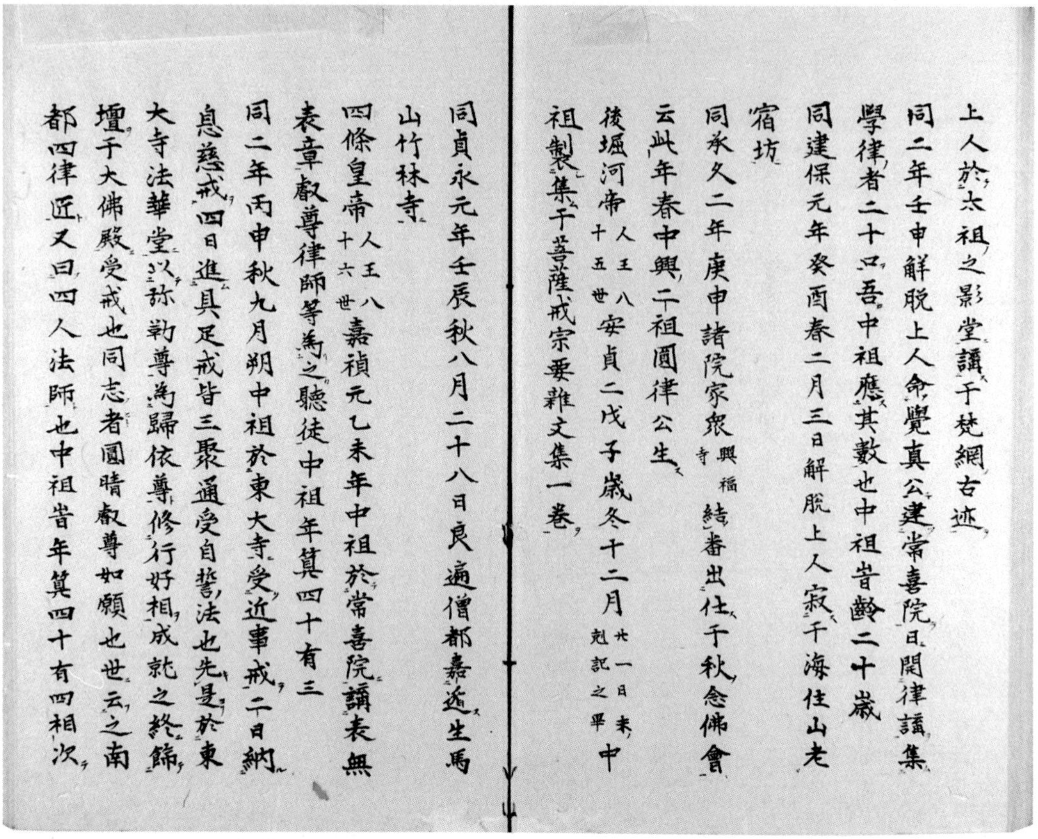

④27オ　④26ウ

上人於テ二太祖ノ之影堂ニ一講ス二于梵網ノ古迹ヲ一。

同二年壬申、解脱上人命シテ二覚真公ニ一建ツ二常喜院ヲ一。日ニ開二律講ヲ一、集ム二

学律ノ者二十口一ヲ。吾カ中祖応ス二其数一也。中祖時齢二十歳。

同建保元年癸酉春二月三日、解脱上人寂ス二于海住山老

宿坊ニ一。

同承久二年庚申、諸院家衆興福寺結シテレ番出二仕ス于秋ノ念仏会一

云。此年春、中興ノ二祖円律公生ス。

**後堀河帝**人王八十五世安貞二戊子歳冬十二月、廿一日未ノ剋記之畢。中

祖製シ二集ム于菩薩戒宗要雑文集一巻ヲ一。

同貞永元年壬辰秋八月二十八日、良遍僧都嘉二遁ス生馬

山竹林寺ニ一。

**四条皇帝**人王八十六世嘉禎元乙未年、中祖於テ二常喜院ニ一講二表無

表章一。叡尊律師等為リ二之カ聴徒一。中祖年算四十有三。

同二年丙申秋九月朔、中祖於二東大寺ニ一受ク二近事戒ヲ一。二日、納ル二

息慈戒ヲ一。四日、進ム二具足戒一。皆三聚通受自誓ノ法也。先キレ是ヨリ於二東

大寺法華堂ニ一、以テ二弥勒尊一為二帰依尊ト一、修二行好相ヲ一成就之。終ニ飾テ二

壇ヲ于大仏殿ニ一受戒也。同志ノ者《ヒト》、円晴・叡尊・如願也。世ニ云フ二之南

都四律匠ト一。又曰フ二四人法師ト一也。中祖時年算四十有四。相次テ

⌊ ④27オ

⌊ ④26ウ

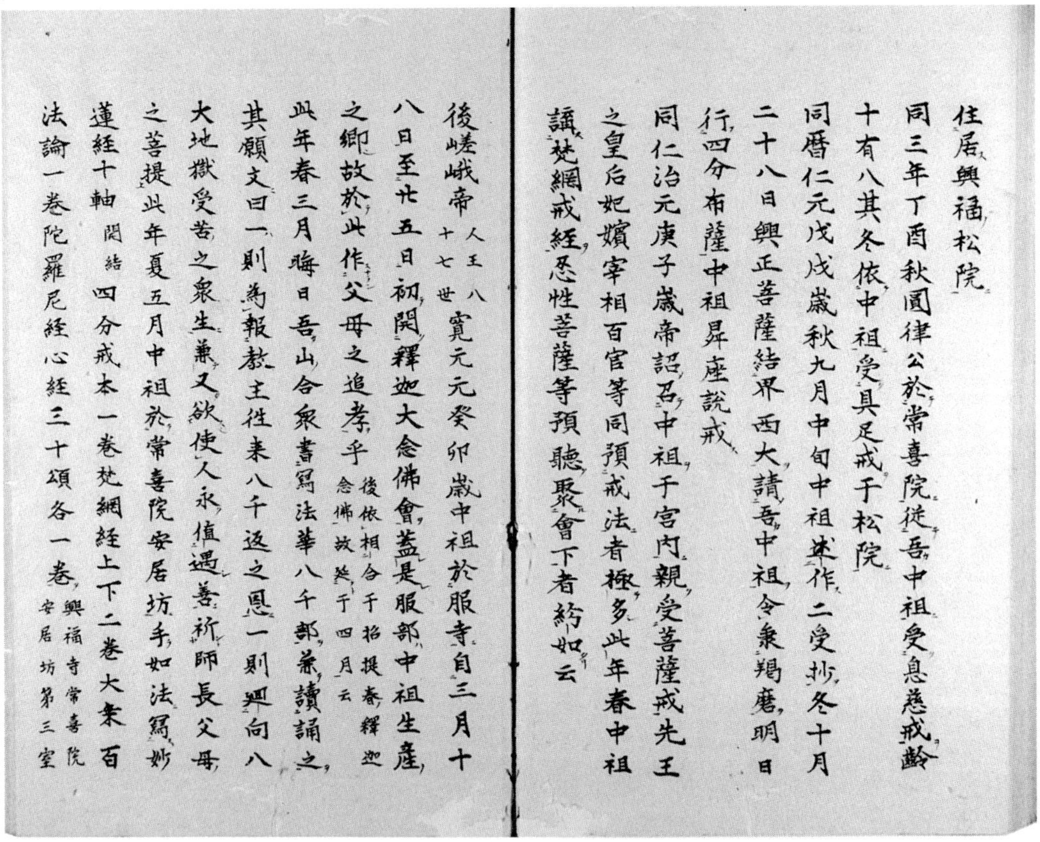
住居興福松院
同三年丁酉秋圓律公於常喜院従吾中祖受息慈戒齢
十有八其冬依中祖受具足戒于松院
同暦仁元戊戌歳秋九月中旬中祖述作二受抄冬十月
二十八日興正菩薩結界西大請吾中祖令秉羯磨明日
行四分布薩中祖昇座説戒
同仁治元庚子歳帝詔召中祖于宮内親受菩薩戒先王
之皇后妃嬪宰相百官等同預戒法者極多此年春中祖
講梵網戒経忍性菩薩等預聴聚會下者紛如云
後嵯峨帝 人王八十七世 寛元元癸卯歳中祖於服寺自三月十
八日至廿五日初開釈迦大念佛會蓋是服部中祖生産
之郷故於此作父母之追孝乎 後依相合于招提春釈迦念佛故延于四月云
此年春三月晦日吾山合衆書写法華八千部兼讀誦之
其願文曰一則為報教主往来八千返之恩一則廻向八
大地獄受苦之衆生兼又欲使人永値遇善祈師長父母
之菩提此年夏五月中祖於常喜院安居坊手如法寫妙
蓮経十軸 開結 四分戒本一巻梵網経上下二巻大乗百
法論一巻陀羅尼経心経三十頌各一巻 興福寺常喜院安居坊第三室

④28オ　④27ウ

住二居ス興福ノ松院ニ一。
同三年丁酉秋、円律公於テ二常喜院ニ一、従テ二吾カ中祖ニ一受ク二息慈戒ヲ一。齢
十有八。其冬、依テ二中祖ニ一受ク二具足戒ヲ于松院ニ一。
同暦仁元戊戌歳秋九月中旬、中祖述二作ス二受抄ヲ一。冬十月
二十八日、興正菩薩結二界西大ヲ一。請シテ二吾カ中祖ヲ一令レ秉二羯磨ヲ一。明日、
行フ二四分布薩一。中祖昇座説戒ス。
同仁治元庚子歳、帝詔シテ召テ二中祖ヲ于宮内ニ一、親ク受二菩薩戒一。先王
之皇后妃嬪・宰相百官等、同預二戒法ニ一者極テ多シ。此年春、中祖
講ス二梵網戒経ヲ一。忍性菩薩等預聴ク。聚ル二会下一者紛如タリ云。

**後嵯峨帝** 人王八十七世 寛元元癸卯歳、中祖於二服寺ニ一、自二三月十
八日一至二廿五日一、初テ開ク二釈迦大念仏会ヲ一。蓋シ是レ服部ハ中祖生産ノ
之郷也。故於テレ此作スナラン二父母之追孝ヲ一乎。後依レ相二合于招提春ノ釈迦念仏一。故延フト二于四月一云。
此年春三月晦日、吾カ山ノ合衆書二写法華八千部ヲ一、兼テ読二誦之ヲ一。
其願文ニ曰、一ハ則為レ報二教主往来八千返之恩ニ一、一則廻二向八
大地獄受苦ノ之衆生ニ一、兼テ又タ欲ス也下使レ人永ク値二遇シ善ニ一祈ントレ中師長父母ノ
之菩提上。此年夏五月、中祖於テ二常喜院安居坊ニ一、手ラ如法ニ写ス二妙
蓮経十軸 開結・四分戒本一巻・梵網経上下二巻・大乗百
法論一巻。陀羅尼経・心経・三十頌各一巻ヲ一。興福寺常喜院安居坊第三室

④28オ　④27ウ

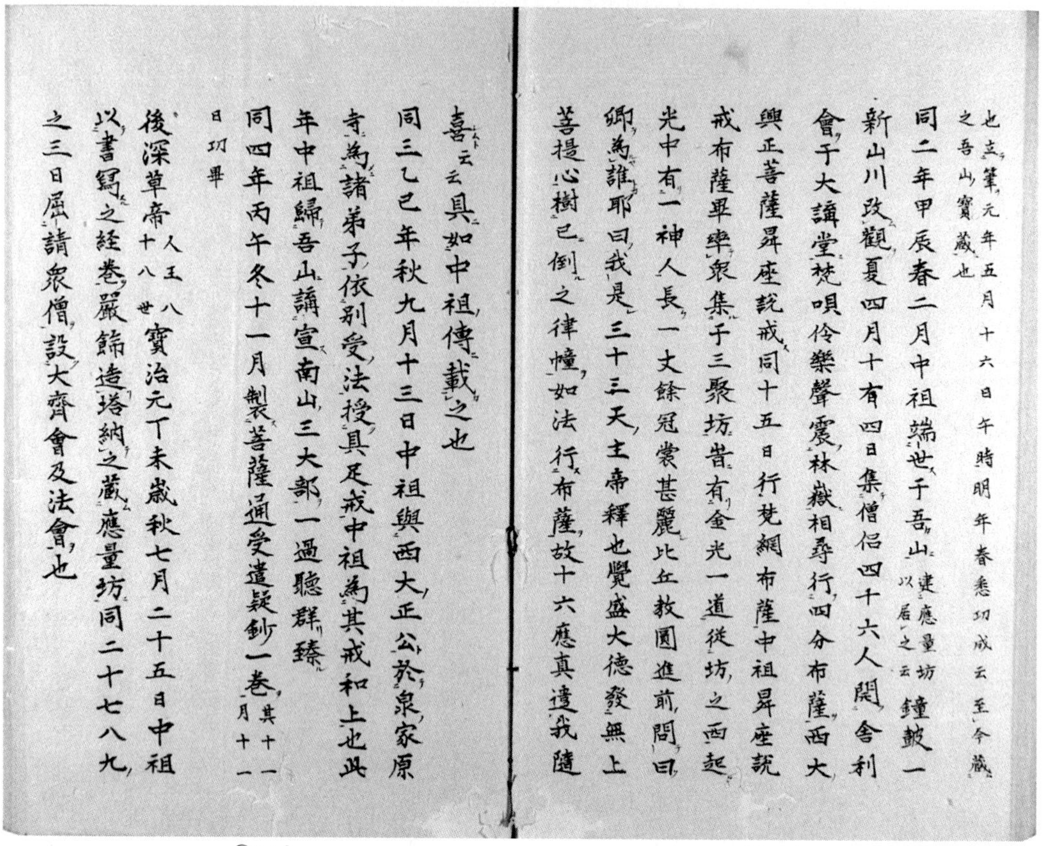
也立筆元年五月十六日午時明年春悉功成云至今蔵之吾山寶蔵也
同二年甲辰春二月中祖端世于吾山 建應量坊以居之云 鐘鼓一新山川改觀夏四月十有四日集僧侶四十六人開舎利會于大講堂梵唄伶楽聲震林嶽相尋行四分布薩西大興正菩薩昇座説戒同十五日行梵網布薩中祖昇座説戒布薩畢率衆集于三聚坊時有金光一道從坊之西起光中有一神人長一丈餘冠裳甚麗比丘教圓進前問曰卿為誰耶曰我是三十三天主帝釋也覺盛大徳發無上菩提心樹已倒之律幢如法行布薩故十六應真遣我随
喜云 具如中祖傳載之也
同三乙巳年秋九月十三日中祖與西大正公於泉家原寺為諸弟子依別受法授具足戒中祖為其戒和上也此年中祖歸吾山講宣南山三大部一遍聽群臻
同四年丙午冬十一月製菩薩通受遺疑鈔一巻 其十一月十一日功畢
後深草帝 人王八十八世 寶治元丁未歳秋七月二十五日中祖以書寫之經巻嚴飾造塔納之藏應量坊同二十七八九之三日屈請衆僧設大齊會及法會也

④29オ ④28ウ

也。立テ二筆ヲ一元年五月十六日午時一、明年春悉功成云。至レ今蔵ム二之吾山ノ宝蔵ニ一也。

同二年甲辰春二月、中祖端ス二世于吾カ山ニ一。建二応量坊。以居レ之云。鐘鼓一新、山川改ムレ観ヲ。夏四月十有四日、集テ二僧侶四十六人、開ク二舎利会ヲ于大講堂ニ一。梵唄伶楽声震フ二林嶽ニ一。相尋行フ二四分布薩ヲ一。西大ノ興正菩薩昇座説戒ス。同十五日、行二梵網布薩一。中祖昇座説戒。布薩畢、率テレ衆集ル二于三聚坊ニ一。時ニ有リ二金光一道一。従二坊ノ之西一起ル。光中有リ二一神人一。長ケ一丈余、冠裳甚麗シ。比丘教円進前シテ問テ曰ク、卿ヲ為ルヤレ誰トカ耶。曰ク、我是レ三十三天ノ主帝釈也。覚盛大徳発二無上菩提心一。樹二已ニ倒ル之律幢一ヲ。如法行ス二布薩ヲ一。故十六応真遣レ我随喜シムト云云。具ニ如二中祖ノ伝ニ載カレ之也。

同三乙巳年秋九月十三日、中祖与二西大ノ正公一ト、於テ二泉ノ家原寺ニ一、為メニ二諸弟子ノ一、依二別受ノ法一授ク二具足戒一。中祖為二其戒和上一也。此年中、祖帰テ二吾山ニ一講二宣ス南山ノ三大部一ヲ。一過聴群リ臻ル。

同四年丙午冬十一月、製ス二菩薩通受遣疑鈔一巻ヲ一。其十一月十一日功畢。

**後深草帝** 人王八十八世 宝治元丁未歳秋七月二十五日、中祖以テ二書写スル之経巻ヲ一厳飾、造リレ塔納テレ之、蔵ム二応量坊ニ一。同二十七八九ノ之三日、屈二請衆僧ヲ一、設ク二大斉会及法会ヲ一也。

④29オ ④28ウ

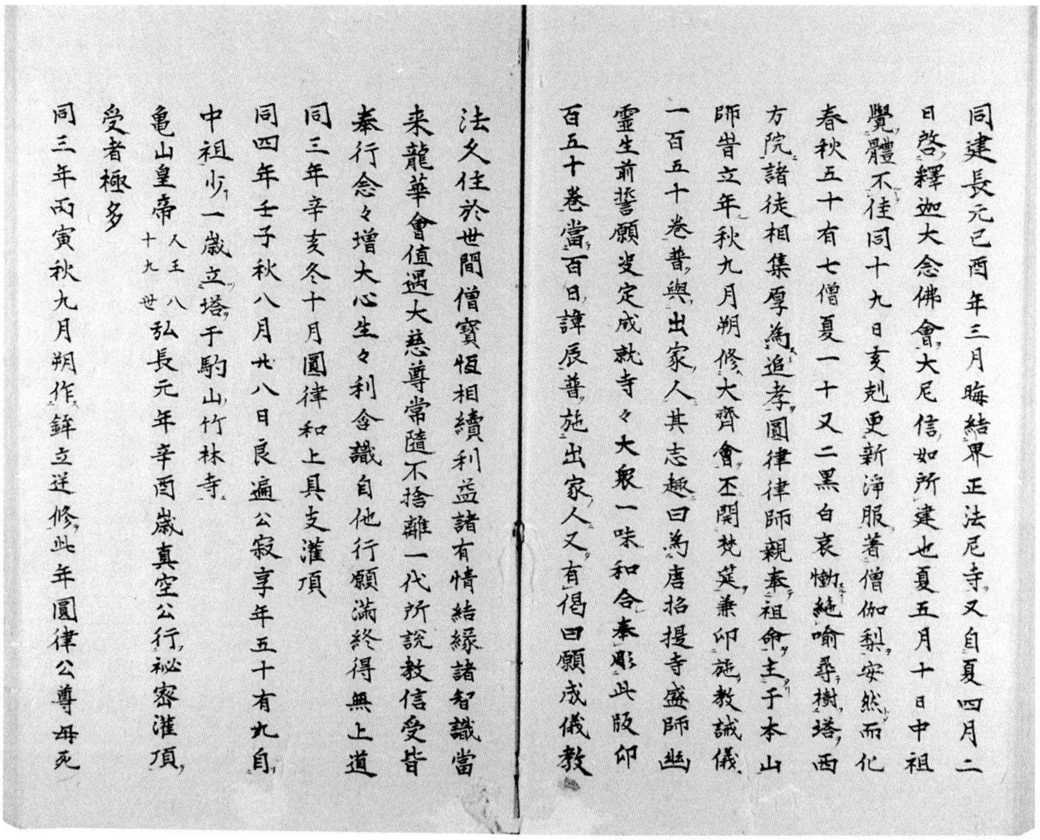

④29ウ　④30オ

同建長元己酉年三月晦、結二界正法尼寺一ヲ。又自二夏四月二
日、啓二ク釈迦大念仏会一ヲ。大尼信ノ如所レ建也。夏五月十日、中祖
覚二フ体不レルコトヲ佳。同十九日亥剋、更二新浄服一ヲ著二僧伽梨一ヲ、安然トシテ而化。
春秋五十有七、僧夏一十又二。黒白哀慟スルコト絶レ喩。尋テ樹二ツ塔ヲ西
方院一ニ。諸徒相集厚為二ス追孝一ヲ。円律律師親奉二テ祖命一ヲ主二タリ于本山一。
師時立年也。秋九月朔、修二ス大斉会一ヲ。丕ニ開二梵筵一ヲ、兼印二施シテ教誡儀
一百五十巻一、普ク与二フ出家ノ人一。其志趣ニ曰、為二唐招提寺盛師幽
霊生前誓願決定成就、寺々大衆一味和合シ、奉レ彫二此版印
百五十巻一。当二テ百日ノ諱辰一、普ク施二出家ノ人ニ。又タ有レ偈曰、願威儀教

④29ウ

法、久住於世間、僧宝恒相続、利益諸有情、結縁諸知識、当
来龍華会、値遇大慈尊。常随不捨離、一代所説教、信受皆
奉行、念々増大心、生々利含識、自他行願満、終得無上道。
同三年辛亥冬十月、円律和上具支灌頂。
同四年壬子秋八月廿八日、良遍公寂。享年五十有九。自二リ
中祖一少コト一歳。立二ツ塔ヲ于駒山ノ竹林寺一ニ。
**亀山皇帝** 人王八十九世 弘長元年辛酉歳、真空公行二フ秘密灌頂一ヲ。
受者極多。
同三年丙寅秋九月朔、作二ス鉾立逆修一ヲ。此年円律公尊母死

④30オ

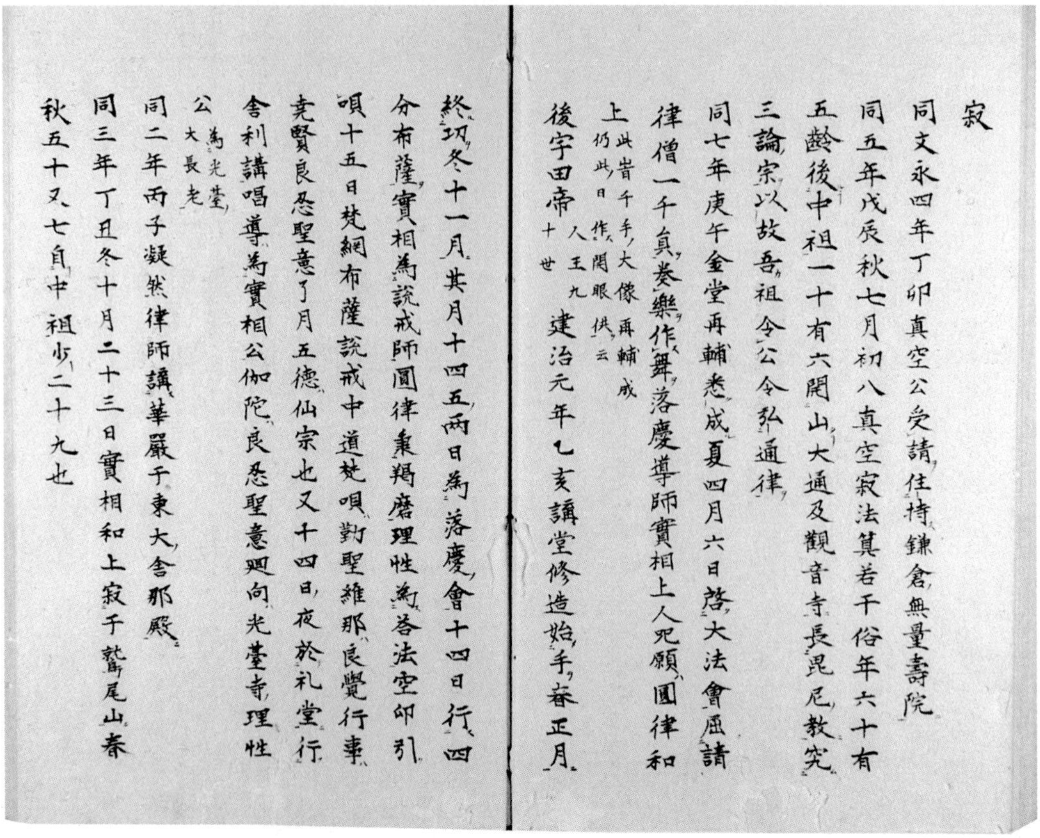

④31オ　④30ウ

寂。
同文永四年丁卯、真空公受レ請ヲ住ニ持ス鎌倉ノ無量寿院一ニ。
同五年戊辰秋七月初八、真空寂。法算若干、俗年六十有
五。齢後ニル、コト中祖一一十有六。開ニ山タリ大通及観音寺一ニ。長ニ毘尼ノ教一ニ、究ムニ
三論ノ宗一ヲ。以故吾カ祖令レ公令弘ニ通律一ヲ。
同七年庚午、金堂再輔悉ク成ル。夏四月六日、啓ニク大法会一。屈ニ請
律僧一千員一ヲ、奏レ楽ヲ作レス舞ヲ。落慶導師実相上人、呪願ハ円律和
上。此時千手ノ大像再輔成。仍此ノ日作ニス開眼供一ヲ云。
**後宇田帝** 人王九十世 建治元年乙亥、講堂修造始ニメ手ヲ春正月一ニ、
終ニル功ヲ冬十一月一ニ。其月十四五ノ両日、為ニ落慶ノ会一。十四日、行ニス四
分布薩一ヲ。実相為ニ説戒師一、円律秉ニ羯磨一、理性為ニス答法一。空印引ク
レ唄。十五日、梵網布薩。説戒中道、梵唄ハ勤聖、維那ハ良覚、行事ハ
尭賢・良忍・聖意・了月、五徳ハ仙宗也。又十四日ノ夜、於ニテ礼堂一ニ行ニフ
舎利講一。唱導ハ為ニ実相公一、伽陀ハ良忍・聖意、廻向ハ光台寺ノ理性
公。為ニ光台ノ大長老一。
同二年丙子、凝然律師講ニス華厳于東大ノ舎那殿一ニ。
同三年丁丑冬十月二十三日、実相和上寂ニ于鷲尾山一ニ。春
秋五十又七、自ニリ中祖一少コト一二十九也。

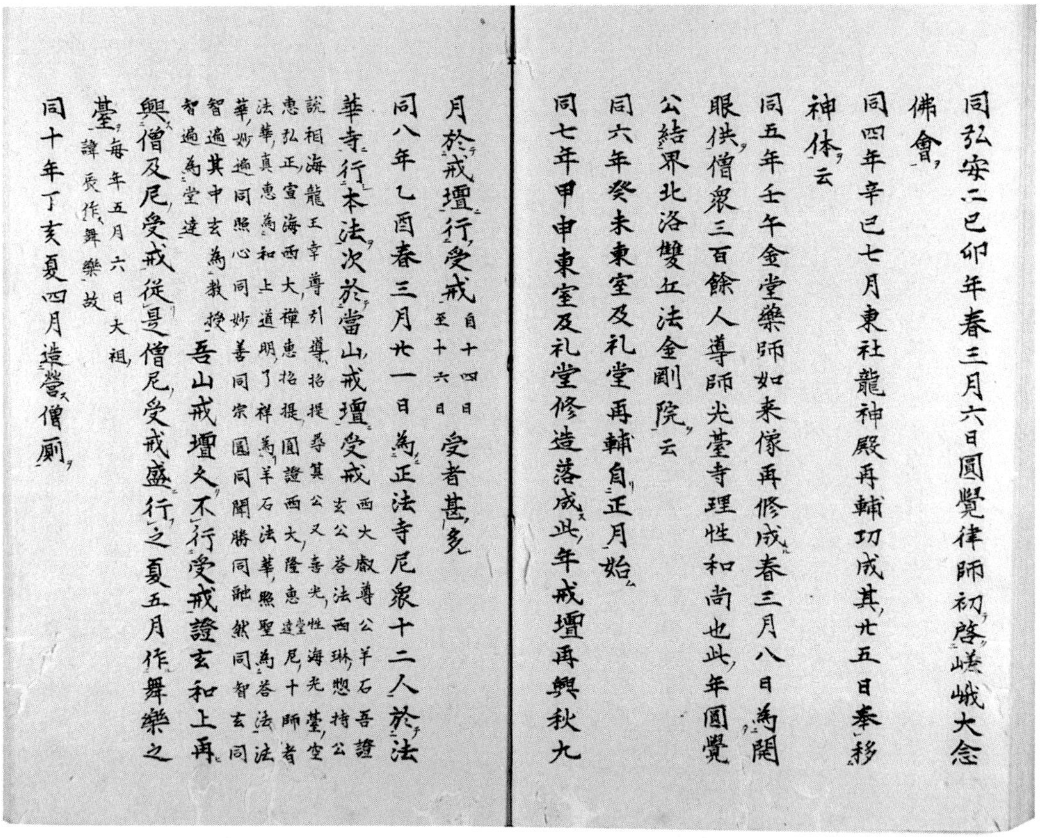

④32オ　④31ウ

同弘安二己卯年春三月六日、円覚律師初テ啓二ク嵯峨大念仏会一ヲ。
同四年辛巳七月、東社龍神殿再輔功成。其ノ廿五日、奉レ移二神体一ヲ云。
同五年壬午、金堂薬師如来像再修成ル。春三月八日、為二開眼供一ヲ。僧衆三百余人、導師光台寺理性和尚也。此ノ年、円覚公結二界北洛双丘法金剛院一ヲ云。
同六年癸未、東室及礼堂再輔自二リ正月一始ム。
同七年甲申、東室及礼堂修造落成ス。此ノ年、戒壇再興。秋九月、於二テ戒壇一ニ行二フ受戒一。自十四日、至十六日。受者甚タ多シ。
同八年乙酉春三月廿一日、為二メニ正法寺尼衆十二人一、於二テ法華寺一ニ行二シ本法一ヲ、次於二テ当山ノ戒壇一ニ受戒。西大叡尊公羯磨、吾証玄公答法、西琳ノ惣持公説相、海龍王幸尊、引導ハ招提尋算公。又喜光ノ性海・光台ノ空恵・弘正ノ宣海・西大ノ禅恵・招提ノ円証・西大ノ隆恵堂達。尼ノ十師者、法華ノ真恵為二和上一、道明ノ了祥為二リ羯磨、法華ノ照聖為二答法一。法華ノ妙遍・同照心・同妙善・同宗円・同聞勝・同融然・同智玄・同智遍。其中玄為二教授一、智遍為二堂達一。吾山戒壇久ク不レ行二受戒一、証玄和上再ヒ興二ス僧及尼ノ受戒一。従レリ是僧尼ノ受戒盛ニ行レフ之。夏五月作二ル舞楽之台一ヲ。毎年五月六日、大祖ノ諱辰作二ス舞楽一故。

④31ウ

同十年丁亥夏四月、造二営ス僧厠一ヲ。

④32オ

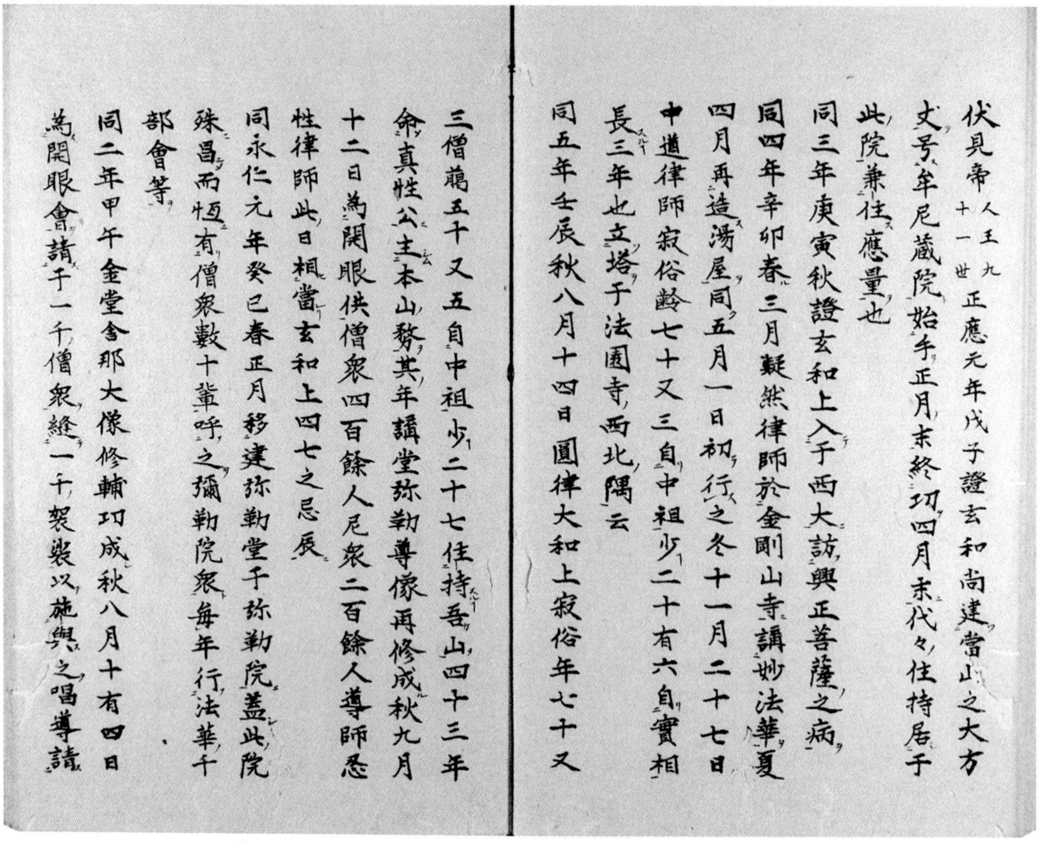
伏見帝人王九十一世正應元年戊子證玄和尚建當山之大方
丈号牟尼藏院始手正月末終功四月末代々住持居于
此院兼住應量也
同三年庚寅秋證玄和上入于西大訪興正菩薩之病
同四年辛卯春三月凝然律師於金剛山寺講妙法華夏
四月再造湯屋同五月一日初行之冬十一月二十七日
中道律師寂俗齢七十又三自中祖少二十有六自實相
長三年也立塔于法園寺西北隅云
同五年壬辰秋八月十四日圓律大和上寂俗年七十又
三僧臈五十又五自中祖少二十七住持吾山四十三年
命真性公主本山務其年講堂弥勒尊像再修成秋九月
十二日為開眼供僧衆四百餘人尼衆二百餘人導師忍
性律師此日相當玄和上四七之忌辰
同永仁元年癸巳春正月移建弥勒堂于弥勒院蓋此院
殊昌而恒有僧衆數十輩呼之彌勒院衆每年行法華千
部會等
同二年甲午金堂舍那大像修輔功成秋八月十有四日
為開眼會請千一千僧衆縫一千袈裟以施與之唱導請

④33オ　④32ウ

**伏見帝** 人王九十一世 正応元年戊子、証玄和尚建二ツ当山之大方
丈一ヲ。号二ス牟尼蔵院一ト。始二手ヲ正月ノ末一、終二功ヲ四月末一ニ。代々ノ住持居二シ于
此ノ院一、兼二住ス応量一ヲ也。
同三年庚寅秋、証玄和上入二テ于西大一ニ、訪二フ興正菩薩ノ之病一ヲ。
同四年辛卯春ル三月、凝然律師於二金剛山寺一ニ講二ス妙法華一ヲ。夏
四月、再二造ス湯屋一ヲ。同ク五月一日、初テ行レス之。冬十一月二十七日、
中道律師寂。俗齢七十又三。自二リ中祖一少コト二十有六、自二リ実相一
長スルコト三年也。立二ツ塔ヲ于法園寺ノ西北ノ隅一ニ云。
同五年壬辰秋八月十四日、円律大和上寂。俗年七十又
三、僧臈五十又五。自二中祖一少コト二十七。住二持スルコト吾カ山ヲ一四十三年。
命二シテ真性公一ニ主二シム本山ノ務一ヲ。其ノ年、講堂弥勒尊像再修成ル。秋九月
十二日、為二開眼供一。僧衆四百余人、尼衆二百余人、導師忍
性律師。此ノ日、相二当レリ玄和上四七之忌辰一ニ。
同永仁元年癸巳春正月、移二建弥勒堂于弥勒院一ニ。蓋シ此ノ院
殊ニ昌ニシテ而恒ニ有リ僧衆数十輩一、呼フ之ヲ弥勒院衆一ト。毎レ年行二フ法華ノ千
部会等一ヲ。
同二年甲午、金堂舎那大像修輔功成シ、秋八月十有四日、
為二ス開眼会一ヲ。請二ス于一千ノ僧衆一ヲ。縫二テ一千ノ袈裟一、以テ施二与ス之ヲ。唱導請二ス

④33オ　④32ウ

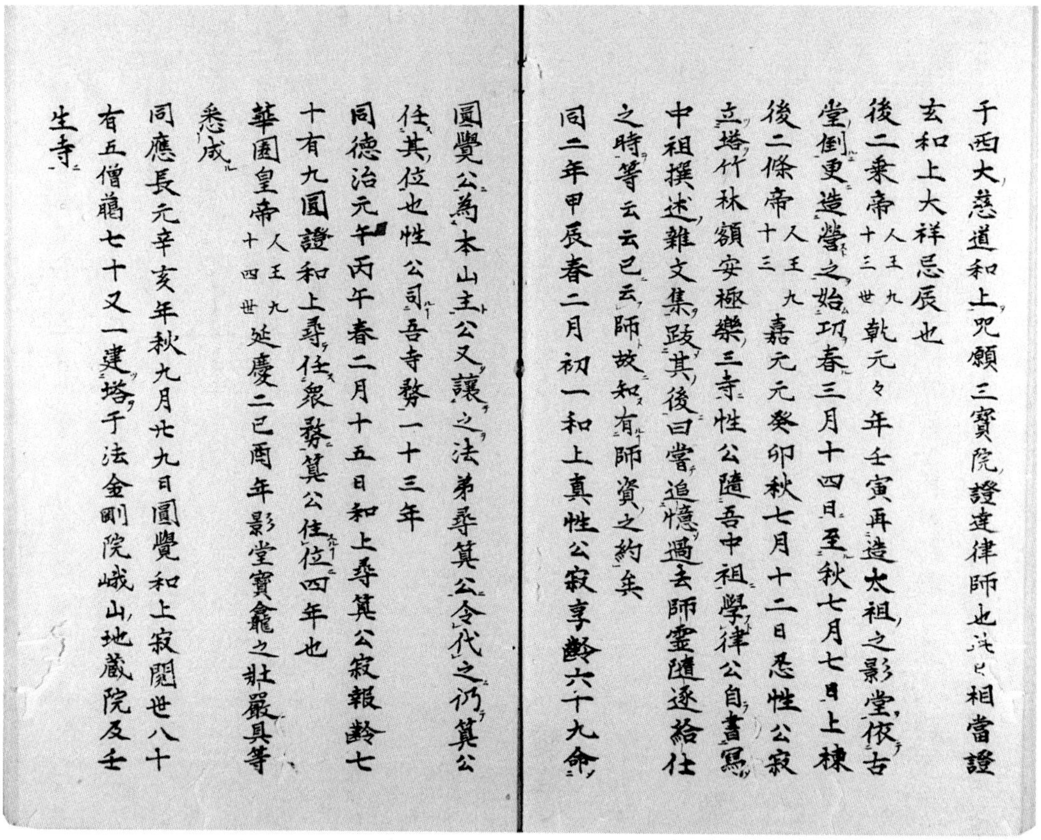

④34オ　④33ウ

于西大ノ慈道和上一ヲ、呪願三宝院ノ証達律師也。此日、相当証
玄和上大祥忌辰也。
**後二乗帝** 人王九十三世 乾元々年壬寅、再二造太祖ノ之影堂一ヲ。依二テ古
堂ノ倒一ルニ更ニ造二営スト之一ヲ。始二ム功ヲ春ル三月十四日一ニ。至二ル秋七月七日一上棟。
**後二条帝** 人王九十三 嘉元元癸卯秋七月十二日、忍性公寂。
立二ツ塔ヲ竹林・額安・極楽ノ三寺一ニ。性公随二吾中祖一ニ学レフト律。公自ラ書二写シテ
中祖撰述ノ雑文集一ヲ、跋二シテ其ノ後一ニ曰、嘗テ追二憶シテ過去師霊随逐給仕
之時一ヲ等云云。已ニ云レフ師ト。故ニ知ヌ、有二ルコト師資ノ之約一矣。
同二年甲辰春二月初一、和上真性公寂。享齢六十九。命二シテ
円覚公一ニ為二本山主一ト。公又タ譲二テ之ヲ法弟尋算公一ニ令レ代レ之ニ。仍テ算公
任二ス其ノ位一也。性公司二ルコト吾寺務一一十三年。
同徳治元年丙午春二月十五日、和上尋算公寂。報齢七
十有九。円証和上尋テ任二ス衆務一ニ。算公住レスルコト位ニ四年也。
**華園皇帝** 人王九十四世 延慶二己酉年、影堂宝龕之壮厳具等
悉成ル。
同応長元辛亥年秋九月廿九日、円覚和上寂。閲世八十
有五、僧臈七十又一。建二ツ塔ヲ于法金剛院・峨山ノ地蔵院及壬
生寺一ニ。

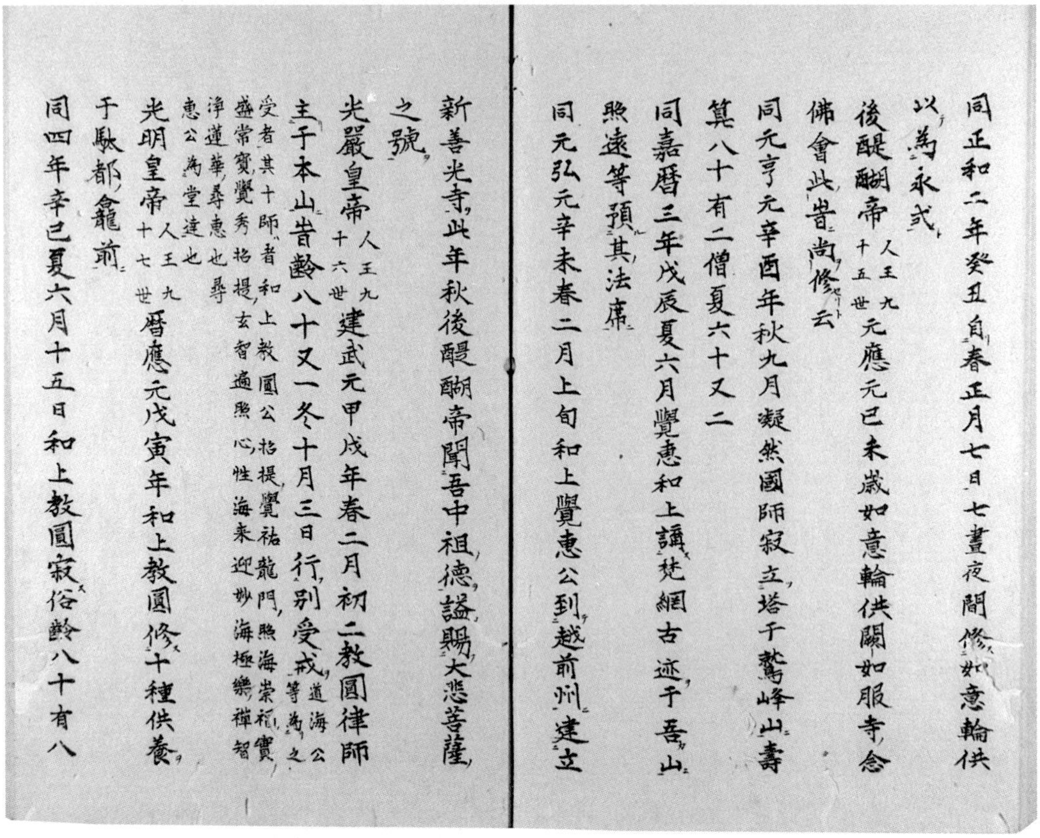

④35オ　④34ウ

同正和二年癸丑、自二リ春正月七日一七昼夜間、修二ス如意輪供。
以テ為二永式一ト。
**後醍醐帝** 人王九十五世 元応元己未歳、如意輪供闕如。服寺ノ念
仏会、此ノ時ニ尚ヲ修セリト云。
同元亨元辛酉年秋九月、凝然国師寂。立二ツ塔于鷲峰山一ニ。寿
算八十有二、僧夏六十又二。
同嘉暦三年戊辰夏六月、覚恵和上講二ス梵網古迹ヲ于吾カ山一ニ。
照遠等預二ル其ノ法席一ニ。
同元弘元辛未春二月上旬、和上覚恵公到二テ越前州一ニ建二立

④34ウ

新善光寺一ヲ。此年秋、後醍醐帝聞二吾中祖ノ徳一ヲ、謚シテ賜二フ大悲菩薩ノ
之号一ヲ。
**光厳皇帝** 人王九十六世 建武元甲戌年春二月初二、教円律師
主二リ于本山一ニ。時齢八十又一。冬十月三日、行二フ別受戒一ヲ。道海公等為二リ之
受者一。其十師ハ者、和上教円公・招提ノ覚祐・龍門ノ照海・崇福ノ実
盛・常宝ノ覚秀・招提ノ玄智・遍照心ノ性海・来迎妙海・極楽ノ禅智・
浄蓮華ノ尋恵也。尋
恵公為二堂達一也。
**光明皇帝** 人王九十七世 暦応元戊寅年、和上教円修二ス十種供養ヲ
于駄都ノ龕前一ニ。
同四年辛巳夏六月十五日、和上教円寂ス。俗齢八十有八、

④35オ

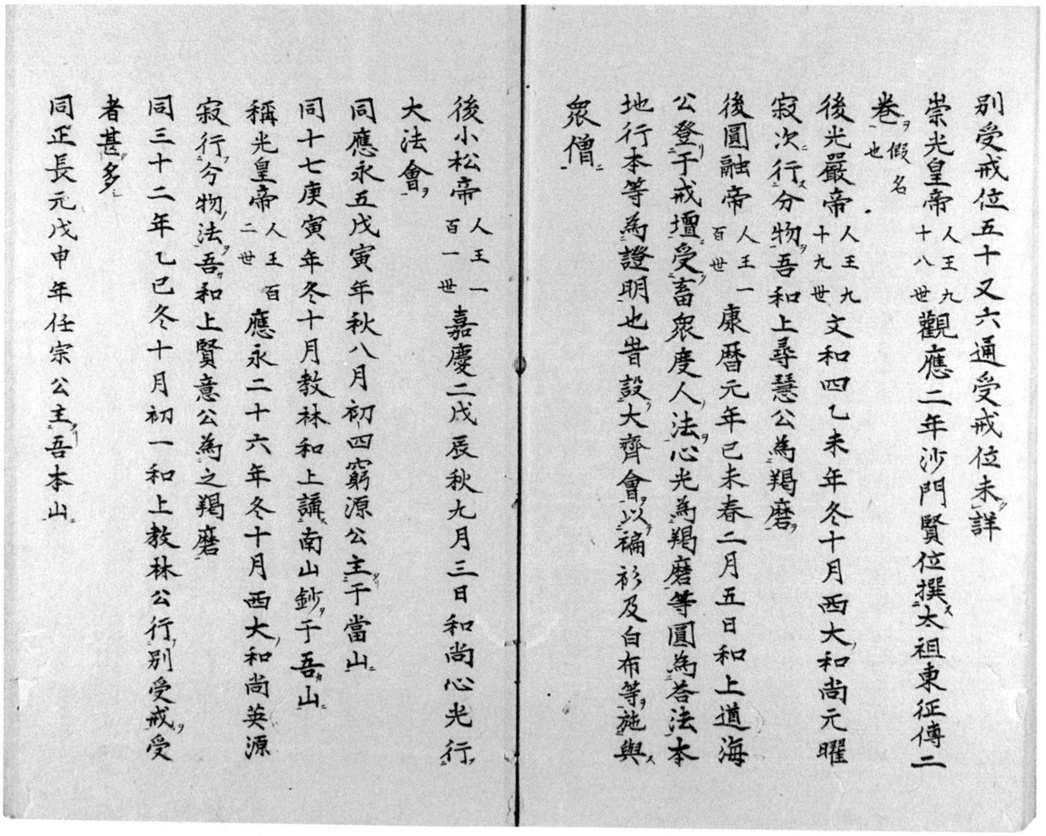

④36オ　④35ウ

別受戒位五十又六。通受戒位未レタ詳。

**崇光皇帝** 人王九十八世 観応二年、沙門賢位撰ス二太祖東征伝二巻一ヲ。仮名也。

**後光厳帝** 人王九十九世 文和四乙未年冬十月、西大ノ和尚元曜寂。次ニ行ス二分物一ヲ。吾和上尋慧公為二羯磨一ヲ。

**後円融帝** 人王一百世 康暦元年己未春二月五日、和上道海公登リ二于戒壇一ニ、受ク二畜衆度人ノ法一ヲ。心光為二羯磨一、等円為二答法一、本地・行本等為二証明一也。時設ク二大斉会一ヲ。以テ二褊衫及白布等一ヲ施二与ス衆僧一ニ。

④35ウ

**後小松帝** 人王一百一世 嘉慶二戊辰秋九月三日、和尚心光行フ二大法会一ヲ。

同応永五戊寅年秋八月初四、窮源公主タリ二于当山一ニ。

同十七庚寅年冬十月、教林和上講ス二南山鈔ヲ于吾カ山一ニ。

**称光皇帝** 人王百二世 応永二十六年冬十月、西大ノ和尚英源寂。行フ二分物ノ法一ヲ。吾カ和上賢意公為二之羯磨一。

同三十二年乙巳冬十月初一、和上教林公行フ二別受戒一ヲ。受者甚タ多シ。

同正長元戊申年、任宗公主タリ二吾本山一ニ。

④36オ

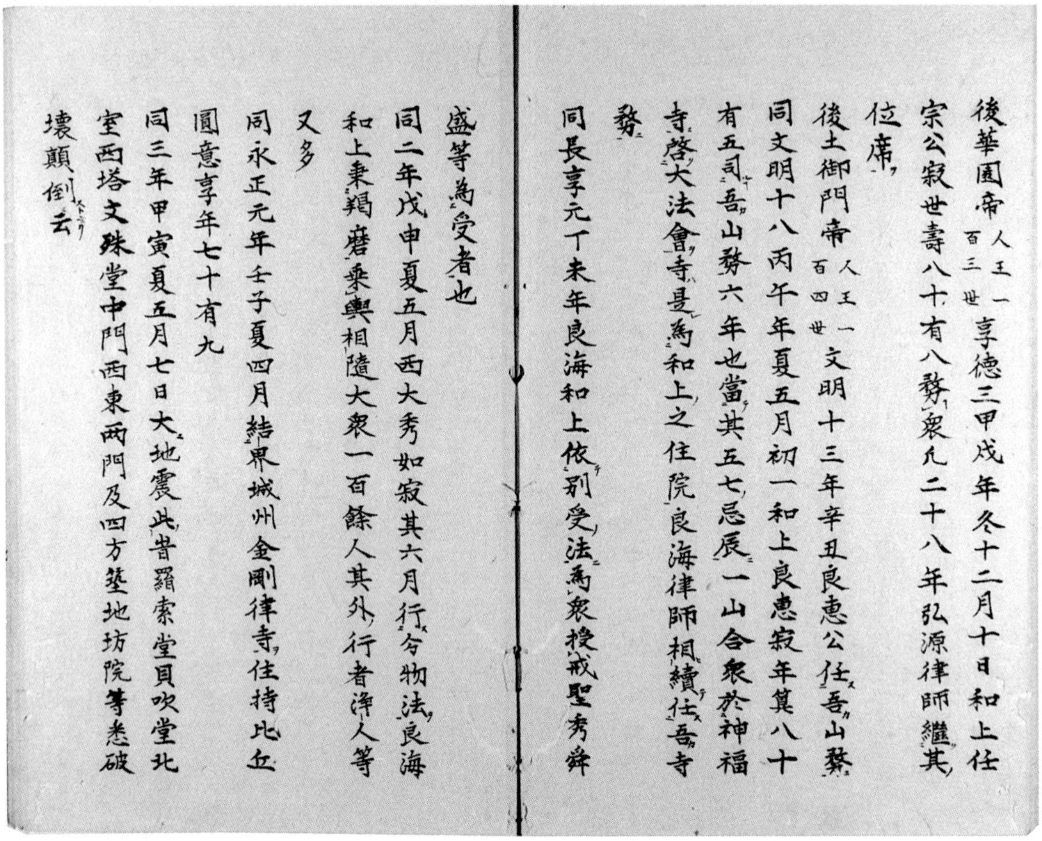

④36ウ　④37オ

**後華園帝**人王一百三世 享徳三甲戌年冬十二月十日、和上任
宗公寂。世寿八十有八。務ㇾコト衆凡二十八年。弘源律師継ㇾ二クル其ノ
位席一ヲ。
**後土御門帝**人王一百四世 文明十三年辛丑、良恵公任二ス吾カ山務一ニ。
同文明十八丙午年夏五月初一、和上良恵寂。年算八十
有五。司ル二コト吾カ山務一六年也。当テ二其五七ノ忌辰一ニ、一山合衆於二神福
寺一ニ啓二ク大法会一ヲ。寺ハ是ㇾ為二和上ノ之住院一。良海律師相ヒ続テ任二ス吾カ寺
務一ニ。
同長享元丁未年、良海和上依テ二別受ノ法一ニ為ㇾ衆授ㇾ戒。聖秀・舜

④36ウ

盛等為二受者一也。
同二年戊申夏五月、西大秀如寂。其六月、行二ス分物法一ヲ。良海
和上秉二羯磨一。乗ㇾ輿相随大衆一百余人、其外ノ行者浄人等
又多。
同永正元年壬子夏四月、結二界城州金剛律寺一ヲ。住持比丘
円意。享年七十有九。
同三年甲寅夏五月七日、大ニ地震。此ノ時、羂索堂・貝吹堂・北
室・西塔・文殊堂・中門・西東両門及四方筚地・坊院等、悉破
壊顛倒ストナリ云。

④37オ

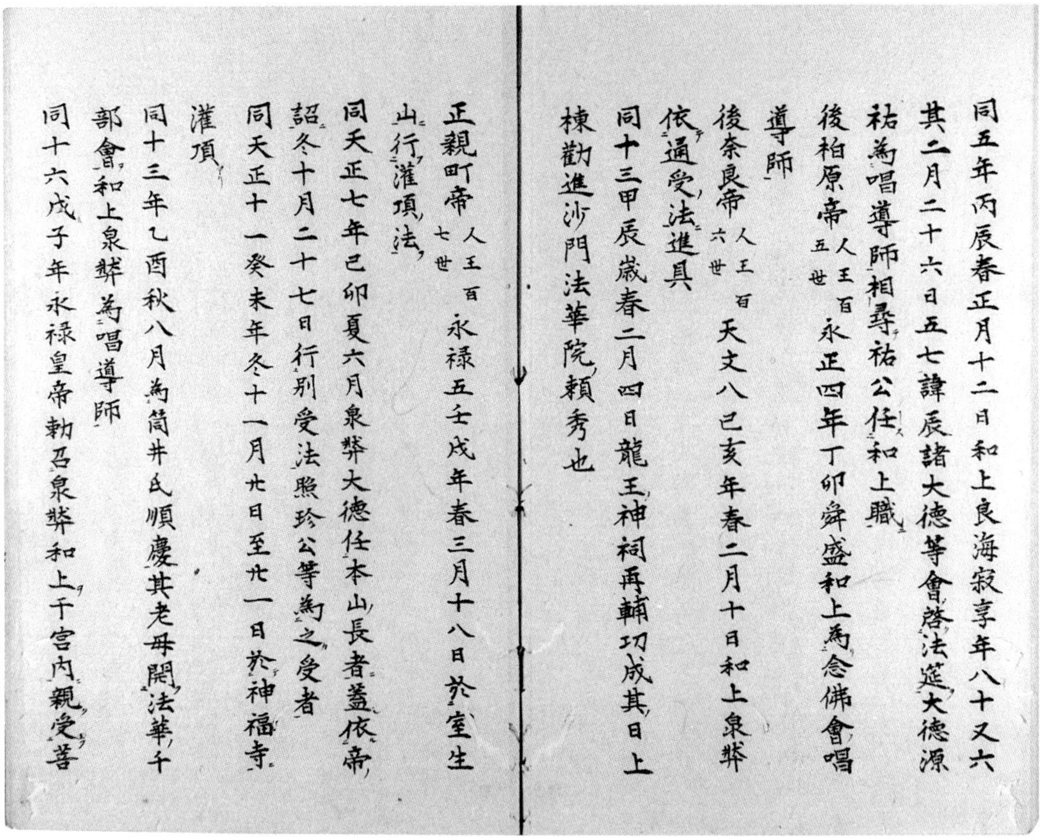

④37ウ　④38オ

同五年丙辰春正月十二日、和上良海寂。享年八十又六。

其二月二十六日、五七諱辰、諸大徳等会シテ啓二ク法筵一ヲ。大徳源

祐為二唱導師一。相尋テ祐公任二ス和上職一ニ。

**後柏原帝** 人王百五世 永正四年丁卯、舜盛和上為二リ念仏会ノ唱

導師一。

**後奈良帝** 人王百六世 天文八己亥年春二月十日、和上泉奘

依テ二通受ノ法一ニ進具。

同十三甲辰歳春二月四日、龍王ノ神祠再輔功成。其ノ日、上

棟。勧進沙門法華院ノ頼秀也。

**正親町帝** 人王百七世 永禄五壬戌年春三月十八日、於二室生

山一ニ行二フ灌頂ノ法一ヲ。

同天正七年己卯夏六月、泉奘大徳任二本山ノ長者一ニ。蓋シ依二ル帝ノ

詔一ニ。冬十月二十七日、行二別受法一。照珍公等為二之カ受者一。

同天正十一癸未年冬十一月廿日至廿一日、於テ二神福寺一ニ

灌頂アリ。

同十三年乙酉秋八月、為二筒井氏順慶一、其老母開二ク法華ノ千

部会一ヲ。和上泉奘為二唱導師一。

同十六戊子年、永禄皇帝勅召二泉奘和上ヲ于宮内一ニ、親ク受二玉フ菩

④38オ　④37ウ

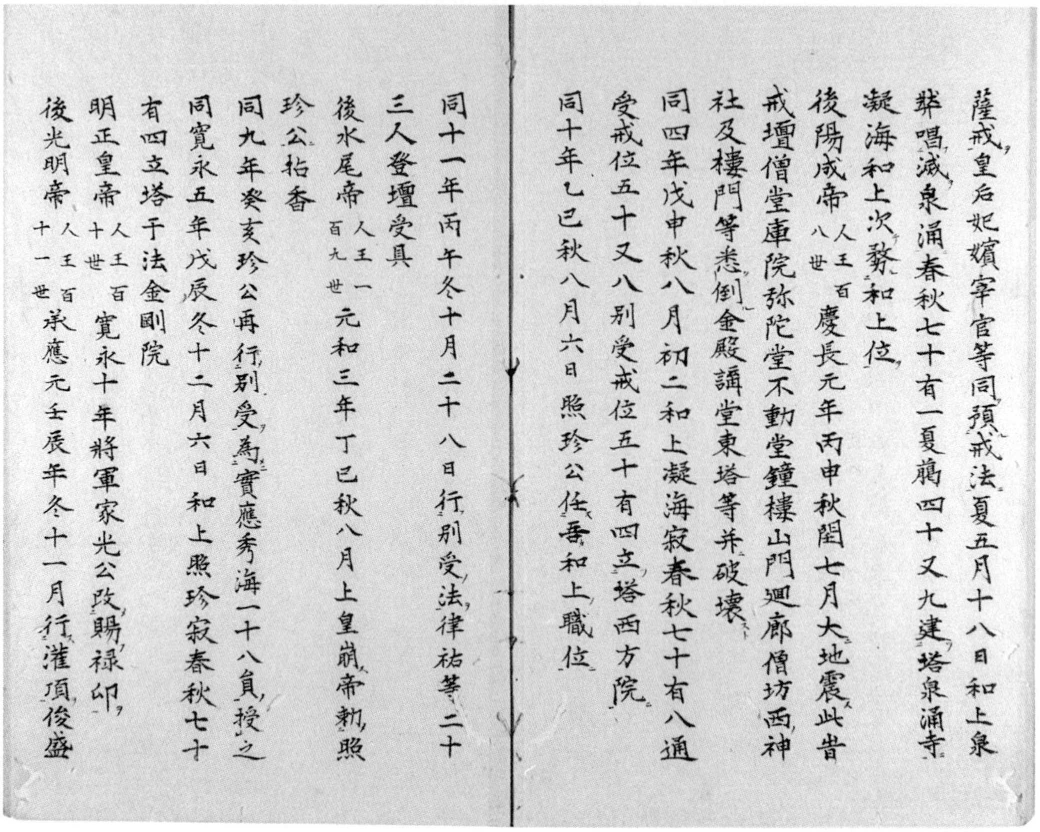

④39オ　④38ウ

薩戒ヲ一。皇后・妃嬪・宰官等、同ク預ル二戒法ニ一。夏五月十八日、和上泉
奘唱フ二滅ヲ泉涌ニ一。春秋七十有一、夏臈四十又九。建ツ二塔泉涌寺ニ一。
凝海和上次テ務ル二和上位ヲ一。

**後陽成帝** 人王百八世 慶長元年丙申秋閏七月、大ニ地震ス。此時、
戒壇・僧堂・庫院・弥陀堂・不動堂・鐘楼・山門・廻廊・僧坊・西ノ神
社及楼門等、悉ク倒ル。金殿・講堂・東塔等并ニ破壊スト。
同四年戊申秋八月初二、和上凝海寂。春秋七十有八、通
受戒位五十又八、別受戒位五十有四。立ツ二塔西方院ニ一。
同十年乙巳秋八月六日、照珍公任ス二吾カ和上ノ職位ニ一。
同十一年丙午冬十月二十八日、行フ二別受ノ法ヲ一。律祐等二十
三人登壇受具。

**後水尾帝** 人王一百九世 元和三年丁巳秋八月、上皇崩ス。帝勅シテ二照
珍公ニ一拈香。
同九年癸亥、珍公再行シテ二別受ヲ一、為メニ二実応・秀海一十八員ノ一授レ之。
同寛永五年戊辰冬十二月六日、和上照珍寂。春秋七十
有四。立塔于法金剛院。

**明正皇帝** 人王百十世 寛永十年、将軍家光公改メ二賜フ禄印ヲ一。

**後光明帝** 人王百十一世 承応元壬辰年冬十一月、行ス二灌頂ヲ一。俊盛・

⌞④39オ　⌞④38ウ

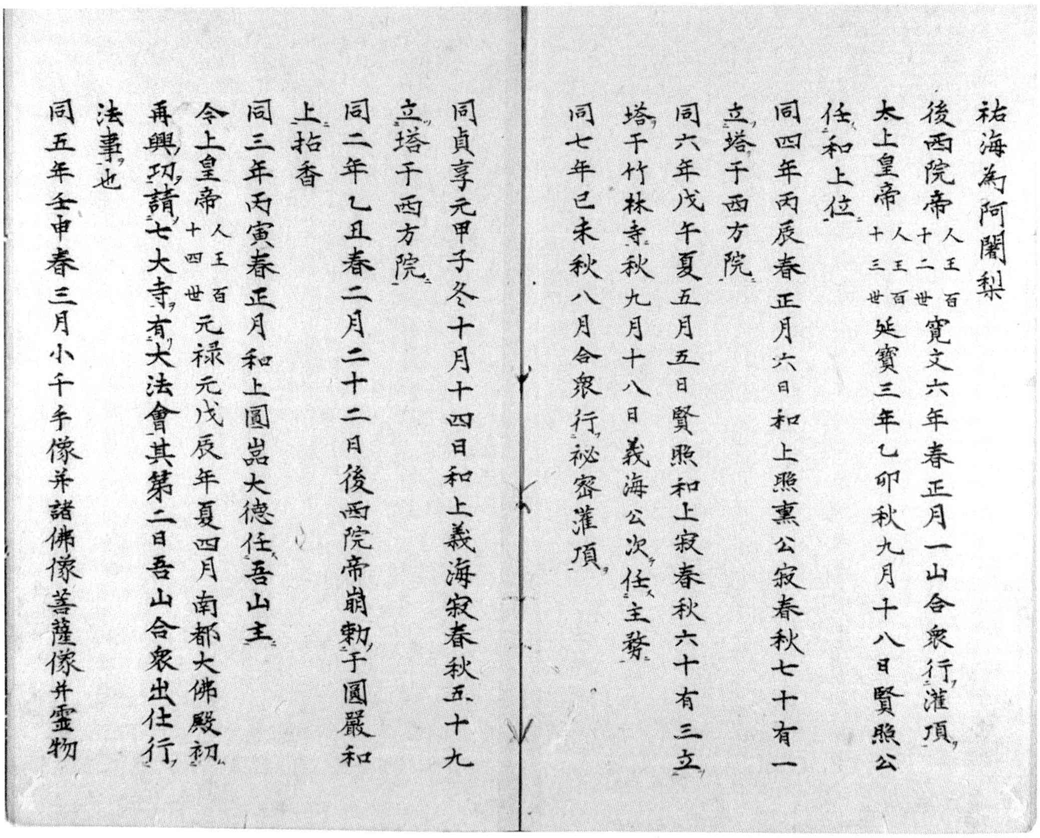

④40オ　④39ウ

祐海為阿闍梨。

**後西院帝** 人王百十二世 寛文六年春正月、一山合衆行フ二灌頂ヲ一。

**太上皇帝** 人王百十三世 延宝三年乙卯秋九月十八日、賢照公
任ス二和上位ニ一。

同四年丙辰春正月六日、和上照熏公寂。春秋七十有一。
立ツ二塔ヲ于西方院ニ一。

同六年戊午夏五月五日、賢照和上寂。春秋六十有三。立ツ二
塔ヲ于竹林寺ニ一。秋九月十八日、義海公次テ任ス二主務ニ一。

同七年己未秋八月、合衆行フ二秘密灌頂ヲ一。

同貞享元甲子冬十月十四日、和上義海寂。春秋五十九。
立ツ二塔于西方院ニ一。

同二年乙丑春二月二十二日、後西院帝崩。勅シテ二于円厳和
上ニ一拈香。

同三年丙寅春正月、和上円崑大徳任ス二吾山主ニ一。

**今上皇帝** 人王百十四世 元禄元戊辰年夏四月、南都大仏殿初ム二
再興ノ功ヲ一。請シテ二七大寺ヲ一有リ二大法会一。其第二日、吾山合衆出仕、行フ二
法事ヲ一也。

同五年壬申春三月、小千手像并諸仏像菩薩像并霊物

④40オ　④39ウ

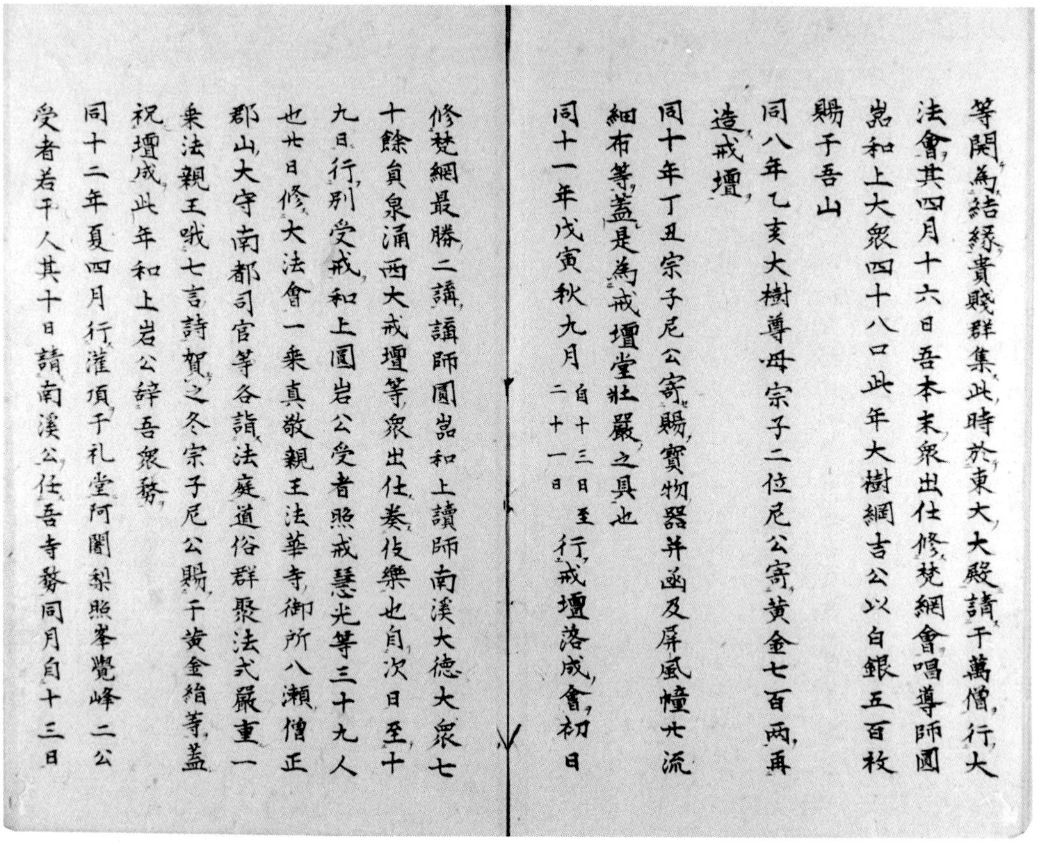
等開為結縁貴賤群集此時於東大大殿請千萬僧行大
法會其四月十六日吾本末衆出仕修梵網會唱導師圓
嵓和上大衆四十八口此年大樹綱吉公以白銀五百枚
賜于吾山
同八年乙亥大樹尊母宗子二位尼公寄黄金七百両再
造戒壇
同十年丁丑宗子尼公寄賜寶物器并函及屏風幢廿流
細布等蓋是為戒壇堂壮嚴之具也
同十一年戊寅秋九月 自十三日至二十一日 行戒壇落成會初日
修梵網最勝二講講師圓嵓和上讀師南渓大徳大衆七
十餘員泉涌西大戒壇等衆出仕奏伎樂也自次日至十
九日行別受戒和上圓岩公受者照戒慧光等三十九人
也廿日修大法會一乗真敬親王法華寺御所八瀬僧正
郡山大守南都司官等各詣法庭道俗群聚法式嚴重一
乗法親王哦七言詩賀之冬宗子尼公賜于黄金絹等蓋
祝壇成此年和上岩公辞吾衆務
同十二年夏四月行灌頂于礼堂阿闍梨照峯覺峰二公
受者若干人其十日請南渓公任吾寺務同月自十三日

④41オ　④40ウ

等、開テ為㆓ス結縁㆒ヲ。貴賤群集ス。此ノ時、於㆓テ東大ノ大殿㆒請㆓ス千万僧㆒ヲ。行㆓フ大法会㆒ヲ。其四月十六日、吾本末ノ衆出仕、修㆓ス梵網会㆒ヲ。唱導師円嵓和上、大衆四十八口。此年、大樹綱吉公以白銀五百枚賜于吾山。

同八年乙亥、大樹尊母宗子二位尼公寄㆓テ黄金七百両㆒ヲ、再㆓造ス戒壇㆒ヲ。

同十年丁丑、宗子尼公寄㆓セ賜フ宝物ノ器并函及屏風・幢廿流・細布等㆒ヲ。蓋シ是為㆓戒壇堂壮厳ノ之具㆒也。

同十一年戊寅秋九月、自十三日、至二十一日。行㆓フ戒壇落成ノ会㆒ヲ。初日、修㆓梵網・最勝ノ二講㆒ヲ。講師円嵓和上、読師南渓大徳、大衆七十余員、泉涌・西大・戒壇等ノ衆出仕ス。奏㆓ス伎楽㆒也。自㆓リ次日㆒至㆓テ十九日㆒ニ、行㆓フ別受戒㆒ヲ。和上円岩公、受者照戒・慧光等三十九人也。廿日、修㆓ス大法会㆒。一乗真敬親王・法華寺ノ御所・八瀬ノ僧正・郡山ノ大守・南都司官等各詣㆓ス法庭㆒ニ。道俗群聚、法式厳重也。一乗法親王哦㆓七言ノ詩㆒賀レ玉フ之。冬宗子尼公賜㆓フ于黄金絹等㆒ヲ。蓋シ祝㆓也壇成㆒ヲ。此年、和上岩公辞㆓吾衆務㆒ヲ。

同十二年夏四月、行㆓ス灌頂ヲ于礼堂㆒ニ。阿闍梨照峯・覚峰二公、受者若干人。其十日、請㆓ス南渓公㆒ヲ。任㆓ス吾寺務㆒。同月自㆓十三日㆒

④41オ　④40ウ

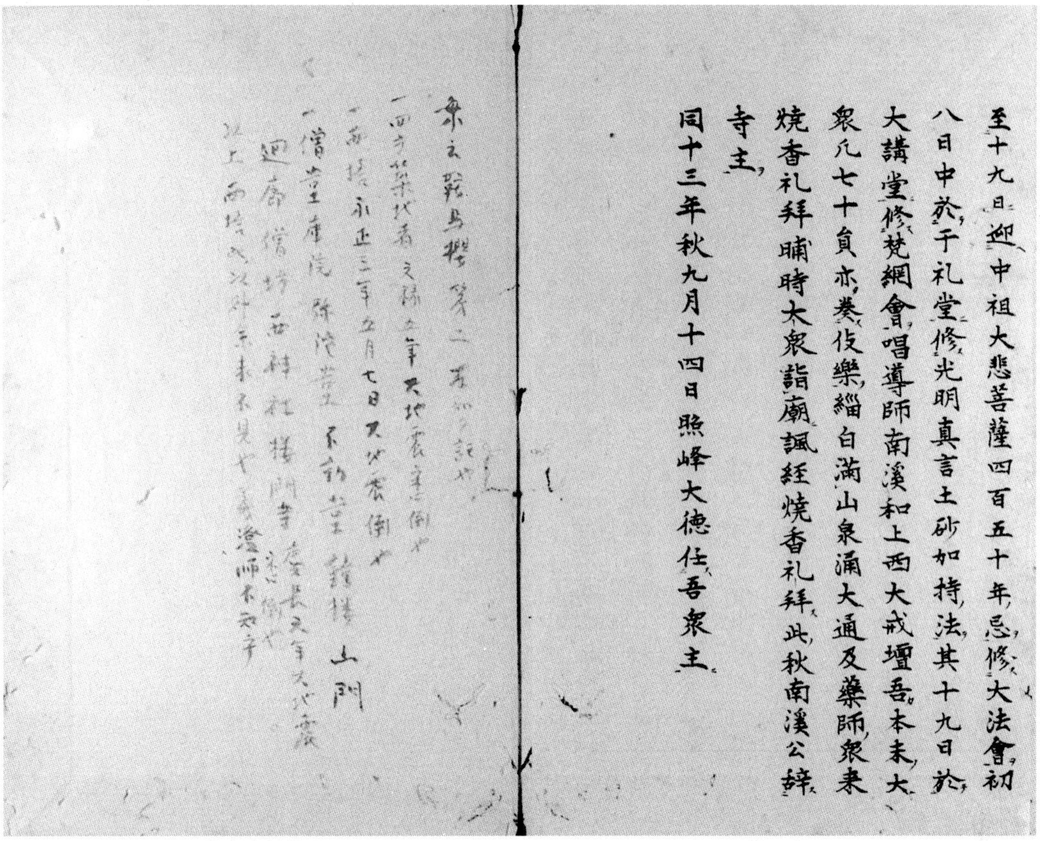

④裏表紙見返　　④41ウ

至二十九日一ニ、迎ヘ二中祖大悲菩薩四百五十年ノ忌一ヲ、修ス二大法会一ヲ。初八日中、於テ二于礼堂一ニ修ス二光明真言土砂加持ノ法一ヲ。其十九日、於テ二大講堂一ニ修ス二梵網会一ヲ。唱導師南渓和上、西大・戒壇・吾カ本末ノ大衆凡七十員。亦タ奏ス二伎楽一ヲ。緇白満レ山。泉涌・大通及薬師ノ衆来焼香礼拝。晡時、大衆詣レ廟ニ諷経、焼香礼拝ス。此ノ秋、南渓公辞ス二寺主一ヲ。

同十三年秋九月十四日、照峰大徳任ス二吾衆主一ニ。

☆槃云、鞍馬桜第二、此如ク記也。

一、四方築地者、文禄五年大地震、悉倒也。

一、西塔、永正三年五月七日大地震、倒也。

一、僧堂・庫院・弥陀堂・不動堂・鐘楼・山門・廻廊・僧坊・西神社・楼門等。慶長元年大地震、悉倒也。

以上西塔。此ノ以外、余未不見也。義澄師不知乎。

④裏表紙見返

④41ウ

④裏表紙

五■冊
■モノ
あみ

④裏表紙

律宗戒学院蔵

# 能満院義澄撰『招提千歳伝記』

（妙音院元鏡書写本）第五冊

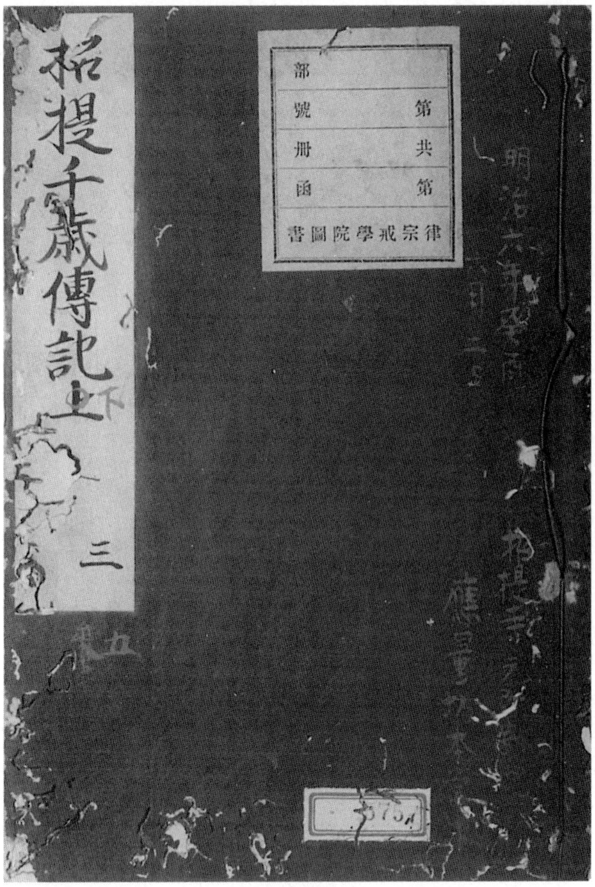


⑤表表紙

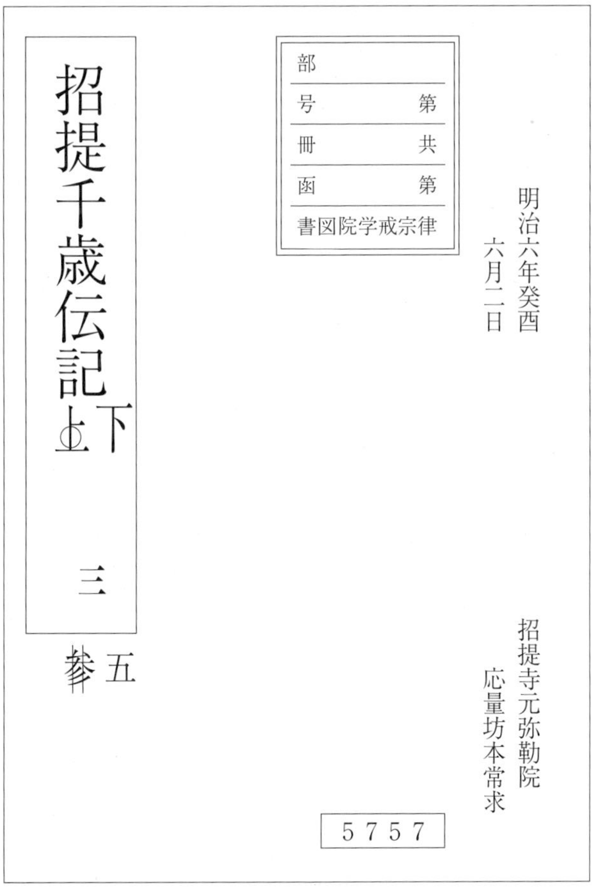


⑤表表紙

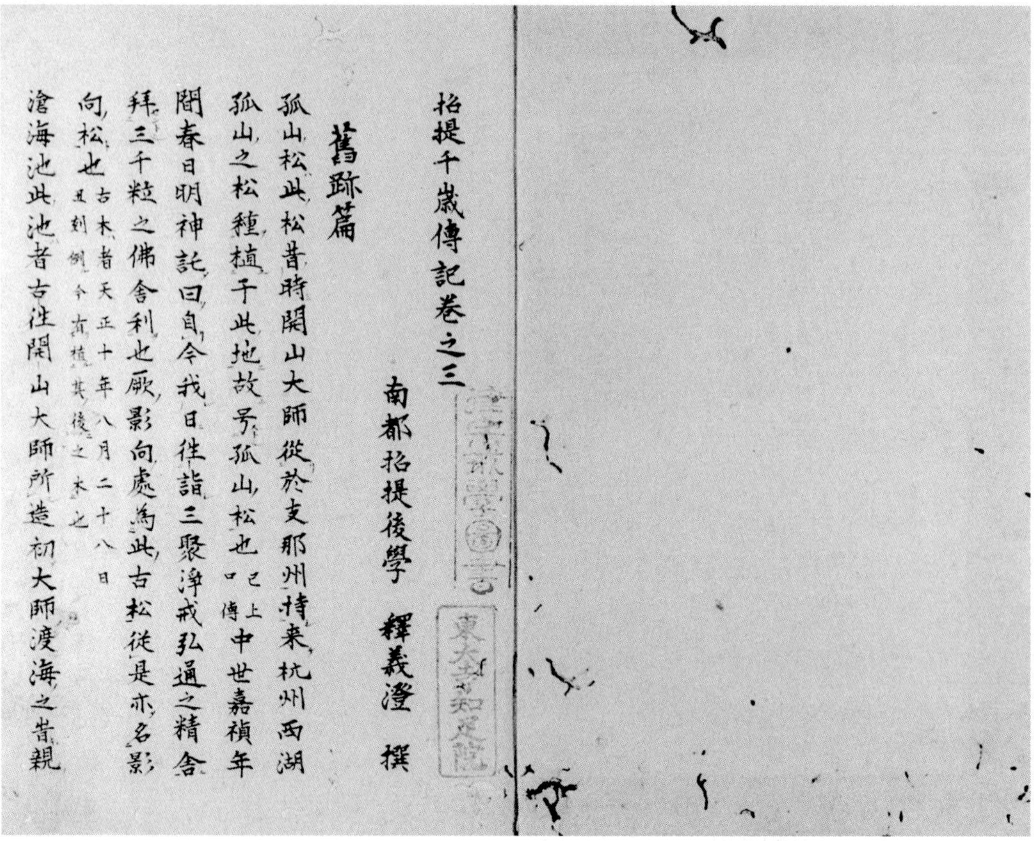

⑤01オ　　⑤表表紙見返





# 招提千歳伝記巻之三

南都招提後学　釈義澄　撰

## 旧跡篇

孤山ノ松ハ、此ノ松、昔ノ時ミ開山大師従二リ於支那州一、持二シ来テ杭州西湖
孤山ノ之松種一ヲ、植二ユ于此ノ地一ニ。故ニ号二スト也孤山ノ松一也。已上口伝。中世嘉禎年
間、春日明神託シテ曰ク、自レリ今我レ、日ニ往二詣シ三聚浄戒弘通之精舎一ニ、
拝二セント也三千粒之仏舎利一ヲ也。厥ノ影向ノ処為二此ノ古松一。従レ是亦タ名二影
向ノ松一ト也。古木ハ者、天正十年八月二十八日丑刻倒ル。今有下リ植二ル其ノ後ニ之木上也。
滄海池。此ノ池ハ者、古往開山大師所レ也造。初メ大師渡海ノ之時キ、親ク

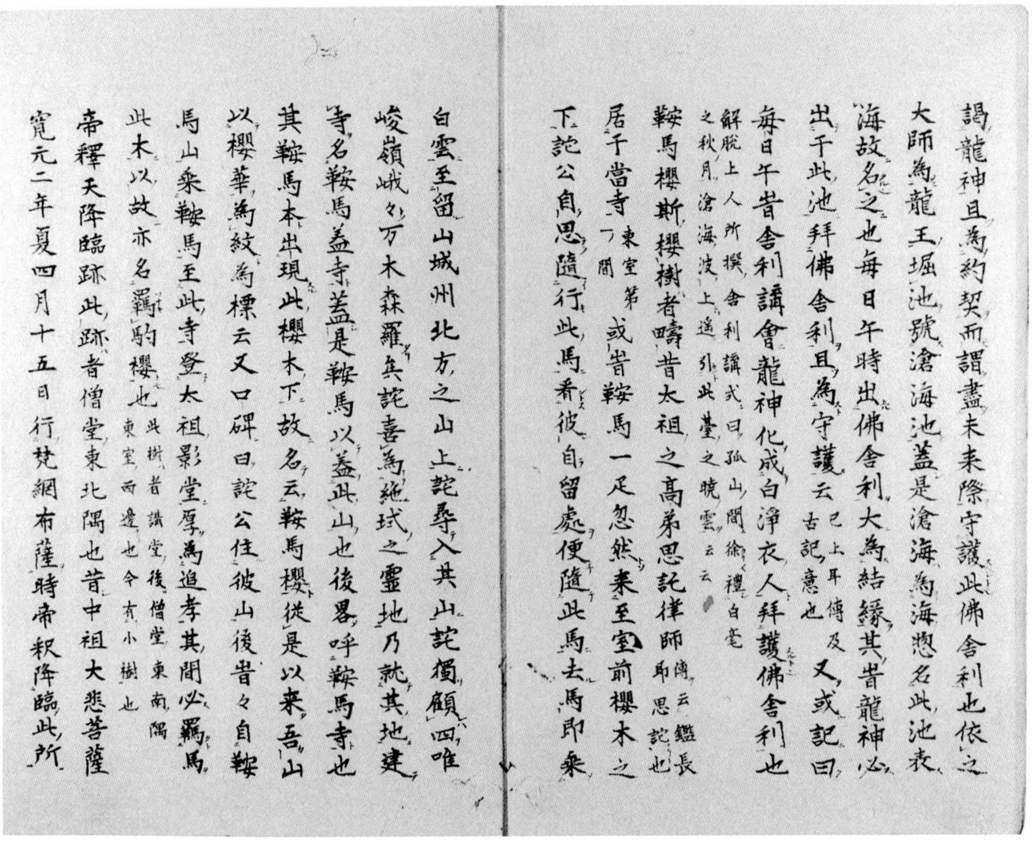

⑤02オ　⑤01ウ

謂二シテ龍神一、且ッ為二シテ約契一ヲ而謂ク、尽シテ二未来際一ヲ守二護スベシト也此仏舎利一也。依レ之
大師為メニ二龍王一ノ堀レ池ヲ、号ス二滄海池一ト。蓋シ是滄海ハ為リ二海ノ惣名一。此ノ池表スレ
海故ニ、名クル也レ之ニ也。毎日午時出上ル二仏舎利一ヲ。大ニ為ス二結縁一ヲ。其ノ時龍神必ス
出テ二于此ノ池ニ一拝二仏舎利一ヲ、且ッ為ス二ト守護一ヲ云。已上耳伝及古記ノ意也。又タ或ル記ニ曰ク、
毎日午時舎利講会ニ、龍神化シテ成テ二白浄衣ノ人一ト拝二護スルト也仏舎利一也。
解脱上人所撰ノ舎利講式ニ曰ク、孤山ノ間ニ徐ヨリく礼シ二白毫
之秋ノ月一ヲ、滄海ノ波ノ上ニハ遥ニ引カント二此台ノ之暁ノ雲一ヲ云。
鞍馬桜。斯ノ桜樹ハ者、疇昔太祖ノ之高弟思託律師 伝テ云二鑑長 即思託ナリ也。
居二于当寺一。東室第一ノ間。或時、鞍馬一疋忽然トシテ来二至室前桜木之
下一ニ。詑公自ラ思ラク、随イ二行キ此ノ馬一ニ、看ントス二彼レ自ラ留処一ヲ。便チ随テ二此馬一ニ去ル。馬即乗シテ二

⑤01ウ

白雲一ニ、至二留ル山城州北方ノ之山上一ニ。詑尋テ入二其山一ニ。詑独リ顧レハ二四ヲ、唯
峻嶺峨々トシテ万木森羅タリ矣。詑喜レ為ニ二コトヲ絶域ノ之霊地一。乃就テ二其ノ地一ニ建テ
レ寺ヲ、名二鞍馬蓋寺一ト。蓋シ是鞍馬、以テレ蓋フ二此ノ山一ヲ也。後略シテ呼二鞍馬寺一ト也。
其鞍馬、本ト出二現スル此ノ桜木ノ下一ニ故ニ、名テ云フ二鞍馬桜一ト。従レ是以来タ、吾カ山
以テ二桜華一ヲ為レ紋ト、為標云。又口碑ニ曰ク、詑公住ル二彼山一ニ後、時々自二鞍
馬山一乗二鞍馬一至二此ノ寺一。登テ二太祖ノ影堂一ニ厚ク為二追孝一。其ノ間必ス羈クト二馬ヲ
此木一ニ。以ノ故ニ亦名二羈《ツナキ》レ駒桜一トモ也。此樹ハ者、講堂ノ後ロ、僧堂ノ東南ノ隅、東室ノ西辺ナリ也。今有リ二小樹一也。
帝釈天降臨跡。此ノ跡ハ者、僧堂ノ東北隅也。昔シ中祖大悲菩薩、
寛元二年夏四月十五日、行フ二梵網布薩一ヲ。時帝釈降二臨シテ此ノ所一ニ、

⑤02オ

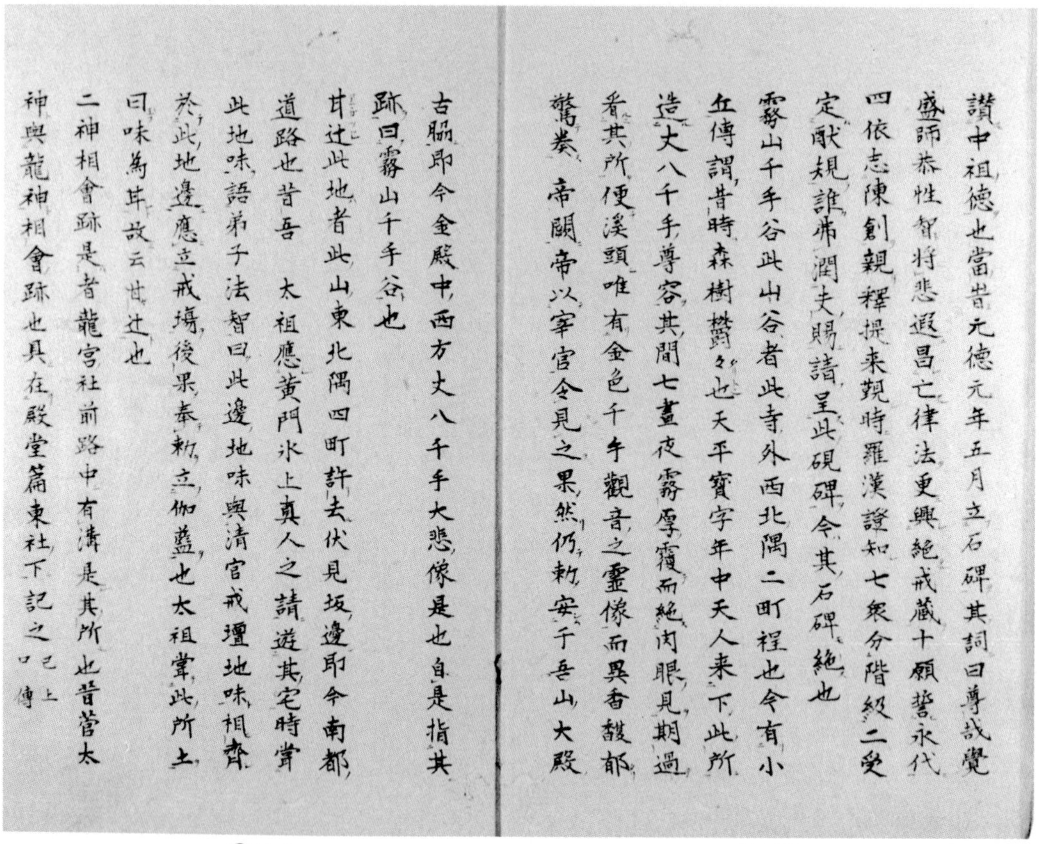

⑤03オ　⑤02ウ

⑤02ウ

讃ス二中祖ノ徳ヲ一也。当ノ時ミ二元徳元年五月、立ツ二石碑ヲ一。其ノ詞ニ曰、尊哉覚
盛師、恭性智ト将レ悲、遐ニ昌シ二亡タル律法ヲ一、更ニ興シ二絶タル戒蔵ヲ一、十願誓ヒ二永代ニ一、
四依志ニ陳創ヲ一。親リ釈提来観シ、時ニ羅漢証知シ、七衆分二階級一、二受
定ム二猷規ヲ一。誰カ弗レ潤二夫ノ賜ニ一。請フ呈ス二此ノ硯碑ヲ一。今ハ其ノ石碑モ絶ス也。
霧山千手谷。此山谷ハ者、此ノ寺ノ外、西北ノ隅二町程也。今有リ二小
丘一。伝謂フ、昔時ハ森樹欝々タリト也也。天平宝字年中、天人来二下シテ此ノ所ニ一、
造ル二丈八千手ノ尊容ヲ一。其ノ間七昼夜、霧厚ク覆テ而絶ス二肉眼ノ見ヲ一。期過テ
看ルニ二其ノ所ヲ一、便チ渓頭ニ唯有リ二金色千手観音ノ之霊像一、而異香馥郁タリ。
驚テ奏ス二帝闕ニ一。帝以テ二宰官ヲ一令レ見レ之ヲ。果シテ然リ。仍テ勅シテ安シム二于吾山ノ大殿ノ

⑤03オ

古脇ニ一。即今、金殿中ノ西方、丈八千手大悲ノ像是也。自レ是指二其
跡ヲ一、曰フ二霧山千手谷ト一也。
甘辻《アマガツジ》。此地ハ者、此ノ山ノ東北隅四町許リ去ル伏見坂ノ辺ン。即今南都ノ
道路也。昔吾　太祖応シ二黄門氷上真人之請ニ一、遊二其ノ宅一時、嘗二
此地味ヲ一、語二弟子法智一曰ク、此辺ノ地味与二清官戒壇地味ト一相ヒ斉シ。
於テ二此ノ地辺ニ一応ニレ立二戒場ヲ一。後果シテ奉テレ勅ヲ立ツ二伽藍ヲ一也。太祖嘗テ二此ノ所土ヲ一、
曰玉フ味為甘シト一。故ニ云、甘カ辻ト一也。
二神相会跡。是ハ者、龍宮ノ社前路中ニ有レ溝。是レ其ノ所也也。昔菅太
神ト与二龍神ト一相会ノ跡也。具ニ在リ二殿堂篇東社ノ下ニ一記之。已上口伝。

⑤03オ　⑤02ウ

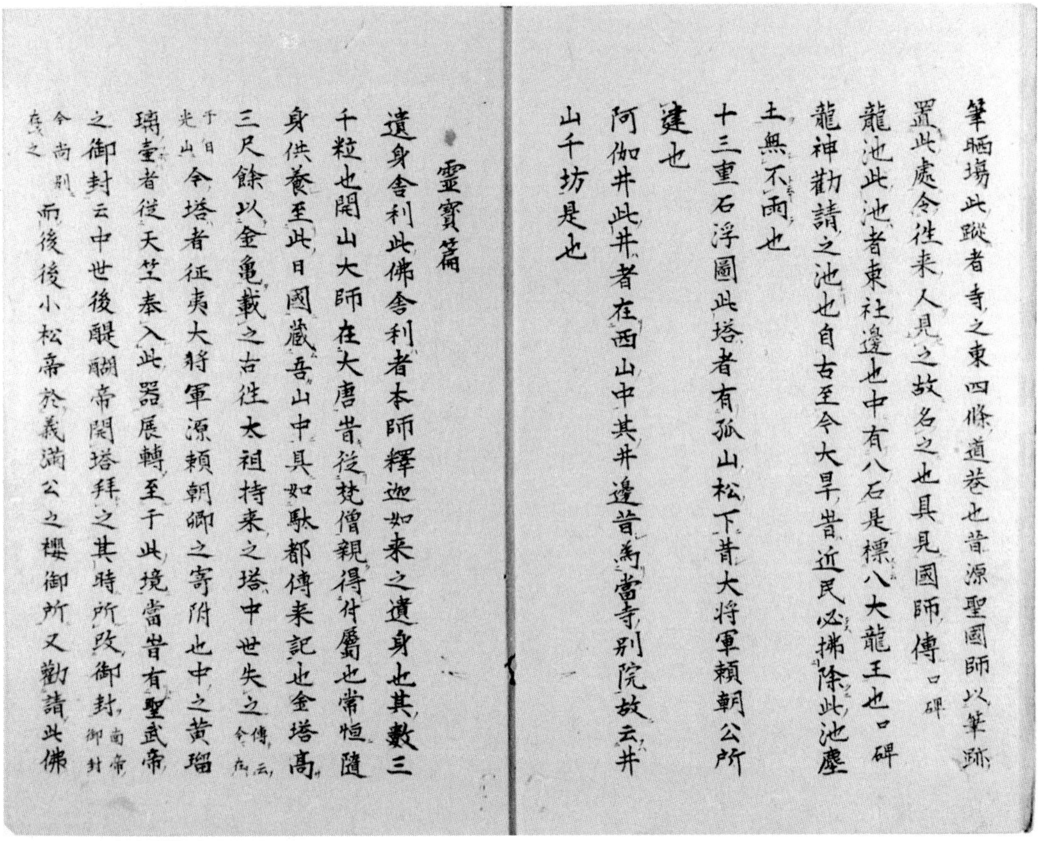
筆晒場此蹤者寺之東四條道巷也昔源聖國師以筆跡
置此處令往来人見之故名之也具見國師傳 口碑
龍池此池者東社邊也中有八石是標八大龍王也 口碑
龍神勸請之池也自古至今大旱昔近民必拂除此池塵
土無不雨也
十三重石浮圖此塔者有孤山松下昔大将軍頼朝公所
建也
阿伽井此井者在西山中其井邊昔爲當寺別院故云井
山千坊是也

靈寶篇
遺身舎利此佛舎利者本師釋迦如來之遺身也其數三
千粒也開山大師在大唐昔從梵僧親得付屬也常恒隨
身供養至此日國藏吾山中具如駄都傳来記也金塔高
三尺餘以金龜載之古往太祖持来之塔中世失之 傳云今在
于日光山 今塔者征夷大将軍源頼朝卿之寄附也中之黄瑠
璃壷者從天竺奉入此器展轉至于此境當昔有聖武帝
之御封云中世後醍醐帝開塔拜之其時所改御封 南帝御封
今尚別存之 而後後小松帝於義滿公之櫻御所又勸請此佛

⑤04オ　⑤03ウ

筆晒場。此ノ蹤ハ者、寺ノ之東、四条ノ道巷也。昔シ源聖国師以テ二筆跡ヲ一
置キ二此ノ処ニ一、令シテ下二往来ノ人ヲ一見セ上レ之。故ニ名クレ之ニ也。具ニ見ユ二国師ノ伝ニ一。口碑。
龍池。此ノ池ハ者、東社ノ辺也。中ニ有リ二八ノ石一。是レ標スト云二八大龍王一也。口碑。
龍神勧請ノ之池ナリ也。自レ古至レ今、大旱ノ時ハ、近民必ラス払ヒ二除クニ此ノ池塵
土ヲ一。無シレ不ト云コトレ雨ラ也。
十三重石浮図。此塔ハ者、有リ二孤山ノ松ノ下ニ一。昔シ大将軍頼朝公所
レ建也。
阿伽井。此ノ井ハ者、在リ二西山ノ中ニ一。其ノ井辺、昔シ為リ二当寺ノ別院一。故ニ云フ二井
山千坊一是也。

霊宝篇

遺身舎利。此ノ仏舎利ハ者、本師釈迦如来之遺身也。其ノ数三
千粒也。開山大師在リ二大唐一時キ、従リ二梵僧一親ク得シ二付属一也。常恒ニ随
身供養シ、至リ二此ノ日国ニ一、蔵ム二吾カ山中ニ一。具ニ如シ二駄都伝来記ノ一也。金塔高サ
三尺余、以テ二金亀ヲ一載スレ之。古往太祖持来ノ之塔ハ、中世失レ之。伝テ云フ、今マ在リト二
于日光山ニ一。今ノ塔ハ者、征夷大将軍源頼朝卿之寄附也。中ノ之黄瑠
璃ノ壺《ツボ》ハ者、従リ二天竺一奉リレ入レ二此ノ器ニ一。展転シテ至ル二于此ノ境ニ一。当時有リト云フ二聖武帝ノ
之御封一云。中世後醍醐帝開キレ塔拝シ玉フレ之。其時ニ所ルレ改メ二御封ヲ一。南帝ノ御封、
今尚別ニ存スレ之。而シテ後、後小松帝於テ二義満公之桜御所ニ一、又勧シテ二請此仏

⑤04オ　⑤03ウ

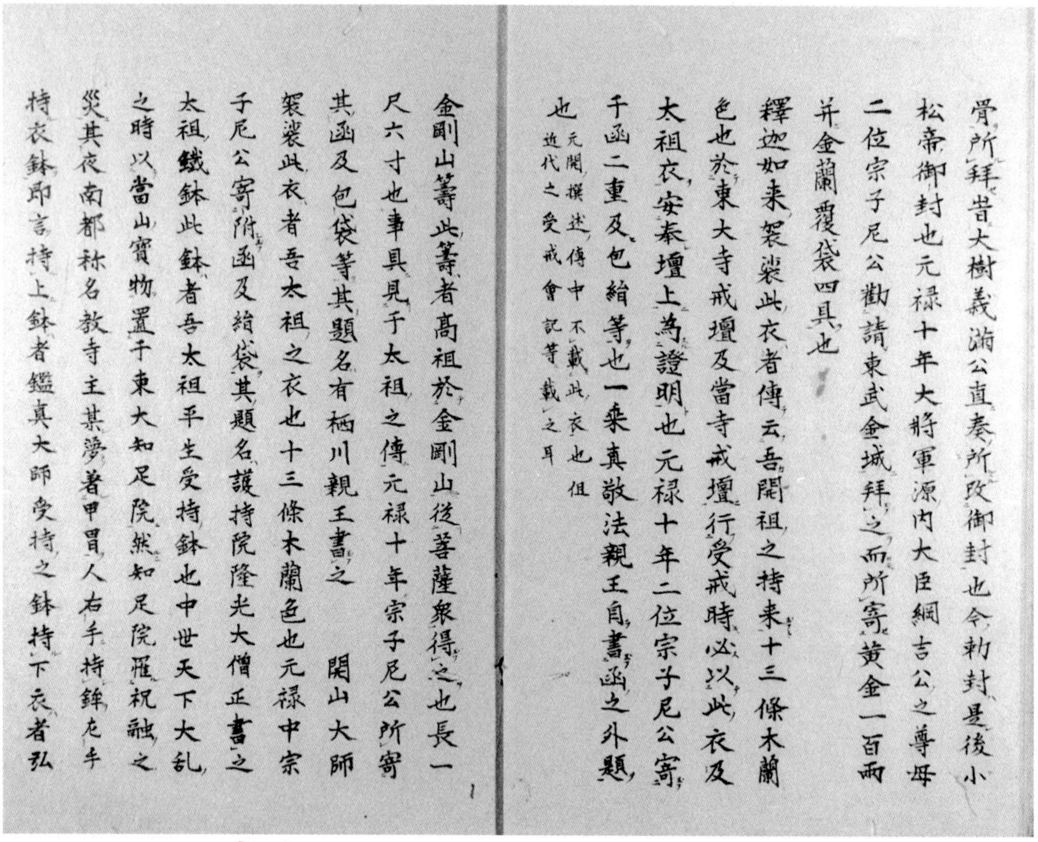

⑤05オ　⑤04ウ

骨ヲ一所ルレ拝セ。時ニ大樹義満公、直ニ奏シテ所ルレ、ル改二御封一也。今ノ勅封ハ、是レ後小
松帝ノ御封也。元禄十年、大将軍源ノ内大臣綱吉公ノ之尊母
二位宗子尼公、勧二請シテ東武金城ニ一拝玉フレ之ヲ。而カモ所レ寄セ二黄金一百両
并ニ金蘭覆袋四具ヲ一也。
釈迦如来ノ袈裟。此ノ衣ハ者、伝テ云フ二吾カ開祖ノ之持来玉フト一。十三条木蘭
色也。於テ二東大寺戒壇及当寺戒壇ニ一行フ二受戒時キ、必ス以テ二此ノ衣及
太祖衣ヲ一安二奉シ壇上ニ一、為スル二証明ト一也。元禄十年、二位宗子尼公、寄玉フ二
于函二重及ヒ包絹等ヲ一也。一乗真敬法親王、自ラ書玉フ二函ノ之外題ヲ一
也。元開ノ撰述ノ伝中、不レ載セ二此ノ衣一也。但
近代之受戒会記等ニ載レ之耳。

金剛山籌。此ノ籌ハ者、高祖於テ二金剛山ニ一、従リ二菩薩衆一得玉フレ之ヲ也。長一
尺六寸也。事具ニ見リ二于太祖ノ之伝ニ一。元禄十年、宗子尼公所レ寄二
其ノ函及包袋等ヲ一。其ノ題名ハ有栖川親王書玉フレ之。　開山大師
袈裟。此ノ衣ハ者、吾太祖ノ之衣也。十三条木蘭色也。元禄中、宗
子尼公寄二附シ玉フ函及絹袋ヲ一。其ノ題名ハ護持院隆光大僧正書レ之。
太祖ノ鉄鉢。此鉢ハ者、吾太祖平生受持ノ鉢也。中世天下大乱ノ
之時、以テ二当山ノ宝物ヲ一置二于東大知足院ニ一。然ルニ知足院罹ル二祝融ノ之
災ニ一。其夜南都称名教寺主某シ夢ラク、着ル二甲冑ヲ一人、右手ニ持シレ鉾ヲ、左手
持ル衣鉢ヲ一。即言ク、持ルレ上ニ鉢ハ者、鑑真大師受持ノ之鉢。持ルレ下衣ハ者、弘

⑤05オ　⑤04ウ

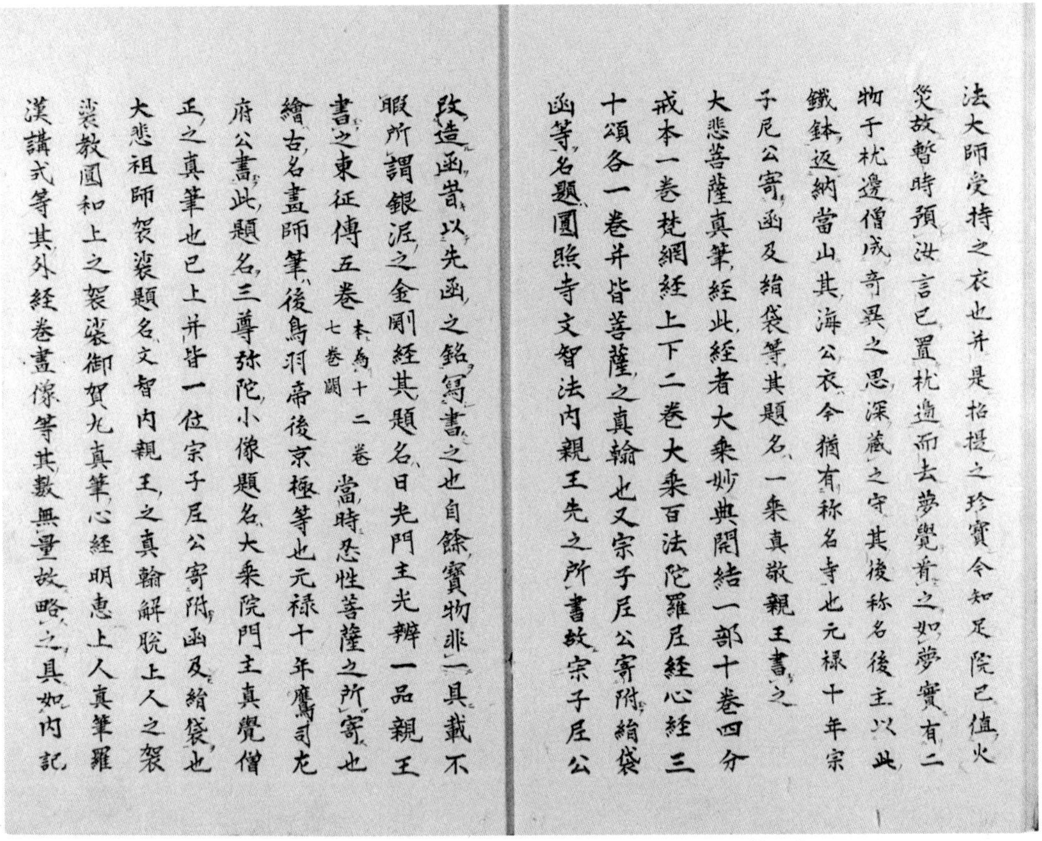
法大師受持之衣也并是招提之珍寶今知足院已値火
災故暫時預汝言已置枕邊而去夢覺看之如夢實有二
物于枕邊僧成奇異之思深藏之守其後称名後主以此
鐵鉢返納當山其海公衣今猶有称名寺也元禄十年宗
子尼公寄函及絹袋等其題名一乗真敬親王書之
大悲菩薩真筆經此経者大乗妙典開結一部十巻四分
戒本一巻梵網経上下二巻大乗百法陀羅尼経心経三
十頌各一巻并皆菩薩之真翰也又宗子尼公寄附絹袋
函等名題圓照寺文智法内親王先之所書故宗子尼公
改造函時以先函之銘寫書之也自餘寶物非一具載不
暇所謂銀泥之金剛経其題名日光門主光辨一品親王
書之東征傳五巻 本為十二巻 七巻闕 當時忍性菩薩之所寄也
繪古名畫師筆後鳥羽帝後京極等也元禄十年鷹司左
府公書此題名三尊弥陀小像題名大乗院門主真覺僧
正之真筆也已上并皆一位宗子尼公寄附函及絹袋也
大悲祖師袈裟題名文智内親王之真翰解脱上人之袈
裟教圓和上之袈裟御賀丸真筆心経明恵上人真筆羅
漢講式等其外経巻畫像等其數無量故略之具如内記

⑤06オ ⑤05ウ

法大師受持ノ之衣也。并ニ是レ招提ノ之珍宝也。今知足院已ニ値フ二火
災ニ一。故ニ暫時預レシト汝ニ。言已テ置キ二枕辺ニ一而去ル。夢覚テ看レルニ之ヲ、如レク夢実ニ有リ二一
物于枕辺ニ一。僧成シテ二奇異ノ之思ヲ一、深ク蔵レ之守ル。其ノ後、称名後主、以テ二此ノ
鉄鉢ヲ一返シ二納当山ニ一、其ノ海公ノ衣ハ今猶有リ二称名寺ニ一也。元禄十年、宗
子尼公寄セ玉フ二函及絹袋等ヲ一。其題名ハ一乗真敬親王書レ玉フ之。
大悲菩薩真筆ノ経。此ノ経者、大乗妙典開結一部十巻・四分
戒本一巻・梵網経上下二巻、大乗百法陀羅尼経・心経・三
十頌各一巻、并皆菩薩ノ之真翰也。又宗子尼公寄二附玉フ絹袋
函等ヲ一。名題ハ円照寺文智法内親王先之所レ書。故ニ宗子尼公
改メ二造ル函ヲ一時キ、以テ二先函ノ之銘ヲ一写シ二書ス也之也。自余ノ宝物非レ一ニ、具ニ載不
レ暇。所レ謂銀泥ノ之金剛経、其ノ題名ハ日光門主光弁一品親王
書レ玉フ之。東征伝五巻、本ト為リ二十二巻一。七巻闕。当ノ時ミ忍性菩薩之所ロレ寄ス也。
絵ハ古ノ名画師、筆ハ後鳥羽帝・後京極等也。元禄十年、鷹司左
府公書二玉フ此ノ題名ヲ一。三尊弥陀ノ小像、題名ハ大乗院門主真覚僧
正ノ之真筆也。已上并皆一位宗子尼公寄二附玉フ函及ヒ絹袋ヲ一也。
大悲祖師袈裟、題名ハ文智内親王ノ之真翰。解脱上人之袈
裟・教円和上之袈裟・御賀丸真筆ノ心経・明恵上人真筆羅
漢講式等、其ノ外経巻画像等、其ノ数無レ量、故ニ略レス之ヲ。具ニ如シ二内記

⑤06オ ⑤05ウ

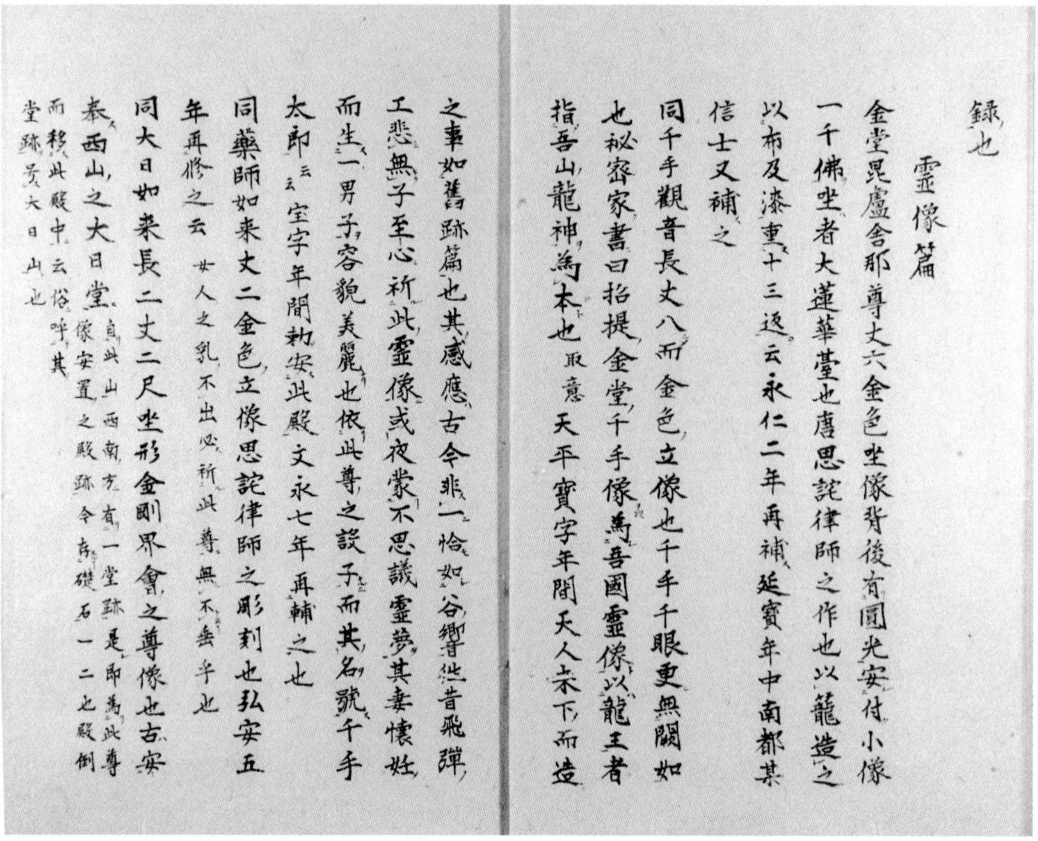

⑤07オ　⑤06ウ

録ノ也。

## 霊像篇

金堂毘盧舎那尊。丈六金色坐像、背後有リ二円光一。安シ二付ク小像
一千仏一ヲ。坐ハ者大蓮華台也。唐思詑律師之作也。以レ籠造レ之、
以二布及漆一重ヌ二十三返一ヲ云。永仁二年再補ス。延宝年中南都某
信士又補ス之。
同千手観音。長丈八ニシテ而金色ノ立像也。千手千眼更ニ無二闕如一
也。秘密家ノ書ニ曰、招提ノ金堂ノ千手像ヲ以為シ二吾国霊像一ト、以ハ二龍王一者、
指シテ二吾山ノ龍神一ヲ為レ本ト也。取意。天平宝字年間、天人来下シテ而造

⑤06ウ

之事、如二旧跡篇一也。其ノ感応ハ古今非レス一ニ、恰モ如シ二谷ノ響一。往昔飛弾ノ
工、悲ミレ無レキヲ子、至心ニ祈ル二此ノ霊像一ニ。或夜蒙リ二不思議霊夢一ヲ、其妻懐妊シテ
而生ス二一男子一ヲ。容貌美麗ナリ也。依リ二此尊ノ之設子一ナルニ而其ノ名ヲ号ス二千手
太郎一云云。宝字年間勅シテ安ス二此殿一。文永七年再二輔之一也。
同薬師如来。丈二金色ノ立像、思詑律師之彫刻也。弘安五
年再二修之一云。女人ノ之乳ノ不レ出、必ス祈ル二此尊一ニ。無シレ不ト云コトレ垂乎也。
同大日如来。長二丈二尺、坐形、金剛界会ノ之尊像也。古ハ安二
奉ス西山ノ之大日堂一ニ。自リ二此山一西南ノ方ニ有リ二一堂跡一。是レ即為リ二此尊
像安置ノ之殿跡一。今存スルコト二礎石一一二也。殿倒
而移ス二此殿中一ニ云。俗ニ呼テ二其ノ
堂跡一ヲ、号ス二大日山一ト也。

⑤07オ

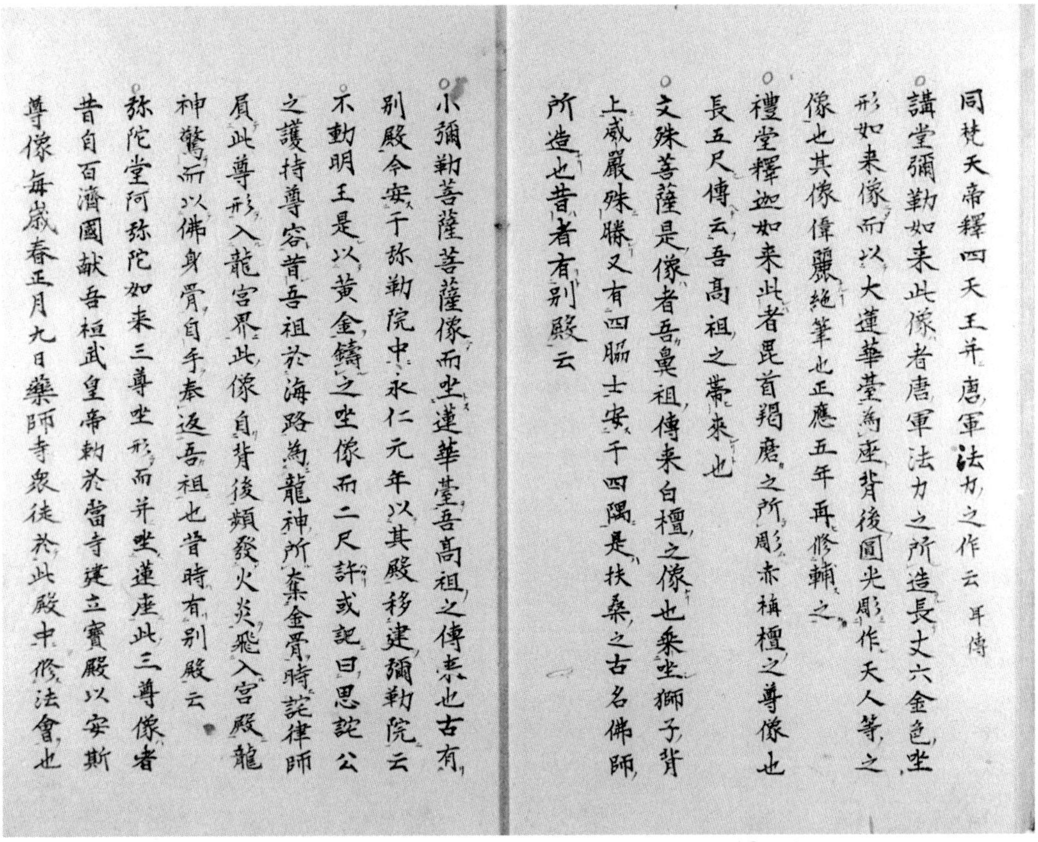

⑤08オ　⑤07ウ

同梵天帝釈四天王、并ニ唐ノ軍法力ノ之作云。耳伝。
○講堂弥勒如来。此像ハ者、唐ノ軍法力之所レ也造クル。長ケ丈六、金色ノ坐
形如来像ニシテ而以テ二大蓮華台一為レ座ト。背後ノ円光彫ミ二作ル天人等ノ之
像一也。其像偉麗ナルコト絶筆也。正応五年再ヒ修二輔ス之一ヲ。
○礼堂釈迦如来。此レハ者、毘首羯磨カ之所レニシテ彫ム、赤栴檀ノ之尊像也。
長五尺也。伝ヘテ云フ二吾高祖ノ之帯ヒ来レリト也。
○文殊菩薩。是ノ像ハ者、吾カ鼻祖ノ伝来、白檀ノ之像ナリ也。乗二坐シ獅子ノ背
上一ニ、威厳殊ニ勝レリ。又有二四脇士一、安ス二于四隅一ニ。是ハ扶桑ノ之古名仏師ノ
所造ナリ也。昔ハ者有リト二別殿一云。
○小弥勒菩薩。菩薩像ニシテ而坐トス二蓮華台一ヲ。吾高祖ノ之伝来也。古有リ二
別殿一、今安ス二于弥勒院中一ニ・永仁元年、以テ二其殿一移二建ッ弥勒院一ニ云。
○不動明王。是レ以テ二黄金一ヲ鋳レル之。坐像而二尺許《ハカリ》。或記ニ曰フ二思詫公
之護持尊容一ト。昔シ吾祖於二海路一、為メニ二龍神ノ所一レル奪二金骨一ヲ。時ニ詫律師
贔テ二此尊形一ヲ入ル二龍宮界一ニ。此ノ像自リ二背後一頻発シテ二火炎一ヲ飛二入ル宮殿ニ。龍
神驚テ而以テ二仏身骨一ヲ、自手ラ奉レ返二吾カ祖一ニ也。昔時ハ有リ二別殿一云。
○弥陀堂阿弥陀如来三尊。坐形ニシテ而并ニ坐ス二蓮座一ニ。此ノ三尊像ハ者、
昔自百済国献吾桓武皇帝。勅於当寺建立宝殿、以安斯
尊像。毎歳春正月九日、薬師寺衆徒於テ二此殿中一ニ修ス二法会一ヲ也。

⑤08オ　⑤07ウ

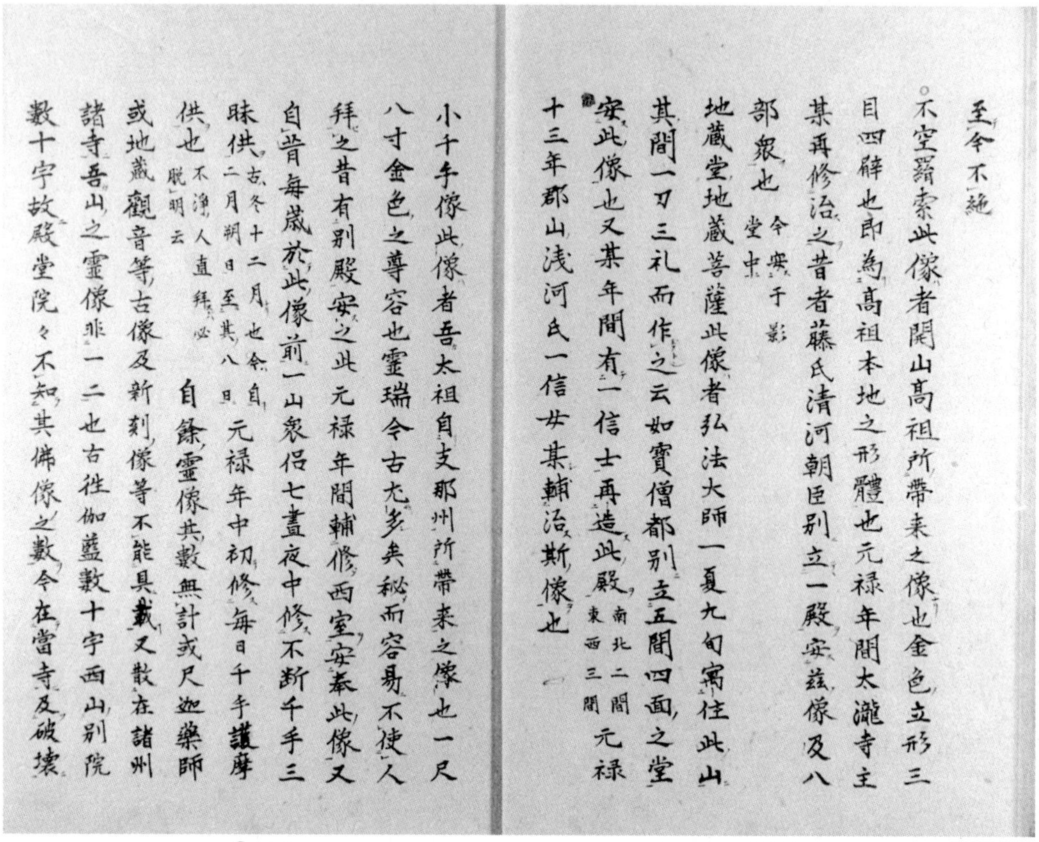

⑤09オ　⑤08ウ

至レテ今不レ絶。

○不空羂索。此像ハ者、開山高祖所二ノ帯来之像ナリ也。金色ノ立形、三
目四臂也。即為二リ高祖本地之形体一也。元禄年間、太瀧寺主
某再修二治ス之一ヲ。昔者藤氏清河朝臣別ニ立二テ、一殿一ヲ、安二ス兹ノ像及八
部衆一ヲ也。今安二ス于影堂中一ニ。

地蔵堂ノ地蔵菩薩。此像ハ者、弘法大師一夏九旬寓二住此ノ山一ニ、
其ノ間一刀三礼而作レ玉フト也之云。如宝僧都別ニ立二五間四面ノ之堂一、
安二ス此ノ像一也。又某年間、有二テ一信士一再二造ス此ノ殿一ヲ。南北二間東西三間。元禄
十三年、郡山ノ浅河氏一信女某シ輔二治ス斯ノ像一ヲ也。

小千手像。此ノ像ハ者、吾カ太祖自二リ支那州一所二帯来一之像也。一尺
八寸、金色ノ之尊容也。霊瑞今古尤モ多シ矣。秘シテ而容易ニ不レ使二レ人
拝レセ之。昔有二別殿一安レス之。此元禄年間、輔二修シテ西室一ヲ安二奉此ノ像一。又
自レ昔毎歳、於二テ此ノ像前一ニ、一山衆侶、七昼夜中修二ス不断千手三
味供一ヲ。古ハ冬十二月ナリ也。今ハ自二リ二月朔日一至二ル其ノ八日一ニ。元禄年中、初テ修二ス毎日千手護摩
供一ヲ也。不浄ノ人直拝スレハ必脱レ明云。自余ノ霊像、其ノ数無レ計。或尺迦薬師
或地蔵観音等ノ古像及新刻ノ像等、不レ能二具ニ載一コト。又散二在諸州
諸寺一ニ、吾カ山ノ之霊像非二一二一也。古往伽藍数十宇、西山ノ別院
数十宇、故ニ殿堂院々不レ知二ラ其仏像ノ之数一ヲ。今在二テ当寺一ニ及二フ破壊一ニ

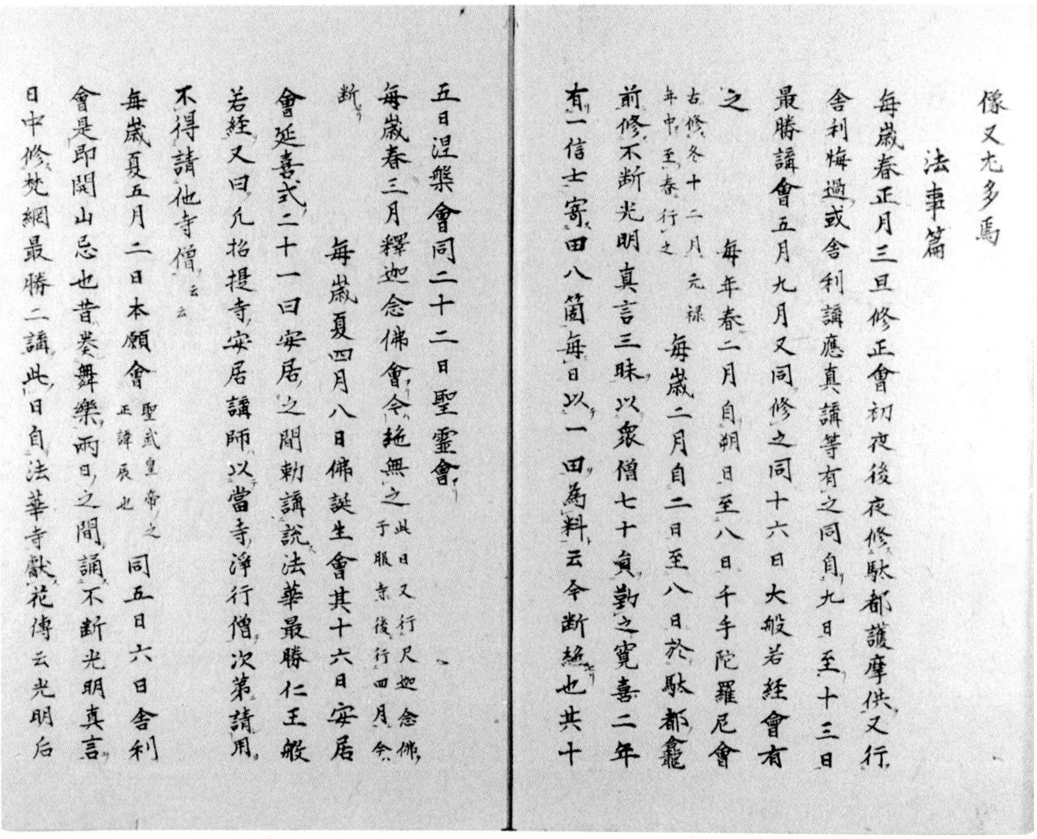

⑤10オ　⑤09ウ

像、又尤多焉。

## 法事篇

毎歳春正月三日、修正会。初夜後夜修ニス駄都護摩供一ヲ。又行ニフ
舎利悔過一ヲ。或舎利講・応真講等有レ之。同自ニリ九日一至ニリ十三日一、
最勝講会。五月九月、又同ク修レ之。同十六日、大般若経会有
レ之。
毎年春ル二月自ニリ朔日一至ニ八日一ニ、千手陀羅尼会。
古ハ修ニス冬十二月一ニ。元禄年中ヨリ至レテ春ニ行レ之。毎歳二月自ニ二日一至ニ八日一ニ、於ニテ駄都ノ龕
前一ニ、修ニス不断光明真言三昧一ヲ。以ニテ衆僧七十員一ヲ勤レ之。寛喜二年、
有ニリ一信士一寄ニス田八箇一。毎レニ日以ニテ一田一ヲ為レ料ト云。今断絶セリ也。其十

⌊
⑤09ウ

五日、涅槃会。同二十二日、聖霊会アリ。
毎歳春三月、釈迦念仏会アリ。今ハ絶無レ之。此日、又行ニ尺迦念仏ヲ于服寺一ニ。後ニ行ニ四月一ニ。今ハ
断セリ。
毎歳夏四月八日、仏誕生会。其十六日、安居
会。延喜式ノ二十一曰、安居ノ之間、勅講ニ説ス法華・最勝・仁王般
若経一ヲ。又曰ク、凡招提寺ノ安居講師ハ、以ニテ当寺ノ浄行僧一ヲ、次第ニ請シ用ヨ。
不レ得三請ニ他寺僧一ヲ云云。
毎歳夏五月二日、本願会。聖武皇帝ノ之正諱辰也。同五日六日、舎利
会。是即開山忌也。昔ハ奏ニシ舞楽一ヲ、両日ノ之間タ誦ニス不断光明真言一ヲ。
日中修ニス梵網・最勝二講一ヲ。此ノ日、自ニリ法華寺一献レス花。伝云、光明后

⌊
⑤10オ

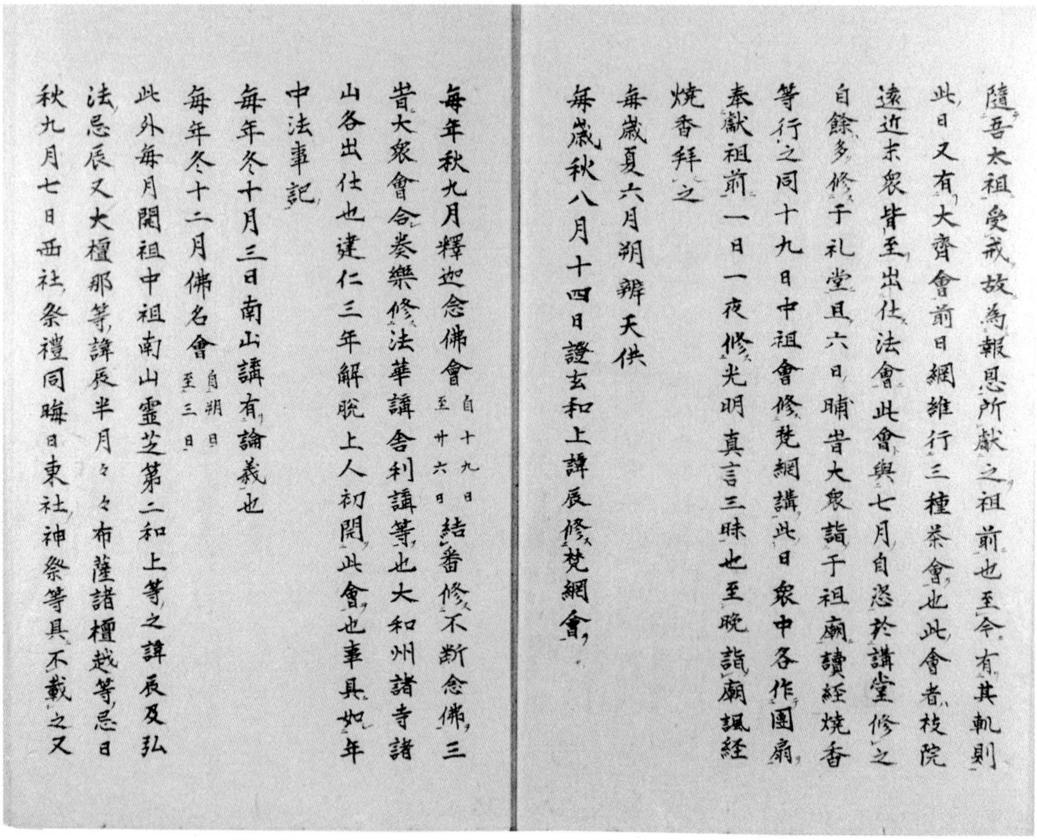
隨吾太祖受戒故為報恩所献之祖前也至今有其軌則
此日又有大齋會前日綱維行三種茶會也此會者枝院
遠近末衆皆至出仕法會此會與七月自恣於講堂修之
自餘多修于礼堂且六日晡時大衆詣于祖廟讀經焼香
等行之同十九日中祖會修梵網講此日衆中各作團扇
奉献祖前一日一夜修光明真言三昧也至晩詣廟諷經
焼香拜之
毎歳夏六月朔辨天供
毎歳秋八月十四日證玄和上諱辰修梵網會
毎年秋九月釋迦念佛會 自十九日至廿六日 結番修不斷念佛三
時大衆會合奏樂修法華講舎利講等也大和州諸寺諸
山各出仕也建仁三年解脱上人初開此會也事具如年
中法事記
毎年冬十月三日南山講有論義也
毎年冬十二月佛名會 自朔日至三日
此外毎月開祖中祖南山靈芝第二和上等之諱辰及弘
法忌辰又大檀那等諱辰半月々々布薩諸檀越等忌日
秋九月七日西社祭禮同晦日東社神祭等具不載之又

⑤11オ　⑤10ウ

随二テ吾太祖一ニ受レ戒ヲ、故ニ為二メニ報恩一所レ献二之ヲ祖前ニ一也。至レ今ニ有二リ其軌則一。
此ノ日、又有二リ大斉会一。前日、綱維行二三種茶会ヲ一也。此ノ会者ハ、枝院
遠近末衆皆至リ出二仕ス法会ニ一。此会ト与二七月ノ自恣一、於二講堂一修レ之。
自余ハ多ク修二ス于礼堂ニ一。且タ六日ノ晡時、大衆詣シテ二于祖廟ニ一、読経焼香
等行レ之。同十九日、中祖会修二ス梵網講ヲ一。此ノ日、衆中各作テ二団扇ヲ一
奉二献祖前ニ一、一日一夜修二ス光明真言三昧ヲ一也。至レ晩詣シテレ廟、諷経
焼香拝也レ之。
毎歳夏六月朔、弁天供。
毎歳秋八月十四日、証玄和上諱辰、修二ス梵網会ヲ一。
毎年秋九月、釈迦念仏会 自十九日、至廿六日。 結レ番修二ス不断念仏ヲ一。三
時ニ大衆会合シ奏楽、修二ス法華講・舎利講等ヲ一也。大和州諸寺諸
山各出仕也。建仁三年、解脱上人初開二ク此会ヲ一也。事具ニ如二シ年
中法事記ノ一。
毎年冬十月三日、南山講、有二リ論義一也。
毎年冬十二月、仏名会。自二朔日一至二三日一。
此外、毎月、開祖・中祖・南山・霊芝・第二和上等ノ之諱辰、及弘
法ノ忌辰、又大檀那等ノ諱辰、半月々々布薩、諸檀越等ノ忌日、
秋九月七日西社ノ祭礼、同晦日東社ノ神祭等、具ニ不レ載レ之。又

⑤11オ　⑤10ウ

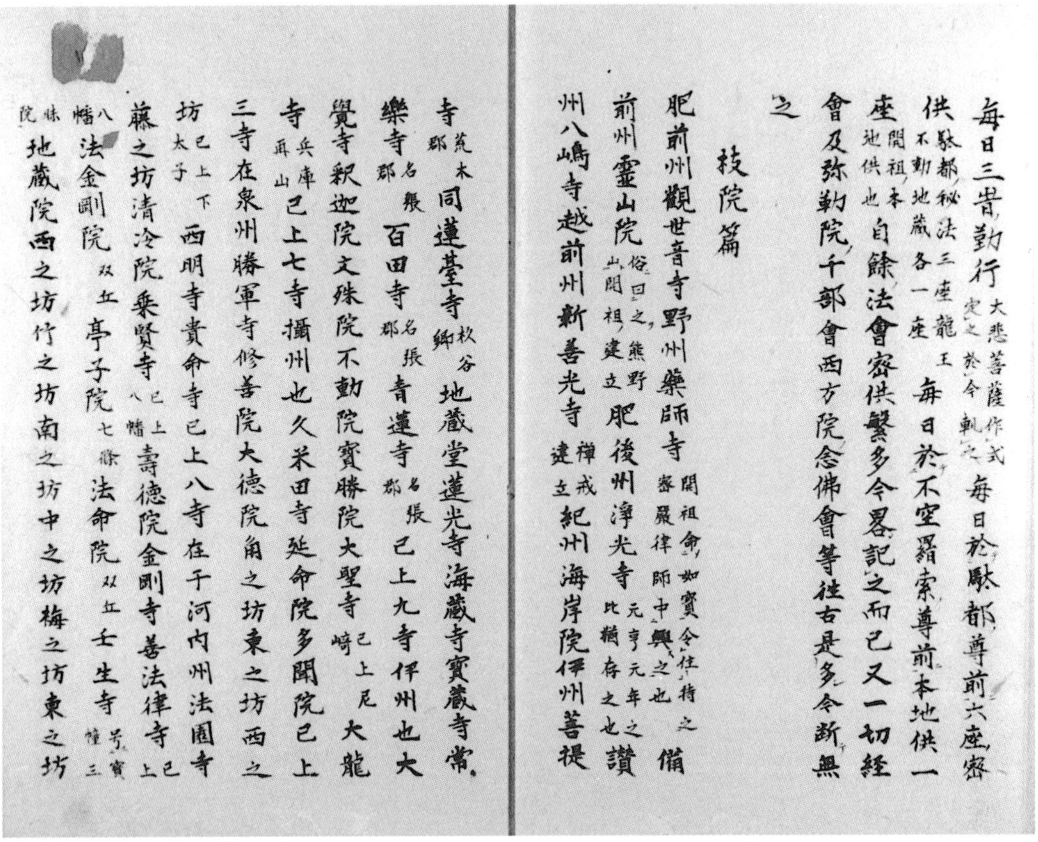

⑤12オ　⑤11ウ

毎日三時ノ勤行。大悲菩薩作レ式。定レ之、於レ今軌レ之。毎日於ニテ駄都ノ尊前ニ六座ノ密
供。駄都ノ秘法三座。龍王・不動・地蔵各一座。毎日於ニテ不空羂索ノ尊前ニ本地供一
座。開祖ノ本地供也。自余ノ法会、密供繁多。今略シテ記レ之而已。又一切経
会、及弥勒院ノ千部会、西方院ノ念仏会等、往古是多シ。今断テ無
レ之。

## 枝院篇

肥前州観世音寺・野州薬師寺開祖命ニシテ如宝ニ令レ住ニ持之ニ。密厳律師中ニ興ス之ニ也。・備
前州霊山院俗ニ曰ニ之ヲ熊野山ト。開祖ノ建立。・肥後州浄光寺元亨元年之比猶存之也。・讃
州八嶋寺・越前州新善光寺禅戒建立。・紀州海岸院。伊州菩提
寺荒木郡・同蓮台寺杉谷郷・地蔵堂・蓮光寺・海蔵寺・宝蔵寺・常
楽寺名張郡・百田寺名張郡・青蓮寺名張郡　已上九寺伊州也。大
覚寺・釈迦院・文殊院・不動院・宝勝院・大聖寺已上尼崎。・大龍
寺兵庫再山　已上七寺摂州也。久米田寺・延命院・多聞院　已上
三寺在泉州。勝軍寺・修善院・大徳院・角之坊・東之坊・西之
坊已上下太子。・西明寺・貴命寺　已上八寺在于河内州。法園寺・
藤之坊・清冷院・乗賢寺已上八幡。寿徳院・金剛寺・善法律寺已上
八幡。法金剛院双丘・亭子院七条・法命院双丘・壬生寺号ニス宝幢三
味院ニ。地蔵院・西之坊・竹之坊・南之坊・中之坊・梅之坊・東之坊・

⑤12オ　⑤11ウ

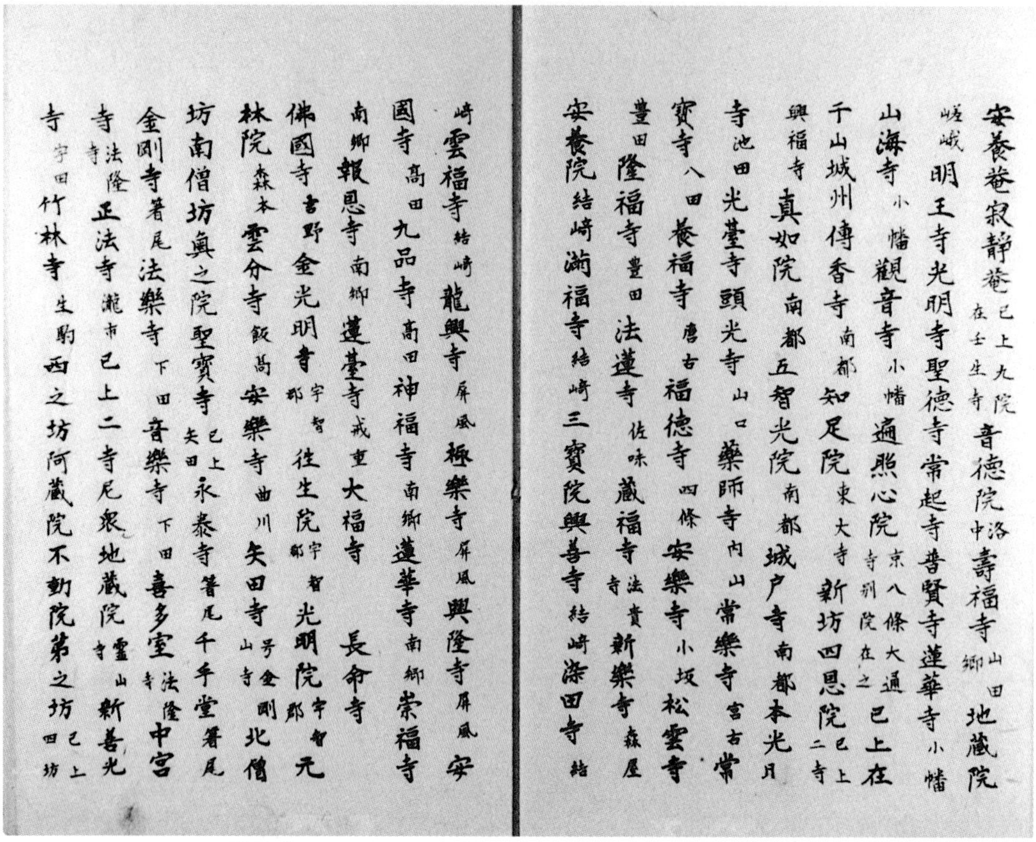

⑤13オ　⑤12ウ

安養菴・寂静菴 已上九院在壬生寺。音徳院 洛中・寿福寺 山田郷・地蔵院
嵯峨・明王寺・光明寺・聖徳寺・常起寺・普賢寺・蓮華寺 小幡・
山海寺 小幡・観音寺 小幡・遍照心院 京八条大通寺別院在レ之。已上在
于山城州。伝香寺 南都・知足院 東大寺。新坊・四恩院 已上二寺
興福寺。真如院 南都・五智光院 南都・城戸寺 南都・本光日
寺 池田・光台寺・頭光寺 山口・薬師寺 内山・常楽寺 宮古・常
宝寺 八田・養福寺 唐古・福徳寺 四条・安楽寺 小坂・松雲寺
豊田・隆福寺 豊田・法蓮寺 佐味・蔵福寺 法貴寺・新楽寺 森屋・
安養院 結崎・満福寺 結崎・三宝院・興善寺 結崎・染田寺 結



崎・雲福寺 結崎・龍興寺 屏風・極楽寺 屏風・興隆寺 屏風・安
国寺 高田・九品寺 高田・神福寺 南郷・蓮華寺 南郷・崇福寺
南郷・報恩寺 南郷・蓮台寺 戒重・大福寺・　長命寺・
仏国寺 吉野・金光明寺 宇智郡・往生院 宇智郡・光明院 宇智郡・元
林院 森本・雲分寺 飯高・安楽寺 曲川・矢田寺 号金剛山寺。北僧
坊・南僧坊・奥之院・聖宝寺 已上矢田。永泰寺 箸尾・千手堂 箸尾・
金剛寺 箸尾・法楽寺 下田・音楽寺 下田・喜多室 法隆寺・中宮
寺 法隆寺・正法寺 瀧市 已上二寺尼衆也。地蔵院 霊山寺・新善光
寺 宇田・竹林寺 生駒 西之坊・阿蔵院・不動院・第之坊 已上四坊

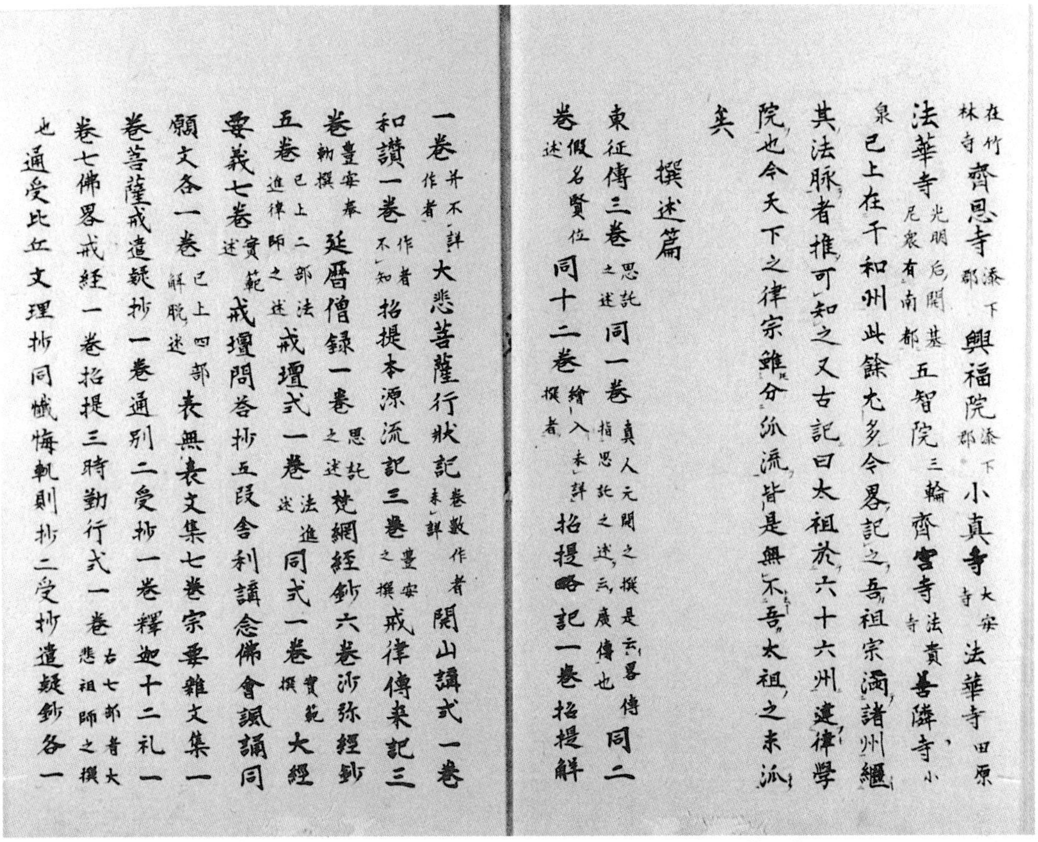

⑤14オ　⑤13ウ

在竹林寺。斉恩寺 添下郡 ・興福院 添下郡 ・小真寺 大安寺 ・法華寺 田原 ・
泉 法華寺 光明后ノ開基。尼衆。有二南都一二。・五智院 三輪 ・斉宮寺 法貴寺 ・善隣寺 小
已上在二于和州一。此余尤多シ。今略シテ記レ之ヲ。吾カ祖宗満テ二諸州一、継クコト二
其ノ法脈ヲ一者、推シテ可レ知レ之。又古記ニ曰、太祖於テ二六十六州一ニ、建ツト二律学
院ヲ一也。今天下之律宗雖三トモ分二派流ヲ一、皆是無レ不二ト云コト吾カ太祖ノ之末派一ニアラ
矣。

**撰述篇**

東征伝三巻 思託之述。・同一巻 真人元開之撰。是云ニ略伝一。指二思託之述ヲ一云二広伝一也。・同二
巻 仮名。賢位述。・同十二巻 絵入リ。未レ詳二撰者ヲ一。・招提略記一巻・招提解
一巻 并不レ詳二作者一。・大悲菩薩行状記 巻数・作者未レ詳。・開山講式一巻・
和讃一巻 作者不レ知。・招提本源流記三巻 豊安之撰。・戒律伝来記三
巻 豊安奉勅撰。・延暦僧録一巻 思託之述。・梵網経鈔六巻・沙弥経鈔
五巻 已上二部法進律師之述。・戒壇式一巻 法進述。・同式一巻 実範撰。・大経
要義七巻 実範述。 戒壇問答抄・五段舎利講・念仏会諷誦・同
願文各一巻 已上四部解脱ノ述。 表無表文集七巻・宗要雑文集一
巻・菩薩戒遺疑抄一巻・通別二受抄一巻・釈迦十二礼一
巻・七仏略戒経一巻・招提三時勤行式一巻 右七部者大悲祖師之撰
也。 通受比丘文理抄・同懺悔軌則抄・二受抄・遺疑鈔各一

⑤14オ　⑤13ウ

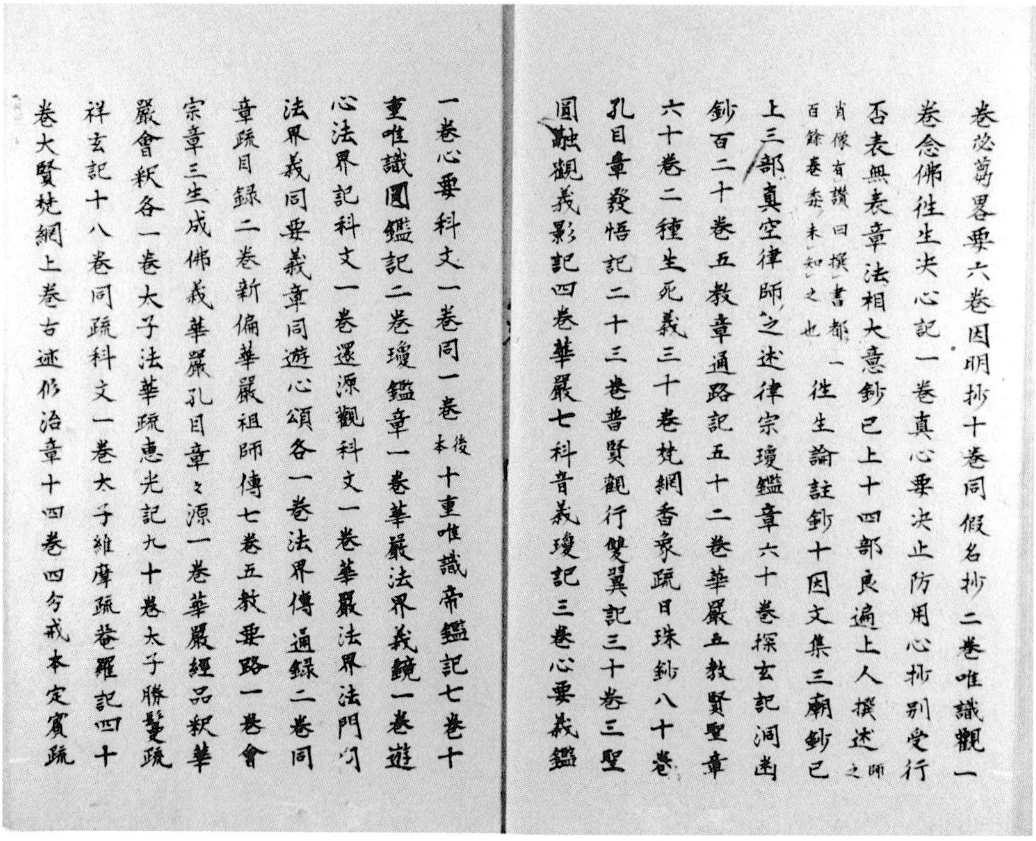

⑤15オ　⑤14ウ

巻、苾蒭略要六巻・因明抄十巻・同仮名抄二巻・唯識観一
巻・念仏往生決心記一巻・真心要決・止防用心抄・別受行
否・表無表章・法相大意鈔、已上十四部良遍上人撰述師之
肖像有レ讃曰、撰レ書都テ一百余巻。委ク未レ知レ之也。往生論註鈔・十因文集・三廟鈔、已
上三部ハ真空律師ノ之述。律宗瓊鑑章六十巻・探玄記洞幽
鈔百二十巻・五教章通路記五十二巻・華厳五教賢聖章
六十巻・二種生死義三十巻・梵網香象疏日珠鈔八十巻・
孔目章発悟記二十三巻・普賢観行双翼記三十巻・三聖
円融観義影記四巻・華厳七科音義瓊記三巻・心要義鑑

一巻・心要科文一巻・同一巻後本・十重唯識帝鑑記七巻・十
重唯識円鑑記二巻・瓊鑑章一巻・華厳法界義鏡一巻・遊
心法界記科文一巻・還源観科文一巻・華厳法界法門・同
法界義・同要義章・同遊心頌各一巻、法界伝通録二巻・同
章疏目録二巻・新偏華厳祖師伝七巻・五教要路一巻・会
宗章三生成仏義華厳孔目章々源一巻、華厳経品釈・華
厳会釈各一巻、太子法華疏恵光記九十巻・太子勝鬘疏
祥玄記十八巻・同疏科文一巻・太子維摩疏菴羅記四十
巻・大賢梵網上巻古迹修治章十四巻・四分戒本定賓疏

⑤15オ　⑤14ウ

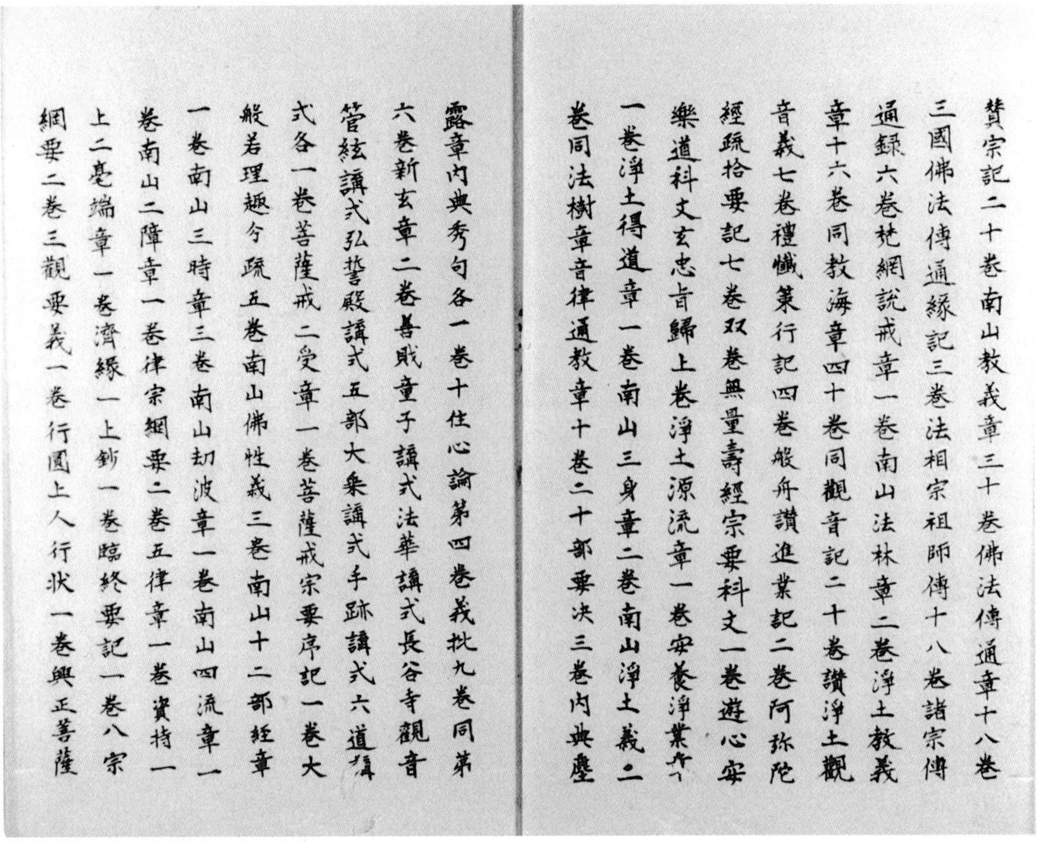

⑤16オ　⑤15ウ

賛宗記二十巻・南山教義章三十巻・仏法伝通章十八巻・三国仏法伝通縁記三巻・法相宗祖師伝十八巻・諸宗伝通録六巻・梵網説戒章一巻・南山法林章二巻・浄土教義章十六巻・同教海章四十巻・同観音記二十巻・讃浄土観音義七巻・礼懺策行記四巻・般舟讃進業記二巻・阿弥陀経疏拾要記七巻・双巻無量寿経宗要科文一巻・遊心安楽道科文玄忠旨帰上巻・浄土源流章一巻・安養浄業章一巻・浄土得道章一巻・南山三身章二巻・南山浄土義二巻・同法樹章音律通教章十巻二十部・要決三巻、内典塵

⑤15ウ

露章・内典秀句各一巻、十住心論第四巻・義批九巻・同第六巻・新玄章二巻、善財童子講式・法華講式・長谷寺観音管絃講式・弘誓殿講式・五部大乗講式・手跡講式・六道講式各一巻、菩薩戒二受章一巻・菩薩戒宗要序記一巻・大般若理趣分疏五巻・南山仏性義三巻・南山十二部経章一巻・南山三時章三巻・南山劫波章一巻・南山四流章一巻・南山二障章一巻・律宗綱要二巻・五律章一巻・資持一上二毫端章一巻・済縁一上鈔一巻・臨終要記一巻・八宗綱要二巻・三観要義一巻・行円上人行状一巻、興正菩薩

⑤16オ

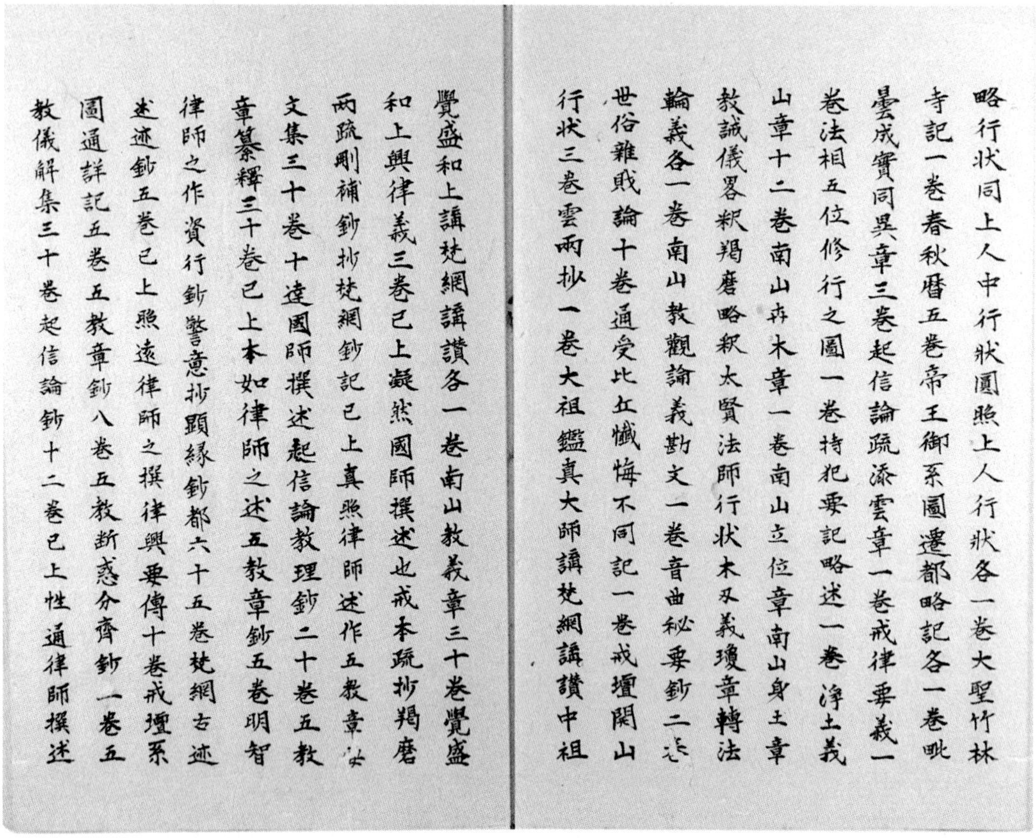

⑤17オ　⑤16ウ

略行状・同上人中行状・円照上人行状各一巻、大聖竹林
寺記一巻・春秋暦五巻、帝王御系図・遷都略記各一巻、毘
曇成実同異章三巻・起信論疏添雲章一巻・戒律要義一
巻・法相五位修行之図一巻・持犯要記略述一巻・浄土義
山章十二巻・南山卉木章一巻、南山立位章・南山身土章・
教誡儀略釈・羯磨略釈・太賢法師行状・木叉義瓊章・転法
輪義各一巻、南山教観論義勘文一巻・音曲秘要鈔二巻・
世俗雑財論十巻・通受比丘懺悔不同記一巻・戒壇開山
行状三巻・雲雨抄一巻。大祖鑑真大師講梵網講讃・中祖
⌊⑤16ウ
覚盛和上講梵網講讃各一巻、南山教義章三十巻・覚盛
和上興律義三巻、已上凝然国師撰述也。戒本疏抄・羯磨
両疏刪補鈔抄・梵網鈔記、已上真照律師述作。五教章要
文集三十巻、十達国師撰述。起信論教理鈔二十巻・五教
章纂釈三十巻、已上本如律師之述。五教章鈔五巻、明智
律師之作。資行鈔・警意抄・顕縁鈔都六十五巻、梵網古迹
述迹鈔五巻、已上照遠律師之撰。律興要伝十巻・戒壇系
図通詳記五巻・五教章鈔八巻・五教断惑分斉鈔一巻・五
教儀解集三十巻・起信論鈔十二巻、已上性通律師撰述。
⌊⑤17オ

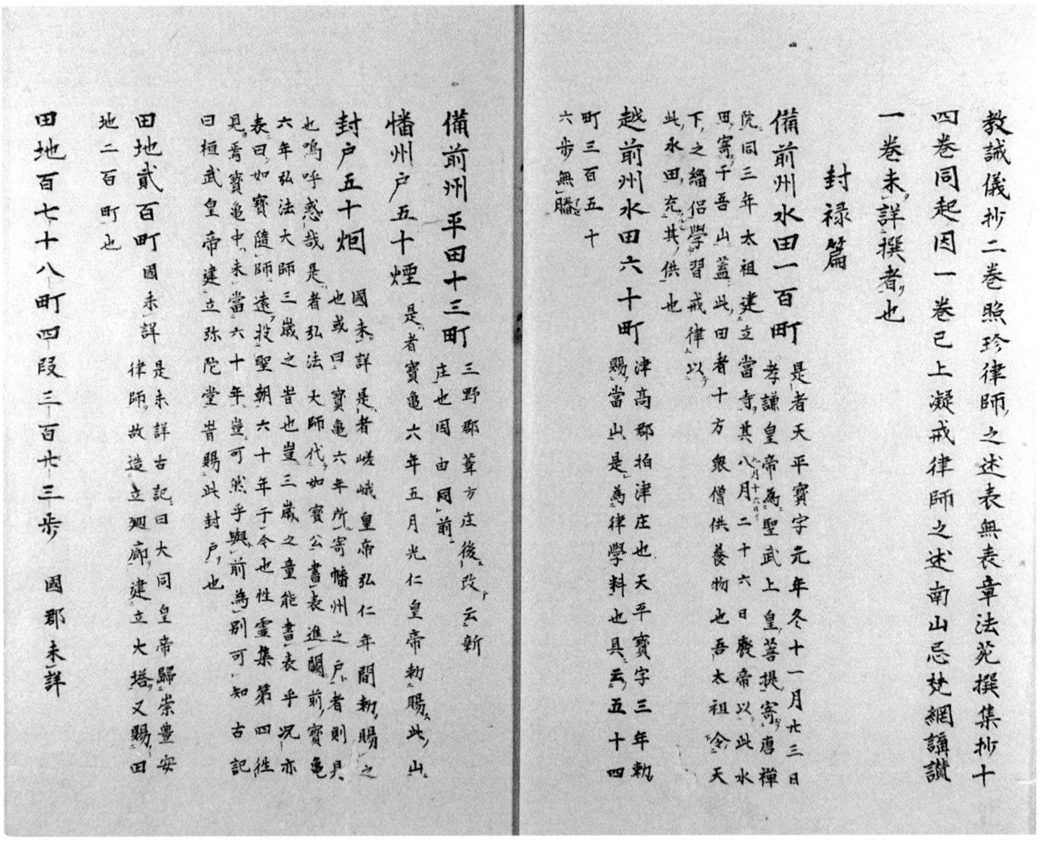

⑤18オ　⑤17ウ

教誡儀抄二巻、照珍律師ノ之述。表無表章法苑撰集抄十
四巻・同起因一巻、已上凝戒律師之述。南山忌梵網講讃
一巻、未タレ詳ニ撰者ヲ一也。

## 封禄篇

備前州水田一百町　是者、天平宝字元年冬十一月廿三日、孝謙皇帝為ニ聖武上皇ノ菩提ノ寄ニ玉フ唐禅院ニ一。同三年、太祖建ニ立当寺ヲ一。其八月二十六日（九月十六日イ）、廃帝以テ二此水田ヲ一寄ニ玉フ于吾山ニ一。蓋シ此ノ田者、十方衆僧供養物也。吾太祖令シテ下二天下ノ之緇侶ヲ一学中習戒律上。以テ二此ノ水田ヲ一充ツル也二其ノ供一也。

越前州水田六十町　津高郡拍津庄也。天平宝字三年、勅シテ賜フ二当山ニ一。是レ為ニ律学料一也。具ニ云フ二五十四町三百五十六歩。無レ塍《アゼ》。

備前州平田十三町　三野郡葦方庄。後ニ改テ云二新庄一也。因由同レ前ニ。

幡州戸五十煙　是ハ者、宝亀六年五月、光仁皇帝勅二賜ス此ノ山一ニ。

封戸五十烟　国未タレ詳。是ハ者、嵯峨皇帝弘仁年間、勅シテ賜レ之也。或曰ニ宝亀六年所ルレ寄幡州之戸一ト者、則是也。嗚呼惑哉。是ハ者、弘法大師代テ二如宝公一書レ表進レ闕ニ前ノ宝亀六年、弘法大師三歳之時也。豈ニ三歳之童能書レ表乎。況亦表ニ曰ク、如宝随レ師ニ遠ク投ニ聖朝一。六十年于レ今也。性霊集第四往見ヨ焉。宝亀中ハ未レ当二六十年一ニ、豈ニ可然乎。与レト前為レ別可レ知。古記曰、桓武皇帝、建二立弥陀堂一時、賜二此封戸ヲ一也。

田地弐百町　国未レ詳。是未詳。古記ニ曰、大同皇帝帰ニ崇豊安律師ヲ一。故造ニ立廻廊ヲ一建ニ立大塔ヲ一。又賜フト二田地二百町一也。

田地百七十八町四段三百廿三歩　国郡未レ詳。

⑤18オ　⑤17ウ

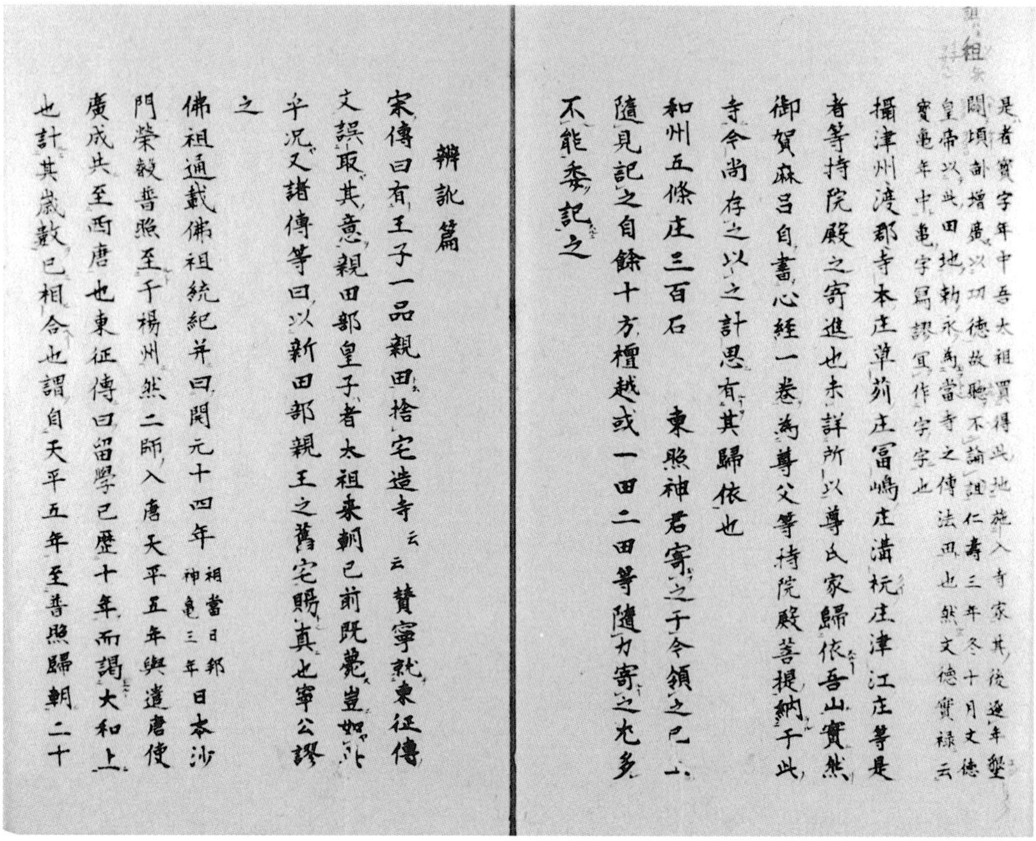

⑤19オ　⑤18ウ

是ハ者、宝字年中、吾太祖買二得此ノ地一、施二入寺家一。其ノ後逐レ年墾《(コン)》ヒラク
闢《(ヘキ)(ヒラク)》シテ。頃《(ケイ)(コノゴロ)》畝増広ス。以二功徳一故、聴《(ユル)》シテ不レ論レ詛《(・ソ)》一。仁寿三年冬十月、文徳
皇帝以二テ此ノ田地一ヲ、勅シテ永ク為二玉フト也当寺之伝法田一ト也。然ルニ文徳実禄ニ云二
宝亀年中一ト。亀ノ字写謬宜レク作二字ノ字一ニ也。

摂津州・渡郡・寺本ノ庄、草苅ノ庄、富嶋ノ庄、溝杭《クイ》ノ庄、津江ノ庄等、是
者等持院殿之寄進也。未レ詳二所以一。尊氏家帰二依スルコト吾山一ニ実ニ然リ。
御賀麻呂自ラ書二シテ心経一巻一ヲ、為二尊父等持院殿菩提一ノ納二ラル于此ノ
寺一ニ。今尚存レ之。以レ之計思ニ有二ルコトヲ其帰依一也。
和州五条庄三百石。　東照神君寄レ玉フ之。于レ今領レ之。已上
随レ見記レ之。自余十方ノ檀越、或一田二田等、随レ力寄レルコト之尤多シ。
不レ也能二委ク記一スルニ之。

## 弁訛篇

宋ノ伝曰、有リ二王子一品親田一ト云。捨レ宅造寺云云。賛寧就二テ東征伝ノ
文一、誤二取ヤ其ノ意一ヲ。親田部皇子ハ者、太祖来朝已前既薨ス。豈ニ如レヤ此
乎。況ヤ又諸伝等曰ク、以二新田部親王之旧宅一賜レフト也真ニ也。寧公謬
之。
仏祖通載・仏祖統紀、并ニ曰二フ開元十四年、(相当日邦神亀三年)日本沙
門栄叡・普照至ルト二于楊州一ニ。然二師ノ入唐天平五年、与遣唐使
広成共ニ至二西唐一也。東征伝ニ曰ク、留学已歴二十年一ヲ、而謁二上ルト大和上一ニ
也。計ルニ二其歳数一ヲ、已ニ相ヒ合ヘリ也。謂ク、自二天平五年一至二普照帰朝一ニ二十

☆詛ハ租《ソ》歟
イ子ヲサムル

⑤19オ　⑤18ウ

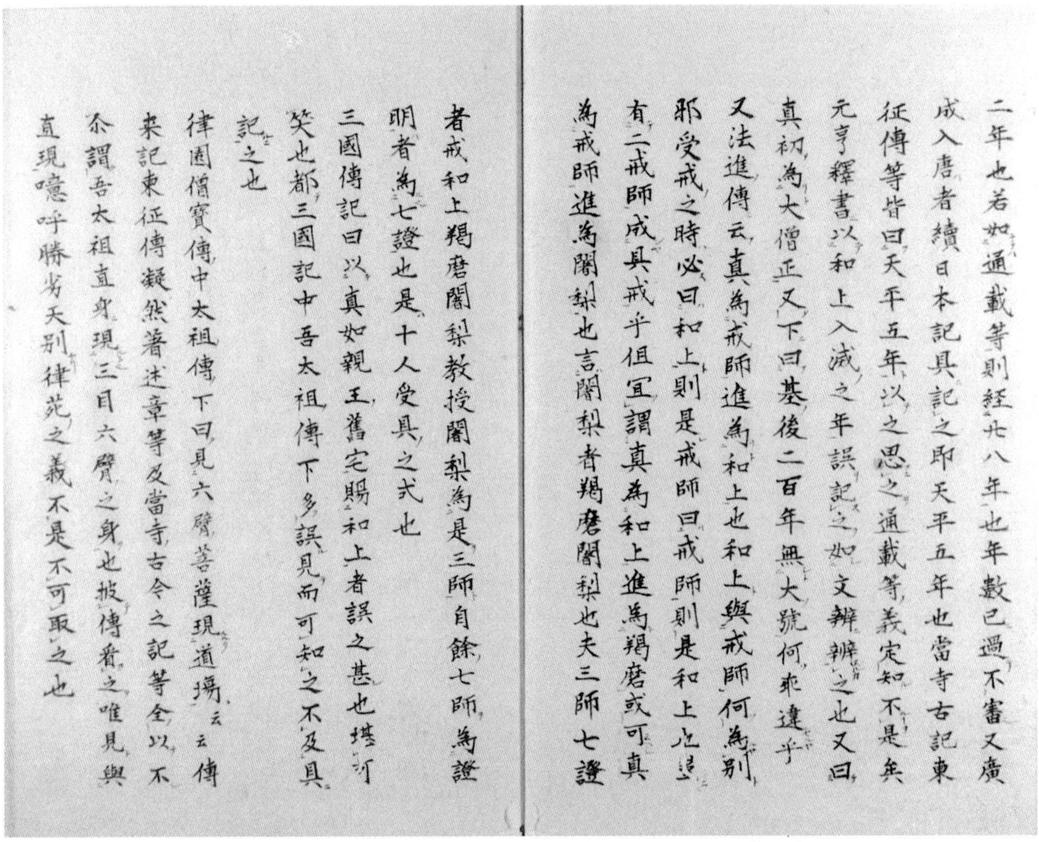

⑤20オ　⑤19ウ

二年也。若如ナラハ二通載等一、則経二廿八年一也。年数已ニ過テ不審也。又広
成入唐ハ者、続日本記具ニ記レ之。即天平五年也。当寺古記・東
征伝等、皆曰フ二天平五年ト一。以テレ之思フニレ之ヲ、通載等ノ義、定知ル不ルコトヲレ是矣。
元亨釈書ニ以テ二和上入滅ノ之年一誤リ記スレ之ヲ。如シ二文弁ニ弁スルカレ之也。又曰テ三
真初メ為リト二大僧正一、又タ下ニ曰フ三基ノ後二百年無シト二大ノ号一。何ソ乖違セルヤ乎。
又法進ノ伝ニ云フ、真為二戒師一、進為リト二和上一也。和上ト与二戒師一何ソ為ルヤレ別ト
邪。受戒ノ之時ハ、必ス曰ハ二和上ト一則是レ戒師、曰ハ二戒師一則是和上也。豈ニ
有テ二二戒師一成ンヤ二具戒一乎。但宜クレ謂三真為二和上一、進為ト二羯磨一。或可云ヘシ真
為二戒師一、進為二闍梨一也。言ハ二闍梨者、羯磨闍梨也。夫三師七証

者、戒和上・羯磨闍梨・教授闍梨、為二是ヲ三師一ト。自余ノ七師ヲ為二証
明一者ハ、為ル也二七証一也。是ハ十人受具ノ之式也。
三国伝記曰、以テ二真如親王ノ旧宅一賜二和上一者、誤之甚也也。堪レ可
レ笑也。都テ三国記中、吾太祖ノ伝下多ク誤ル。見テ而可レ知レ之。不レ及二具ニ
記ルニ一之也。
律園僧宝伝ノ中、太祖ノ伝ノ下曰ク、見二六臂ノ菩薩現スルヲ二道場一云云。伝
来記・東征伝・凝然著述章等、及当寺ノ古今之記等、全ク以テ不也
レ尓。謂ク、吾太祖直身ニ現ルト也二三目六臂ノ之身ヲ一也。披テレ伝看ヨレ之ヲ。唯見ト与二
直現一。噫呼勝劣天別ナリ。律苑ノ之義不レ是、不レ可レ取レ之也。

⑤20オ　⑤19ウ

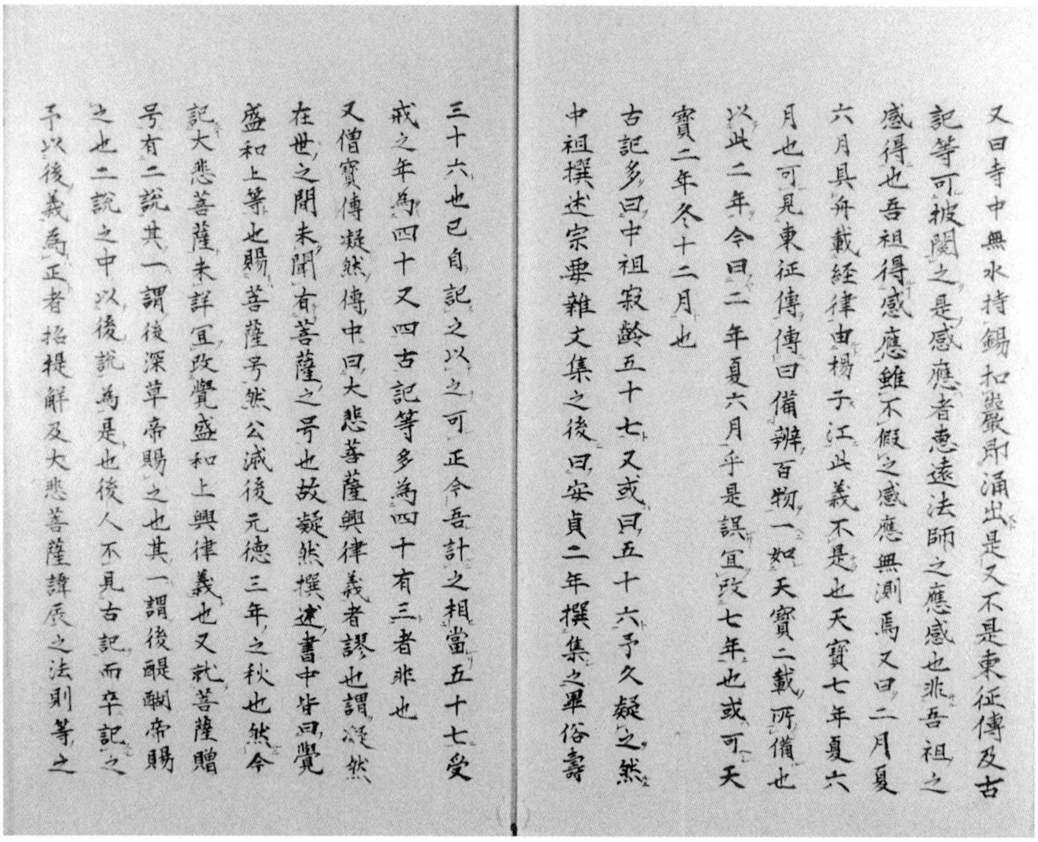

⑤21オ　⑤20ウ

又曰、寺中無水、持レ錫扣レ巌即涌出スト。是又不是。東征伝及古
記等、可シ二披閲レ之ヲ。是ノ感応ハ者、恵遠法師之応感也。非サル二吾祖ノ之
感得ニ一也。吾祖得ルコト二感応一、雖レ不レ仮レ之感応無測焉。又曰ク、二月夏
六月、具レ舟載二経律一由ルト二楊子江ス一。此義不レ是ナラ也。天宝七年夏六
月也。可シレ見二東征伝ヲ。伝ニ曰、備二弁フ百物ヲ一、一ヘニ如シ二天宝二載ノ所レ備ル一也。
以テ二此二年ヲ一、今日フヤ二二年夏六月一乎。是誤レリ。宜レク改二七年ニ一也。或ハ可ヘシ天
宝二年冬十二月ト一也。
古記多ク曰フ二中祖寂齢五十七ト一。又或ハ曰フ二五十六ト一。予久疑レ之ヲ。然ルニ
中祖撰述宗要雑文集之後ニ、曰ク二安貞二年撰ニ集シ之一畢。俗寿

⑤20ウ

三十六ト一也。已ニ自ラ記レス之。以テレ之ヲ可シレ正。今吾レ計ルニレ之、相ヒ二当レリ五十七ニ一。受
戒之年為タリ二四十又四一。古一記等多為二四十有三ト一者非也。
又僧宝伝凝然ノ伝ノ中ニ、曰フ二大悲菩薩興律義一者謬也。謂ク凝然
在世ノ之間、未タレ聞レ有ルコトヲ二菩薩ノ之号一也。故凝然撰述ノ書中、皆曰フ二覚
盛和上等ト一也。賜コトハ二菩薩号一、然公滅後元徳三年ノ之秋也。然ルニ今
記スルコト二大悲菩薩ト一、未レ詳。宜レク改二覚盛和上興律義ト一也。又就テ二菩薩贈
号ニ一有二二説一。其ノ一ハ、謂ク後深草帝賜レ之也。其ノ一ハ、謂ク後醍醐帝賜
レ之也。二説之中、以テ二後ノ説ヲ一為レ是ト也。後人不レ見二古記ヲ一而卒ニ記スレ也之。
予以二後ノ義ヲ一為レコトハ正ト者、招提解及大悲菩薩諱辰之法則等ノ之

⑤21オ

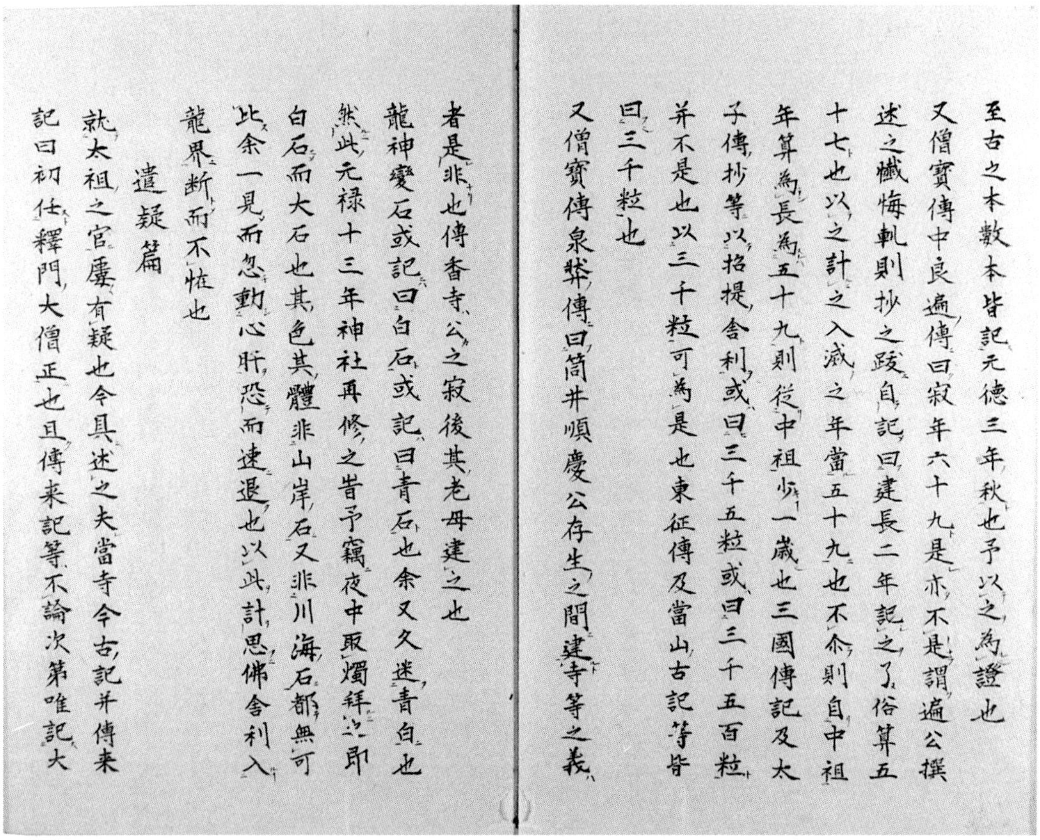

⑤22オ　⑤21ウ

至古之本数本、皆記ス二元徳三年ノ秋ト一也。予以テレ之ヲ為ルレ証也。
又僧宝伝中、良遍ノ伝ニ曰ク、寂年六十九ト。是レ亦タ不レ是ナラ。謂ク遍公撰
述之懺悔軌則抄之跋ニ、自ラ記シテ曰フ二建長二年記シレ之ヲ了ヌ、俗算五
十七ト也。以テレ之計ルニレ之、入滅ノ之年当ル二五十九ニ一也。不レ尓ラ、則自リ二中祖一
年算為ランレ長。為スレハ二五十九ト一、則従リ二中祖一少キコト一歳也。三国伝記及太
子伝ノ抄等ニ、以テ二招提ノ舎利ヲ一、或ハ曰ヒ二三千五粒ト一、或ハ曰二三千五百粒ト一。
并不是也。以二三千粒一可レ為レ是也。東征伝及当山ノ古記等、皆
曰フ二三千粒一也。
又僧宝伝、泉奘ノ伝ニ、曰フ二筒井順慶公存生ノ之間ニ建ルトレ寺等之義ハ
者、是レ非ナリ也。伝香寺ハ、公カ之寂後、其ノ老母建レ之也。
龍神変石。或記ニハ曰二白石ト一、或記ハ曰二青石ト一也。余又久迷フ二青白ニ一也。
然ルニ此ノ元禄十三年、神社再修ノ之時、予竊ニ夜中取レ燭拝ルニレ之、即
白石ニシテ而大石也。其ノ色其ノ体非二山岸ノ石ニ一、又非二川海ノ石ニ一、都テ無レ可
レ比ス。余一見シテ而忽チ動シ二心肝ヲ一、恐テ而速ニ退ク也。以レ此ヲ計リ思フニ、仏舎利入ルコト二
龍界ニ一断トシテ而不レ恠也。

**遺疑篇**

就テ二太祖ノ之官ニ一、屢ク有レ疑也。今具ニ述レ之。夫レ当寺今古ノ記并伝来
記曰、初任スト二釈門ノ大僧正ニ一也。且ク伝来記等ハ不レ論次第、唯記ス二大

⑤22オ　⑤21ウ

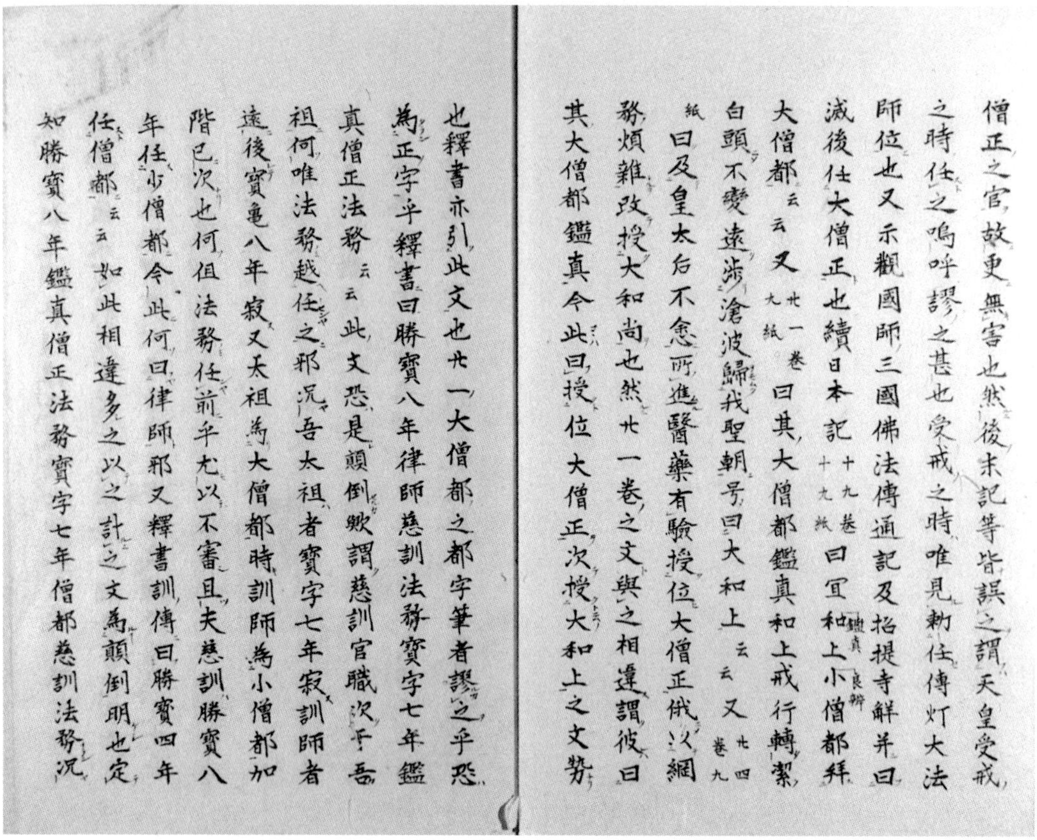

⑤23オ　⑤22ウ

僧正ノ之官一ヲ。故ニ更ニ無レキ害也。然ルニ後ノ末記等、皆ナ誤レ之ヲ。謂フハ二天皇受戒ノ
之時任レスト之、嗚呼謬ノ之甚也。受戒ノ之時ハ、唯見レル勅二任セ伝灯大法
師位一ニ也。又示観国師ノ三国仏法伝通記及招提寺解、并ニ曰フ二
滅後任二大僧正一ト也。続日本記十九巻十九紙曰、宜和上《鑑真》小《良弁》僧都拝ス二
大僧都一ニ云云。又廿一巻九紙曰、其ノ大僧都鑑真和上、戒行転タ潔ク、
白頭ニシテ不変。遠ク渉リ二滄波一、帰《ヲモムク》二我聖朝一ニ。号シテ曰二大和上一云云。又廿四巻九
紙曰ク、及テ二皇太后不悆一ニ、所ノレ進ムル医薬有レ験。授ク二位ヒ大僧正一。俄ニシテ以テ二綱
務ノ煩雑一ナルヲ、改テ授ク二大和尚一ヲ也。然ルニ廿一巻ノ之文ト与レ之相違ス。謂ク彼レハ曰二
其ノ大僧都鑑真一、今此《コヽハ》曰レフ授クト二位大僧正一ヲ。次テ授クト二云ノ大和上一之文勢ナリ

也。釈書亦引ク二此文一也。廿一ノ大僧都ノ之都字、筆者謬レルカ之ヲ乎、恐ハ
為タラン二正ノ字一乎。釈書ニ曰、勝宝八年律師慈訓法務、宝字七年鑑
真僧正法務云云。此ノ文、恐ハ是レ顛倒セルカ歟。謂ク慈訓官職次ク于吾カ
祖一ニ。何ソ唯法務ノミ越ヘ二任センヤ之一ニ邪。況ヤ吾太祖ハ者、宝字七年寂ス。訓師者、
遠ニ後レテ宝亀八年寂ス。又太祖為リ二大僧都一時キ、訓師為二小僧都一。加
階已ニ次ナリ也。何ソ但法務ノミ任レンヤ前ニ乎。尤モ以テ不審也。且ツ夫慈訓ハ、勝宝八
年任ス二少僧都一ニ。今此ニ何ソ曰フヤ二律師一ト邪。又釈書訓ノ伝ニ曰フ三勝宝四年
任スト二僧都一ニ云云。如レ此相違多シ之。以テレ之計レルニ之、文為ルコト二顛倒一明ケシ也。定テ
知、勝宝八年鑑真僧正法務、宝字七年僧都慈訓法務ナラン。況ヤ

⌞⑤23オ　⌞⑤22ウ

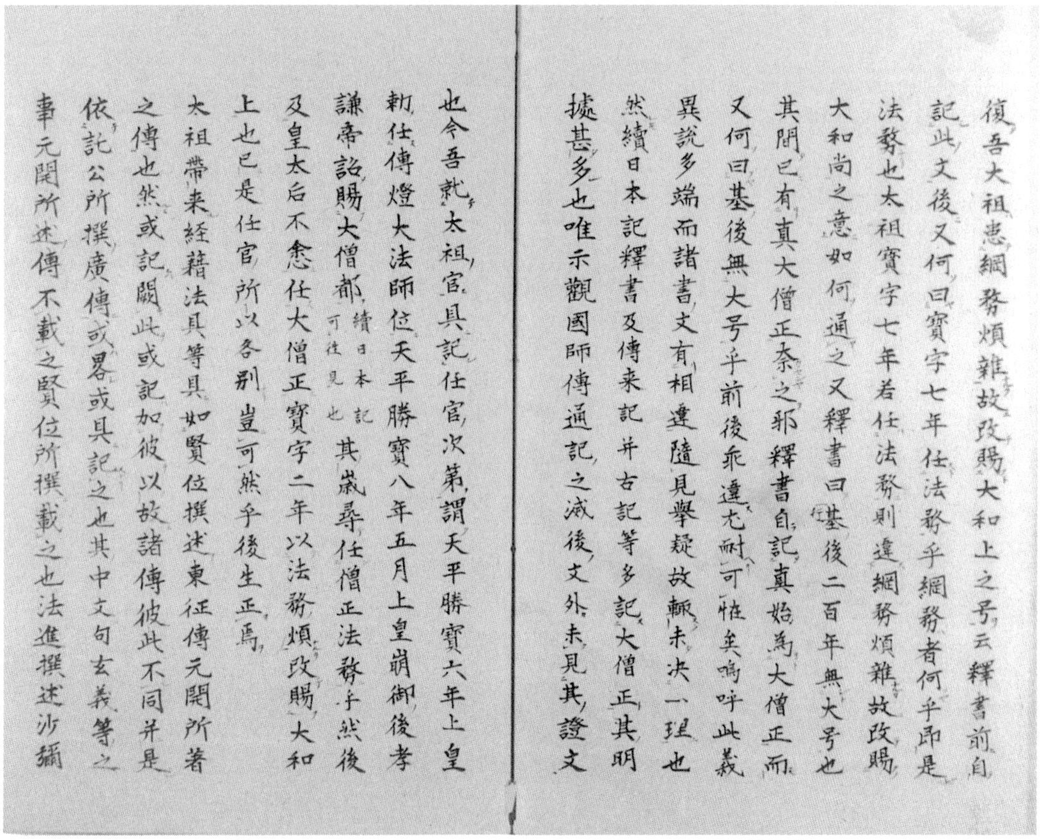

⑤24オ ⑤23ウ

復タ吾大祖ハ患テ二綱務煩雑一ナルヲ、故ニ改テ賜フト二大和上之号一ヲ云。釈書前ニ自ラ
記シ二此ノ文一、後ニ又何ツ曰ヤ三宝字七年任スト二法務一乎。綱務ハ者何ソヤ乎。即是レ
法務ナリ也。太祖宝字七年若任ハ二法務一ニ、則違ス下網務煩雑ナルカ故ニ改テ賜フノ二
大和尚一之意上ニ。如何ツ通レヤ之。又釈書曰ク、行基ノ後二百年無シト二大号一也。
其間タ已ニ有リ二真大僧正一。奈カレ、センヤ之ヲ邪。釈書自ラ記シテ二真始メ為リト二大僧正一、而モ
又何ソ曰フヤ三基ノ後無二大号一乎。前後乖違ス。尤耐ヘリレ可レ恠矣。嗚呼此義
異説多端、而諸書ノ文有リ二相違一。随レ見挙疑、故輒スク未タ決二一理一ニ也。
然レトモ続日本記・釈書及伝来記并古記等、多記ス二大僧正一ト。其ノ明
拠甚タ多シ也。唯示観国師伝通記ノ之滅後ノ文外カ、未タレ見二其ノ証文一

⑤23ウ

也。今吾就テ二太祖ノ官一ニ、具ニ記ン二任官ノ次第一ヲ。謂ク天平勝宝六年、上皇
勅シテ任ス二伝灯大法師位一ニ。天平勝宝八年五月、上皇崩御ノ後、孝
謙帝詔シテ賜フ二大僧都一ヲ。続日本記可二往見一也。其ノ歳、尋テ任ン二僧正法務一ニ乎。然後
及二皇太后不悆一ニ、任ス二大僧正一ニ。宝字二年、以テ二法務ノ煩一ナルヲ、改テ賜フ二大和
上一也。已ニ是任官ノ所以各別ナリ。豈ニ可レ然乎。後生正ヨレ焉ヲ。
太祖帯来ル経籍法具等、具ニ如二賢位撰述ノ東征伝・元開所著
之伝一也。然ルニ或記ニハ闕キレ此ヲ、或記ハ加フレ彼ヲ。以ノ故ニ諸伝彼此不レ也同。并ニ是レ
依テ二託公所撰ノ広伝一ニ、或ハ略シ、或具ニ記スナリレ之也。其ノ中文句玄義等ノ之
事、元開所述ノ伝不レ載レ之、賢位所撰ニ載レ之也。法進撰述沙弥

⑤24オ

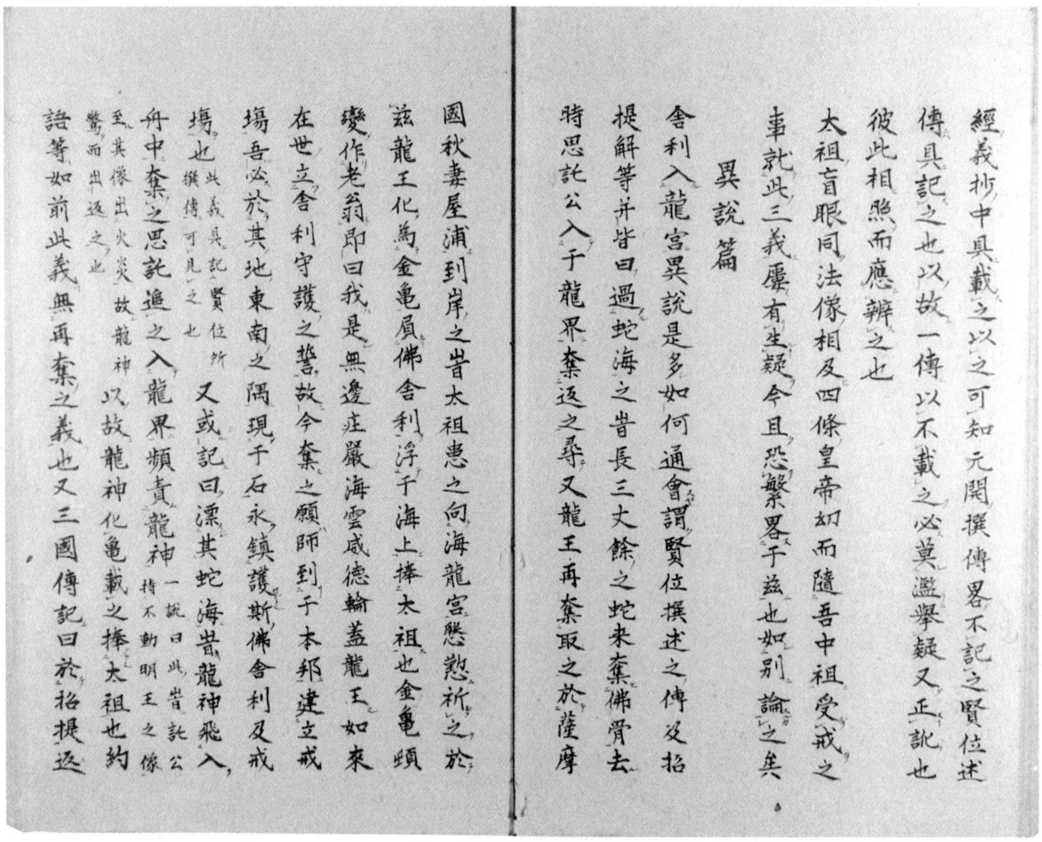
經義抄中具載之以之可知元開撰傳畧不記之賢位述
傳具記之也以故一傳以不載之必莫濫擧疑又正訛也
彼此相照而應辨之也
太祖盲眼同法像相及四條皇帝幼而隨吾中祖受戒之
事就此三義屢有生疑今且恐繁畧于茲也如別論之矣
異說篇
舍利入龍宮異說是多如何通會謂賢位撰述之傳及招
提解等并皆曰過蛇海之時長三丈餘之蛇来奪佛骨去
時思託公入于龍界奪返之尋又龍王再奪取之於薩摩
國秋妻屋浦到岸之時太祖患之向海龍宮慇懃祈之於
茲龍王化為金亀屓佛舍利浮于海上捧太祖也金亀頓
變作老翁即曰我是無邊莊嚴海雲威徳輪蓋龍王如来
在世立舍利守護之誓故今奪之願師到于本邦建立戒
場吾必於其地東南之隅現于石永鎮護斯佛舍利及戒
場也 此義具記賢位所撰傳可見之也 又或記曰漂其蛇海時龍神飛入
舟中奪之思託追之入龍界頻責龍神 一説曰此時託公持不動明王之像
至其像出火炎故龍神驚而出返之也 以故龍神化亀載之捧太祖也約
語等如前此義無再奪之義也又三國傳記曰於招提返

⑤25オ　⑤24ウ

経ノ義抄ノ中、具ニ載レス之。以レ之可レ知、元開ノ撰伝、略シテ不レ記レ之、賢位述
伝ニハ具ニ記レス之也。以ノ故ニ、一伝ニ以レ不レ載レ之ヲ、必ス莫二濫リニ挙一レ疑又タ正レスコト訛ヲ也。
彼此相ヒ照シテ而応ニ弁レス之也。
太祖ノ盲眼、同ク法像ノ相、及ヒ四条ノ皇帝幼而随二吾中祖一ニ受レ玉フ戒ヲ之
事、就テ二此ノ三義一ニ、屢く有リレ生ルコトレ疑ヲ。今且ク恐テレ繁略ス二于茲一也。如シ二別ニ論一スルカレ之矣。

## 異説篇

舎利入ル二龍宮一ニ。異説是多シ。如何通会スヤ。謂ク賢位撰述之ノ伝及招
提解等并皆曰フ、過タル二蛇海一之時、長三丈余ノ之蛇来奪ヒ二仏骨一去ル。
時思託公入テ二于龍界一ニ奪二返之一。尋テ又龍王再奪二取之一。於テ二薩摩
国秋妻屋浦一ニ到岸ノ之時、太祖患之、向テ二海龍宮一ニ慇懃ニ祈レ玉フ之ヲ。於テ
レ茲龍王化シテ為テ二金亀一、屓ヒ上リ二仏舎利一ヲ。浮テ二于海上一ニ、捧二太祖一ニ也。金亀頓
変シテ作リ二老翁一ト、即曰、我ハ是レ無辺荘厳海雲威徳輪蓋龍王也。如来
在世立ツ二舎利守護ノ之誓一ヲ。故ニ今奪也之。願ハ師到リ二于本邦一ニ建二立戒
場一、吾レ必ス於テ二其ノ地ノ東南ノ之隅一ニ、現シテ二于石一、永ク鎮二護セント也斯ノ仏舎利及戒
場ヲ一也。此義、具ニ記ニ賢位所撰伝ニ。可レ見レ之也。又或ル記ニ曰ク、漂イシ二其蛇海ニ一時キ、龍神飛ニ入テ
舟中ニ一奪フレ之。思託追レ之入テ二龍界一ニ、頻責ム二龍神一。一説曰、此ノ時ニ託公持二不動明王之像一
至ル。其像出二火炎一。故ニ龍神驚テ而出二返之ヲ一也。以ノ故ニ龍神化レ亀載レ之、捧クト也二太祖一也。約
語等ハ如前。此義ハ無二再奪ノ之義一也。又三国伝記ニ曰、於テ二招提一返

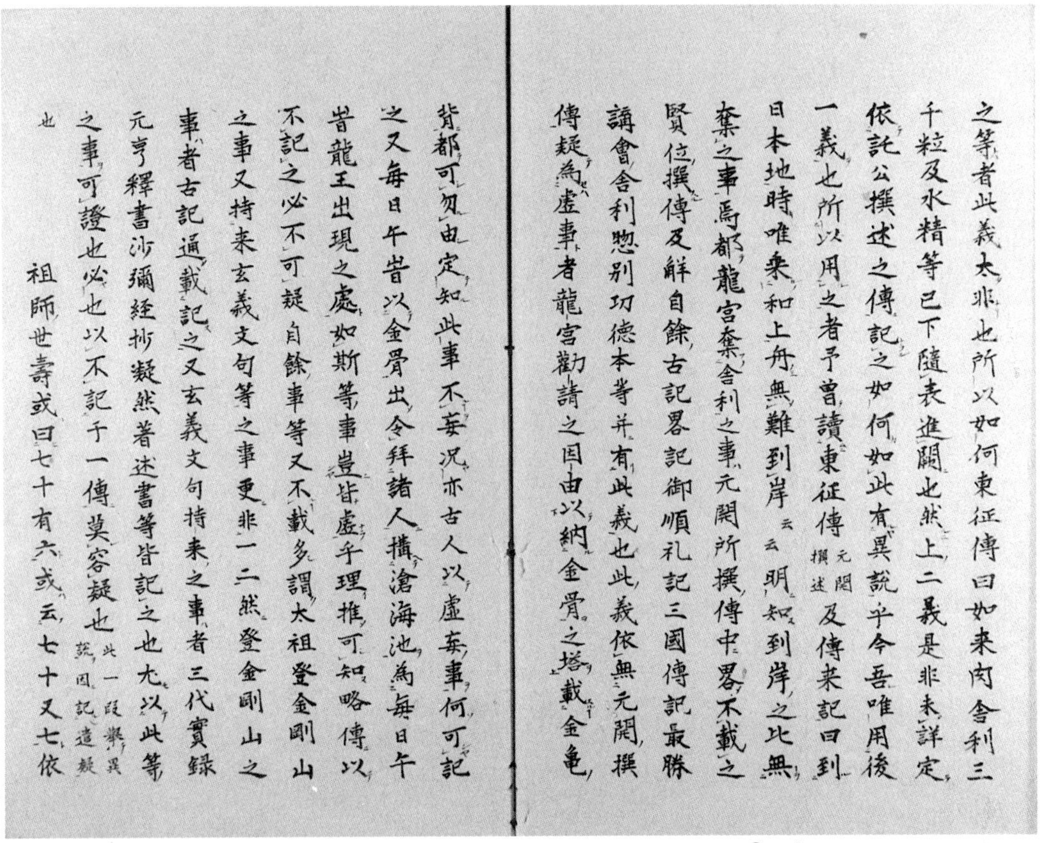

⑤26オ　⑤25ウ

之等トハ者、此義太タ非ナリ也。所以如何。東征伝曰、如来肉舎利三千粒及水精等已下、随レ表進レ闕ニ也。然ルニ上ノ二義、是非未レタ詳。定テ依テ二託公撰述之伝一ニ記レナラン之。如何カ如レ此有二ルヤ異説一乎。今吾レ唯用二後一義一ヲ也。所二以用一レル之者、予曽テ読ムニ二東征伝元開撰述、及伝来記一、曰、到二ル日本地一時キ、唯乗二ルノ和上一舟ノミ無レシテ難到レ岸云云。明ニ知ヌ、到岸ノ之比無二コトヲ奪一レ之事一焉。都テ龍宮奪二フノ舎利一之事ハ、元開所撰ノ伝中ニ略シテ不レ載レ之、賢位ノ撰スル伝及解・自余ノ古記・略記・御順礼記・三国伝記・最勝講会ノ舎利惣別功徳本等、并ニ有二リ此義一也。此ノ義依レ無二元開ノ撰伝一、疑テ為二セハ虚事一ト者、龍宮勧請之因由、以テ下納ル二金骨一ヲ之塔上ヲ、載二スルコト金亀ノ

⑤25ウ

背一ニ、都テ可レシ勿レル由シ。定テ知ル此事不レルコトヲ妄。況ヤ亦、古人以二テ虚妄ノ事一ヲ、何ソ可レンシヤ記レ之。又毎日午時、以二テ金骨一出シテ令レ拝二諸人一ニ、構二ヘテ滄海池一ヲ、為二毎日午時龍王出現之処一ト、如レ斯等ノ事、豈ニ皆ナ虚ナラ一ンヤ乎。理リ推シテ可レシ知ヌ。略伝ニ以テレ不レ記レ之、必不レ可レ疑。自余ノ事等、又不レルコト載多シ。謂ク太祖登金剛山之事、又持二来玄義文句等一之事、更ニ非二一二一。然ニ登金剛山之事ハ者、古記通シテ載二記ス之一。又玄義文句持来ノ之事ハ者、三代実録・元亨釈書・沙弥経抄・凝然著述書等、皆記レ之也。尤モ以二テ此等ノ之事一ヲ可レ証也。必ヤ也、以レ不レ記二于一伝一ニ、莫レ容レ疑也。此一段、挙二テ異説一ヲ、因ニ記二ル遺疑一也。

祖師ノ世寿、或ハ曰二ヒ七十有六一ト、或ハ云二フ七十又七一ト。依

⑤26オ

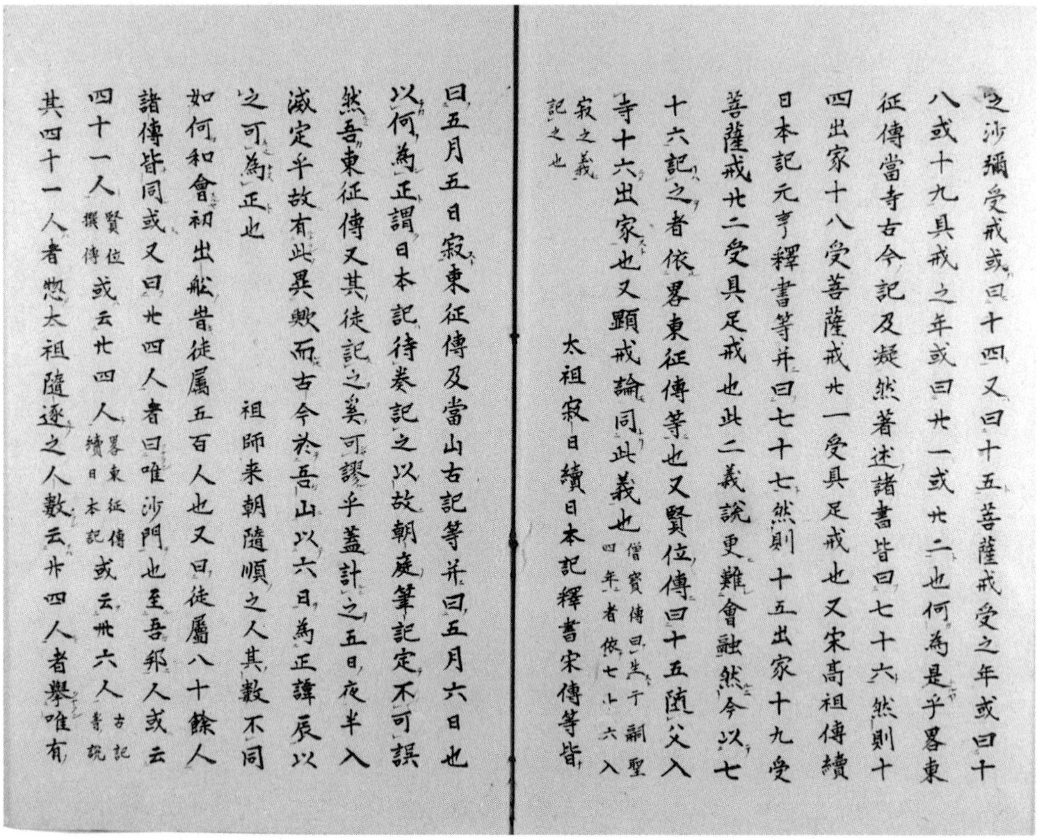
之沙彌受戒或曰十四又曰十五菩薩戒受之年或曰十
八或十九具戒之年或曰廿一或廿二也何為是乎畧東
征傳當寺古今記及凝然著述諸書皆曰七十六然則十
四出家十八受菩薩戒廿一受具足戒也又宋高祖傳續
日本記元亨釋書等并曰七十七然則十五出家十九受
菩薩戒廿二受具足戒也此二義説更難會融然今以七
十六記之者依畧東征傳等也又賢位傳曰十五随父入
寺十六出家也又顯戒論同此義也 僧寶傳曰生于嗣聖四年者依七十六入
寂之義
記之也
太祖寂日續日本記釋書宋傳等皆
曰五月五日寂東征傳及當山古記等并曰五月六日也
以何為正謂日本記待奏記之以故朝庭筆記定不可誤
然吾東征傳又其徒記之奚可謬乎蓋計之五日夜半入
滅定乎故有此異歟而古今於吾山以六日為正諱辰以
之可為正也 祖師来朝随順之人其數不同
如何和會初出船皆徒屬五百人也又曰徒屬八十餘人
諸傳皆同或又曰廿四人者曰唯沙門也至吾邦人或云
四十一人 賢位撰傳 或云廿四人 畧東征傳續日本記 或云卅六人 古記等説
其四十一人者惣太祖随遂之人數云廿四人者舉唯有

⑤27オ　⑤26ウ

レ之沙弥受戒、或ハ曰二十四一ト、又ハ曰二十五一ト。菩薩戒受之年、或曰二十
八、或十九一。具戒之年、或曰二廿一、或廿二一ト也。何カ為是ナルヤ乎。略東
征伝・当寺古今ノ記及凝然著述ノ諸書、皆曰二フ七十六一ト。然則十
四出家、十八受菩薩戒、廿一受具足戒也。又宋高祖伝・続
日本記・元亨釈書等、并ニ曰二フ七十七一ト。然則十五出家、十九受
菩薩戒、廿二受具足戒也。此二義説更ニ難二シ会融一。然ルニ今以テ二七
十六一記コトハレ之ヲ者、依ル二略東征伝等ニ一也。又賢位ノ伝ニ曰二十五随レ父入
レ寺十六ニシテ出家一スト也。又顕戒論モ同ナリ二此義一也。 僧宝伝、曰レフ生スト二于嗣聖四年ニ一者、依テ二七十六入寂之義ニ一記レ之也。
太祖寂日、続日本記・釈書・宋伝等、皆ナ
曰二フ五月五日寂一スト。東征伝及当山古記等、并ニ曰二フ五月六日也。
以テカレ何ヲ為スレ正ト。謂ク日本記ハ待レ奏記レ之。以ノ故ニ朝庭ノ筆記定テ不レ可レ誤。
然ルニ吾カ東征伝又其ノ徒記スレ之ヲ。奚ソ可シヤレ謬ル乎。蓋シ計レルニ之ヲ、五日ノ夜半入
滅定乎。故ニ有ルナラン二此ノ異一歟。而レトモ古今於テ二吾カ山ニ一、以テ二六日ヲ一為二正諱辰一。以
レ之可キ也レ為スレ正ト也。
祖師来朝随順ノ之人、其ノ数不レ同。
如何カ和会スルヤ。初出船ノ時キ、徒属五百人也。又曰二フ徒属八十余人一。
諸伝皆ナ同シ。或又曰二廿四人一者、曰二フナラン唯沙門一ヲ也。至ル二吾カ邦ニ一人、或ハ云二
四十一人一ト、賢位撰伝。或ハ云二廿四人一ト、略東征伝・続日本記。或ハ云二フ卅六人一。古記等ノ説。
其四十一人ハ者、惣シテ太祖随逐スルノ之人数ナラン。云フハ二廿四人一ト者、挙ニクヤラン唯有ノ

⑤27オ　⑤26ウ

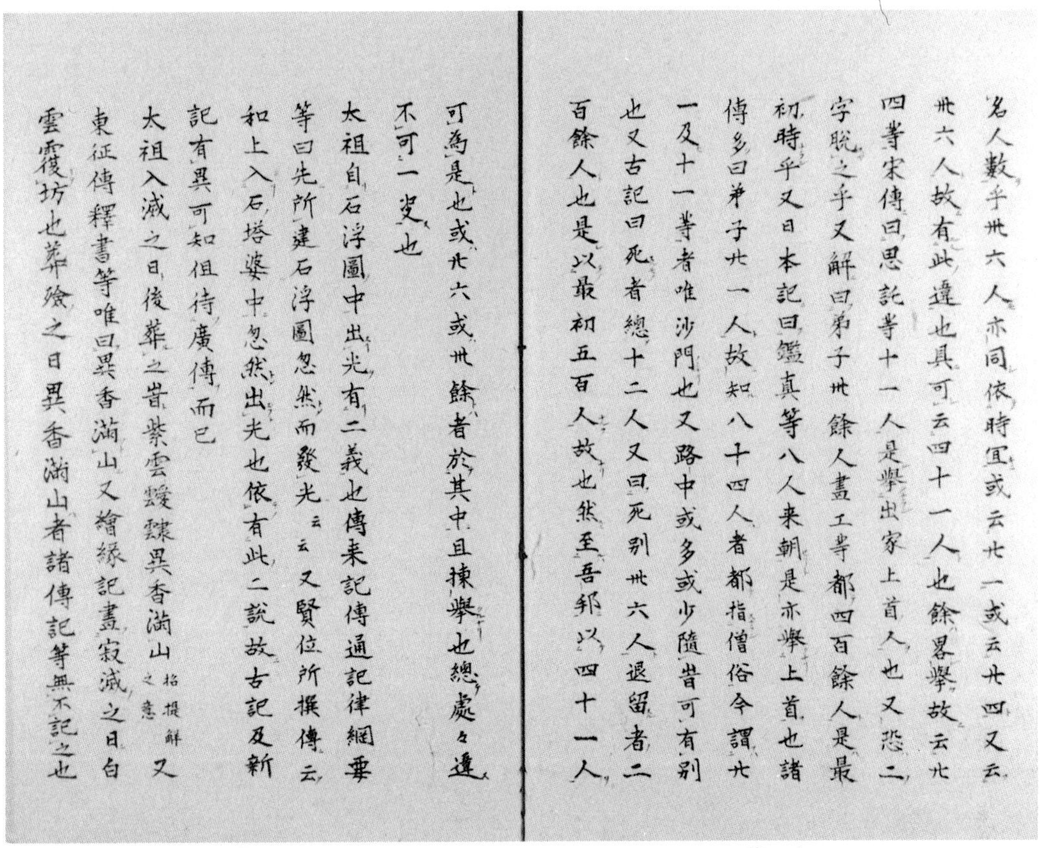

⑤28オ　⑤27ウ

レ名人数一ヲ乎。卅六人モ亦同シ。依二テ時宜一キニ、或云二廿一一、或云二廿四一ト、又云フ二
卅六人一ト。故ニ有二ル也此ノ違一也。具ニ可レシ云二四十一人一ト也。余ハ略シ挙カ故ニ云二廿
四等一。宋伝ニ曰二フ思託等十一人一。是レ挙二クナラン出家上首ノ人一ヲ也。又恐ハ二ノ
字脱レスヤ之乎。又解ニ曰二フ弟子卅余人・画工等都テ四百余人一ト。是ハ最
初ノ時ナラン乎。又日本記ニ曰二フ鑑真等八人来朝一セリト。是亦挙二クナリ上首一ヲ也。諸
伝多ク曰、弟子廿一人一ト。故ニ知ル八十四人ハ者、都テ指二スナラン僧俗一。今謂二フハ廿
一及ヒ十一等一者、唯沙門ノミナリ也。又路中或多或少、随レ時可レ有レ別
也。又古記曰、死スルモノ者総シテ十二人、又曰二フ死別卅六人一ト、退留スル者ノ二
百余人一ト也。是レ以二テノ最初五百人一ナルヲ故ナリ也。然ルニ至二ルハ吾邦一ニ、以二テ四十一人一ヲ



可レ為レ是ト也。或ハ廿六、或ハ卅余トハ者、於二テ其中一ニ且揀挙クルナリ也。総テ処々違ス。
不レ可二一決一ス也。
太祖自二リ石浮図ノ中一出レスコト光ヲ、有二リ二義一也。伝来記・伝通記・律綱要
等曰、先ニ所レ建石浮図、忽然トシテ而発レ光 云云。又賢位所撰伝ニ云ク、
和上入二リ石ノ塔婆中一ニ、忽然トシテ出一玉フト光也。依レテノ有二此ノ二説一故ニ、古記及新
記有レ異。可レ知、但待二ツ広伝一ヲ而已。
太祖入滅之日ト後葬レル之時ト、紫雲靉靆、異香満レ山。招提解之意。又
東征伝・釈書等、唯曰二フ異香満レツト山ニ。又絵縁記画二ク寂滅ノ之日一ニ白
雲覆レコトヲ坊也。葬殮ノ之日、異香満山ハ者、諸伝記等無レ不レ記レ之也。

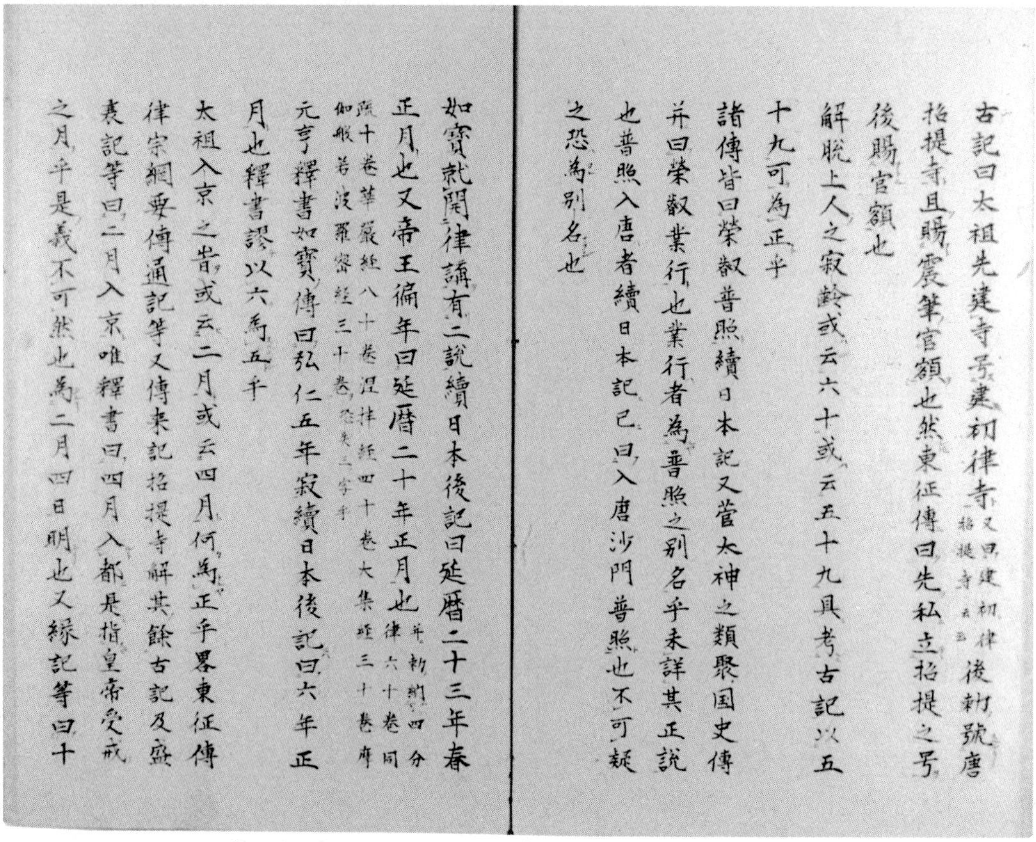

⑤29オ ⑤28ウ

古記曰、太祖先建レ寺号ス二建初律寺ト一。又曰フ二建初律招提寺一云。後勅シテ号スルナリ二唐招提寺ト一。且ツ賜フト二震筆ノ官額ヲ一也。然レトモ東征伝ニ曰ク、先ツ私ニ立テ二、招提之号ヲ一、後賜フト也二官額一也。

解脱上人ノ之寂齢、或ハ云二六十一、或ハ云二五十九一。具ニ考ルニ二古記一、以二五十九一可カレ為レ正ト乎。

諸伝皆曰二栄叡・普照一ト。続日本記、又菅太神之類聚国史伝、并ニ曰フ二栄叡・業行一ト也。業行ハ者、為ルヤ二普照之別名一乎。未レ詳二其正説一也。普照入唐ハ者、続日本記ニ已ニ曰フ二入唐沙門普照一ト也。不レ可レ疑レ之。恐ハ為《コレ》別名ナラン也。

如宝就レ開二律講ヲ一有リ二一説一。続日本後記曰延暦二十三年春正月也。又帝王偏年曰二延暦二十年正月一也。并ニ勅シテ納ム二四分律六十巻・同疏十巻・華厳経八十巻・涅拌経四十巻・大集経三十巻・摩伽般若波羅密経三十巻ヲ一。恐失三ノ字乎。

元亨釈書如宝ノ伝、曰フ二弘仁五年寂一。続日本後記ニハ曰フ二六年正月ト一也。釈書謬テ以レ六ヲ為スルナランレ五ト乎。

太祖入京之時ヲ、或云ヒ二二月ト一、或云二四月ト一。何カ為ナルヤレ正乎。略東征伝・律宗綱要・伝通記等、又伝来記・招提寺解・其ノ余古記及盛衰記等曰フ二二月入京ト一。唯釈書曰フ二四月入ルトレ都ニ一。是レ指スヤ二皇帝受戒ノ之月ヲ一乎。是ノ義不レ可レ然也。為タルコト二二月四日一明ナリ也。又縁記等曰フ三十

⑤29オ ⑤28ウ

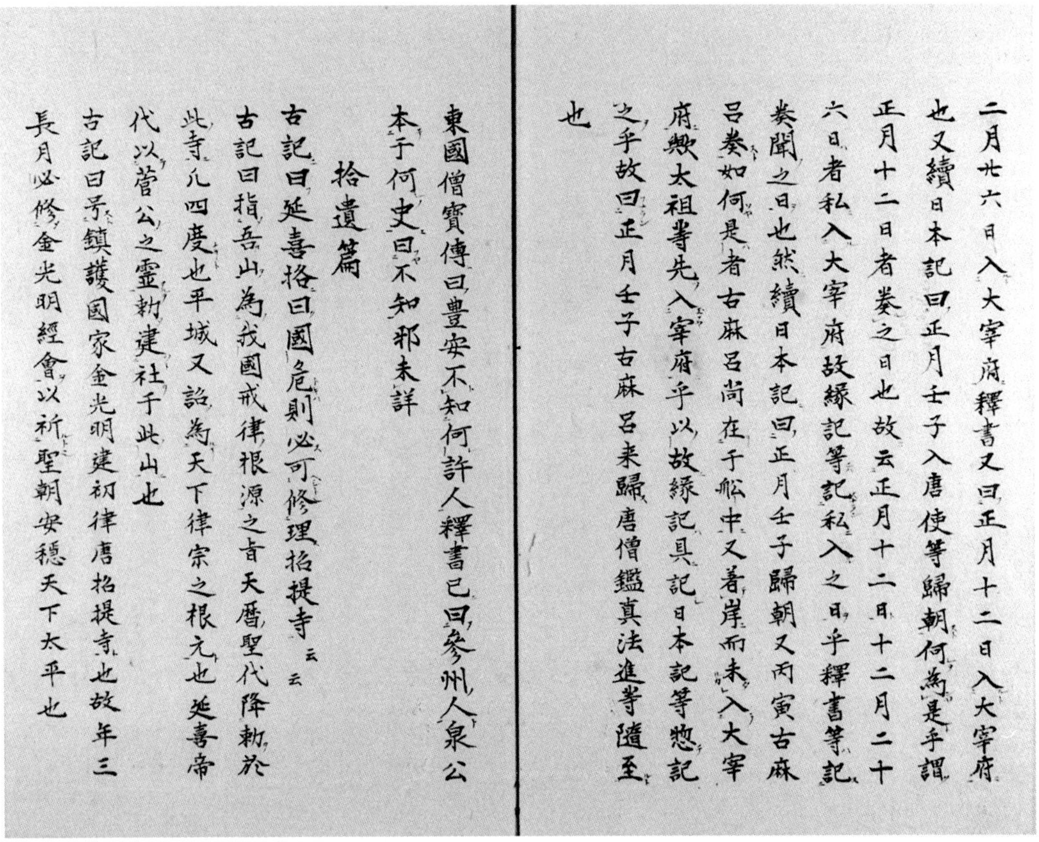
二月廿六日入大宰府釋書又曰正月十二日入大宰府
也又續日本記曰正月壬子入唐使等歸朝何為是乎謂
正月十二日者奏之日也故云正月十二日十二月二十
六日者私入大宰府故縁記等記私入之日乎釋書等記
奏聞之日也然續日本記曰正月壬子歸朝又丙寅古麻
呂奏如何是者古麻呂尚在于船中又着岸而未入大宰
府歟太祖等先入宰府乎以故縁記具記日本記等惣記
之乎故曰正月壬子古麻呂来歸唐僧鑑真法進等随至
也

東國僧寶傳曰豊安不知何許人釋書已曰參州人泉公
本于何史曰不知邪未詳
拾遺篇
古記曰延喜格曰國危則必可修理招提寺云云
古記曰指吾山為我國戒律根源之旨天暦聖代降勅於
此寺凡四度也平城又詔為天下律宗之根元也延喜帝
代以菅公之靈勅建社于此山也
古記曰号鎮護國家金光明建初律唐招提寺也故年三
長月必修金光明經會以祈聖朝安穩天下太平也

⑤30オ　⑤29ウ

二月廿六日入二ルト大宰府一ニ。釈書又曰二フ正月十二日入二ルト大宰府一ニ也。又続日本記曰二フ正月壬子入唐使等帰朝一スト。何レヲ為レンヤ是ト乎。謂ク正月十二日者、奏レル之日也。故云二正月十二日一ト。十二月二十六日ハ者、私ニ入二ル大宰府一。故縁記等ニハ記二スナラン私ニ入ル之日一ヲ乎。釈書等ハ記二ス奏聞ノ之日一ヲ也。然ニ続日本記ニ曰二フ正月壬子帰朝、又丙寅古麻呂奏一スト如何ソヤ。是ハ者、古麻呂尚在二リ于船中一ニ、又着レテ岸ニ而未レタ入二ラ大宰府一ニ歟。太祖等先ッ入二玉フヤ宰府一ニ乎。以ノ故ニ縁記ハ具ニ記シ、日本記等惣テ記レ之ヲ乎。故曰二フナラン正月壬子古麻呂来帰ス、唐僧鑑真・法進等随至一ルト也。

⌊⑤29ウ

東国僧宝伝ニ曰ク、豊安不レト知二何レ許人一。釈書已ニ曰二フ参州ノ人一ト。泉公本二テ于何レノ史一ニ曰二フヤ不知一邪、未レ詳。

## 拾遺篇

古記ニ曰フ、延喜格ニ曰ク、国危トキハ則必ス可三ヘシト也修二理ス招提寺一云云。

古記曰、指二シテ吾カ山一ヲ、為二ノ我国戒律ノ根源一之旨、天暦ノ聖代降二勅ヲ於此ノ寺一ニ、凡四度ナリト也。平城又詔シテ為二ルコト天下律宗之根元一ト也。延喜帝代以二テ菅公ノ之霊一アルヲ、勅シテ建二ツト社ヲ于此ノ山一ニ也。

古記曰、号二スト鎮護国家金光明建初律唐招提寺一ト也。故年三長月、必修二シテ金光明経会一ヲ、以祈二ルト也聖朝安穏天下太平也。

⌊⑤30オ

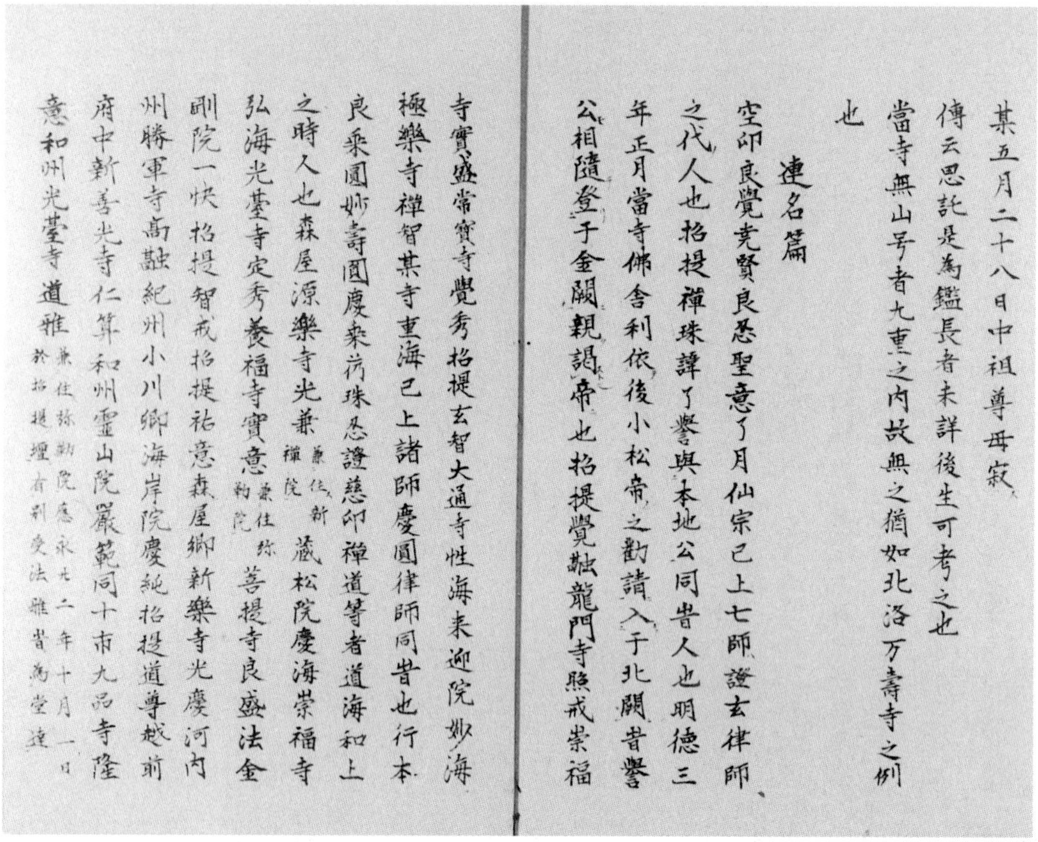

⑤31オ　⑤30ウ

某五月二十八日、中祖尊母寂ス。
伝云、思託是為鑑長者、未詳。後生可考之也。
当寺無山号者、九重之内故無之。猶如北洛万寿寺之例
也。

## 連名篇

空印・良覚・堯賢・良忍・聖意・了月・仙宗、已上七師ハ証玄律師
之代ノ人也。招提禅珠諱了誉、与二本地公一同時人也。明徳三
年正月、当寺仏舎利、依テ二後小松帝ノ之勧請一ニ入玉フ二于北闕一ニ時、誉
公モ相随テ登リ二于金闕一ニ、親ク謁ストレ也帝ニ也。招提覚融・龍門寺照戒・崇福

⑤30ウ

寺実盛・常宝寺覚秀・招提玄智・大通寺性海・来迎院妙海・
極楽寺禅智・某寺重海、已上諸師慶円律師同時也。行本・
良乗・円妙・寿円・慶乗・芿珠・忍証・慈印・禅道等者、道海和上
之時人也。森屋源楽寺光兼 兼二住ス新禅院一。・蔵松院慶海・崇福寺
弘海・光台寺定秀・養福寺実意 兼二住弥勒院一。・菩提寺良盛・法金
剛院一快・招提智戒・招提祐意・森屋郷新楽寺光慶・河内
州勝軍寺高融・紀州小川卿海岸院慶純・招提道尊・越前
府中新善光寺仁算・和州霊山院厳範・同十市九品寺隆
意・和州光台寺道雅 兼二住ス弥勒院一。応永廿二年十月一日、於招提ノ壇ニ有二別受法。雅時ニ為二堂達一。

⑤31オ

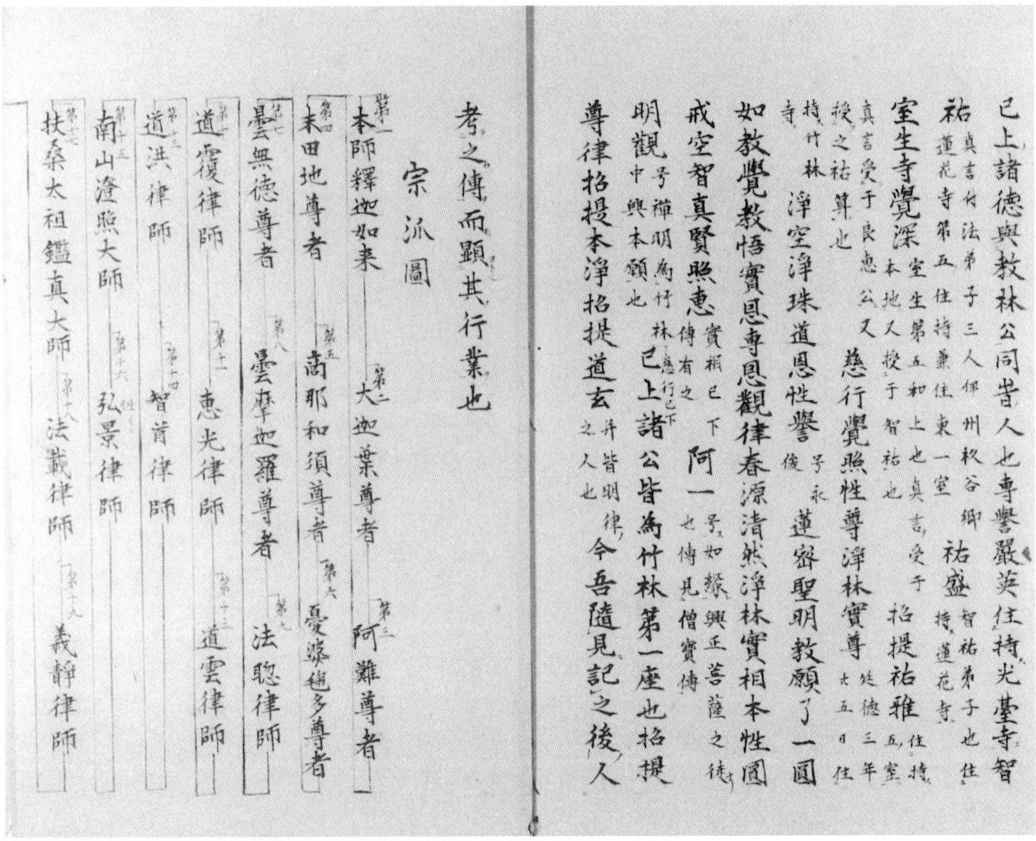

⑤32オ　⑤31ウ

已上ノ諸徳、与二教林公一同時ノ人也。専誉・厳英住二持ス光台寺一二。智祐 真言付法弟子三人。伊州杉谷郷蓮花寺第五ノ住持。兼住東一室。・祐盛 智祐弟子也。住二持ス蓮華寺一二。室生寺覚深 室生第五和上也。真言ヲ受于本地一二。又授二于智祐一也。・招提祐雅 住二持ス五ノ室一二。真言受二ク于良恵公一二。又授二ク之祐算一二也。・慈行・覚照・性尊・浄林・実尊 延徳三年廿五日、住二持ス竹林寺一二。・浄空・浄珠・道恩・性誉 号永俊。・蓮密・聖明・教願・了一・円如・教覚・教悟・実恩・専恩・観律・春源・清然・浄林・実相・本性・円戒・空智・真賢・照恵 実相已下、伝有之。・阿一 号二ス如縁一ト。興正菩薩之徒ナリ也。伝見二僧宝伝一。明観 号禅明。為二竹林中興本願一也。慈行已下已上諸公、皆為竹林第一座也。招提尊律・招提本浄・招提道玄 并皆明律ノ之人也。今吾随レ見ニ記レ之。後ノ人考二テ之カ伝一ヲ、而モ顕二ヨト也其ノ行業一ヲ也。



## 宗派図

第一 本師釈迦如来 — 第二 大迦葉尊者 — 第三 阿難尊者
第四 末田地尊者 — 第五 商那和須尊者 — 第六 憂婆毱多尊者
第七 曇無徳尊者 — 第八 曇摩迦羅尊者 — 第九 法聡律師
第十 道覆律師 — 第十一 恵光律師 — 第十二 道雲律師
第十三 道洪律師 — 第十四 智首律師
第十五 南山澄照大師 — 第十六 恒イニ 弘景律師
第十七 扶桑太祖鑑真大師 — 第十八 法載律師 — 第十九 義静律師

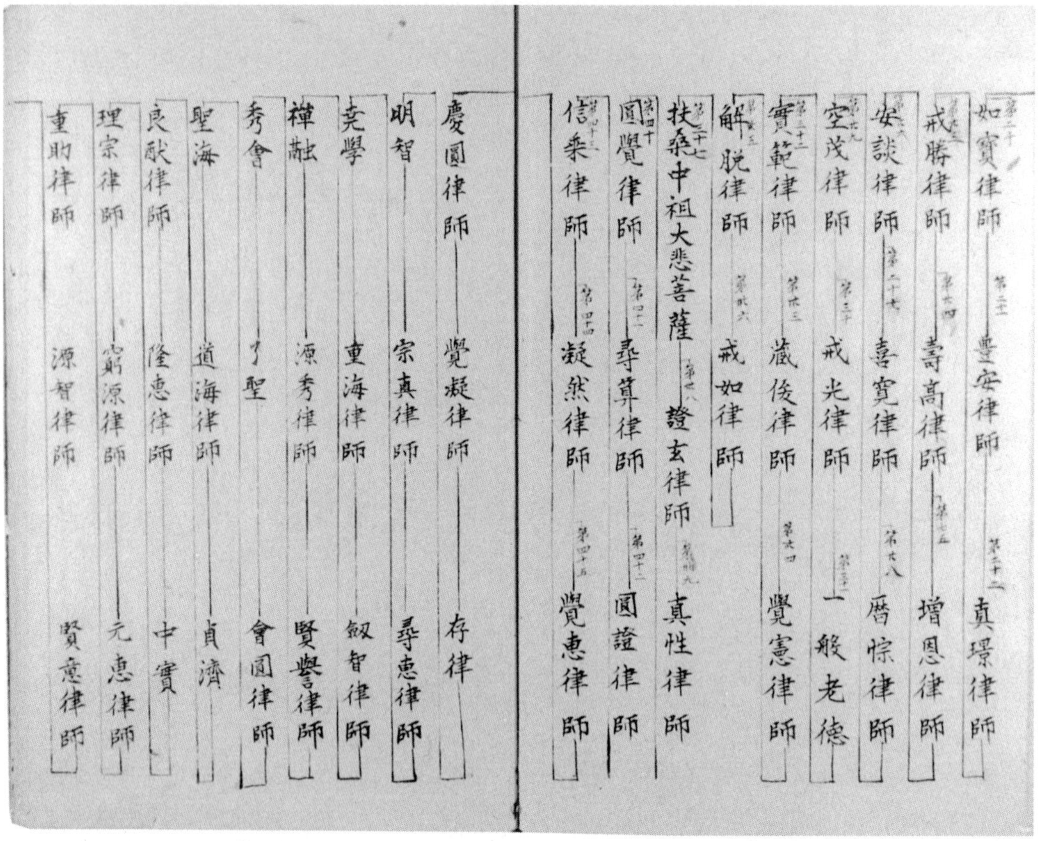

⑤33オ　⑤32ウ

第二十 如宝律師 — 第二十一 豊安律師 — 第二十二 真璟律師
第廿三 戒勝律師 — 第廿四 寿高律師 — 第廿五 増恩律師
第廿六 安談律師 — 第二十七 喜寛律師 — 第廿八 暦悰律師
第廿九 空茂律師 — 第三十 戒光律師 — 第三十一 一般老徳
第三十二 実範律師 — 第卅三 蔵俊律師 — 第卅四 覚憲律師
第卅五 解脱律師 — 第卅六 戒如律師
第三十七 扶桑中祖大悲菩薩 — 第卅八 証玄律師 — 第卅九 真性律師
第四十 円覚律師 — 第四十一 尋算律師 — 第四十二 円証律師
第四十三 信乗律師 — 第四十四 凝然律師 — 第四十五 覚恵律師

⑤32ウ

慶円律師 — 覚凝律師 — 存律
明智 — 宗真律師 — 尋恵律師
尭学 — 重海律師 — 剣智律師
禅融 — 源秀律師 — 賢誉律師
秀会 — 了聖 — 会円律師
聖海 — 道海律師 — 貞済
良猷律師 — 隆恵律師 — 中実
理宗律師 — 窮源律師 — 元恵律師
重助律師 — 源智律師 — 賢意律師

⑤33オ

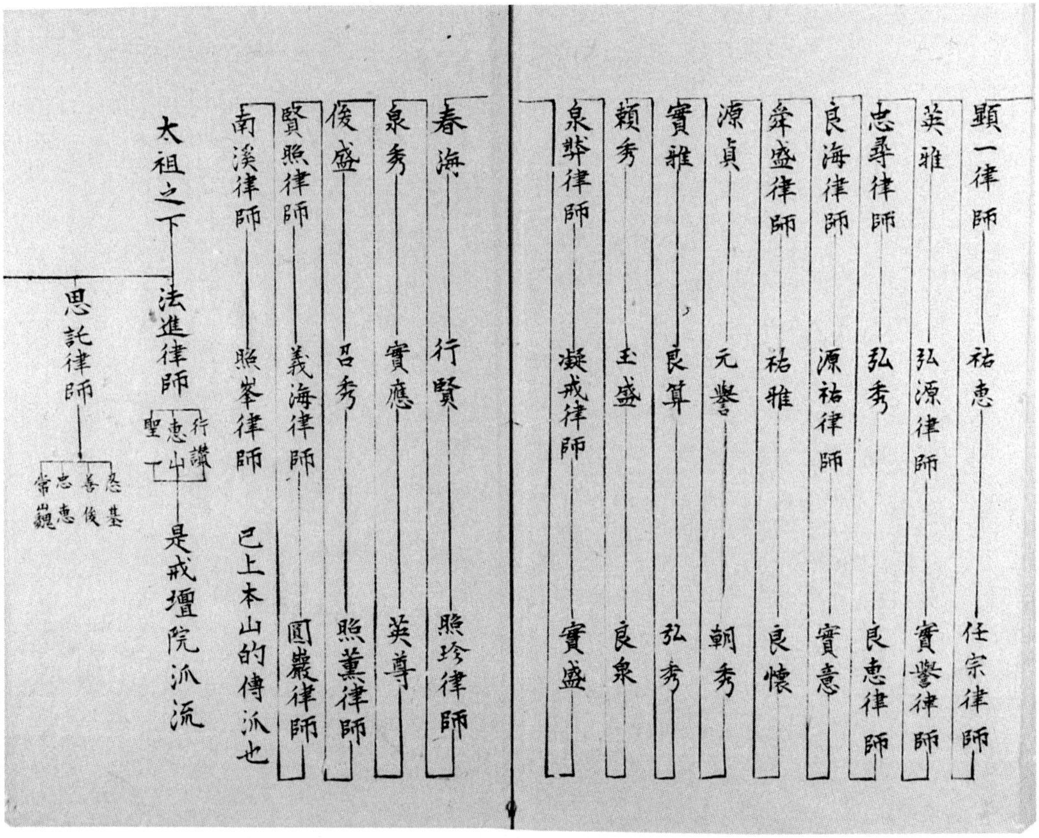

⑤34オ　⑤33ウ

顕一律師―祐恵―任宗律師
英雅―弘源律師―実誉律師
忠尋律師―弘秀―良恵律師
良海律師―源祐律師―実意
舜盛律師―祐雅―良懐
源貞―元誉―朝秀
実雅―良算―弘秀
頼秀―玉盛―良泉
泉奘律師―凝戒律師―実盛
春海―行賢―照珍律師
泉秀―実応―英尊
俊盛―召秀―照薫律師
賢照律師―義海律師―円巌律師
南渓律師―照峯律師
已上本山的伝派也

太祖之下
法進律師（行讃・恵山・聖一）―是戒壇院派流
思託律師（忍基・善俊・忠恵・常巍）

⑤34オ　⑤33ウ

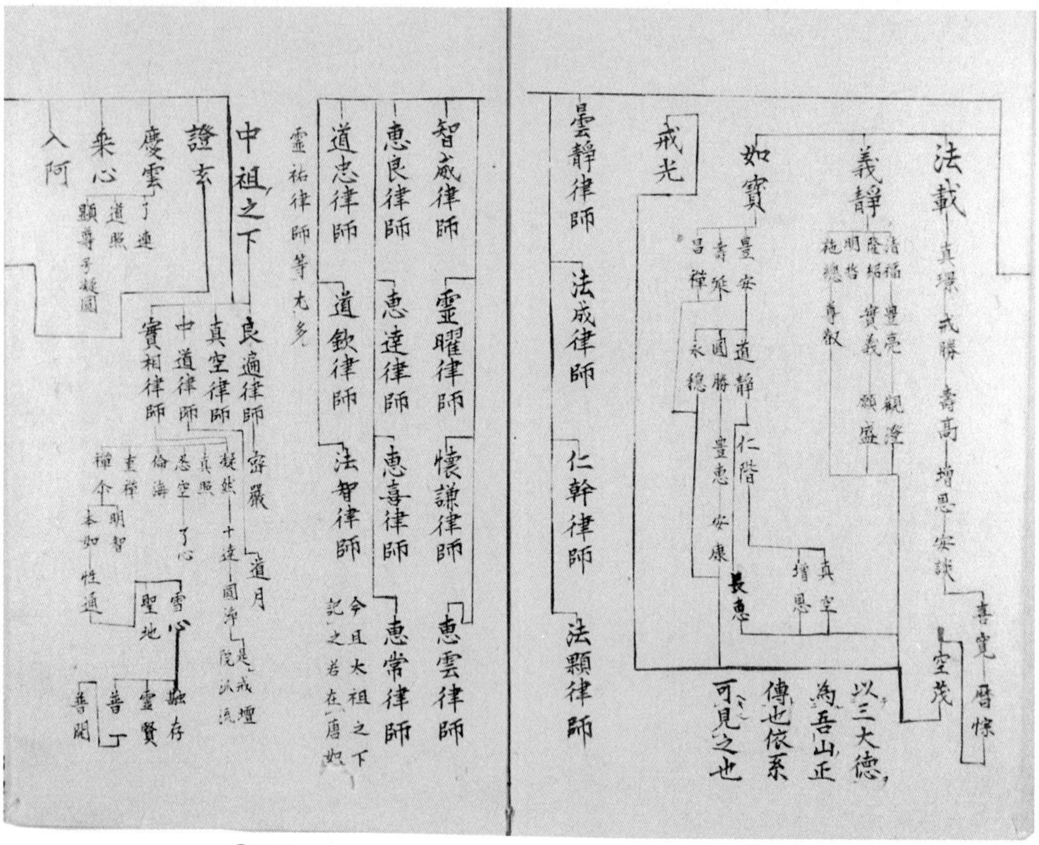

⑤35オ　⑤34ウ

曇静律師 — 法成律師 — 仁幹律師 — 法顆律師

戒光

如宝
豊安 — 道静 — 仁階 — 真空
寿延 — 円勝 — 豊恵 — 安康
昌禅 — 永隠
増恩
長恵

義静
清福 — 豊亮 — 観澄
隆紹 — 実義 — 願盛
明哲
施総 — 尊叡

法載 — 真璟 — 戒勝 — 寿高 — 増恩 — 安談 — 喜寛 — 暦悰
空茂

以二テ三大徳一ヲ
為二ル吾山ノ正
伝一ト也。依系
可レヘキ也見レ之也。

智威律師 — 霊曜律師 — 懐謙律師 — 恵雲律師

恵良律師 — 恵達律師 — 恵喜律師 — 恵常律師

道忠律師 — 道欽律師 — 法智律師

今且太祖之下
記レ之。若在ハ唐如ニキ

霊祐律師等一尤多シ。

中祖ノ之下
良遍律師 — 密厳 — 道月
真空律師 — 凝然 — 十達 — 円浄 — 是レ戒壇院派流
真照
忍空 — 了心
中道律師
倫海
重禅 — 明智
禅尓 — 本如 — 性通
実相律師 — 雪心 — 聖地
融存
霊賢
普一
普開

証玄

慶雲
了連
道照
顕尊号凝円

乗心

入阿

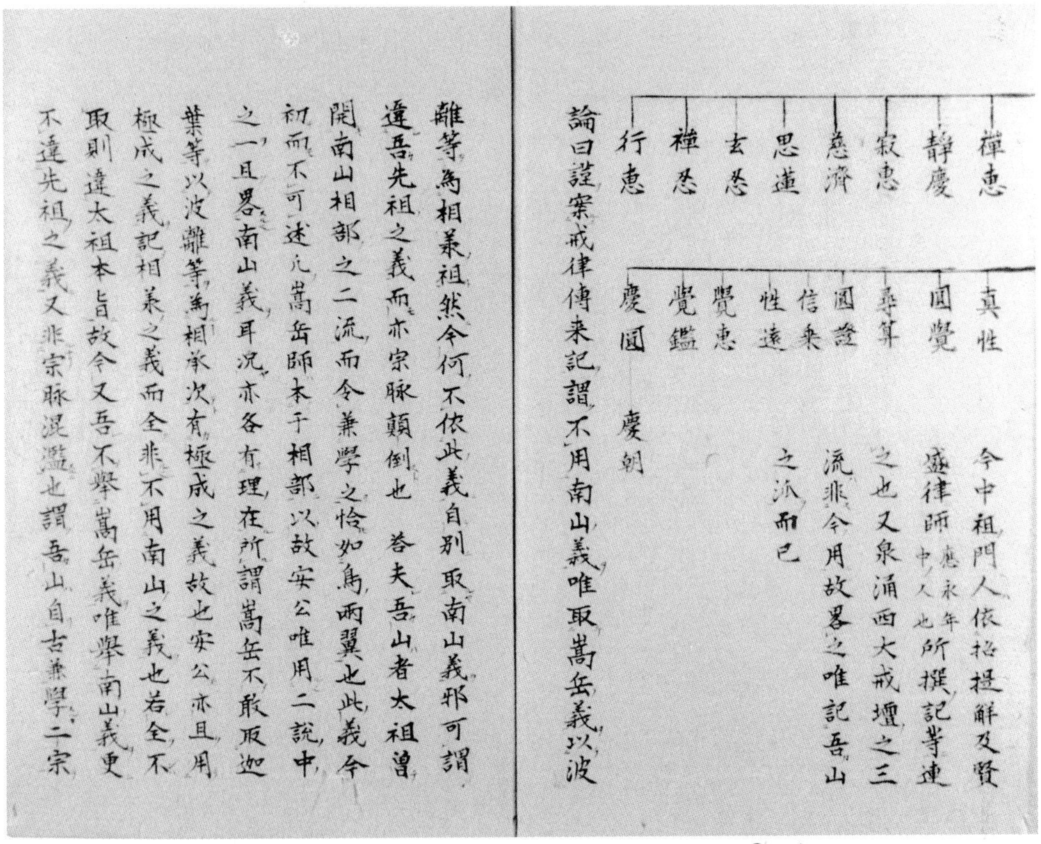

⑤36オ　⑤35ウ

- 禅恵
- 静慶
- 寂恵
- 慈済
- 思蓮
- 玄忍
- 禅忍
- 行恵

- 真性
- 円覚
- 尋算
- 円証
- 信乗
- 性遠
- 覚恵
- 覚鑑
- 慶円—慶朝

今中祖ノ門人ハ、依二招提解及賢盛律師（応永年中ノ人也。）所撰ノ記等ニ一連レ之也。又泉涌・西大・戒壇ノ之三流ハ、非スニ二今ノ用ニ一。故略レ之。唯記二吾カ山之派ヲ一而已。

論曰、謹テ案ルニ二戒律伝来記ヲ一、謂ク不レ用二南山ノ義ヲ一、唯取テ二嵩岳ノ義ヲ一、以テ二波離等ヲ一為二相承ノ祖ト一。然ニ今何ソ不レ依二此ノ義ニ一、自ラ別ニ取ルヤ二南山義ヲ一邪。可レ謂違シ二吾カ先祖ノ之義一、而モ亦宗脈顚倒スト也。答、夫レ吾カ山ハ者、太祖曽テ開キ二南山・相部ノ之二流ヲ一、而令レ兼二学之ヲ一。恰トモ如二鳥ノ両翼一也。此ノ義今初テ而モ不レ可レ述。凡ソ嵩岳師ハ本ク二于相部ニ一。以ノ故安公唯用ル也二二説ノ中ノ之一ヲ一。且ク略スル也二南山義ヲ一耳。況ヤ亦各有リ二理ノ在ル一。所レル謂嵩岳不シテ三敢取二迦葉等ヲ一、以テ二波離等ヲ一為ルコト二相承次テト一、有カ二極成之義一故也。安公モ亦、且ク用テ二極成之義ヲ一、記シテ二相承ノ之義ヲ一、而全ク非ル也レ不レ用二南山ノ之義ヲ一也。若シ全ク不ンハレ取、則違二太祖本旨一ニ故、今又吾レ不シテレ挙二嵩岳ノ義ヲ一、唯挙二南山ノ義ヲ一。更ニ不レ違二先祖ノ之義一ニ。又非ルナリ二宗脈混濫スルニ一也。謂ク吾カ山ハ自リレ古兼二学スルカ一二宗ヲ一

⑤36オ　⑤35ウ

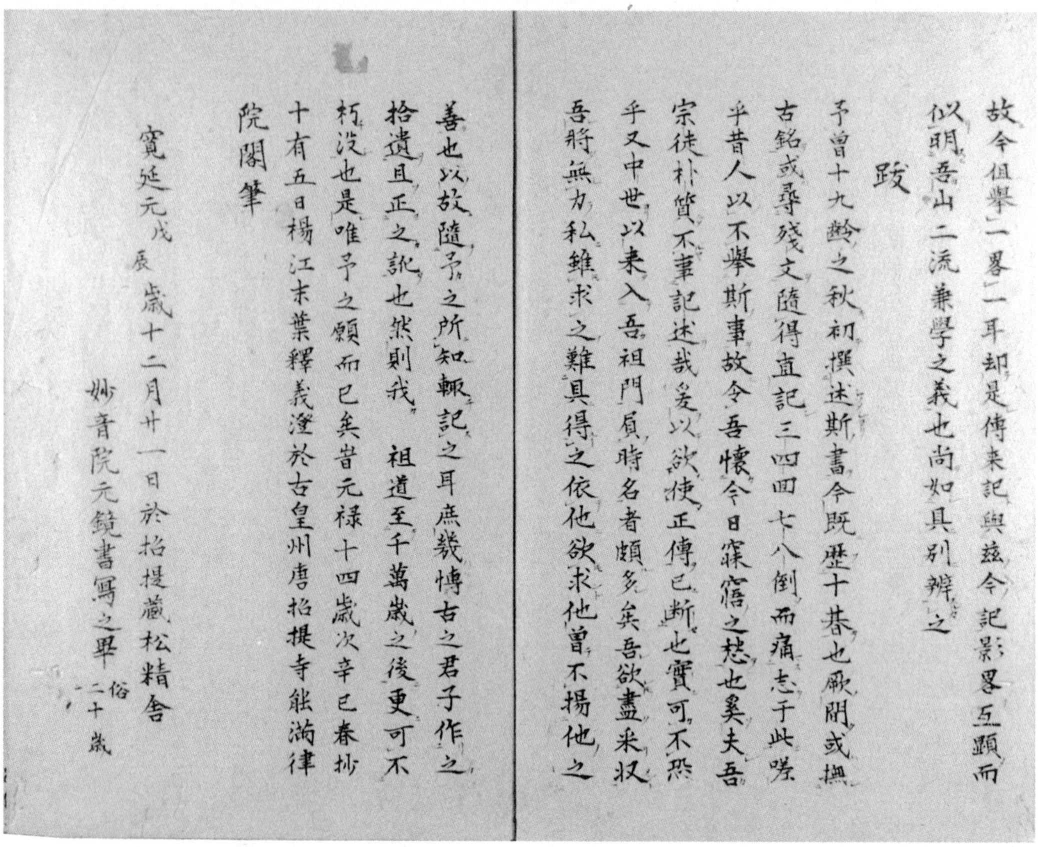

⑤37オ　⑤36ウ

故ニ、今但挙レ一略レ一耳。却テ是レ、伝来記ト与二茲ノ今ノ記一。影略互顕シテ而
似レリ明二スニ吾カ山二流兼学之義一也。尚ヲ如二シ具ニ別ニ弁レスルカ之。

### 跋

予曽十九年齢ノ之秋キ、初テ撰二述シソメシヨリ斯ノ書一ヲ、今既ニ歴二フ十暮一ヲ也。厥ノ間タ、或ハ撫二シ古銘一ヲ、或ハ尋二残文一ヲ、随レ得直記シ、三四回七八倒シテ而痛二マス志ヲ于此一ニ。嗟乎昔人、以レノ不レ挙二斯ノ事一ヲ故ニ、令レ吾懐二カ今日寐寤ノ之愁一ヲ也。奚ソ夫レ吾カ宗徒朴質ニシテ不レルヤ事二記述一ヲ哉。爰ヲ以テ欲下スント使シテ正伝一ヲ已ニ断上セ也。実ニ可レカ不レ恐乎。又中世ヨリ以来タ、入二テ吾カ祖門一ニ屭二フ時名一者、頗ル多シ矣。吾レ欲二レトモ尽ク采リ収一メント、吾レ将タ無レシ力ラ。私ニ雖レトモ求レ之ヲ難二具ニ得レルコト之。依レテ他ニ欲レトモ求ント、他曽テ不レ揚二他ノ之善一ヲ也。以ノ故ニ随二テ予カ之所レニ知ル、輒チ記レス之耳。庶幾ハ博古之君子、作二リ之カ拾遺一ヲ、且ツ正二ヨ之カ訛一ヲ也。然則、我カ　祖道至二テ千万歳ノ之後一ニ、更ニ可レ不二朽チ没一シ也。是レ唯予之願而已矣。時元禄十四歳次辛巳春抄十有五日、楊江末葉釈義澄、於古皇州唐招提寺能満律院閣筆。

寛延元戊辰歳十二月廿一日、於招提蔵松精舎、
妙音院元鏡書写之畢。俗二十歳。

⑤37オ　⑤36ウ

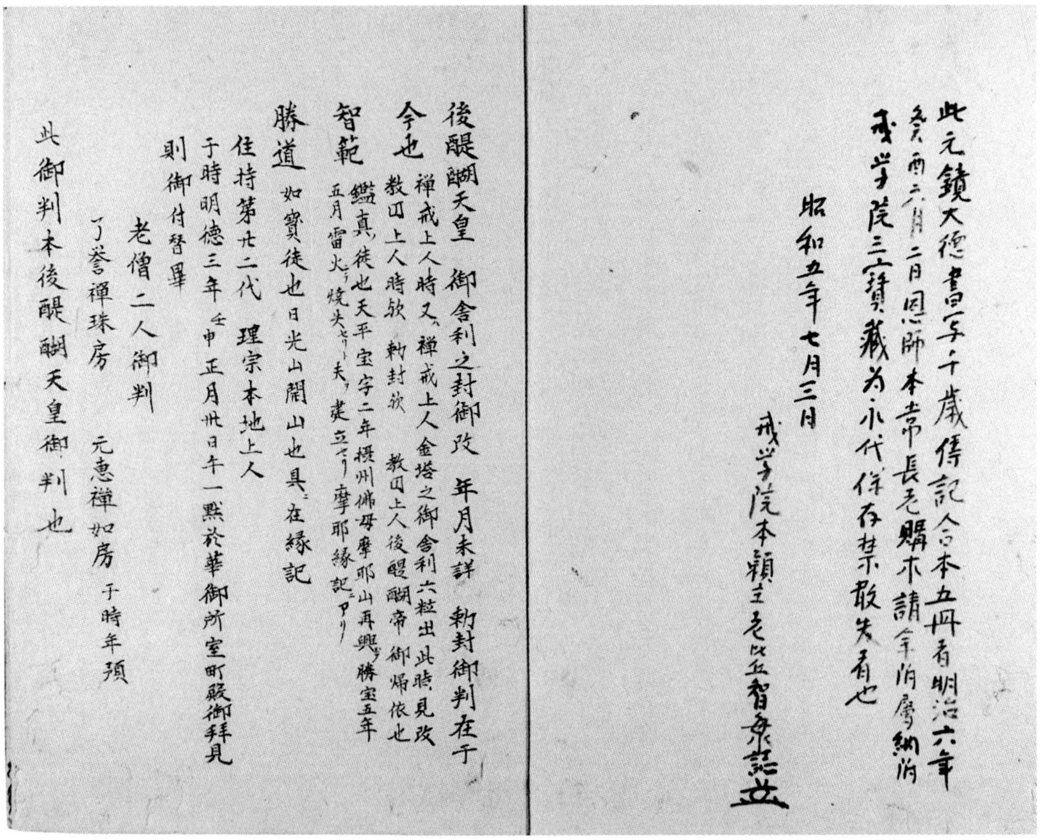

⑤38オ　⑤37ウ

★此元鏡大徳書写千歳伝記合本五冊者、明治六年
癸酉六月二日、恩師本常長老購求。請余附属、納附
戒学院三宝蔵。為永代保存、禁散失者也。

昭和五年七月三日

戒学院本願主老比丘智粲誌［花押］

⑤37ウ

後醍醐天皇　御舎利之封御改。年月未詳。勅封御判在于
今也。禅戒上人時、又ハ禅戒上人金塔之御舎利六粒出。此時見改。
教円上人時歟。　勅封歟。　教円上人、後醍醐帝御帰依也。

智範　鑑真ノ徒也。天平宝字二年、摂州仏母摩耶山再興玉フ。勝宝五年
五月、雷火ニテ焼失セリト。夫ヲ建立セリ。摩耶縁記ニアリ。

勝道　如宝徒也。日光山開山也。具ニ在縁記。

住持第廿二代　理宗本地上人
于時明徳三年壬申正月卅日午一點、於華御所室町殿御拝見。
則御付替畢。

老僧二人御判
了誉禅珠房　元恵禅如房　于時年預

此御判本、後醍醐天皇御判也。

⑤38オ

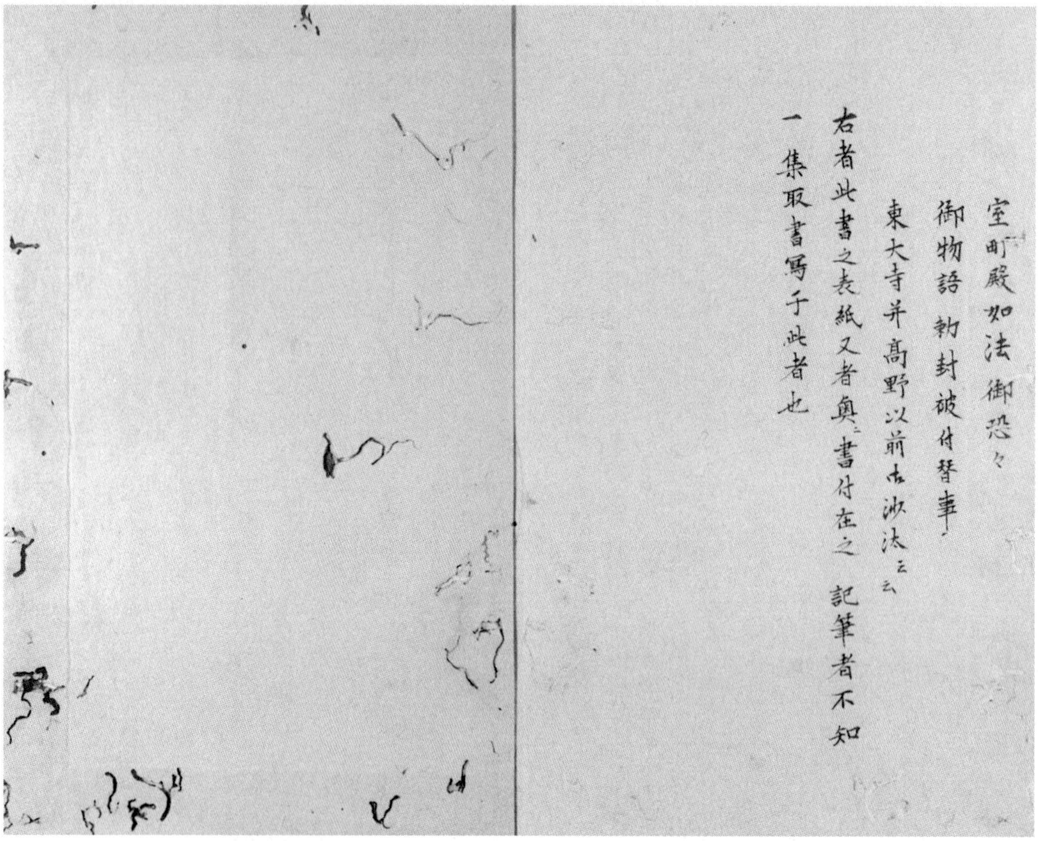
室町殿如法御恐々
御物語　勅封被付替事
東大寺并高野以前御沙汰云々
右者此書之表紙又者奥ニ書付在之　記筆者不知
一集取書写于此者也

⑤裏表紙見返　　⑤38ウ

室町殿如法御恐々

御物語　勅封被付替事、

東大寺并高野以前御沙汰云々。

右者、此書之表紙、又者奥ニ書付在之。　記筆者不知。

一集取、書写于此者也。

⑤裏表紙見返　　⑤38ウ

⑤裏表紙

⑤裏表紙

# 解題

## 1

釈義澄撰『招提千歳伝記』は、唐招提寺律宗の歴史を細叙した書で、律宗史籍としてもっとも尊重すべきものである。義澄の行実はほとんど明らかではないが、『招提千歳伝記』の序跋等によれば、義澄は唐招提寺山内の能満院に止住し、十九歳の秋に筆を執って以来、十年余の歳月をついやし、元禄十四年（一七〇一）春二月の仏涅槃日にようやくこれを一書に製したものである。

このたび『招提千歳伝記』を翻印公刊するにあたって、その底本を財団法人律宗戒学院所蔵の妙音院元鏡書写の五冊本に採った。この元鏡書写本は、その第五冊目の奥書によれば、寛延元年（一七四八）十二月二十一日、当時俗齢二十歳であった元鏡が唐招提寺蔵松精舎において写了したものという。歳若い青年僧の書写したものではあるが、謹直な筆体と書写ぶりから、おそらくその底本に忠実な姿勢と誠実な性格までも彷彿され、なにより後年の元鏡には『招提千歳伝記』に範を採った『千歳伝続録』の撰集があるなど、義澄自筆本の所在が不明な現在にあって翻印公刊の底本とするに相応しいものと思われる。

底本とした元鏡書写の五冊本は、いずれも縦二三・七糎、横一六・五糎ほどの袋綴装の冊子本で、表裏に紺色の紙表紙が付され、全冊が同体裁の装幀に仕立てられている。しかしこの紺表紙に付せられた題簽の書名筆跡は、楮紙の料紙に『招提千歳伝記』の本文を書写した元鏡の筆跡とは明らかに相違するから、装幀はともかく題簽の書名は後人が記したものと判断しうる。加えてこの題簽にはそれの貼付の際、あるいは書名等を書記するときに生じた手違いがあって、それが北川本常師によって朱字で訂されている。本常師はさらに題簽下に「壹」から「五」までの冊数目を朱書追記されているが、本常師もまた誤記した痕を残している。各冊表紙には「律宗戒學院圖書」の蔵票と洋数字を印判した書籍番号票が貼付され、第四冊目にのみ「め弐」の書籍番号票が貼付されている。また各冊の背には「共五」の墨書があり、第四冊目の裏表紙右下に意味不通の墨書があるが、ともに誰が記したものか明らかではない。さらに各冊表紙には本常師の筆跡で「明治六年癸酉／六月二日」「招提寺元弥勒院／應量坊本常求」と朱書され、また本文料紙には「東大寺知足院」「律宗戒學圖書」「大森」等の蔵印や諸種の書き込みがあって、あれこれ併わせ考えると、この元鏡書写本が五冊一具として伝来した経緯を窺知することができる。

すなわちこの元鏡書写五冊本は、寛延元年十二月二十一日、元鏡によって唐招提寺山内の蔵松精舎すなわち蔵松院で書写されて以後、いつのころからか東大寺知足院の所有となっていた。それを明治六年六月二日、当時唐招提寺第七十六世長老位にあった北川本常師が購い求めて唐招提寺応量坊に所蔵されたもので、それが大森覚明師（第七十九世長老）の所有となり、また北川智桀師（第八十世長老）の私有されるところとなった。さらに昭和五年七月三日、智桀師はこれをみずから主導して設立した財団法人律宗戒学院に寄贈され、それの経蔵である律宗戒学院三宝蔵経蔵に収められたのである。なお本文料紙に多数の書き込みがあり、またこのたびは翻印を割愛したが、袋綴装各冊の袋中には十数の雑記紙片が収められている。いずれも右の三師によるものであるが、そのほとんどは智粲師の筆跡であって、ここに律宗復興に不犯の生涯を尽された智粲師の修学と熱情の一端を垣間見ることができる。

2

『招提千歳伝記』の翻印公刊は過去すでに二度おこなわれている。それぞれ、「続々群書類従〈第十一宗教部〉」（明治四〇年二月、国書刊行会）、および「大日本仏教全書〈一〇五巻〉」（大正四年二月、仏書刊行会）に収載され、現今も両書はともに斯界に重用されていて、その学恩は量り知れない。

右の「続々群書類従」所収本がその底本にしたのは、「先年小杉博士の同寺につきて伝写せられしもの」だという。小杉博士は榲邨氏に相違なく、その小杉博士が書写のために閲覧された伝本には、翻印の内容から見て、奥書や識語などは記されていなかったもののようである。また「大日本仏教全書」所収本は、底本について解題するところはないが、翻印巻尾に、「文政五年壬午唐招提寺十如院行遍所携来東都八／町堀松屋町坂田清助持法忍菴同寺宝生院宝静比／丘之本以令書写之／龍肝」とあるから、これが龍肝の所持本を底本としたものと知られる。なおこの「大日本仏教全書」には、『招提千歳伝記』に続いて、元鏡撰『千歳伝続録』が翻印付載されているが、「仏書研究」（第七号、大正四年二月、仏書刊行会）には、これがともに律宗管長北川智粲師の所蔵本を底本とした旨の記載がある。

「国書総目録」には、東京国立博物館に「明治写」のもの、早稲田大学に「三巻」のもの、東京大学史料編纂所に「小杉榲邨蔵本写」の三種の伝写本が掲げられているが、怠惰にして今もって閲覧の機を得ていない。

律宗戒学院三宝蔵経蔵には、このたび翻印公刊のために底本とした元鏡書写五冊本のほかに、奥書や識語のない、おそらく小杉博士が伝写のために閲覧されたと思われる無年紀の五冊本と、「大日本仏教全書」所収本の底本に採用された龍肝所持の五冊本が伝蔵され

無年紀本・第一冊目表紙

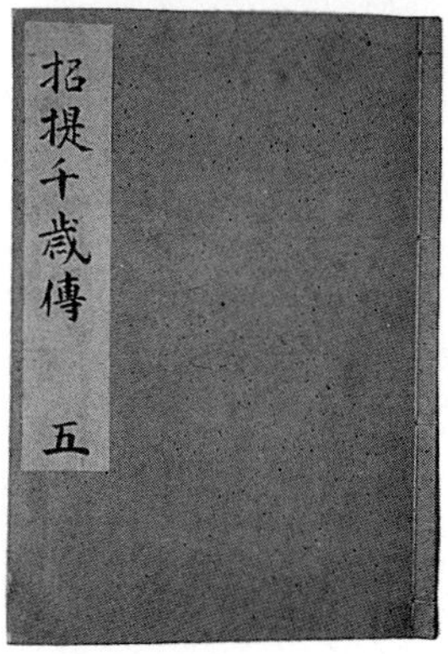


龍肝所持本・第五冊目表紙

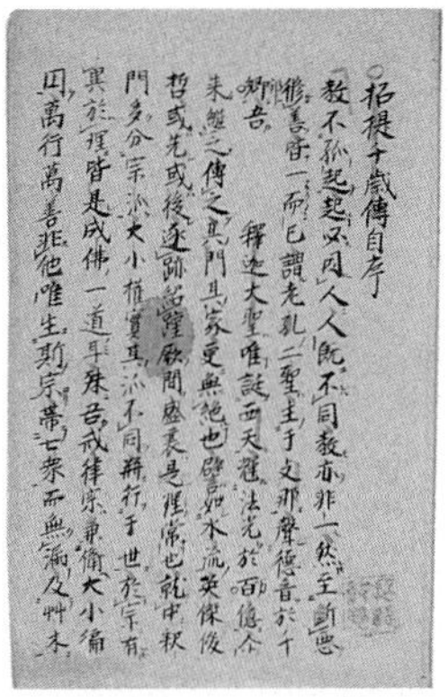

無年紀本・招提千歳伝自序

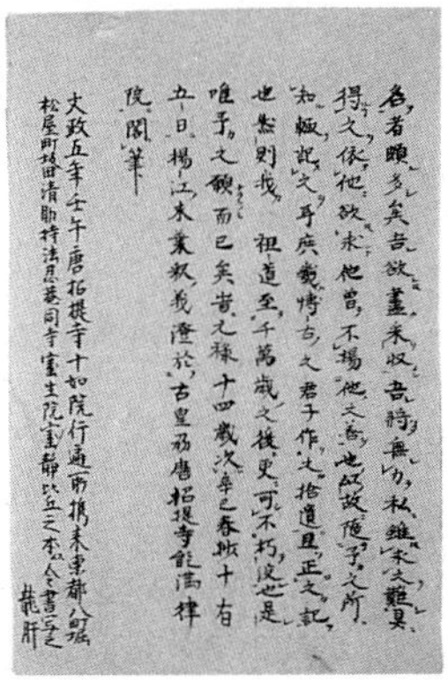

龍肝所持本・龍肝識語

ている。無年紀本は山内で頻用されてきたもので、ために袋綴装の山折りがほとんどが擦り切れ、山吹色の紙表紙も色彩を失いかけている。龍肝所持本は袋綴装に灰藤色の布表紙を付したものであるが、各冊題簽には「招提千歳伝」と墨書されている。文政五年（一八二二）、江戸八丁堀松屋町の坂田清助所有の法忍菴にいた龍肝のもとに、唐招提寺山内十如院の行遍が携え来たった「宝静比丘之本」を書写したものであるが、題簽書名や本文書写、また奥書等がすべて一筆で終始している。なお戒学院三宝蔵経蔵には宝静自筆の書写本が多く伝えられているが、龍肝のいう宝静比丘之本をいまだ見出すことができない。ともあれ三宝蔵経蔵に現伝する三種の伝写本がいずれも五冊一具であることから、現在所在を明らかにしない義澄自筆本が五冊一具のものであったろうことは云うを俟たない。

このたびの翻印公刊にあたって、元鏡書写五冊本のすべてを写真影印版で掲載し得たこともあり、諸伝本間に存する字句等の細かな異同を示すことは割愛したのであるが、しかしそれでも留意しておくべきことも存する。

たとえば、巻下之三・霊像篇・金堂条の千手観音像の記事について見ると、龍肝所持本には、

同千手観音長ケ丈八ニシテ而金色ノ立像也千手千眼更無二闕如一也秘密家ノ書ニ曰招提ノ金堂ノ千手ノ像ヲ以為二吾國ノ霊像一トハ以二龍王一ヲ者指二シテ吾山ノ龍神一ヲ為レ本ト也取意天平宝字年間天人来下シテ而造レ之事如二舊跡篇一也其感應ハ古今非レ一ニス恰モ如二シ谷響一ノ宝字年間勅シテ安二ス此殿一ニ文永七年再二輔之也

と記されている。ところが右の文中の「恰モ如二シ谷響一ノ」と「宝字年間勅シテ安二ス此殿一ニ」の間に、無年紀本には、

匠力ノ子ノ叓ヲ記スヘキ也至今奇異尤多

という一文が朱書注記されており、元鏡書写本には、

往昔飛弾ノ工悲レミ無レキヲ子至心ニ祈二ル此ノ霊像一ニ或夜蒙二リ不思議霊夢一ヲ其妻懐妊シテ而生二ス一男子一ヲ容貌美麗ナリ也依二リ此尊ノ之設子一ナルニ而其ノ名ヲ號二ス千手太郎一ト云云

という一文が地の文として記されている。

また同じく金堂条の薬師如来像の記事について見ると、龍肝所持本は、

同薬師如来丈二金色ノ立像思詑律師之彫刻也弘安五年再二修ス之一ヲ云

という記事で終わっているが、無年紀本には、それに続いて、

女人ノ之乳ノ不レ出必ス祈此尊無レ不レ乎也

という一文が朱書注記され、元鏡書写本には、

女人ノ之乳ノ不レ出必ス祈此尊一ニ無レシ不レト云コト乖乎也

という一文が注記のかたちで記されている。

元鏡書写本が載せる千手観音像と薬師如来像にかかわる霊験譚は、元鏡の書写態度からして元鏡が独自に加えたものとはとうてい思われない。耳伝・口碑の類まで採録したという義澄の言を信ずれば、むしろそうした興味ふかい伝承が採集されていて不思議はないのであるが、諸伝本間にこうした異同を生じた根因をいまだに把握しえないでいる。ただ無年紀本は朱書による書き込みがきわめて多く、

またその筆跡は『招提千歳伝記』本文の書写筆跡と異なっているから、これが後人のものと判断できる。おそらく元鏡書写本等の他伝本を参照して書き加えられたものであろうが、小杉博士が書写採録されたのはこの無年紀本だったと考えられるから、とすればそれは朱書注記が誰人かによって書き加えられる以前のことであったということになる。なおまた、この無年紀本をその底本としたであろう「続々群書類従」所収本と龍肝所持本を底本とした「大日本仏教全書」所収本が、ともにその翻印にあたって送仮名をすべて省略していることは承知しておいてよかろう。

3

義澄が撰集した『招提千歳伝記』は九巻（五冊）より成り、初三巻の伝律篇には、来朝僧鑑真をはじめとする同寺歴代住持八十二人の事蹟を記し、中三巻の明律・王臣・古士・尼女の四篇には、中国・日本の明律者一九六人の事蹟を載せ、下三巻の殿堂・旧事・旧跡・霊宝・霊像・法事・枝院・撰述・封禄・弁訛・遺疑・異説・拾遺・連名の十四篇には、同寺創立以来の沿革・殿堂・霊宝・法事・封禄などについての故事を蒐録している。おおよそ本書は主として唐招提寺律宗の事歴を細叙するものであるが、それはそのまま南都戒学の消長変遷を記述するものにもなっている。近江安養寺の戒山慧堅撰『律苑僧宝伝』とともに、律宗書籍としてもっとも尊重されるべきゆえんである。

義澄はみずから記すように、本書撰集にあたって虎関師錬撰『元亨釈書』と戒山慧堅撰『律苑僧宝伝』をとくに重用した。そしてこの両著が載せる六十四人の僧伝に、新たに百十二人を加えて合して百七十六人に増補したこと、さらに雑衆十七人の伝を加え得たことをいくぶんの矜持をもって記している。十暮の歳月をついやしたのであるからそれも当然であるが、義澄はまた本書撰集にあたって、伝えられる和書・遺簡・別記から耳伝・口碑までも撰集の資料としたと記している。しかし、今日的な常識からすれば、惜しむらくはその出典・出拠、とくに直接の依拠文献が著名な書籍をのぞいてほとんど明記されていないことである。

義澄が依拠した資料を特定し得るものもある。たとえば、巻下之二・旧事篇・後宇田《ママ》帝条に、唐招提寺中興窮情房覚盛の弟子で、中宮寺を再興した尼信如が大和辰市に開基した正法寺の尼衆十二人が、弘安八年（一二八五）三月二十一日、法華寺で本法受戒し、次いで唐招提寺戒壇で重ねて戒壇受戒したときの記録が載っている。龍肝所持本の当該部分を示すと以下のようである（三字下げは割注）。

同八年乙酉春三月廿一日為メニ二正法寺尼衆十二人一於テ二法華寺ニ一行シ二本法ヲ一次於テ二當山ノ戒壇ニ一受戒

西大ノ叡学公羊石吾證玄公答法西琳ノ惣持公説相海龍王幸尊引導ハ招提ノ尋算公又喜光ノ性海光基ノ空恵弘正ノ宣海西大ノ禅恵招提圓證西大ノ隆恵堂達尼ノ十師ハ法華ノ真恵為二和上一道明ノ了祥為リ二羊石一法華ノ照聖為二答法一法華ノ妙遍同照心同妙善同宗圓同聞勝同融然同智玄同智遍其中玄為二教授一智遍為二堂達一

吾カ山ノ戒壇久ク不レ行二受戒一證玄和上再ヒ興ス二僧及尼ノ受戒一従リレ是僧尼ノ受戒盛ニ行フレ之

右の記録は西大寺叡尊の出仕があったことが知られて注目すべきものであるが、授戒会出仕の役者名を列記した割注部分を、龍肝所持本を底本とする「大日本仏教全書」所収本は、「西大叡學公。羯磨吾證玄公。答法西琳惣持公。説相海龍王幸尊。引導招提尋算公。」云々と翻印している。また「続々群書類従」所収本は、「西大叡尊公羊石吾證玄公答法西琳惣持公説相海龍王幸尊引導招提尋算公」云々と翻印しているが、「西大叡尊公」と翻印した部分は、その底本と推量される無年紀本には「西大ノ叡山《尊》公」とある。「山」を見消に「尊」と傍記しているのだが、それは書写者独断の加筆のようにも想われる。

さて、以上のように、上記二種の翻印には少なからず問題が存することは明らかであるが、義澄が依拠した正法寺尼衆の授戒会の資料は今も戒学院三宝蔵経蔵に襲蔵される『招提寺尼受戒次第』（折帖装・一帖）と『別受説相』（折帖装・一帖）であったと考えられる。ともに一具のものとして伝えられて来たものであるが、この二帖によって弘安八年三月二十一日の正法寺尼衆十二人に対する授戒会の次第を具体的に知ることができる。

右のうち『招提寺尼受戒次第』は、その奥書に、

弘安八年乙酉三月廿一日為正法寺
尼衆十二人於法花寺行本法
於南都唐招提寺戒壇始行之

永仁六年戊戌十二月十八日受之

西大寺實巻

とあり、また全文が同一の筆跡で記されていることからも、これが永仁六年（一二九八）十二月十八日に西大寺僧の実巻が書写したものと判断しうる。また折帖末尾には「清筭」の署名があって、一時期これが西大寺の清算の所持本であったことが知られる。

この『招提寺尼受戒次第』の料紙の表には受戒会の次第が縷々記されていて、その紙背に授戒会に出仕した僧名が列記されている。いまその部分を示せば以下のごとくである。

僧十師

西大寺長老 叡イ 羊广
招提寺長老 證玄 圓律ミ 答法
西琳寺惣持律師 日浄房 説相
海龍王寺 幸尊律師 長禅房 引頭
招提尋算 勤聖房
㐂光寺性海 覚證房
光臺寺空恵 理性房
弘正寺宣海 浄覚房
西大寺禅恵 教律房
招提寺圓證 了寂房
西大寺澄恵 浄道房 堂達

尼十師

法花寺真恵律師 忍観房 和尚
法花寺了祥律師 法明房 羊广

法花寺照聖　忍阿房　答法
法花寺妙遍　本鏡房
法花寺照心　慈妙房
法花寺妙善　行善房
法花寺宗圓　道明房
法花寺聞勝　法恵房
法花寺融然　則正房
法花寺智玄　道善房　教授
法花寺智遍　浄鏡房　堂達

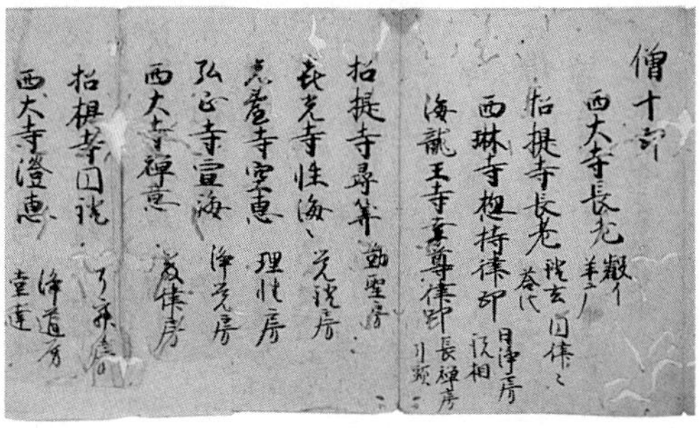
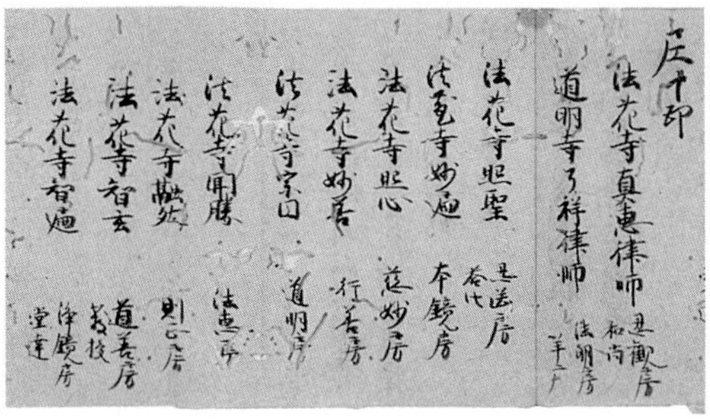

招提寺尼授戒次第・紙背

この資料にも判然しないところもあるが、これによって出仕者とその配役が知られ、「続々群書類従」所収本と「大日本仏教全書」所収本の翻印の誤りや、また諸伝本が堂達役をいずれも「西大寺隆恵」とするのを「西大寺澄恵」と訂することができる。

　こうして義澄が直接に閲覧したであろう、また依拠したであろう資料を特定することは、『招提千歳伝記』の恩恵にあずかる後世の我われに課された責務なのかもしれない。それはまた資史料の翻印や理解をより正鵠なものにし、さらには新資史料の発掘に繋がることにもなるから、その意義は決して少なくないのである。

## 4

　元禄十四年二月十五日、義澄は十年余の歳月と不断の努力を重ねて『招提千歳伝記』の撰集を終えた。律宗史上に誇るべき偉業を遺した義澄ではあるが、しかしその行実はほとんど明らかではない。元鏡が『招提千歳伝記』に範を採って撰集した『千歳伝続録』に、能満院歴代の冒頭に義澄の小伝を掲げ、『招提千歳伝記』撰集の功績を縷々記しているが、しかし、義澄の履歴については、義弁大徳の真弟で伊勢国の人であり、三十六歳のときに江戸で早世したこと、またその臨命終時に自誓受戒作法を成就したこと、二首の辞世を招提寺能満院義澄として遺していること、その真弟義達が能満院主を継いだこと等々を記すだけで、その房号も、またその生没年も記し得てはいないのである。唐招提寺山内にあっては、生前また没後においても、義澄その人の行実に高い評価が与えられてはいなかったように思われる。義澄自筆の『招提千歳伝記』の所在が明らかでないのも、あるいはそのことと無関係ではあるまい。戒学院三宝蔵経蔵に現伝する諸写本が、いずれも義澄の自筆本についてまったく触れるところのない無関心さは、自筆本の所在だけではなく、義澄その人の功業も夙くに忘失されていたことを推量させるのである。

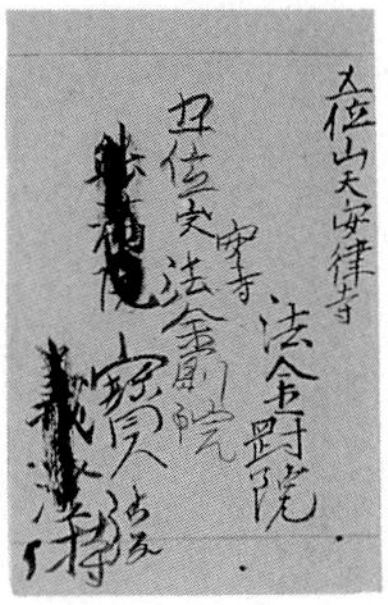
義澄自署名

ここに義澄の筆跡と判断しうる資料がある。戒学院三宝蔵経蔵に襲蔵される『声明集』（仮題。折帖装・一帖）である。紺色紙表紙に付された題簽は剥落したらしく、内尾題もないので書名も明らかではないが、密宗唄に始まり、龍女教化に終わる声明集で、折帖紙背の裏表紙見返に「能満院／義澄」の署名をかろうじて見出すことができる。後日の所持者である五位山天安律寺法金剛院の宝淳なる僧の心ない拙筆の抹消も、宗門における義澄の評価を象徴しているように思われる。しかしながら、この署名は義澄の筆跡に相違なく、とすればかなりの能書と見られるから、あるいはこの能筆による『声明集』の書写も義澄の仕業なのかも知れない。

寛延元年（一七四八）十二月二十一日、蔵松精舎において『招提千歳伝記』を写し了えた元鏡は、その巻尾に妙音院元鏡と署名し、俗二十歳と記している。その生年は享保十四年（一七二九）であったと知られるが、蔵松院で写了したというのは、元鏡が底本とした『招提千歳伝記』の伝本が蔵松院所蔵のものであったからに相違なく、これの伝写のために、当時妙音院に止住していた元鏡は、同じ山内の蔵松院に日参していたのである。

宝暦七年（一七五六）七月二十七日、二十九歳の元鏡は『千歳伝続録』の一応の撰集を終えた。この『千歳伝続録』にみずから記すところによると、元鏡は摂州坂陽の平井氏の出で、十二歳の春に法華院主であった観澄房元廓（第七十二世長老。宝暦八年〈一七五八〉五月一日没、世寿七十三）のもとに入室したという。元廓の恩顧を蒙ったのは、元廓が元鏡の俗叔父である観月房元庭（第六十九世長老）の法弟であった縁故によるのである。智達また俊了と称した元鏡は、延享三年（一七四六）九月から宝暦四年（一七五四）二月までのあいだ、慈禅上人開基という妙音院に止住していたが、その後、元廓孤洲長老の閑居の際には、元廓の付嘱を受けて法華院主を継いでいる。また宝暦十一年（一七六一）には、隆岳照仕大徳の臨末の付嘱を受けて伝香寺住職を継いでいる。元鏡はこの法華院主と伝香寺住職の兼帯がよほどうれしかったのであろう、ひとたび撰集を終えた『千歳伝続録』に兼帯の一件を書き加えている。なお、元庭の俗弟であるという元鏡の父は、剃髪して澄渾還道と号したという。

元鏡自筆の訓伽陀譜が戒学院三宝蔵経蔵に蔵されている。一紙を次第折りにした訓伽陀譜五通が一具として伝えられて来たもので、総計十一首の訓伽陀譜を所載するが、年紀がなく、残念にも元鏡がいつ記したものか明らかではない。しかしながらこの五通一具の訓伽陀譜は、式衆が法会に出仕する際に携行する通常の伽陀譜とはずいぶんと趣を異にしている。その料紙に薄様の楮紙が用いられていることをはじめ、その薄様一紙を次第折りにしたその第一面を表紙として、「訓心水妄想元鏡」のごとく記す体裁に、一見してこれが唐招提寺における訓伽陀伝授の資料に相違あるまいという印象を受けるのである。元鏡がなにがしの師匠から声明やとくに訓伽陀を相承したという証左をいまだ見出すことができずにおり、また浅学にして他寺院における訓伽陀伝授資料の存在を数例しか知らないのであるが、元鏡が記したこの五通一具の訓伽陀譜が、あるいは寺院における訓伽陀伝授の一斑を伝える稀覯の資料かと推量されるのである。

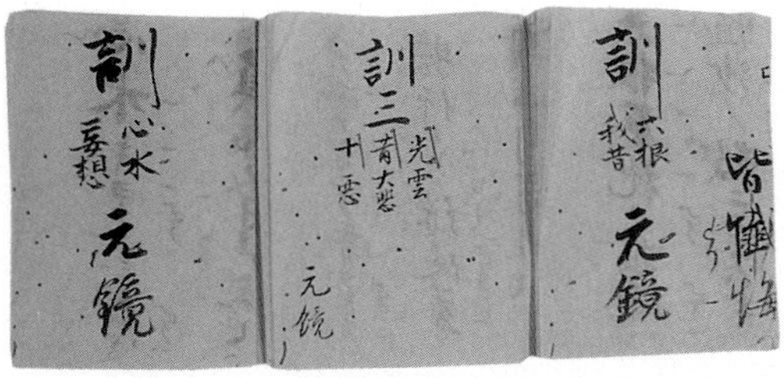

元鏡筆・訓伽陀譜

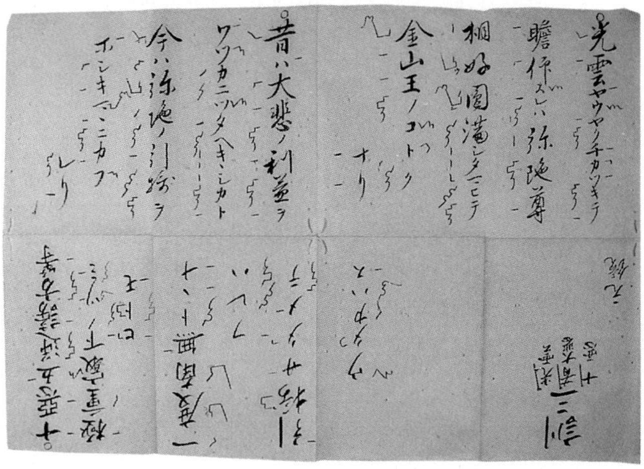

元鏡筆・訓伽陀譜

唐招提寺においては太平洋戦争以前まで山内諸法会に訓伽陀が諷唱されていたという。惜しみても余りあることではあるが、その伝統も今は絶えてしまった。しかし戒学院三宝蔵経蔵には、式衆が法会の出仕に携行した一紙次第折装の訓伽陀譜が他にも数通貽されているのであり、宝静誉淳（第七十五世長老。天保十四年〈一八四三〉没、世寿七十九）には訓伽陀譜を集成した一書も存するのである。こうしたことからも唐招提寺においては、近世末に至っても訓伽陀伝授の伝統が慥かに脈々と息づいていたと判断することができる。元鏡自筆の訓伽陀譜の伝来は、唐招提寺における訓伽陀伝授の存在を証する貴重な資料と考えても不適当ではあるまい。（関口　記）

［付記］

元鏡書写五冊本『招提千歳伝記』を翻印公刊するについて、財団法人律宗戒学院当局の御快諾と御助力を頂戴した。それにつき御理解を示された唐招提寺益田快範長老・堀木教恩執事長はじめ一山の方々からは御厚誼を忝くした。また本学平井聖学長・小此木成夫副学長（近代文化研究所長）はじめ同僚諸氏からは御理解と御助力を頂戴した。末筆ながら感謝の意を表し、篤く御礼申上げる。

なお掲載写真は本学内田啓一先生に撮影して戴いたものである。また入力・校正等に卒業生・在学生諸嬢の御助力を得た。御礼旁々御名を記しおきたい。

阿部　美香・小川　渉子・坂田　沙代・佐藤　綾子・嶋田　清香
田代　梓・樽見　知佳・塚本あゆみ・野澤　祥子・根津　知美
藤田　依里・古幡　昇子・三浦　千佳

唐招提寺・律宗戒学院叢書　第一輯

# 招提千歳伝記

平成十六年二月十五日　初版第一刷発行
定価　一〇〇〇〇円（本体）

編著者　関口静雄
　　　　山本博也

発行人　小此木成夫

発行所　昭和女子大学
　　　　近代文化研究所
〒154-8533　東京都世田谷区太子堂一－七
電話　〇三－三四一一－五三〇〇番
振替　〇〇一四〇－三－一七〇八六七

組版・印刷－精文堂印刷　製本－常川製本

ISBN4-7862-0100-6